Cos Subaltern

Qüestionaris, Exercicis i Supòsits

ADAMS Generalitat de Catalunya

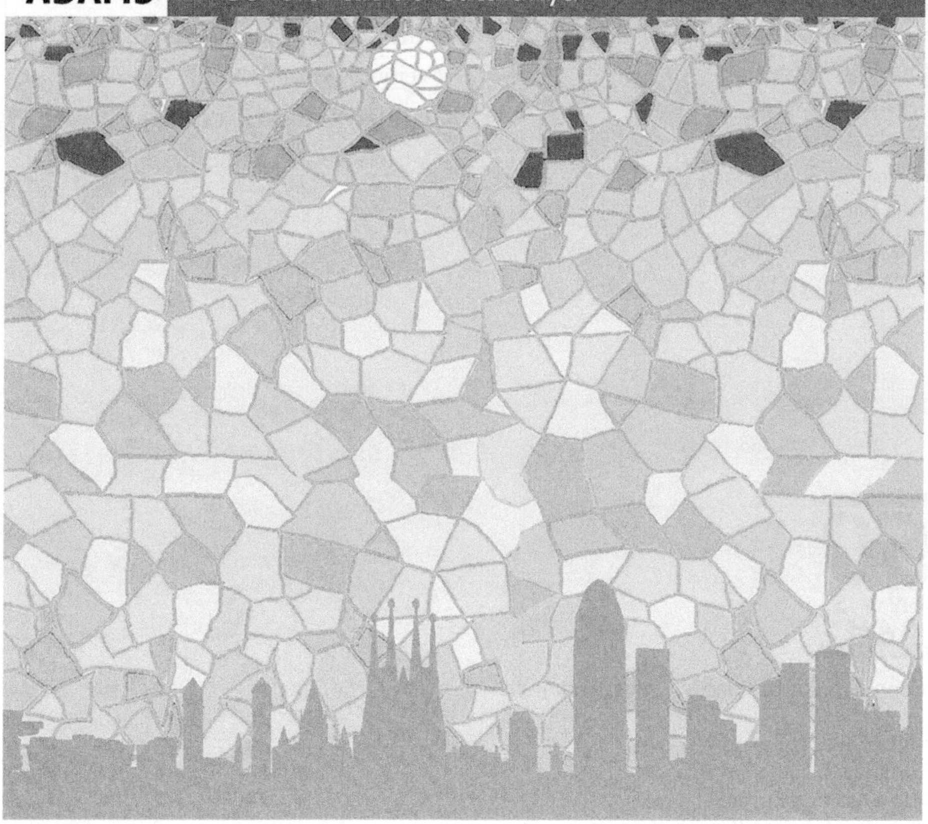

RE/ST/DG/2-01

CONSELL DE REDACCIÓ

Aurora Baena Ruiz
Judit Costa Anadón
Esther Martín Coca
Eulàlia Miret Esteve
Gabriela Oyarzábal Peña
Encarnación Rojo Franco
Eulàlia Vilert Barnet
Marta Parreño Gala

MAQUETACIÓ

José Martínez Zárate
Ana María Muñoz Estebaranz
Verónica Seoane López

IL·LUSTRACIÓ DE COBERTA

Ignacio Velasco Marugán

60 ANYS ADAMS desde 1957

 www.adams.es

ISBN: 978-84-1327-495-9
Dipòsit legal: M-7184-2020
Editat a febrer de 2020
Imprimeix: Centre d'Estudis Adams. Ediciones Valbuena, S.A.
Imprès a Espanya. Printed in Spain

PRESENTACIÓ

Surt al carrer la segona edició del nostre volum pràctic per a la preparació de les proves selectives d'accés al **Cos Subaltern d'Administració de la Generalitat de Catalunya.**

Aquest volum està estructurat en quatre blocs clarament diferenciats:

1. **Competències professionals:**
   - Bloc I: Coneixement teòric de les funcions a desenvolupar.
   - Bloc II: Les competències professionals. Model de qüestionari tipus.
2. **Exercicis del temari.** Aquest bloc integra:
   - 10 Qüestionaris per temes, de 30 preguntes cadascun.
   - 3 Test d'examen, de 50 preguntes cadascun.
3. **Exercicis d'eines bàsiques.** Aquest bloc integra:
   - Teoria, de normes bàsiques del càlcul numèric.
   - Exercicis, de comprensió lectora (10), de comprensió d'ordres senzilles (7) i de càlcul (decimals, fraccions, sistema mètric...).
4. **Exercicis de tasques pròpies.** Aquest bloc integra:
   - Ús de fotocopiadores i similars, amb supòsits pràctics i les seves solucions.
   - Feina relacionada amb correus, amb supòsits pràctics relacionats i les seves solucions.
   - Custòdia d'instal·lacions, amb supòsits pràctics específics i les seves solucions.
   - Notes interiors, amb supòsits pràctics relacionats i les seves solucions.
   - Supòsits pràctics de caràcter general, amb nocions bàsiques i exercicis de totes les tasques a realitzar pel Cos Subaltern de la Generalitat de Catalunya.

D'altra banda, aquest volum forma part dels elements de preparació que Centre d'Estudis ADAMS ha elaborat per a aquesta oposició, col·lecció que inclou, a més, el nostre volum teòric de **Temari.**

Igualment, us informem que a través de la nostra pàgina web (www.adams.cat) podrà estar al dia de tota la informació que es refereix a oposicions, i dels nostres productes i serveis. A més, ens podrà adreçar qualsevol consulta o suggeriment mitjançant www.adams.es/sugerencia.php. També us recomanem la visita a la pàgina web oficial de la Generalitat de Catalunya (www.gencat.net) per obtenir tot tipus d'informació relativa a les proves selectives d'accés a la funció pública catalana. Per últim, esperem que aquest manual us sigui d'utilitat i us permeti aconseguir l'objectiu, seu i nostre, de superar amb facilitat el procés selectiu que us interessa.

ADAMS

Accés online a aquest qüestionari

En adquirir aquest llibre, li proporcionem accés gratuït a la versió online del qüestionari durant tres mesos, perquè pugui complementar el seu estudi exercitant-se en la nostra plataforma. Per a activar aquest accés i aprofitar aquest recurs, ha de posar-se en contacte amb ADAMS Formació mitjançant el correu electrònic **infobcn@adams.es**

A través d'aquesta modalitat del qüestionari posem a la seva disposició aquesta opció online per a exercitar-se i reforçar l'estudi de la seva oposició. Comptarà amb els següents indicadors, que li proporcionaran una valuosa informació sobre la seva evolució en la matèria:

Seguretat: determina, de les preguntes que marqui com a dubtoses, quin percentatge ha encertat.

Diligència: es refereix al percentatge d'exercicis en els quals s'ha ajustat al temps exigible en l'examen oficial.

Competència: indica el percentatge en el qual la puntuació obtinguda en els simulacres s'ajusta a la nota de tall establerta.

A més, també podrà consultar l'evolució temporal de la nota mitjana, el rànquing de puntuacions i la taula de resultats per temes i matèries.

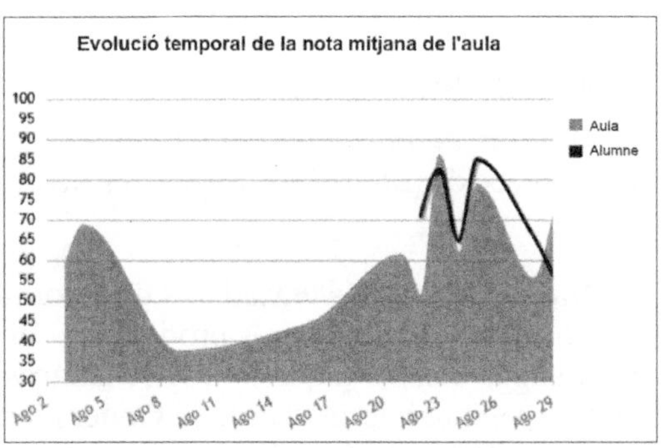

Posició	Alumne	Nota
1	SRam1	72,61
2	MLópez1398	71,15
3	MOrtiz	66,68
4	PGOMEZ107	52,60
5	MPerez10	50,00
6	BGonzalez74	40,71
7	UPrueba10	35,65
8	Tecnico11	31,62
9	GGomez57	25,52
10	BCabanilla	12,25

La teva posició és la número 1 d'un total d'11 alumnes

ÍNDEX

ADAMS

Competències professionals

Bloc I: Coneixement teòric de les funcions a desenvolupar

Bloc II: Les competències professionals Model de qüestionari tipus

Bloc I. Coneixement teòric de les funcions a desenvolupar

1. En les tasques relacionades amb les màquines reproductores, fotocopiadores, fax i altres de similars, el personal funcionari subaltern no ha de:

a) Utilitzar i manipular les màquines reproductores, fotocopiadores, fax i similars de la unitat de treball per a executar qualsevol treball.
b) Mantenir actives les màquines.
c) Fer fotocòpies, enquadernar o grapar els documents.
d) Ajudar en l'enviament de faxos; manipular papereria per a enviaments massius, doblegar, ensobrar, fer paquets, etc; i distribuir documents.

2. Constitueix una tasca relacionada amb l'atenció al públic del personal funcionari subaltern:

a) Preparar el correu de sortida: franqueig, certificats, notificacions, etc. i tramitar els enviaments per missatgeria.
b) Atendre la recepció del centre o unitat fent el control de l'accés d'acord amb les normes de seguretat i els procediments establerts i atenent les persones que hi accedeixen.
c) Classificar, distribuir i franquejar la correspondència i la documentació de la seva unitat de treball garantint la correcta recepció amb els procediments establerts i a satisfacció de les persones emissores i destinatàries.
d) Distribuir els faxos.

3. Sobre les tasques relacionades amb la realització d'encàrrecs de lloc de treball, el personal funcionari subaltern no ha de:

a) Fer encàrrecs relacionats amb les activitats i funcionament del centre fora d'aquest.
b) Ordenar als conductors el lliurament de correspondència (valisa).
c) Portar documents a altres oficines públiques.
d) Portar encàrrecs a altres oficines públiques.

4. En les tasques relacionades amb el material, mobiliari i instal·lacions, el personal funcionari subaltern ha de:

a) Tenir cura de la vigilància i custòdia del centre.
b) Realitzar el manteniment de les instal·lacions del centre.
c) En els centres de formació, vigilar la guàrdia i custòdia de les claus dels funcionaris responsables.
d) Ordenar la contractació dels serveis de neteja del centre.

5. El personal funcionari subaltern no ha de:

a) Preparar els espais, sales i aules per als diferents tipus d'esdeveniments que es realitzin, organitzar el mobiliari, i comprovar que hi hagi el material i aparells necessaris.
b) Orientar als visitants dins els locals públics i facilitar informació.
c) Atendre trucades telefòniques.
d) Fer el seguiment de l'avaluació dels alumnes als centres de formació.

6. El personal funcionari subaltern d'un centre de formació ha de donar suport i atendre a professors i alumnes en aquelles tasques auxiliars pròpies de la seva responsabilitat:

1. Cert.
2. Fals.

7. El personal funcionari subaltern pot realitzar petites cures o administrar medicaments:

1. Cert.
2. Fals.

8. El personal funcionari subaltern ha de controlar l'accés de persones però no identificar-les:

1. Cert.
2. Fals.

9. El personal funcionari subaltern ha d'estar disponible pels organitzadors de reunions, actes i esdeveniments, per a donar suport en les incidències o necessitats que es puguin produir durant els actes:

1. Cert.
2. Fals.

10. El personal funcionari subaltern ha de realitzar el manteniment d'estoc i de magatzem:

1. Cert.
2. Fals.

11. La responsabilitat del personal funcionari subaltern d'obrir i tancar el centre d'acord amb les condicions de seguretat i protecció marcades és una tasca relacionada amb:

a) La realització d'encàrrecs de lloc de treball.
b) Reunions, actes i esdeveniments, i preparació d'aules.
c) El material, mobiliari i instal·lacions.
d) L'atenció al públic.

12. Arribeu a la vostra unitat i us trobeu amb una cua de persones que han de lliurar la documentació per presentar unes reclamacions. Cal organitzar aquesta situació ja que el personal de registre està col·lapsat i hi ha persones que comencen a posar-se nervioses. De les actuacions següents indiqueu quina és correcta i quina incorrecta:

a) Cal adreçar-se amb autoritat a les persones que s'estan esperant, i indicar-los ordenant que s'organitzin per ordre d'arribada, fent ús, si cal, de la qualitat de funcionari públic a fi tal que les persones acatin les ordres.
   1. Correcta.
   2. Incorrecta.
b) Si hi ha algú que s'està posant nerviós a causa de l'estona que fa que s'està esperant, cal parlar-li amb amabilitat i intentar explicar-li els motius pels quals s'està tardant més del compte.
   1. Correcta.
   2. Incorrecta.
c) Una de les persones us demana que us identifiqueu com a personal al servei de l'Administració de la Generalitat de Catalunya. Li mostreu el vostre DNI.
   1. Correcta.
   2. Incorrecta.
d) Una persona us demana que us feu càrrec de la seva documentació, atès que té una urgència mèdica inajornable i el termini per presentar la documentació finalitza aquest dia. Us en feu càrrec perquè la persona us acredita de manera fefaent la urgència que motiva que marxi.
   1. Correcta.
   2. Incorrecta.

13. Ateneu una persona que us demana el nom del departament al qual s'ha d'adreçar per fer gestions sobre les matèries següents:

1. Ajut familiar:
2. Oposicions al cos d'agents rurals:
3. Habitatge:
4. Autoritzacions per al transport de mercaderies:
5. Mediació familiar:
6. Política lingüística:
7. Trànsit:
8. Vacunacions:
9. Regadius de Catalunya:
10. Dipòsit de conveni col·lectiu:
11. Platges:
12. Gestió d'ajuts universitaris i de recerca:
13. Programes de garantia social:
14. Carnets d'instal·lació d'energia:
15. Premis literaris:
16. Pla de Govern:

14. Una ciutadana us manifesta la seva intenció de presentar una sol·licitud per formar part de la borsa de treball d'un departament. Indiqueu quina és la màxima autoritat en matèria de personal dels departaments de la Generalitat.

15. El secret dels enviaments postals implica que en cap cas es pot facilitar cap dada relativa a l'existència de l'enviament postal.

1. Cert.
2. Fals.

16. Entre d'altres, quines són les normes a seguir per oferir un bon servei als ciutadans?:

a) Interessar-se realment per la qüestió que planteja la persona que s'atén, no pressuposar la pregunta que se'ns formula, no cal conèixer el contingut de tots els impresos que s'hagin de lliurar.

b) Interessar-se realment per la qüestió que planteja la persona que s'atén, no pressuposar la pregunta que se'ns formula, cal conèixer el contingut de tots els impresos que s'hagin de lliurar, no parlar ràpid i articular bé les paraules.

c) Interessar-se realment per la qüestió que planteja la persona que s'atén, pressuposar la pregunta que se'ns formula, cal conèixer el contingut de tots els impresos que s'hagin de lliurar, no parlar ràpid i articular bé les paraules.

d) Interessar-se realment per la qüestió que planteja la persona que s'atén, no pressuposar la pregunta que se'ns formula, no cal conèixer el contingut de tots els impresos que s'hagin de lliurar, parlar ràpid i articular bé les paraules.

17. Ateneu a un ciutadà i desconeixeu la resposta d'una pregunta que us formula. Com heu d'actuar?:

a) Si tenim dubtes cal explicar-li al ciutadà, demanar que s'esperi i buscar la informació.
b) Demostrem seguretat i responem el que ens sembli més correcte.
c) Si no estem segurs de la resposta que hem de donar, ens disculparem i l'adreçarem a un altre company.

18. L'agilitat amb què podeu oferir la informació depèn:

a) De les influències externes.
b) Del sistema de comunicació.
c) Del sistema d'informació.
d) Del personal de la unitat.

19. Treballeu a una Oficina d'Atenció al Ciutadà de la Generalitat i us demanen registrar una sol·licitud i confrontar unes còpies per un procediment que ha de tenir efectes en un ajuntament. Com teniu assignada la funció de canalitzar i derivar als serveis competents de l'Administració de la Generalitat i d'altres administracions públiques les peticions, suggeriments o sol·licituds:

a) Confronteu les còpies malgrat que no porten els originals i registreu la sol·licitud.
b) Registreu la sol·licitud però no confronteu les còpies perquè no porten els originals.
c) Registreu la sol·licitud i doneu un termini de 10 dies perquè us aportin els originals de les còpies que volen confrontar.
d) No accepteu la sol·licitud, llevat que hi hagi conveni de col·laboració amb l'ajuntament receptor.

20. Se us adreça un ciutadà per presentar una reclamació. Està alterat i nerviós. Com solucioneu aquesta situació?:

a) Agafeu la reclamació ràpidament i gairebé no li dirigiu la paraula.
b) La seva actitud us altera i entre tots dos provoqueu una situació de conflicte.
c) Escolteu amb atenció les queixes i intenteu suavitzar la situació. Un cop atès, llenceu a la paperera la queixa.
d) Escolteu amb atenció les queixes, parleu suau, no relativitzeu el problema objecte de la reclamació. Intenteu, si és possible, cercar una solució.

21. Heu de conèixer el contingut de tots els impresos?:

a) No, no és necessari.
b) Sí, cal conèixer tots els documents del departament en què treballeu.
c) Sí, cal conèixer el contingut de tots els impresos que heu de lliurar i tenir-ne sempre a l'abast.
d) Només els que feu servir habitualment.

22. Per què és tan important la informació telefònica?:

a) Perquè facilita l'accés a l'administració.
b) Estalvia temps, esforç i diners a l'hora d'informar-se de qualsevol tramitació.
c) És una eina eficaç per oferir un bon servei al ciutadà.
d) Totes són correctes.

23. Cal que us identifiqueu quan ateneu una trucada?:

a) No, simplement l'hem d'atendre amb amabilitat.
b) Només hem d'identificar el servei.
c) Hem d'identificar-nos dient el propi nom i el del servei on treballeu.
d) Tan sols direm el nom del departament perquè la persona que truca tingui la certesa que parla amb el lloc que volia.

24. Què feu si heu de passar la trucada i la línia està ocupada?:

a) Informeu al ciutadà i li demaneu que truqui més tard.
b) Preneu nota de la trucada i l'informeu que vosaltres el trucareu.
c) L'informeu de la situació cada 15 segons.
d) L'informeu de la situació cada 30 segons, perquè la persona s'adoni que estem pendents d'ella.

25. Quina és l'adreça de la web de la Generalitat de Catalunya?:

26. Quina és l'adreça de la web de l'Administració Oberta de Catalunya?:

27. Les administracions públiques són propietat dels empleats i empleades públics/ques que les serveixen:

1. Cert.
2. Fals.

28. Ordeneu jeràrquicament les següents funcions d'un Departament de la Generalitat:

a) Coordinació del Departament.
b) Direcció d'òrgan administratiu.
c) Direcció general.
d) Direcció del Departament.

29. Completeu, en referència als permisos amb justificació, la següent afirmació:

En cas que es produeixi una absència de dos dies per indisposició, és necessari aportar un justificant mèdic / recepta mèdica / trucada del metge i s'ha de comunicar al secretari sectorial / director-a general / superior immediat, el qual ho notifica a la unitat de personal corresponent.

30. Indiqueu si les següents afirmacions referents a ~~EPOCA~~ ATRI són certes o falses:

a) És un portal d'accés específic i ús intern que permet accedir a la informació de forma més transparent i accessible.
  1. Cert.
  2. Fals.

b) Pretén controlar l'ús de les noves tecnologies per part dels empleats per limitar les relacions d'aquests amb l'Administració.
  1. Cert.
  2. Fals.

c) Facilita les tasques diàries del personal a partir d'eines de suport com per exemple el correu web.
  1. Cert.
  2. Fals.

31. Segons la Llei de política lingüística, indiqueu si les següents afirmacions són certes o falses:

a) Un dels deures dels funcionaris de l'Administració de la Generalitat consisteix en vetllar pel propi perfeccionament professional i en concret del català, assistint als cursos que imparteixin els centres de formació amb l'objectiu d'utilitzar-lo adequadament en la seva feina.
  1. Cert.
  2. Fals.

b) El Govern de la Generalitat ha de garantir l'ensenyament del català.
  1. Cert.
  2. Fals.

c) Sempre cal emprar el català, fins i tot quan el ciutadà demani ser atès en castellà.
  1. Cert.
  2. Fals.

d) En els procediments administratius tramitats per l'Administració de la Generalitat, per les administracions locals i per les altres corporacions de Catalunya, s'ha d'emprar el català.
  1. Cert.
  2. Fals.

e) Només es considera el català com a llengua oficial.
  1. Cert.
  2. Fals.

f) La Generalitat ha de garantir la capacitació i l'habilitació lingüístiques del personal al servei de les administracions públiques.
  1. Cert.
  2. Fals.

Bloc II. Les competències professionals. Model de qüestionari tipus

Concepte de competència i relació de les tasques pròpies del cos subaltern de la Generalitat.

"Conjunt de coneixements, destreses i aptituds necessàries per exercir una professió, resoldre problemes professionals de forma autònoma i flexible i ser capaç de col·laborar en l'entorn professional i en l'organització del treball" (Bunk,1994).

Model de qüestionari tipus

Instruccions:

A continuació trobareu una sèrie de frases que possibiliten conèixer les seves actituds i interessos. En general, no existeixen respostes correctes o incorrectes en tant les persones tenen diferents interessos i veuen les coses des de diferents punts de vista. Es tracta de posicionar-se davant del que diu la frase. Contesteu amb sinceritat i no penseu massa el contingut de les frases ni destineu molt de temps en decidir-vos.

Eviti marcar la resposta c) Indecís, excepte quan li sigui impossible decidir-se per les altres quatre. El que és habitual és que això li ocorri en molt poques frases.

Procuri no deixar cap qüestió sense contestar. La finalitat d'aquest test és avaluar la vostra manera d'actuar davant de diferents situacions reals de treball, no es tracta de valorar si està bé o malament sinó de determinar la vostra manera de fer.

Test:

1. **A la meva feina, realitzo cursos encara que no estiguin relacionats amb les meves funcions, amb l'objectiu d'aprendre:**

   a) Totalment verdader per a mi.
   b) Bastant verdader per a mi.
   c) Indecís.
   d) Bastant fals per a mi.
   e) Totalment fals per a mi.

2. **Considero que és més important a qui va dirigida la feina que el procediment a seguir per fer-la:**

   a) Totalment verdader per a mi.
   b) Bastant verdader per a mi.
   c) Indecís.
   d) Bastant fals per a mi.
   e) Totalment fals per a mi.

3. Deixo de fer la meva feina per ajudar a un company que ho necessita:

a) Totalment verdader per a mi.
b) Bastant verdader per a mi.
c) Indecís.
d) Bastant fals per a mi.
e) Totalment fals per a mi.

4. Si tinc alguna idea que pot millorar l'organització, el procediment o la forma de treballar, la poso en coneixement:

a) Totalment verdader per a mi.
b) Bastant verdader per a mi.
c) Indecís.
d) Bastant fals per a mi.
e) Totalment fals per a mi.

5. Considero que s'han d'utilitzar les tecnologies de la informació i de la comunicació en la dinàmica de treball:

a) Totalment verdader per a mi.
b) Bastant verdader per a mi.
c) Indecís.
d) Bastant fals per a mi.
e) Totalment fals per a mi.

6. Compleixo les ordres rebudes encara que no estigui d'acord:

a) Totalment verdader per a mi.
b) Bastant verdader per a mi.
c) Indecís.
d) Bastant fals per a mi.
e) Totalment fals per a mi.

7. La persona que atén al públic és la imatge que el ciutadà s'emporta de l'Administració:

a) Totalment verdader per a mi.
b) Bastant verdader per a mi.
c) Indecís.
d) Bastant fals per a mi.
e) Totalment fals per a mi.

8. Em comprometo amb les decisions grupals encara que estigui en desacord:

a) Totalment verdader per a mi.
b) Bastant verdader per a mi.
c) Indecís.
d) Bastant fals per a mi.
e) Totalment fals per a mi.

9. Davant d'un conflicte actuo sempre de mitjancer, imposant tranquil·litat i proposant una solució:

a) Totalment verdader per a mi.
b) Bastant verdader per a mi.
c) Indecís.
d) Bastant fals per a mi.
e) Totalment fals per a mi.

10. Encara que utilitzi l'ordinador com a eina de treball, m'agrada disposar d'una agenda en paper:

a) Totalment verdader per a mi.
b) Bastant verdader per a mi.
c) Indecís.
d) Bastant fals per a mi.
e) Totalment fals per a mi.

11. Sempre poso en coneixement les idees que em venen al cap:

a) Totalment verdader per a mi.
b) Bastant verdader per a mi.
c) Indecís.
d) Bastant fals per a mi.
e) Totalment fals per a mi.

12. Si em demanen ajuda, la presto un cop finalitzo la meva feina:

a) Totalment verdader per a mi.
b) Bastant verdader per a mi.
c) Indecís.
d) Bastant fals per a mi.
e) Totalment fals per a mi.

13. En una reunió d'equip imposo els meus criteris:

a) Totalment verdader per a mi.
b) Bastant verdader per a mi.
c) Indecís.
d) Bastant fals per a mi.
e) Totalment fals per a mi.

14. En una reunió d'equip escolto els criteris dels altres:

a) Totalment verdader per a mi.
b) Bastant verdader per a mi.
c) Indecís.
d) Bastant fals per a mi.
e) Totalment fals per a mi.

15. La meva actuació de cara al públic és diferent en funció del tipus de ciutadà que he d'atendre:

a) Totalment verdader per a mi.
b) Bastant verdader per a mi.
c) Indecís.
d) Bastant fals per a mi.
e) Totalment fals per a mi.

16. Tinc vocació per al servei públic:

a) Totalment verdader per a mi.
b) Bastant verdader per a mi.
c) Indecís.
d) Bastant fals per a mi.
e) Totalment fals per a mi.

17. Em costa adaptar-me a noves dinàmiques de treball:

a) Totalment verdader per a mi.
b) Bastant verdader per a mi.
c) Indecís.
d) Bastant fals per a mi.
e) Totalment fals per a mi.

18. Compleixo estrictament la meva jornada de treball:

a) Totalment verdader per a mi.
b) Bastant verdader per a mi.
c) Indecís.
d) Bastant fals per a mi.
e) Totalment fals per a mi.

19. Tinc facilitat per adaptar les planificacions a noves circumstàncies:

a) Totalment verdader per a mi.
b) Bastant verdader per a mi.
c) Indecís.
d) Bastant fals per a mi.
e) Totalment fals per a mi.

20. Considero important comunicar-me amb el ciutadà amb un llenguatge clar, precís i entenedor:

a) Totalment verdader per a mi.
b) Bastant verdader per a mi.
c) Indecís.
d) Bastant fals per a mi.
e) Totalment fals per a mi.

21. Puc desenvolupar un treball encara que no tingui la formació necessària per fer-ho:

a) Totalment verdader per a mi.
b) Bastant verdader per a mi.
c) Indecís.
d) Bastant fals per a mi.
e) Totalment fals per a mi.

22. És preferible solucionar els problemes un mateix que no demanar ajut als superiors:

a) Totalment verdader per a mi.
b) Bastant verdader per a mi.
c) Indecís.
d) Bastant fals per a mi.
e) Totalment fals per a mi.

23. Normalment desconec els objectius que hi ha darrere de la meva feina:

a) Totalment verdader per a mi.
b) Bastant verdader per a mi.
c) Indecís.
d) Bastant fals per a mi.
e) Totalment fals per a mi.

24. No acostumo a deixar treball pendent en acabar el dia:

a) Totalment verdader per a mi.
b) Bastant verdader per a mi.
c) Indecís.
d) Bastant fals per a mi.
e) Totalment fals per a mi.

25. La formació contínua és necessària:

a) Totalment verdader per a mi.
b) Bastant verdader per a mi.
c) Indecís.
d) Bastant fals per a mi.
e) Totalment fals per a mi.

26. Només s'han d'escoltar i atendre les idees i iniciatives dels superiors:

a) Totalment verdader per a mi.
b) Bastant verdader per a mi.
c) Indecís.
d) Bastant fals per a mi.
e) Totalment fals per a mi.

27. Davant l'escassetat de recursos no puc desenvolupar correctament la meva feina:

a) Totalment verdader per a mi.
b) Bastant verdader per a mi.
c) Indecís.
d) Bastant fals per a mi.
e) Totalment fals per a mi.

28. La gestió i administració eficaç dels ens públics no són possibles sense les tecnologies de la informació i la comunicació:

a) Totalment verdader per a mi.
b) Bastant verdader per a mi.
c) Indecís.
d) Bastant fals per a mi.
e) Totalment fals per a mi.

29. Utilitzo en la meva feina dinàmiques de treball que funcionen en altres àmbits:

a) Totalment verdader per a mi.
b) Bastant verdader per a mi.
c) Indecís.
d) Bastant fals per a mi.
e) Totalment fals per a mi.

30. Exhaureixo la totalitat dels recursos materials de què disposo, encara que pugui prescindir d'alguns:

a) Totalment verdader per a mi.
b) Bastant verdader per a mi.
c) Indecís.
d) Bastant fals per a mi.
e) Totalment fals per a mi.

31. La satisfacció del ciutadà preval sobre els recursos a utilitzar:

a) Totalment verdader per a mi.
b) Bastant verdader per a mi.
c) Indecís.
d) Bastant fals per a mi.
e) Totalment fals per a mi.

32. Planifico les tasques del meu treball amb una agenda en paper:

a) Totalment verdader per a mi.
b) Bastant verdader per a mi.
c) Indecís.
d) Bastant fals per a mi.
e) Totalment fals per a mi.

33. Comunico sempre als meus superiors les decisions preses:

a) Totalment verdader per a mi.
b) Bastant verdader per a mi.
c) Indecís.
d) Bastant fals per a mi.
e) Totalment fals per a mi.

34. Compleixo les ordres rebudes encara que estiguin fora de la legalitat:

a) Totalment verdader per a mi.
b) Bastant verdader per a mi.
c) Indecís.
d) Bastant fals per a mi.
e) Totalment fals per a mi.

35. Considero important mantenir un cert ordre en la gestió de la correspondència i la documentació:

a) Totalment verdader per a mi.
b) Bastant verdader per a mi.
c) Indecís.
d) Bastant fals per a mi.
e) Totalment fals per a mi.

36. Davant d'una incidència amb el funcionament d'un equip, aviso immediatament als serveis tècnics corresponents:

a) Totalment verdader per a mi.
b) Bastant verdader per a mi.
c) Indecís.
d) Bastant fals per a mi.
e) Totalment fals per a mi.

37. Tinc sempre clara la ubicació del material i recursos necessaris per desenvolupar la meva feina:

a) Totalment verdader per a mi.
b) Bastant verdader per a mi.
c) Indecís.
d) Bastant fals per a mi.
e) Totalment fals per a mi.

38. Presto especial atenció en el desenvolupament d'una tasca que impliqui mantenir les condicions de seguretat i de protecció del centre o unitat:

a) Totalment verdader per a mi.
b) Bastant verdader per a mi.
c) Indecís.
d) Bastant fals per a mi.
e) Totalment fals per a mi.

39. Em causa desalienació el fet de realitzar tasques mecàniques i repetitives a la meva feina:

a) Totalment verdader per a mi.
b) Bastant verdader per a mi.
c) Indecís.
d) Bastant fals per a mi.
e) Totalment fals per a mi.

40. Em satisfà més donar suport al personal de la meva unitat en el desenvolupament de la seva feina que realitzar les meves tasques:

a) Totalment verdader per a mi.
b) Bastant verdader per a mi.
c) Indecís.
d) Bastant fals per a mi.
e) Totalment fals per a mi.

Competències professionals

Solucions

Bloc I. Coneixement teòric de les funcions a desenvolupar

1. **a)** *Utilitzar i manipular les màquines reproductores, fotocopiadores, fax i similars de la unitat de treball per a executar qualsevol treball.*

2. **b)** *Atendre la recepció del centre o unitat fent el control de l'accés d'acord amb les normes de seguretat i els procediments establerts i atenent les persones que hi accedeixen.*

3. **b)** *Ordenar als conductors el lliurament de correspondència (valisa).*

4. **a)** *Tenir cura de la vigilància i custòdia del centre.*

5. **d)** *Fer el seguiment de l'avaluació dels alumnes als centres de formació.*

6. 1. *Cert.*

7. 1. *Cert.*

8. 2. *Fals.*

9. 1. *Cert.*

10. 1. *Cert.*

11. **c)** *El material, mobiliari i instal·lacions.*

12. **a)** *2. Incorrecta.*
    b) *1. Correcta.*
    c) *2. Incorrecta.*
    d) *1. Correcta.*

13. 1. *Acció Social i Ciutadania.*
    2. *Governació i Administracions Públiques.*
    3. *Medi Ambient i Habitatge.*
    4. *Política Territorial i Obres Públiques.*
    5. *Justícia.*
    6. *Vicepresidència.*
    7. *Interior.*
    8. *Salut.*
    9. *Medi Ambient i Habitatge.*

10. *Treball.*
11. *Medi Ambient i Habitatge.*
12. *Innovació, Universitats i Empresa.*
13. *Educació.*
14. *Economia i Finances.*
15. *Cultura i Mitjans de Comunicació.*
16. *Presidència.*

14. *El/La secretari/ària general.*

15. 2. *Fals.*

16. **b)** *Interessar-se realment per la qüestió que planteja la persona que s'atén, no pressuposar la pregunta que se'ns formula, cal conèixer el contingut de tots els impresos que s'hagin de lliurar, no parlar ràpid i articular bé les paraules.*

17. **a)** *Si tenim dubtes cal explicar-li al ciutadà, demanar que s'esperi i buscar la informació.*

    c) *Si no estem segurs de la resposta que hem de donar ens disculparem i l'adreçarem a un altre company.*

18. **c)** *Del sistema d'informació.*

19. **d)** *No accepteu la sol·licitud, llevat que hi hagi conveni de col·laboració amb l'ajuntament receptor.*

20. **d)** *Escolteu amb atenció les queixes, parleu suau, no relativitzeu el problema objecte de la reclamació. Intenteu, si és possible, cercar una solució.*

21. **c)** *Sí, cal conèixer el contingut de tots els impresos que heu de lliurar i tenir-ne sempre a l'abast.*

22. **d)** *Totes són correctes.*

23. **c)** *Hem d'identificar-nos dient el propi nom i el del servei on treballeu.*

24. **d)** *L'informeu de la situació cada 30 segons, perquè la persona s'adoni que estem pendents d'ella.*

25. *www.gencat.net*

26. *www.cat365.net*

27. 2. *Fals*

28. 1. *Direcció del Departament.*

    2. *Coordinació del Departament.*

3. *Direcció general.*

4. *Direcció d'òrgan administratiu.*

29. *Justificant mèdic / superior immediat.*

30. ***a)*** *1. Cert.*

b) 2. Fals.

c) 1. Cert.

31. ***a)*** *1. Cert.*

b) *1. Cert.*

c) *2. Fals.*

d) *1. Cert.*

e) *2. Fals.*

f) *1. Cert.*

Bloc II. Les competències professionals. Model de qüestionari tipus

RESPOSTES ORIENTATIVES

ACORD, s'accepta tant la resposta a com la b
DESACORD, s'accepta tant la resposta d com la e

1. A	*21. A*
2. A	*22. D*
3. A	*23. D*
4. A	*24. D*
5. A	*25. A*
6. A	*26. D*
7. A	*27. D*
8. A	*28. A*
9. A	*29. A*
10. D	*30. D*
11. A	*31. D*
12. D	*32. A*
13. A	*33. A*
14. A	*34. D*
15. A	*35. A*
16. D	*36. A*
17. D	*37. A*
18. A	*38. A*
19. A	*39. D*
20. A	*40. D*

Tests de Temes

Enunciats

Test de Tema 1

Bon govern i ètica pública. El Codi ètic del servei públic de Catalunya: valors inherents i actuacions del servidor públic. Transparència en l'activitat pública. Dades obertes: principis i beneficis. Conceptes bàsics sobre la qualitat dels serveis públics: les cartes de servei, l'avaluació permanent dels serveis públics, i el dret de formular propostes i suggeriments.

1. Què entenem per bon govern?

a) Podríem definir el bon govern com aquell on els que governen ho fan de manera ètica i que a més a més té un enfocament de qualitat de cara al ciutadà.
b) Podríem definir el bon govern com aquell on els que governen presten els serveis amb tecnologia 2.0.
c) Podríem definir el bon govern com aquell on els que governen ho fan a traves de normes i lleis.
d) Podríem definir el bon govern com aquell on els que governen ho fan exclusivament amb prestació de serveis de caràcter presencial.

2. Quan les administracions funcionen amb la màxima transparència i ètica pública actuen com a:

a) Govern electrònic.
b) Govern legal.
c) Bon govern.
d) Govern proper.

3. Com es defineix el servei públic en les Administracions públiques de Catalunya?

a) Com una administració electrònica.
b) Com una administració que atén l'interès general segons la normativa vigent.
c) Com una administració integrada en la Unió Europea.
d) Com aquell conjunt d'activitats i prestacions que tenen per finalitat atendre i satisfer de manera regular i constant les necessitats individuals i col·lectives considerades d'interès general i de responsabilitat de les administracions públiques de Catalunya.

4. Quins són els valors públics que considerem perquè un servei públic de qualitat contribueixi a millorar el benestar de la gent?

a) Responsabilitat envers el bé comú.
b) L'exercici del servei públic s'ha d'orientar i concebre des de la perspectiva de l'interès i necessitats de les persones, posant-les sempre en el centre de l'acció i prioritzant les més vulnerables.
c) El servei públic s'ha de dur a terme de manera diligent, objectiva, imparcial, justa, respectuosa i personalitzada.
d) Totes són correctes.

5. Quins són els principis bàsics que permeten avaluar la qualitat democràtica del funcionament de les administracions públiques?

a) Transparència i administració electrònica.
b) Bon govern i govern obert.
c) Transparència, l'accés a la informació pública, bon govern i govern obert.
d) Protecció de dades i govern obert.

6. Indiqui els valors que han de tenir les persones que integren el servei públic de Catalunya en la seva tasca professional:

a) Vocació de servei, professionalitat i confiança pública.
b) Transparència.
c) Bon govern.
d) Ser eficient.

7. Quin és el marc legal propi de Catalunya, quant a la transparència?

a) Llei 19/2014, del 29 de desembre, de transparència, accés a la informació pública i bon govern.
b) Llei 19/2013, de 9 de desembre, de transparència, accés a la informació pública i bon govern.
c) Llei 26/2010, del 3 d'agost, de règim jurídic i de procediment de les administracions públiques de Catalunya.
d) Llei 39/2015, d'1 d'octubre, del procediment administratiu comú de les administracions públiques.

8. Què és la transparència pública?

a) És l'acció proactiva de l'Administració de donar a conèixer la informació amb tecnologia.
b) És l'acció proactiva de l'Administració de donar a conèixer la informació amb la web de la Generalitat de Catalunya.
c) És l'acció proactiva de l'Administració de donar a conèixer la informació amb canal telefònic.
d) És l'acció proactiva de l'Administració de donar a conèixer la informació relativa als seus àmbits d'actuació i les seves obligacions amb caràcter permanent i actualitzat.

9. És obligatòria la transparència?

a) És una obligació de l'Administració que ha de facilitar de manera proactiva, sense necessitat de demanda expressa.
b) No, no és una obligació.
c) És una obligació, però només si hi ha demanda expressa.
d) Cap és correcta.

10. Quins són els subjectes de les administracions públiques obligats per la Llei 19/2014?

a) La Llei 19/2014 té com a principal àmbit subjectiu d'aplicació les administracions públiques de Catalunya, noció que inclou l'Administració de la Generalitat i els ens locals, així com tots els organismes i entitats de naturalesa administrativa dependents o vinculats a aquestes administracions.
b) La Llei té com a principal àmbit subjectiu d'aplicació únicament els ens locals de Catalunya.
c) La Llei té com a principal àmbit subjectiu d'aplicació l'Administració de la Generalitat de Catalunya.
d) La Llei té com a principal àmbit subjectiu d'aplicació els organismes i entitats de naturalesa administrativa dependents de la Generalitat de Catalunya.

11. Les obligacions de transparència establertes en la Llei 19/2014 són aplicables als partits polítics, a les associacions i fundacions vinculades, a les organitzacions sindicals i empresarials i a les entitats privades?

a) No, sota cap condicionant.
b) Sí, si tenen ingressos públics de qualsevol tipus.
c) Sí, si tenen patrons públics o socis públics majoritaris.
d) Sí, si perceben subvencions o ajuts públics de més de 100.000 euros anuals.

12. Per a fer efectiva la transparència, quines actuacions han de realitzar els subjectes obligats?

a) Difondre la informació pública d'interès general d'una manera veraç i objectiva.
b) Garantir que la informació es difon de manera constant i s'actualitza permanentment.
c) Organitzar la informació de manera que sigui accessible i comprensible. Facilitar la consulta de la informació amb l'ús de mitjans informàtics en formats comprensibles.
d) Totes són correctes.

13. Indiqui quina informació ha de fer pública una Administració en aplicació del principi de transparència:

a) L'organització institucional i l'estructura administrativa.
b) La gestió econòmica, comptable, pressupostària i patrimonial.
c) Les decisions i les actuacions amb rellevància jurídica especial.
d) Totes són correctes.

14. Com es defineix el Govern Obert?

a) Com el conjunt de mesures per a establir una relació i un diàleg permanents i bidireccionals entre l'Administració i les persones a l'hora de definir i aplicar les polítiques públiques, i per a introduir i desenvolupar instruments de participació i col·laboració ciutadana en els assumptes públics.
b) Govern obert defineix una administració pública com 2.0.
c) Govern Obert defineix un administració pública com a prestadora de serveis eficient.
d) Govern Obert defineix una administració pública com a eficaç.

15. Quin es el repte correcte de la Generalitat de Catalunya en matèria de govern obert:

a) Implantar un govern 2.0.
b) Implantar una administració sense paper.
c) Implantar la Llei de transparència sota demanda ciutadana.
d) Implantar un sistema de govern obert dins l'Administració catalana que integri les polítiques de transparència, de dades obertes i de participació ciutadana.

16. En quin dels següents portals web de la Generalitat poden els ciutadans participar en les polítiques de govern obert?

a) transparenciacatalunya.cat
b) dadesobertes.gencat.cat
c) participa.gencat.cat
d) Totes són correctes.

17. Com es denomina l'instrument per fer accessible la informació a la ciutadania?

a) Portal de la Transparència.
b) Portal protecció de dades.
c) Portal web.
d) Portal tràmits electrònics.

18. Què implica la publicitat activa?

a) Ser proactiu pel que fa a l'estructura retributiva del personal i alts càrrecs de la Generalitat de Catalunya.
b) Ser proactiu pel que fa a la informació econòmica de la Generalitat de Catalunya.
c) Ser proactiu a l'hora d'informar sobre l'organització institucional i l'estructura administrativa, la gestió econòmica, comptable, pressupostària i patrimonial, les decisions i actuacions de rellevància jurídica, la planificació i programació, la contractació pública, els convenis de col·laboració, les subvencions.
d) Cap és correcta.

19. Què garanteix el dret d'accés a la informació pública?

a) Que la ciutadania pugui requerir i obtenir informació pública, a través d'un tràmit presencial o per Internet.
b) Que la ciutadania pugui requerir l'aprovació d'una llei.
c) Que la ciutadania pugui requerir el cessament d'alts càrrecs.
d) Que la ciutadania pugui requerir un Ple de control al Govern al Parlament de Catalunya.

20. Què posa a disposició el portal de dades obertes de la Generalitat de Catalunya?

a) Posa a disposició de la ciutadania les actes del Parlament de Catalunya.
b) Posa a disposició de la ciutadania i de les empreses les aplicacions informàtiques de la Generalitat de Catalunya.
c) Posa a disposició de la ciutadania i de les empreses les nòmines dels funcionaris.
d) Posa a disposició de la ciutadania i de les empreses fitxers de dades d'accés lliure i gratuït, amb l'objectiu que la informació de caràcter públic sigui fàcilment reutilitzable.

21. Quina és la definició de qualitat?

a) El conjunt de propietats i característiques d'un servei o producte que satisfan les necessitats establertes per la ciutadania.
b) La cartera de serveis d'una Administració Publica.
c) El manual de processos d'un servei.
d) La norma jurídica d'un servei.

22. Quin és l'element essencial en la prestació de serveis de qualitat?

a) La tecnologia.
b) La norma jurídica.
c) Els electes.
d) La participació del personal.

23. Quin ha de ser l'objectiu permanent d'una organització pública per la qualitat dels serveis públics?

a) L'estalvi de costos.
b) La prestació continua de serveis de 24 hores al dia.
c) La millora contínua.
d) Atendre la norma jurídica.

24. Quin és/són el/els factor/s que determina/en la qualitat en la prestació de serveis públics?

a) Les expectatives i la percepció dels ciutadans.
b) El pressuposts de despeses.
c) La tecnologia.
d) Els formularis.

25. En què consisteix la prestació d'un servei públic?

a) Elaborar un formulari.
b) Elaborar una norma.
c) Elaborar una tecnologia.
d) La prestació d'un servei consisteix en la satisfacció d'una necessitat sense que això suposi la producció d'un bé tangible.

26. Com es denomina el conjunt d'accions que implementa una organització per consolidar un procés de millora contínua?

a) La gestió tecnològica.
b) La gestió de la qualitat.
c) La gestió del pressupost.
d) L'elaboració dels processos.

27. Què és un Pla de qualitat?

a) La definició de la tecnologia en els serveis a prestar.
b) La planificació de les accions necessàries per a aconseguir els objectius de millora fixats.
c) L'adaptació de la tecnologia a l'esquema nacional de seguretat (ENS).
d) La definició de les normes jurídiques que afectin als serveis a prestar.

28. Assenyala l'afirmació correcta pel que fa a la prestació d'un servei públic:

a) Els serveis públics s'han de prestar al menor cost possible.
b) Els serveis públics no tenen objectius predeterminats en l'àmbit de la seva competència.
c) El servei públic s'ha de fonamentar en la professionalitat i qualitat tècnica, així com l'eficàcia i eficiència en el seu acompliment.
d) Els serveis públics només s'han d'atendre d'acord amb la normativa vigent.

29. Com s'han de dissenyar els servis públics?

a) S'han de dissenyar els models de serveis públics més afavoridors de transparència, accés a la informació, rendiment de comptes i avaluació de polítiques públiques.
b) S'han de dissenyar els models de serveis públics exclusivament més eficients.
c) S'han de dissenyar els models de serveis públics exclusivament més burocràtics i d'acord amb la normativa.
d) S'han de dissenyar els models de serveis públics exclusivament amb tràmit documental en paper.

30. Quins són els mecanismes per a què una ciutadania pugui aportar dades i opinions?

a) Aplicar el govern obert i fomentar la participació i la col·laboració ciutadanes.
b) Introduir la T-CAT en tots els tràmits.
c) Establir les queixes i suggeriments en tots els tràmits ciutadans.
d) Crear el registre electrònic únic.

Test de Tema 2

Marc constitucional: principis, drets i deures fonamentals de les persones. L'Estatut d'autonomia de Catalunya: principis i tipologia de competències. El Parlament de Catalunya: composició i funcions. El president o presidenta de la Generalitat de Catalunya. El Govern de la Generalitat de Catalunya. Organització judicial a Catalunya: definició, organització i tipus d'òrgans judicials.

1. Espanya es constitueix en un Estat:

a) Social de dret.
b) Plural de dret.
c) Social i democràtic de dret.
d) Plural i democràtic de dret.

2. No és un valor superior de l'ordenament jurídic espanyol:

a) La llibertat.
b) La justícia i la igualtat.
c) El pluralisme polític.
d) Tots ho són.

3. Els poders de l'Estat emanen de:

a) La nació.
b) El poble espanyol.
c) Les Corts Generals.
d) El rei.

4. La Constitució reconeix i garanteix el dret a l'autonomia:

a) De les nacionalitats que la integren.
b) De les regions que la integren.
c) De les comunitats autònomes que la integren.
d) De les nacionalitats i regions que la integren.

5. La Constitució garanteix:

a) El principi de legalitat.
b) La jerarquia normativa.
c) La publicitat de les normes.
d) Totes són correctes.

6. L'ensenyament bàsic és:

a) Obligatori i integral.
b) Gratuït.
c) Obligatori i gratuït.
d) Obligatori, gratuït i integral.

7. Tots els espanyols tenen:

a) El deure de treballar.
b) El dret al treball.
c) El deure de treballar i el dret al treball.
d) El dret a l'ocupació plena.

8. El dret a sindicar-se lliurement, es recull a la Constitució espanyola?

a) Sí.
b) No.
c) És un deure i no un dret.
d) Cap és correcta.

9. Quin dels següents drets no té la consideració de dret fonamental?

a) Dret a la llibertat.
b) Dret a l'honor.
c) Dret de petició.
d) Dret a la propietat privada.

10. L'actual Estatut d'autonomia es va promulgar:

a) El 18 de juny de 2006.
b) El 20 de juliol de 2006.
c) El 19 de juliol de 2006.
d) El 19 de juliol de 2004.

11. L'estatut és:

a) Una llei ordinària.
b) Un decret legislatiu.
c) Real decret.
d) Una llei orgànica estatal.

12. Quina és la institució política bàsica d'autogovern?

a) Les Corts.
b) Tribunal Superior de Justícia.
c) La Generalitat.
d) La Paeria.

13. L'entrada en vigor del nou Estatut d'Autonomia va tenir lloc:

a) El 9 d'agost de 2006.
b) El 9 d'agost de 2004.
c) El 18 de juny de 2006.
d) Cap és correcta.

14. Quan a la Generalitat li correspon la totalitat de potestats normatives sobre una matèria, aquestes s'anomenen:

a) Competències exclusives.
b) Competències executives.
c) Competències excloents.
d) Competències compartides.

15. Les competències que atribueixen a la Generalitat, la potestat legislativa, la reglamentària i la funció executiva derivades d'una llei de bases s'anomenen:

a) Competències úniques.
b) Competències compartides.
c) Competències executives.
d) Competències exclusives.

16. Les competències executives són:

a) Les que atribueixen a l'estat la potestat reglamentaria i la funció executiva.
b) Les que atribueixen a la Generalitat la potestat jurisdiccional.
c) Les que atribueixen a la Generalitat la potestat legislativa.
d) Les que atribueixen a la Generalitat la potestat reglamentària i la funció executiva.

17. El Títol I de l'Estatut d'autonomia de Catalunya regula:

a) Les institucions.
b) El poder judicial a Catalunya.
c) Les competències.
d) Els drets, deures i principis rectors.

18. Les competències exclusives de la Generalitat inclouen les potestats:

a) Legislativa i expropiatòria.
b) Normativa i jurisdiccional i la funció executiva.
c) Legislativa i reglamentària i la funció executiva.
d) Reglamentària i la funció inspectora.

19. En quin apartat de l'Estatut d'autonomia de Catalunya es regula el Parlament?

a) Al capítol I del Títol II.
b) Al capítol V del Títol III.
c) Al capítol III del Títol III.
d) Al capítol I del Títol IV.

20. Segons l'article 2.1 de l'Estatut d'Autonomia de Catalunya, la Generalitat és:

a) El sistema institucional en què s'organitza políticament l'autogovern de Catalunya.
b) L'administració pública de Catalunya.
c) El poder legislatiu de Catalunya.
d) El Consell Executiu.

21. La llengua d'ús normal de les administracions públiques catalanes és:

a) El castellà.
b) El català.
c) El català, el castellà i l'aranès.
d) El castellà per les administracions dependents de l'Estat, i el català per les administracions dependents de la Generalitat i dels ens locals.

22. Quina de les següents afirmacions és INCORRECTA?

a) La llengua pròpia de Catalunya és el català.
b) El català i el castellà són llengües oficials de Catalunya.
c) A Catalunya totes les persones tenen el dret i el deure d'utilitzar les dues llengües oficials.
d) A Catalunya, els ciutadans de Catalunya tenen el dret i el deure de conèixer el català i el castellà.

23. El Títol primer de l'Estatut regula:

a) Els drets, deures i principis rectors.
b) Les institucions de la Generalitat.
c) Els principis identificatius de Catalunya com a nacionalitat.
d) El finançament de la Generalitat.

24. Què regula el capítol I del Títol I de l'Estatut, sobre els drets i deures de l'àmbit civil i social, entre els quals reconeix el dret de totes les persones?

a) El dret a viure amb dignitat, seguretat i autonomia, lliures d'explotació, maltractaments i de tota mensa de discriminació.
b) El dret a viure amb dignitat, lliures d'explotació i de maltractaments sense que pugui ser discriminats per raó de l'edat.
c) El dret al lliure desenvolupament de llur personalitat i capacitat personal, i a rebre l'atenció integral necessària per al desenvolupament de llur personalitat i llur benestar en el context familiar i social.
d) El dret a rebre l'atenció integral necessària per a viure amb dignitat, seguretat i autonomia, lliures d'explotació i maltractaments.

25. Quina de les següents opcions és un deure de totes les persones, d'acord amb l'Estatut?

a) Respectar i preservar el patrimoni cultural.
b) Fer un ús responsable dels recursos naturals i del paisatge i d'evitar-ne el malbaratament.
c) Col·laborar en la conservació del patrimoni natural i en les actuacions que tendeixen a eliminar les diferents formes de contaminació, amb l'objectiu de mantenir-lo i conservar-lo per a les generacions futures.
d) Totes són correctes.

26. L'Estatut d'Autonomia és, per Catalunya:

a) La seva norma institucional bàsica.
b) La seva norma constitucional.
c) La norma que desenvolupa la Constitució en allò que afecta als interessos de Catalunya.
d) Totes són correctes.

27. La llengua oficial de Catalunya és:

a) El castellà, el català i l'aranès.
b) El català i el castellà.
c) El català.
d) El català i el castellà, i ambdues són també llengües pròpies de la Generalitat; l'aranès és la llengua pròpia de l'Aran.

28. Quan l'Estatut d'Autonomia fa referència a la tipologia de les competències, no inclou les:

a) Competències exclusives.
b) Competències concurrents.
c) Competències compartides.
d) Competències executives

29. Quina institució de la Generalitat ostenta la representació del poble de Catalunya?

a) El Parlament.
b) El President de la Generalitat.
c) El Govern.
d) Totes són correctes.

30. L'Estatut atribueix l'exercici de la potestat reglamentària a:

a) El Parlament i el Govern.
b) El President de la Generalitat, els Consellers i el Govern.
c) El Parlament.
d) El Govern de la Generalitat.

Test de Tema 3

Organització i funcionament de la Generalitat de Catalunya: principis d'organització i funcionament. Els departaments: la seva estructura organitzativa i les unitats directives que els componen. Característiques i tipologia d'organismes que componen el sector públic. El sistema educatiu de Catalunya: el dret a l'educació, els ensenyaments obligatoris i gratuïts, l'organització de l'ensenyament i l'organització dels centres docents.

1. Quin dels següents és un òrgan actiu d'Administració de la Generalitat de Catalunya?

a) La cap de servei de verificació de programes de formació.
b) La cap de secció de comptabilitat.
c) La subdirectora general d'organització coneixement i sistemes informació.
d) Totes són correctes.

2. Què són els òrgans consultius de l'Administració de la Generalitat?

a) Són els òrgans consultius de l'Administració de la Generalitat els que poden dictar circulars i instruccions per dirigir l'activitat.
b) Són òrgans consultius de l'administració de la Generalitat les Subdireccions Generals, els Serveis, les Seccions i els Negociats.
c) Són òrgans consultius de l'Administració de la Generalitat els que tenen assignades expressament funcions d'informe, consulta, assessorament o proposta.
d) Cap és correcta.

3. Els òrgans actius són aquells que:

a) Són unipersonals.
b) Són òrgans col·legiats.
c) Estan formats pel president i els consellers.
d) Permeten que l'Administració gestioni els interessos generals.

4. En l'Estatut d'Autonomia de Catalunya es parla de la possibilitat de creació d'empreses públiques?

a) Sí, en l'article 202 del capítol II del Pressupost de la Generalitat.
b) Sí, en l'article 215. del capítol II del Pressupost de la Generalitat.
c) Sí, en l'article 216 del capítol II del Pressupost de la Generalitat.
d) Totes són correctes.

5. Quina Llei regula l'Estatut de l'Empresa Pública Catalana?

a) La Llei 4/1985.
b) La Llei 39/2015.
c) La Llei 40/2015.
d) Cap és correcta.

6. La Llei 4/1985, de 29 de març, què regula?

a) L'Estatut de l'Empresa Pública Catalana.
b) L'Estatut Bàsic de l'empleat públic
c) L'Estatut de Catalunya
d) Cap és correcta.

7. El president o presidenta de la Generalitat, és un òrgan?

a) Sí, és un òrgan superior.
b) Sí, és un òrgan col·legiat.
c) Sí, és l'òrgan unipersonal superior de l'Administració de la Generalitat.
d) Sí, és un òrgan consultiu.

8. El Govern és un òrgan?

a) Sí, és un òrgan superior.
b) Sí, és l'òrgan unipersonal superior de l'Administració de la Generalitat.
c) Sí, és l'òrgan col·legiat superior de direcció de l'Administració de la Generalitat.
d) Sí, és un òrgan consultiu.

9. Un exemple d'òrgan unipersonals és:

a) Un conseller.
b) El Parlament.
c) El Consell executiu.
d) El Govern.

10. Els organismes autònoms es caracteritzen per:

a) Tenir pressupostos específics.
b) Tenir personalitat jurídica pròpia.
c) Tenir funcions específiques.
d) Totes són correctes.

11. La potestat organitzadora de la Generalitat és:

a) La potestat que permet la materialització pràctica de les competències que l'Estatut atorga la Generalitat.
b) La potestat que permet la materialització pràctica de les competències que l'Estatut atorga la Constitució.
c) La potestat que permet la materialització pràctica de les competències que la Generalitat atorga a l'Estatut.
d) La potestat que permet la materialització pràctica de les competències que la Constitució atorga a l'Estatut.

12. La creació de les entitats autònomes de tipus administratiu es constitueixen per:

a) Llei del Govern.
b) Llei del Parlament.
c) Llei del Consell executiu.
d) Llei de l'estat Central.

13. Quina afirmació NO és pròpia de les entitats autònomes de tipus administratiu?

a) Tenen pressupostos específics.
b) Tenen personalitat jurídica pròpia.
c) Tenen patrimoni.
d) Són entitats de dret privat.

14. Quin ordre jurisdiccional és competent per entendre els recursos de les entitats autònomes de tipus administratiu?

a) Contenciós administratiu.
b) Mercantil.
c) Penal.
d) Social.

15. Els comissionats són:

a) Els membres de la comissió jurídica assessora.
b) Òrgans creats amb caràcter temporal o permanent el si del govern.
c) Els caps de les comissions de govern dels ajuntaments.
d) Òrgans creats excepcionalment pel govern els quals s'assigna un àmbit d'actuació especifica específic.

16. La creació de societats amb participació majoritària de la Generalitat de Catalunya correspon:

a) Al vicepresident d'economia.
b) Al Parlament.
c) Al cap de departament al qual s'adscriguin.
d) Al Govern.

17. Les entitats autònomes de la Generalitat que realitzen operacions de caràcter comercial industrial financer:

a) No poden tenir béns propis.
b) Poden tenir béns propis i béns adscrits de caràcter patrimonial.
c) Poden tenir béns de caràcter dominical.
d) Només poden tenir béns propis.

18. Les entitats autònomes de la Generalitat que realitzen operacions de caràcter Comercial industrial financer, es poden crear mitjançant:

a) Llei del Govern.
b) Llei del Parlament.
c) Llei del Consell executiu.
d) Llei de l'estat Central.

19. La Llei 40/2015, d'1 d'octubre, preveu la creació de consorcis?

a) No, no es poden constituir consorcis.
b) Sí, si només participen la Generalitat de Catalunya i entitats privades.
c) Sí, es pot acordar la constitució de consorcis entre la Generalitat i altres administracions públiques per a finalitats d'interès comú.
d) Cap és correcta.

20. La constitució d'un consorci en què participi la Generalitat, s'ha d'aprovar mitjançant:

a) Una Llei del Parlament.
b) Una Ordre del Conseller d'Economia.
c) Un decret del Govern de la Generalitat.
d) Decret Llei de l'estat central.

21. Quines formes d'entitats autònomes hi ha?

a) Dues, les entitats autònomes administratives i les entitats autònomes comercials i financeres.
b) Una, les entitats de dret públic.
c) Una, les societats privades de la Generalitat de Catalunya.
d) Una, les societats participades majoritàriament per la Generalitat de Catalunya.

22. Són fundacions del sector públic de l'Administració de la Generalitat:

a) Les fundacions que el patrimoni de la fundació sigui integrat en més d'un 50% per béns o drets aportats o cedits per l'Administració de la Generalitat, o qualsevol de les entitats del seu sector públic.
b) Les fundacions que la majoria absoluta dels drets de vot en el patronat correspongui a l'Administració de la Generalitat, o a les entitats del seu sector públic, o en càrrecs que els representin.
c) Les que les activitats pròpies de les fundacions del sector públic de l'Administració de la Generalitat són sense ànim de lucre per al compliment de finalitats d'interès general, independentment de si el servei es presta gratuïtament o per mitjà d'una contraprestació econòmica.
d) Totes són correctes.

23. L'exercici de la potestat organitzadora dels serveis de la Generalitat està recollida en la:

a) Llei 13/1989, de 14 de desembre, d'organització, procediment i règim jurídic de l'Administració de la Generalitat.
b) Llei 14/1989, de 14 de desembre, d'organització, procediment i règim jurídic de l'Administració de la Generalitat.
c) Llei 13/1999, de 14 de desembre, d'organització, procediment i règim jurídic de l'Administració de la Generalitat.
d) Llei 13/1990, de 14 de desembre, d'organització, procediment i règim jurídic de l'Administració de la Generalitat.

24. Quins òrgans són els que estenen la seva competència a tot el territori de Catalunya?

a) Òrgans centrals.
b) Òrgans territorials o perifèrics.
c) Òrgans actius.
d) Òrgans consultius.

25. Els Secretaris Generals dels Departaments són:

a) Òrgans superiors.
b) Alts càrrecs.
c) Comissionats.
d) Cap és correcta.

26. Quins òrgans són els que cenyeixen la seva competència només a una part del territori?

a) Òrgans centrals.
b) Òrgans territorials o perifèrics.
c) Òrgans actius.
d) Òrgans consultius.

27. Quins òrgans tenen competències resolutòries?

a) Els òrgans centrals.
b) Els òrgans territorials o perifèrics.
c) Els òrgans actius.
d) Els òrgans consultius.

28. Quins òrgans tenen aquells tenen competències exclusivament consultives, no resolutòries?

a) Òrgans centrals.
b) Òrgans territorials o perifèrics.
c) Òrgans actius.
d) Òrgans consultius.

29. Els consellers poden dictar reglaments?

a) En cap cas.
b) Només en matèries d'organització del departament del qual són titulars.
c) Sí, amb les limitacions generals de la potestat reglamentària.
d) Sí, quan una norma amb rang de llei o un decret del Govern els ho autoritza expressament.

30. Cada òrgan de l'Administració de la Generalitat ha d'ajustar els seus mitjans no solament als fins propis, sinó també als de l'Administració de la Generalitat com a conjunt, sense impedir ni dificultar als altres el compliment de les competències que tenen assignades. Amb aquesta afirmació s'està definint el principi de:

a) Lleialtat institucional.
b) Col·laboració administrativa.
c) Coordinació orgànica.
d) Desconcentració funcional.

Test de Tema 4

Els drets dels ciutadans en les seves relacions amb l'Administració pública: el dret a la no-discriminació i a una atenció adequada, els drets lingüístics, el dret a una bona administració i a serveis públics de qualitat, el dret d'accés als serveis i a la informació pública, els drets relatius a la protecció de dades, els drets relatius als mitjans electrònics i el dret a la intimitat. Els drets relatius a la protecció de dades el dret a una bona administració i a serveis públics de qualitat.

1. L'Administració ha de donar assistència en l'ús de mitjans electrònics als ciutadans els quals no tenen l'obligació de fer servir mitjans electrònics?

a) Sí, les administracions públiques han de garantir que els interessats es puguin relacionar amb l'Administració a través de mitjans electrònics.
b) No, només han de prestar serveis electrònics.
c) No, només han de garantir assistència a les persones grans.
d) Cap és correcta.

2. Els ciutadans tenen dret a la protecció de dades de caràcter personal, i a la seguretat i confidencialitat de les dades que figurin als fitxers, sistemes i aplicacions de les administracions públiques?

a) Sí, tenen dret a la protecció de dades.
b) No, les dades són públiques a tots els efectes.
c) Sí, però només de les dades tributàries.
d) No, les dades personals es publiquen al portal de transparència.

3. Les persones físiques poden escollir en tot moment si es comuniquen o no amb les administracions públiques per exercir els seus drets i obligacions a través de mitjans electrònics?

a) No, les persones físiques i jurídiques estan obligades a relacionar-se amb l'Administració per mitjans exclusivament electrònics.
b) No, només poden escollir les persones jurídiques.
c) No, només poden escollir les persones grans.
d) Sí, el ciutadà i només el ciutadà, pot triar la manera (electrònica o presencialment) de posar-se en contacte amb l'administració.

4. Com han de ser les relacions entre administracions i entre administracions i empreses?

a) Només electròniques.
b) Presencials.
c) Les empreses poden escollir la manera de relacionar-se amb l'administració.
d) A través de correu postal.

5. L'obtenció de mitjans d'identificació i signatura electrònica, és un:

a) Dret lingüístic.
b) Dret de les persones en les seves relacions amb les administracions públiques.
c) Dret relatiu a la protecció de dades.
d) Dret d'accés als serveis i la informació pública.

6. Un ciutadà pot exigir les responsabilitats de les administracions públiques i autoritats, quan així correspongui legalment?

a) No, només en un judici.
b) No, només si ho diu la norma del procediment.
c) Sí, és un dret de les persones en les seves relacions amb les administracions públiques.
d) Són correctes a) i b).

7. Els ciutadans tenen dret a accedir i a obtenir una còpia dels documents continguts en els procediments administratius?

a) Sí, si tenen condició d'interessada.
b) Sí, sempre.
c) No, mai.
d) No, només en cas de judici.

8. Qui es relacioni amb les AAPP per mitjans electrònics, pot accedir a la informació en el punt d'accés general electrònic de l'Administració?

a) No, només a través de les dades personals.
b) No, només als expedients físics.
c) No, només a través de les dades obertes.
d) Sí, té dret a consultar la informació en el punt d'accés general electrònic de l'Administració, que funciona com un portal d'accés.

9. Els interessats en un procediment sancionador, han de rebre una notificació dels fets?

a) Sí, han de ser notificats dels fets que se'ls imputen.
b) No, només al taulell d'edictes.
c) No, només a través de BOE.
d) Cap és correcta.

10. Un interessat pot conèixer, en qualsevol moment, l'estat de la tramitació dels procediments en què tinguin la condició d'interessats?

a) No, només en tràmit d'audiència.
b) No, només en tràmit d'exposició pública.
c) Sí, tenen dret a conèixer, en qualsevol moment, l'estat de la tramitació dels procediments en què tinguin la condició d'interessats.
d) Cap és correcta.

11. En què consisteix el dret d'accés a la informació pública?

a) En la possibilitat d'accedir a les dades obertes.
b) En la possibilitat d'accedir a la informació de què disposa l'Administració i que és pública.
c) En accedir a les dades personals dels ciutadans.
d) Cap és correcta.

12. Què protegeix el dret a la no-discriminació i a una atenció adequada?

a) El dret a plantejar suggeriments, propostes d'actuació i millores sobre el funcionament dels serveis públics.
b) El dret a ser consultats periòdicament i regularment sobre el grau de satisfacció dels serveis públics i les activitats gestionades per l'Administració
c) El dret a ser atesos amb respecte i consideració, sense discriminació per raó de naixement, sexe, raça, origen, religió, orientació sexual, opinió o qualsevol altra circumstància personal o social.
d) El dret a participar en la presa de decisions, l'elaboració de les normes i a proposar iniciatives normatives.

13. El dret a que l'actuació administrativa sigui proporcional a la finalitat perseguida té a veure amb el dret:

a) A una bona administració.
b) D'accés als serveis i la informació pública.
c) Lingüístic.
d) A la no-discriminació i a una atenció adequada.

14. El Dret a una bona administració, inclou el:

a) Dret a utilitzar mitjans electrònics per comunicar-se amb l'Administració.
b) Dret a participar en la presa de decisions.
c) Dret d'opció lingüística.
d) Dret a obtenir resposta en la llengua de petició.

15. Com identificaria el dret que les decisions de les administracions públiques estiguin motivades en els supòsits establerts legalment?

a) Com un dret d'accés als serveis i la informació pública.
b) Com un dret lingüístic.
c) Com un dret a la no-discriminació i a una atenció adequada.
d) Com un dret a una bona administració.

16. Accedir en condicions d'igualtat als serveis públics i que aquests siguin de qualitat, és un dret?

a) Sí, és un dret a uns serveis públics de qualitat.
b) Sí, és un dret lingüístic.
c) Sí, és un dret a la no-discriminació i a una atenció adequada.
d) Sí, és un dret a una bona administració.

17. Les administracions públiques de Catalunya, han de tenir cartes de serveis a disposició dels ciutadans?

a) No.
b) Sí, però només les cartes de serveis són obligatòries en el Departament d'Interior.
c) Sí, les cartes de serveis identifiquen uns serveis públics de qualitat.
d) Cap és correcta.

18. Quines unitats orgàniques de la Generalitat de Catalunya estan obligades a tenir Cartes de Serveis?

a) Direccions Generals.
b) Secretaries Generals.
c) Comissionats.
d) Consells Consultius.

19. Quin dels següents és un dret relatiu als mitjans electrònics?

a) Dret a comunicar-se amb l'Administració i el seu sector públic a través d'un punt d'accés general electrònic.
b) Dret a ser assistit en l'ús de mitjans electrònics en les seves relacions amb l'Administració i el seu sector públic.
c) Dret a obtenir i utilitzar mitjans d'identificació i signatura electrònica.
d) Tots els drets són relatius als mitjans electrònics.

20. Qui és persona interessada?

a) És el subjecte passiu en un tribut.
b) És el beneficiari d'una subvenció.
c) Qualsevol persona que té un dret o un interès legítim (individual o col·lectiu) que pugui estar afectada en un procediment administratiu .
d) Cap és correcta.

21. Quines persones tenen la consideració d'interessades?

a) Les que el promoguin com a titulars de drets o interessos legítims individuals o col·lectius.
b) Les que, sense haver iniciat el procediment, tinguin drets que puguin ser afectats per la decisió que s'adopti en aquest.
c) Aquelles els interessos legítims de les quals, individuals o col·lectius, puguin ser afectats per la resolució i es personin en el procediment mentre no s'hagi dictat una resolució definitiva.
d) Totes són correctes.

22. Què és el dret d'accés?

a) El dret d'accedir als arxius històrics.
b) El dret a accedir a la informació elaborada per l'Administració.
c) El dret a accedir als edificis públics.
d) El dret d'accés a la via pública.

23. Si parlem del dret a la protecció de dades de caràcter personal:

a) La protecció de dades permet que el portal de transparència inclogui les dades personals.
b) La protecció de dades indica anominitzar les dades.
c) La protecció de dades personals consisteix a protegir-les i tractar-les únicament per a les finalitats per a les quals els interessats ens les han facilitat, i no revelar-les a tercers sense autorització.
d) Cap és correcta.

24. L'accés a la informació pública, en quina forma es pot realitzar?

a) Només en suport paper.
b) Només en mitjans electrònics.
c) Només presencialment.
d) Inclou qualsevol forma o suport en què aquesta informació hagi estat elaborada o en què es conservi.

25. Quina de les següents opcions és un límit al dret d'accés a la informació pública?

a) La seguretat pública.
b) La investigació o la sanció de les infraccions penals, administratives o disciplinàries.
c) El secret o la confidencialitat en els procediments tramitats per l'Administració pública, si el secret o la confidencialitat són establerts per una norma amb rang de llei.
d) Totes són correctes.

26. Quines són les dades personals especialment protegides?

a) Les dades sobre la ideologia.
b) Les dades sobre la salut.
c) Les dades sobre religió.
d) Totes les són correctes.

27. Un ciutadà pot utilitzar les llengües oficials a Catalunya per relacionar-se amb l'administració pública?

a) Només a la Generalitat de Catalunya.
b) Només al seu Ajuntament.
c) Sí, sempre.
d) No, mai.

28. Pot un ciutadà plantejar suggeriments en el portal de transparència?

a) Sí, els ciutadans tenen el dret de fer propostes d'actuació o millora i suggeriments amb relació al funcionament dels serveis públics.
b) No, mai.
c) Sí, en el tràmit d'exposició pública.
d) Sí, en el tràmit d'audiència pública.

29. Existeix el dret a comunicar-se amb l'Administració i el seu sector públic a través d'un punt d'accés general electrònic?

a) No, no existeix cap norma al respecte.
b) Sí, es té el dret de les persones a comunicar-se amb les Administracions públiques en les relacions amb aquestes a través d'un Punt d'Accés General.
c) No s'ha creat cap punt d'accés general.
d) Cap és correcta.

30. Es pot exigir identificar les autoritats i el personal al servei de les administracions públiques sota la responsabilitat dels quals es tramiten els procediments administratius?

a) No, mai.
b) Sí, es pot sol·licitar sota la responsabilitat dels quals es tramiten els procediments administratius.
c) Sí, sempre, a totes les autoritats i funcionaris.
d) Cap és correcta.

Test de Tema 5

Els drets de les persones interessades en un procediment administratiu: el concepte de persona interessada; el concepte de procediment administratiu; el dret d'identificació i compareixença; els drets relacionats amb les dades i els documents; els drets en la tramitació del procediment; el dret d'atenció, informació i defensa, i el dret al pagament electrònic. Els registres administratius: quins documents es poden presentar i on es poden presentar. La gestió documental a la Generalitat de Catalunya: els documents, els documents electrònics i l'arxiu documental. Els arxius de la Generalitat de Catalunya: tipologia.

1. Els interessats en un procediment administratiu, tenen dret a (assenyala l'opció INCORRECTA):

a) Conèixer, abans del tràmit d'audiència, l'estat de la tramitació dels procediments en què tinguin la condició d'interessats.
b) Conèixer el sentit del silenci administratiu que correspongui, en el cas que l'Administració no dicti ni notifiqui resolució expressa en termini.
c) Conèixer l'òrgan competent per a la instrucció dels procediments en què tinguin la condició d'interessats.
d) Accedir i obtenir còpia dels documents continguts en els procediments en què tinguin la condició d'interessats.

2. Els interessats en un procediment administratiu, tenen dret a (assenyala l'opció INCORRECTA):

a) Identificar les autoritats i a el personal al servei de les administracions públiques sota la responsabilitat dels quals es tramitin els procediments.
b) No presentar documents originals en cap cas.
c) No presentar dades i documents no exigits per les normes aplicables al procediment de què es tracti, que ja es trobin en poder de les administracions públiques o que hagin estat elaborats per aquestes.
d) Formular al·legacions, utilitzar els mitjans de defensa admesos per l'ordenament jurídic, i a aportar documents en qualsevol fase del procediment anterior al tràmit d'audiència, que han de tenir en compte per l'òrgan competent a redactar la proposta de resolució.

3. Els interessats en un procediment administratiu, tenen dret a (assenyala l'opció INCORRECTA):

a) Obtenir informació i orientació sobre els requisits jurídics o tècnics que les disposicions vigents imposin als projectes, actuacions o sol·licituds que es proposin realitzar
b) Actuar assistits d'assessor quan ho considerin convenient en defensa dels seus interessos
c) Complir les obligacions de pagament a través dels mitjans electrònics
d) Qualssevol que els reconeguin la Constitució, les lleis o els reglaments.

4. En el cas de procediments administratius de naturalesa sancionadora, el presumpte responsable tindrà dret a:

a) Ser notificat dels fets que se li imputen, de les infraccions que tals fets puguin constituir i de les sancions que, si escau, se'ls poguessin imposar
b) Ser notificat de la identitat de l'instructor, de l'autoritat competent per imposar la sanció i de la norma que atribueixi tal competència
c) La presumpció de no existència de responsabilitat administrativa mentre no es demostri el contrari
d) Totes són correctes.

5. Pel que fa a la iniciació de procediment no és correcte que:

a) Els procediments podran iniciar-se d'ofici o a sol·licitud de l'interessat.
b) Amb anterioritat a l'inici de procediment, l'òrgan competent obrirà un període d'informació o actuacions prèvies a fi de conèixer les circumstàncies del cas concret i la conveniència o no d'iniciar el procediment.
c) En el cas de procediments de naturalesa sancionadora les actuacions prèvies s'orientaran a determinar, amb la major precisió possible, els fets susceptibles de motivar la incoació de procediment, la identificació de la persona o persones que puguin resultar responsables i les circumstàncies rellevants que concorrin en uns i altres.
d) Les actuacions prèvies seran realitzades pels òrgans que tinguin atribuïdes funcions d'investigació, esbrinament i inspecció en la matèria i, en defecte d'aquests, per la persona o òrgan administratiu que es determini per l'òrgan competent per a la iniciació o resolució de procediment.

6. Pel que fa a l'inici del procediment a sol·licitud de l'interessat, les sol·licituds que es formulin NO han de contenir:

a) Nom i cognoms de l'interessat i, si escau, de la persona que el representi.
b) Identificació del mitjà electrònic, o si no, lloc físic en què vol que es practiqui la notificació.
c) Fets, raons i petició en què es faci una breu descripció de la sol·licitud.
d) Totes són correctes.

7. Pel que fa a l'inici de procediment a sol·licitud de l'interessat les sol·licituds que es formulin, NO han de contenir:

a) Lloc i data.
b) Signatura del sol·licitant o acreditació de l'autenticitat de la seva voluntat expressada mitjançant poder notarial.
c) Òrgan, centre o unitat administrativa a què es dirigeix i el seu corresponent codi d'identificació.
d) Totes són correctes.

8. Pel que fa a l'inici del procediment a sol·licitud de l'interessat, NO és correcte que:

a) Les oficines d'assistència en matèria de registres estaran obligades a facilitar als interessats el codi d'identificació si l'interessat ho desconeix.
b) Les administracions públiques han de mantenir i actualitzar en la seu electrònica corresponent una llista amb els codis d'identificació vigents.
c) Quan les pretensions corresponents a una pluralitat de persones tinguin un contingut i fonament idèntic o substancialment similar, seran en tot cas formulades en una única sol·licitud.
d) De les sol·licituds, comunicacions i escrits que presentin els interessats electrònicament o a les oficines d'assistència en matèria de registres de l'Administració, podran exigir el corresponent rebut que acrediti la data i hora de presentació.

9. Pel que fa a l'inici del procediment a sol·licitud de l'interessat, NO és correcte que:

a) Les administracions públiques han d'establir models i sistemes de presentació massiva que permetin als interessats presentar simultàniament diverses sol·licituds.
b) Els models i sistemes de presentació massiva, d'ús voluntari, estaran a disposició dels interessats en les corresponents seus electròniques ia les oficines d'assistència en matèria de registres de les administracions públiques.
c) Els sol·licitants hi poden adjuntar els elements que estimin convenients per a precisar o completar les dades del model, els quals podran no ser admesos per l'òrgan a què s'adrecin.
d) Quan l'Administració en un procediment concret estableixi expressament models específics de presentació de sol·licituds, aquests seran d'ús obligatori pels interessats.

10. S'entén per expedient administratiu:

a) El conjunt ordenat de documents que serveixen d'antecedent i fonament a la instrucció de procediment, així com les diligències encaminades a executar-la.
b) El conjunt ordenat de documents i actuacions que serveixen d'antecedent i fonament a la resolució administrativa, així com les diligències encaminades a executar-la.
c) El conjunt ordenat de documents i actuacions que serveixen d'antecedent i fonament a la instrucció de procediment, així com les diligències encaminades a executar-la.
d) El conjunt ordenat de documents que serveixen d'antecedent i fonament a la resolució administrativa, així com les diligències encaminades a executar-la.

11. Pel que fa als expedients administratius, NO és correcte que:

a) Tindran format no electrònic.
b) Es formaran mitjançant l'agregació ordenada de tots els documents, proves, dictàmens, informes, acords, notificacions i altres diligències hagin d'integrar.
c) Tindran un índex numerat de tots els documents que contingui quan es remeti.
d) Haurà de constar en l'expedient còpia electrònica certificada de la resolució adoptada.

12. Formarà part de l'expedient administratiu:

a) Informació que tingui caràcter auxiliar o de suport.
b) Informació continguda en aplicacions, fitxers i bases de dades informàtiques, notes, esborranys, opinions, resums, comunicacions i informes interns o entre òrgans o entitats administratives.
c) Judicis de valor emesos per les administracions públiques.
d) Informes, preceptius i facultatius, sol·licitats abans de la resolució administrativa que posi fi al procediment.

13. El procediment, sotmès a el principi de celeritat, s'impulsarà d'ofici en tots els tràmits i:

a) A través de mitjans electrònics, respectant els principis de transparència, publicitat i bona fe.
b) A través de mitjans electrònics, respectant els principis de transparència i publicitat.
c) A través de mitjans no electrònics, respectant els principis de transparència, publicitat i bona fe.
d) A través de mitjans no electrònics, respectant els principis de transparència i publicitat.

14. NO es consideren interessats en el procediment administratiu:

a) Qui el promoguin com a titulars de drets o interessos legítims individuals.
b) Qui el promoguin com a titulars de drets o interessos legítims col·lectius.
c) Els qui, sense haver iniciat el procediment, tinguin drets que puguin resultar afectats per la decisió que en el mateix s'adopti.
d) Aquells els interessos legítims, individuals o col·lectius, puguin resultar afectats per la resolució sempre que es personin en el procediment durant el tràmit d'audiència.

15. Quan la condició de persona interessada derivi d'alguna relació jurídica transmissible, el dret ha de succeir en aquesta condició:

a) Si el procediment no ha arribat a la fase d'instrucció.
b) Si el procediment no ha assolit el tràmit d'audiència.
c) Si el procediment no ha assolit el tràmit d'informació pública.
d) Qualsevol que sigui l'estat del procediment.

16. Les associacions i organitzacions representatives d'interessos econòmics i socials:

a) Seran titulars d'interessos legítims individuals i col·lectius en els termes que reglamentàriament s'estableixi.
b) Seran titulars d'interessos legítims individuals i col·lectius.
c) No seran titulars d'interessos legítims col·lectius.
d) Seran titulars d'interessos legítims col·lectius en els termes que la Llei reconegui.

17. Els interessats amb capacitat d'obrar podran actuar per mitjà de representant:

a) Entenent-se amb aquest les actuacions administratives, llevat de manifestació expressa o tàcita en contra de l'interessat.
b) Entenent-se amb l'interessat les actuacions administratives, llevat de manifestació expressa en contra de l'interessat.
c) Entenent-se amb aquest les actuacions administratives, llevat de manifestació expressa en contra de l'interessat.
d) Entenent-se amb l'interessat les actuacions administratives, llevat de manifestació expressa o tàcita en contra de l'interessat.

18. Podran actuar en representació d'altres davant les administracions públiques:

a) Les persones físiques amb o sense capacitat d'obrar i les persones jurídiques, encara que no estigui previst en els seus Estatuts.
b) Les persones físiques amb capacitat d'obrar i les persones jurídiques, encara que no estigui previst en els seus Estatuts.
c) Les persones físiques amb o sense capacitat d'obrar i les persones jurídiques, sempre que això estigui previst en els seus Estatuts.
d) Les persones físiques amb capacitat d'obrar i les persones jurídiques, sempre que això estigui previst en els seus Estatuts.

19. Es presumeix la representació per a:

a) Formular sol·licituds.
b) Els actes i gestions de mer tràmit.
c) Presentar declaracions responsables o comunicacions.
d) Interposar recursos, desistir d'accions i renunciar a drets en nom d'una altra persona.

20. La representació es pot acreditar:

a) Mitjançant qualsevol títol jurídic.
b) Mitjançant resolució judicial especial.
c) Únicament mitjançant poder notarial.
d) Mitjançant qualsevol mitjà vàlid en Dret que deixi constància fidedigna de la seva existència.

21. S'entendrà acreditada la representació realitzada:

a) Mitjançant apoderament apud acta efectuat per compareixença personal.
b) Mitjançant apoderament apud acta efectuat per compareixença electrònica a la seu electrònica.
c) A través de l'acreditació de la seva inscripció en el registre electrònic d'apoderaments de l'Administració pública competent.
d) Totes són correctes.

22. Haurà d'incorporar a l'expedient administratiu acreditació de la condició de representant i dels poders que té reconeguts en aquest moment:

a) L'òrgan competent per a la iniciació de procediment.
b) L'òrgan competent per a la instrucció de procediment.
c) L'òrgan competent per a la tramitació de procediment.
d) L'òrgan competent per a la terminació del procediment.

23. La manca o insuficient acreditació de la representació no impedirà que es tingui per realitzat l'acte de què es tracti, sempre que s'aporti aquella o s'esmeni el defecte dins el termini de:

a) 5 dies o d'un termini superior quan les circumstàncies del cas així ho requereixin.
b) 10 dies o d'un termini superior quan les circumstàncies del cas així ho requereixin.
c) 15 dies o d'un termini superior quan les circumstàncies del cas així ho requereixin.
d) 20 dies o d'un termini superior quan les circumstàncies del cas així ho requereixin.

24. Les administracions públiques podran habilitar:

a) Amb caràcter general a persones jurídiques autoritzades per a la realització de determinades transaccions electròniques en representació dels interessats.
b) Amb caràcter general o específic a persones jurídiques autoritzades per a la realització de determinades transaccions electròniques en representació dels interessats.
c) Amb caràcter general o específic a persones físiques o jurídiques autoritzades per a la realització de determinades transaccions electròniques en representació dels interessats.
d) Amb caràcter general a persones físiques o jurídiques autoritzades per a la realització de determinades transaccions electròniques en representació dels interessats.

25. Les administracions públiques estan obligades a verificar la identitat dels interessats en el procediment administratiu, mitjançant la comprovació del seu nom i cognoms o denominació o raó social, segons correspongui, que constin a:

a) El corresponent registre administratiu.
b) Els arxius electrònics de l'Administració.
c) El document nacional d'identitat o document identificatiu equivalent.
d) Els documents presentats per les parts.

26. Els interessats podran identificar-se electrònicament davant les administracions públiques a través de:

a) Sistemes basats en certificats electrònics qualificats de signatura electrònica expedits per prestadors inclosos en la "Llista de confiança de prestadors de serveis de certificació".
b) Sistemes basats en certificats electrònics qualificats de segell electrònic expedits per prestadors inclosos en la "Llista de confiança de prestadors de serveis de certificació".
c) Sistemes de clau concertada i qualsevol altre sistema, que les administracions considerin vàlid en els termes i condicions que s'estableixi, sempre que comptin amb un registre previ com a usuari que permeti garantir la seva identitat.
d) Totes són correctes.

27. Les administracions públiques requeriran als interessats l'ús obligatori de signatura per (assenyala l'opció INCORRECTA):

a) Formular sol·licituds.
b) Presentar comunicacions.
c) Gestions de mer tràmit.
d) Presentar declaracions responsables.

28. En el cas que els interessats optessin per relacionar-se amb les administracions públiques a través de mitjans electrònics, es considerarà vàlid a efectes de signatura:

a) Sistemes de signatura electrònica qualificada i avançada basats en certificats electrònics qualificats de signatura electrònica expedits per prestadors inclosos en la "Llista de confiança de prestadors de serveis de certificació".
b) Sistemes de segell electrònic qualificat i de segell electrònic avançat basats en certificats electrònics qualificats de segell electrònic expedits per prestador inclòs a la "Llista de confiança de prestadors de serveis de certificació".
c) Qualsevol altre sistema que les administracions públiques considerin vàlid en els termes i condicions que s'estableixi, sempre que comptin amb un registre previ com a usuari que permeti garantir la seva identitat.
d) Totes són correctes.

29. Les persones físiques podran triar en tot moment si es comuniquen amb les administracions públiques per a l'exercici dels seus drets i obligacions a través de mitjans electrònics o no:

a) Llevat que estiguin obligades a relacionar-se a través de mitjans electrònics amb les Administracions Públiques.
b) Llevat que estiguin obligades a relacionar-se a través de mitjans no electrònics amb les Administracions Públiques.
c) No podent estar obligades a relacionar-se a través d'uns mitjans o altres amb les Administracions Públiques.
d) Cap és correcta.

30. El mitjà triat per la persona per comunicar-se amb les administracions públiques:

a) Podrà ser modificat per aquella en qualsevol moment.
b) No podrà ser modificat amb posterioritat al tràmit d'audiència.
c) Únicament podrà ser modificat quan de no fer-se corri risc de no aconseguir-se les pretensions de l'interessat.
d) No podrà ser modificat de manera unilateral per l'interessat.

Test de Tema 6

El personal al servei de l'Administració de la Generalitat de Catalunya: classes de personal. Sistemes d'accés a la funció pública. Drets i obligacions del personal. Drets individuals i drets individuals exercits col·lectivament. Règim disciplinari. Incompatibilitats. Mesures d'igualtat per raó de gènere. Requisits d'accés i d'exercici de professions i activitats que impliquin tracte amb menors d'edat. Delictes d'infidelitat en la custòdia de documents i de violació de secrets.

1. L'Estatut Bàsic de l'Empleat Públic ve regulat per:

a) El Decret Legislatiu 1/1997, de 31 d'octubre.
b) La Llei 9/1986, de 10 de novembre.
c) El Reial Decret Legislatiu 5/2015, de 30 d'octubre.
d) El Decret 214/1990, de 30 de juliol.

2. Els empleats públics es classifiquen en:

a) De carrera, interins, personal laboral i eventual.
b) Fixos, contractats i temporals.
c) Eventuals i de carrera.
d) Interins, eventuals i de carrera.

3. A quin tipus d'empleat es refereix la legalitat del nomenament, la permanència al servei expressada en la seva inscripció en el registre del cós al qual pertanyen i la vinculació a una administració publica per una relació estatutària regulada pel dret administratiu?

a) Personal laboral fix.
b) Funcionaris de carrera.
c) Funcionaris interins.
d) Són correctes a) i b).

4. Els cossos i escales dels funcionaris es creen, modifiquen o suprimeixen, per:

a) Llei de les Corts Generals.
b) Llei de les Assemblees Legislatives de les CCAA (Parlament).
c) Decret del Govern.
d) Són correctes a) i b).

5. Les tasques dels funcionaris interins són:

a) Cobrir l'existència de places vacants quan no sigui possible fer-ho amb els de carrera.
b) Substitució dels titulars.
c) Execució de programes de caràcter temporal, excés o acumulació de tasques per un termini màxim de sis mesos en un període de dotze mesos.
d) Totes són correctes.

6. Com s'anomena el personal que en virtut del nomenament i amb caràcter no permanent només realitza funcions expressament qualificades com de confiança o assessorament especial i és retribuït a càrrec dels crèdits pressupostaris consignats per aquesta finalitat?

a) Laboral
b) Eventual.
c) Interí
d) De carrera.

7. Segons l'article 63 de l'Estatut Bàsic de l'Empleat Públic es perd la condició de funcionari per:

a) Renuncia o jubilació.
b) Deutes amb la Hisenda Pública.
c) Pèrdua de nacionalitat, pena o sanció amb caràcter ferm.
d) Són correctes a) i c).

8. La competència en matèria de funció pública correspon:

a) A l'estat de manera exclusiva.
b) A les CCAA de manera exclusiva.
c) L'estat en dicta les bases i les CCAA les executen.
d) Les CCAA dicten les bases i l'estat les executa.

9. El personal al servei de l'administració es troba sotmès al:

a) Dret administratiu.
b) Dret laboral.
c) Dret administratiu o al dret laboral.
d) Dret civil.

10. La regulació de la funció pública de l'Administració de la Generalitat de Catalunya es troba:

a) Al Decret Legislatiu 1/997, de 31 d'octubre.
b) A la Llei 9/1986, de 10 de novembre.
c) Al Decret 214/1990, de 30 de juliol.
d) Totes són correctes.

11. Els cossos de funcionaris s'agrupen segons el nivell de titulació en:

a) A-Grups de l'A1 a la C2 .
b) B-Cossos de l'A a la D
c) C-Del Cos superior de l'administració que és el més alt, al cos administratiu.
d) Són correctes b) i c).

12. Quina de les següents opcions no és un deure dels treballadors públics?

a) Complir la Constitució, l'Estatut i altres disposicions que afectin l'exercici de la seva funció.
b) No comportar-se en les relacions amb els administrats amb la màxima correcció.
c) Complir amb eficàcia, imparcialitat i de forma estricta les obligacions pròpies de la seva feina.
d) Esforçar-se en el coneixement del català per utilitzar-lo a la seva feina.

13. Segons el Decret legislatiu 1/1997, de 31 d'octubre, quin títol és necessari per accedir al Cos de Titulats Superiors?

a) El certificat d'estudis.
b) El títol de llicenciat.
c) El graduat Escolar o FP de primer grau.
d) El batxillerat superior o FP de segon grau.

14. Segons Decret legislatiu 1/1997, de 31 d'octubre, quin títol és necessari per accedir al Cos de Diplomats?

a) El Graduat escolar.
b) El títol de llicenciat.
c) Títol d'arquitecte tècnic, enginyer tècnic o diplomatura universitària de primer cicle.
d) El batxillerat superior o FP de segon grau.

15. L'acreditació del coneixement de la llengua catalana:

a) Serà exigible a tot l'estat espanyol.
b) Serà exigible i imprescindible per al personal de la Generalitat de Catalunya.
c) Serà exigible per al personal de la Generalitat de Catalunya.
d) No és imprescindible.

16. La diferència entre el funcionari interí i el personal eventual es troba:

a) En el caràcter temporal de l'interí i el permanent de l'eventual.
b) En les diferents funcions assignades.
c) En el règim jurídic públic o privat.
d) En el nomenament de l'interí i el contracte de l'eventual.

17. Pel que fa als llocs de treball de l'Administració pública:

a) Amb caràcter general han de ser ocupats per funcionaris.
b) Poden ser ocupats per funcionaris o laborals, indistintament.
c) Són de funcionaris o laborals, segons el que acordi lliurement el Govern.
d) Són tots de caràcter laboral, llevat dels que impliquen un exercici d'autoritat.

18. És/Són característiques del funcionari de carrera:

a) El caràcter permanent de la relació.
b) La subjecció plena a l'Estatut funcionarial.
c) La subjecció al dret administratiu.
d) Totes són correctes.

19. Dels col·lectius següents, quin té la condició de personal al servei de l'Administració pública?

a) Els contractats administratius que fan serveis específics i concrets no habituals.
b) Els consellers i alts càrrecs.
c) Els que, per lliure nomenament, exerceixen funcions de confiança o assessorament especial.
d) Els contractistes d'obres públiques.

20. El personal que depèn d'empreses contractistes d'obres públiques per part de les administracions públiques és:

a) Funcionari de carrera.
b) Funcionari interí.
c) Personal laboral.
d) Cap és correcta.

21. La unitat mínima i operativa que amb caràcter objectiu s'identifica en l'estructura organitzativa és:

a) El cos o escala.
b) El lloc de treball.
c) El grup de titulació requerit.
d) La plantilla de personal.

22. La relació de llocs de treball de totes les administracions públiques ha d'incloure tots els llocs de:

a) Funcionaris de carrera.
b) Personal laboral i funcionaris de carrera.
c) Funcionaris de carrera, personal laboral i personal eventual.
d) Funcionaris de carrera, funcionaris interins i personal laboral.

23. Per a accedir a un cos o escala del subgrup C1 es requereix el títol de:

a) Llicenciatura universitària o equivalent.
b) Diplomat universitari, tècnic superior o equivalent.
c) Batxiller, de formació professional de segon grau o equivalent.
d) Graduat escolar o equivalent.

24. A quin personal s'aplica el Reial decret legislatiu 5/2015 que aprova el text refós de la Llei de l'Estatut bàsic de l'empleat públic (TREBEP)?

a) Personal de l'Administració general de l'Estat.
b) Personal de les comunitats autònomes.
c) Personal de les administracions de les entitats locals.
d) Totes són correctes.

25. Quines són les competències exclusives i compartides en matèria de funció publica que recull l'article 136, de la Llei orgànica 6/2006, de 19 de juliol, de reforma de l'Estatut d'autonomia de Catalunya?

a) La competència exclusiva sobre el règim estatutari del personal al servei de les administracions públiques catalanes i sobre l'ordenació i l'organització de la funció pública, salvant el que disposa la lletra b.
b) La competència compartida per al desenvolupament dels principis ordenadors de l'ocupació pública, sobre l'adquisició i la pèrdua de la condició de funcionari, les situacions administratives i els drets, els deures i les incompatibilitats del personal al servei de les administracions públiques.
c) La competència exclusiva, en matèria de personal laboral, per a l'adaptació de la relació de llocs de treball a les necessitats derivades de l'organització administrativa i sobre la formació d'aquest personal.
d) Totes són correctes.

26. El Decret legislatiu 1/1997, de 31 d'octubre, pel qual s'aprova la refosa en un text únic dels preceptes de determinats textos legals vigents a Catalunya en matèria de funció pública, segon el seu article 2, a quin personal s'aplica?

a) Personal subjecte al règim funcionarial (funcionaris de carrera, funcionaris interins i personal eventual).
b) Personal laboral, en els casos en què s'hi faci referència.
c) Personal de les universitats, respectant l'autonomia universitària.
d) Totes són correctes.

27. El Decret legislatiu 1/1997, de 31 d'octubre, pel qual s'aprova la refosa en un text únic dels preceptes de determinats textos legals vigents a Catalunya en matèria de funció pública, a quin personal no s'aplica?

a) Personal al servei del Parlament de Catalunya.
b) Personal al servei del Síndic de Greuges.
c) Personal al servei de la Sindicatura de Comptes.
d) Totes són correctes.

28. Segons el Decret legislatiu 1/1997, de 31 d'octubre, la funció pública està constituïda per:

a) El conjunt de persones que presten serveis en l'Administració d'acord amb els principis de mèrit i capacitat.
b) Personal al servei del Parlament de Catalunya.
c) Personal al servei del Síndic de Greuges.
d) Personal al servei de les entitats de dret públic subjectes al dret privat, que es regeix per la seva normativa específica.

29. Segons el Decret legislatiu 1/1997, de 31 d'octubre, indica quines són les classes de personal:

a) Personal funcionari de carrera, personal funcionari interí, personal eventual o personal laboral.
b) Personal funcionari interí.
c) Personal eventual.
d) Són correctes a) i b).

30. Quin/s és/són el/s principi/s en la selecció de personal segons el Decret legislatiu 1/1997, de 31 d'octubre?

a) Igualtat.
b) Mèrit.
c) Capacitat.
d) Totes són correctes.

Test de Tema 7

Atenció a la ciutadania i processos de comunicació interpersonal: la comunicació verbal i no verbal, la capacitat d'escolta, la comunicació assertiva, estratègies d'actuació en situacions difícils i actuació en cas de comportaments agressius. La comunicació cara a cara. Especificitats de l'atenció telefònica. Identificació dels visitants. Serveis de les oficines d'atenció ciutadana.

1. A què ens referim quan parlem d'orientació a l'usuari?

a) A la manera com acompanyem als usuaris al lloc on seran atesos.
b) A la manera com estan organitzats els serveis.
c) A la manera com parlem als usuaris.
d) A la manera com seiem davant dels usuaris.

2. En la comunicació verbal, la vocalització ha de ser:

a) Clara i comprensible.
b) Comprensible i en veu molt alta.
c) Clara i en veu molt baixa.
d) No s'ha de tenir en compte.

3. Un dels elements positius que faciliten la comunicació amb l'usuari és:

a) Parlar de tu a tu.
b) Avançar-se al que ens vol dir.
c) Parlar en plural.
d) Fer tot allò que demana.

4. Quin d'aquests factors no forma part de la comunicació no verbal?

a) La mirada.
b) La gesticulació.
c) La proximitat física.
d) Anticipar la resposta de l'interlocutor.

5. Cal evitar:

a) Explicacions legalistes.
b) Adaptar el servei a la demanda de l'usuari.
c) L'ús de paraules clares i concises.
d) Un to de veu agradable.

6. Respecte a l'espai d'atenció:

a) Ha d'estar net i ordenat.
b) S'aconsella que tingui elements decoratius.
c) Ha de tenir tota la documentació que es generi al llarg de la jornada.
d) S'aconsella que tingui elements personals com fotografies.

7. Una de les normes bàsiques d'aplicació d'una escolta activa és:

a) Cridar l'atenció.
b) Deixar parlar.
c) Explicar experiències personals similars a les que exposi la persona usuària.
d) Mantenir-se distant.

8. Per tal que la comunicació sigui assertiva és necessari:

a) Evitar transmetre cordialitat i empatia.
b) Evitar tenir una actitud corporal que denoti atenció.
c) Evitar criticar altres usuaris.
d) Evitar fer un resum d'allò que se'ns demana.

9. Si rebem una crítica contra el servei o contra la nostra persona, l'hem de respondre:

a) Només si és certa.
b) Mai.
c) Només si hi estem d'acord.
d) Sempre.

10. Quina d'aquestes frases en ajuda en el nostre paper d'assertivitat?

a) "Hauria de realitzar tots els passos que li suggereixen al Centre d'Atenció a la Discapacitat".
b) "Ha de realitzar tots els passos que li suggereixen al Centre d'Atenció a la Discapacitat".
c) "Realitzi tots els passos que li suggereixen al Centre d'Atenció a la Discapacitat".
d) "Realitza tots els passos que li suggereixen al Centre d'Atenció a la Discapacitat".

11. Segons la informació publicada a la pàgina web d'atenció ciutadana, hi ha dos tipus d'oficines. Aquestes són:

a) Les Oficines d'atenció a les persones físiques i les Oficines d'atenció ciutadana a les persones jurídiques.
b) Els Punts d'Informació i tramitació i els Punts de recollida de documentació.
c) Les Oficines d'atenció ciutadana i els Punts de registre i digitalització.
d) Els Punts de registre i digitalització i les Oficines d'atenció a les persones en situació d'atur.

12. Si rebem una crítica, quin d'aquests protocols a seguir és fals?

a) Resumir el contingut de la crítica.
b) Oferir una possible solució al problema.
c) Demanar opinió.
d) No demostrar atenció cap a la crítica.

13. En la tramitació atesa:

a) Cal tenir sempre el consentiment de la persona interessada.
b) Qualsevol persona pot demanar que un treballador de l'OAC faci un tràmit en el seu nom.
c) Només hi tenen dret les persones que paguen aquest servei.
d) Són correctes a) i b).

14. Segons el nou model d'atenció ciutadana presencial, elaborat per la Direcció General d'Atenció Ciutadana, l'atenció a la ciutadania es fa en tres nivells:

a) Assistència, atenció i gestió.
b) Assistència, atenció i diligència.
c) Economia, eficàcia i eficiència.
d) Atenció, eficiència i economia.

15. Si rebem una crítica i aquesta és certa:

a) Sempre defensarem la nostra postura.
b) Sempre donarem la raó a l'Administració.
c) Són correctes a) i b).
d) Sempre s'acomiadarà amb un agraïment.

16. Si un/a ciutadà/na visita una OAC i vol rebre informació de caràcter personal:

a) Caldrà que s'identifiqui amb un DNI o qualsevol altre document que acrediti la seva identitat.
b) Només haurà de dir el seu nom i cognoms.
c) Caldrà que s'identifiqui amb el seu DNI o qualsevol altre document que acrediti la seva identitat.
d) Haurà de respondre a les preguntes del personal que l'atengui.

17. Les oficines d'atenció ciutadana de la Generalitat de Catalunya:

a) Presten serveis d'atenció presencial sobre els serveis i tràmits que s'hi poden fer tant de la Generalitat com d'altres administracions públiques.
b) Actuen com a entitats de registre dels sistemes d'identificació digital dictat o idCATMòbil.
c) Poden donar suport per fer tràmits telemàtics
d) Totes són correctes.

18. En el procés de comunicació cal:

a) Defugir qualsevol mena de desqualificació respecte al que es diu
b) Defugir comentaris fora de lloc relatius a l'origen, sexe o raça
c) Són correctes a) i b).
d) Cap és correcta.

19. La capacitat d'escolta:

a) És un element que no cal tenir en compte en el procés de comunicació.
b) És un element que només cal tenir en compte en el procés de comunicació presencial.
c) És un element que només cal tenir en compte en el procés de comunicació telefònica.
d) És un element essencial del procés de comunicació.

20. La missió del nou Model d'Atenció Ciutadania de la Generalitat de Catalunya se centra en:

a) Promoure, crear i desenvolupar espais d'un sol canal d'atenció i de col·laboració entre la ciutadania i les empreses privades.
b) Promoure, crear i desenvolupar espais d'un sol canal d'atenció i de col·laboració entre la ciutadania i la Generalitat de Catalunya.
c) Promoure, crear i desenvolupar espais omnicanals d'atenció i de col·laboració entre la ciutadania i les empreses privades.
d) Promoure, crear i desenvolupar espais omnicanals d'atenció i de col·laboració entre la ciutadania i la Generalitat de Catalunya.

21. La Direcció General d'Atenció Ciutadania defineix l'atenció presencial amb els següents principis:

a) Proximitat i transparència.
b) Simplicitat i multicanalitat.
c) Eficiència i eficàcia.
d) Totes són correctes

22. Quina d'aquestes tècniques assertives és correcta?

a) Tècnica del "banc de boira".
b) Tècnica de la "mà trencada".
c) Tècnica del "disc ratllat".
d) Tècnica de "fer-se el boig".

23. En cas de rebre una crítica que no és certa:

a) Ningú té dret a fer una crítica que no és certa.
b) No s'ha de prestar atenció.
c) Cal acomiadar-se sense agrair la col·laboració.
d) Cal acomiadar-se i agrair la col·laboració.

24. El model d'atenció ciutadana es gestiona a través:

a) De la Direcció General d'Atenció Ciutadana, del Departament de la Vicepresidència i d'Economia i Hisenda.
b) De les associacions municipalistes.
c) De la Direcció General d'Atenció Ciutadana, del Departament de la Presidència.
d) De la Diputació de Barcelona.

25. Un dels principis bàsics del model d'atenció ciutadana és:

a) L'optimització de recursos.
b) La millora en els serveis que generen una taxa a la ciutadania.
c) La globalització.
d) Cap és correcta.

26. Una de les pautes que podem seguir per oferir un millor servei d'atenció telefònica és:

a) Identificar-se dient el propi nom i el del servei on es treballa.
b) Atendre la trucada mentre s'està resolent un tràmit presencial.
c) Tapar el telèfon si volem parlar amb algú presencialment.
d) Cap és correcta.

27. En la comunicació cara a cara:

a) No cal acomiadar-se.
b) Cal que la persona interlocutora s'identifiqui sempre amb el seu passaport.
c) Cal que la persona interlocutora s'identifiqui sempre amb el seu DNI.
d) Cal acomiadar-se amb simpatia i correcció.

28. Davant d'una situació d'agressivitat:

a) Cal demostrar por per evitar que la situació empitjori.
b) Cal respondre amb agressivitat i posar-se a l'alçada de l'interlocutor.
c) Cal demostrar seguretat.
d) Cal demostrar superioritat com a persona que treballa a l'administració.

29. Si deneguem una petició:

a) Mai podem denegar una petició.
b) Hem d'assegurar-nos que deneguem amb exactitud la demanda formulada
c) Només podem denegar les peticions amb les quals no estem d'acord.
d) Només podem denegar les peticions que no comporten el pagament d'una taxa.

30. Si tenim dificultats per comprendre el que ens planteja una persona usuària:

a) Hem de demanar amb tota naturalitat que repeteixi els seus missatges.
b) No podem tenir dificultats de comprensió.
c) Hem de fer que la persona sigui atesa per un company.
d) Demanarem molt respectuosament que torni un altre dia.

Test de Tema 8

Tecnologies de la informació i la comunicació (TIC). Nocions bàsiques de la navegació i cerca per Internet. Nocions bàsiques de l'ús del correu electrònic i de les utilitats del calendari. Nocions bàsiques del processador de textos. Nocions bàsiques del full de càlcul. Administració electrònica. Còpia autèntica (e-Còpia) i digitalització segura. Valisa electrònica (e-Valisa). Certificat digital i signatura electrònica.

1. Què signifiquen les sigles TIC?

a) Tecnologies de la informació i la computació.
b) Tecnologies de la informació i la comunicació.
c) Tècniques de recerca d'informació i compartició.
d) Tècniques d'interoperabilitat i coneixement.

2. En matèria de polítiques sobre societat del coneixement, a què fa referència la *digital divide* o fractura digital?

a) A procediments administratius en suport electrònic destinats a persones sense coneixements suficients de les tecnologies TIC.
b) A les certificacions digitals bàsiques adreçades a persones que han de fer tràmits de nivell senzill.
c) A l'exclusió social per causes tecnològiques.
d) A les plataformes de televisió que donen suport a la tramitació electrònica.

3. Amb què està relacionat el terme *spam*?

a) Amb el correu brossa.
b) Amb els programes espia.
c) Amb els programes maliciosos.
d) Amb la suplantació d'identitat.

4. Amb què es relacionen els dominis .com / .cat / .info?

a) Comercial / llengua i cultura catalanes / pàgines web infografies.
b) Comercial / llengua i cultura catalanes / pàgines web informatives.
c) Comercial / pàgines web d'animals / pàgines web informatives.
d) Commemoratiu / llengua i cultura catalanes / pàgines web informatives.

5. Quin dels següents no és un navegador web?

a) Google Chrome.
b) WinRAR.
c) Mozilla Firefox.
d) Internet Explorer.

6. Si parlem de formularis:

a) Els formularis més senzills demanen el codi postal on vivim i la nostra professió o estudis.
b) Si triguem massa a omplir un formulari pot ser que, a l'hora d'enviar-lo, el servei ens indiqui que la sessió ha caducat.
c) Són documents amb espais en blanc que cal emplenar; poden ser de dos tipus: amb text o amb caixetes per marcar.
d) Un cop hem emplenat el darrer camp del formulari web s'inicia un automatisme que revisa els camps i marca tots aquells que hem de modificar.

7. Per començar una cerca hem de:

a) Fer servir la llista que es desplega en començar a escriure.
b) Escriure les paraules clau a la barra de menús del navegador.
c) Escriure les paraules clau a la caixa de text del cercador.
d) Afegir la paraula 'cercar' al final del que escrivim.

8. Què és un captcha?

a) És un verificador d'identitat que permet triar entre una validació visual o sonora.
b) Són unes lletres deformades que apareixen a la pantalla que asseguren que som una persona i no una màquina.
c) És un sistema de verificació que requereix la intervenció d'una persona que verifiqui que has contestat bé i tens permís per donar-te d'alta.
d) És un sistema que facilita que les persones amb deficiències visuals o auditives accedeixin a recursos protegits.

9. Quin dels següents no és un cercador web?

a) Bing
b) Google
c) MSN
d) Yahoo

10. Quina de les següents adreces de correu electrònic és correcta?

a) Caass.Ddff@gencat.cat
b) http://www.caassddff@gencat.cat
c) caassddffñ@gencat.cat
d) Caass_ddffñ@gencat.cat

11. Quin és el mitjà preferent per a les comunicacions internes entre els departaments i organismes de la Generalitat?

a) El correu electrònic
b) L'eNotum.
c) L'eValisa.
d) El S@rcat

12. Quina de les següents afirmacions no és certa en relació amb el correu electrònic?

a) Per poder enviar un correu electrònic necessitem un proveïdor de serveis.
b) Els missatges rebuts es poden reenviar a un altre destinatari.
c) Si enviem un correu electrònic a més d'una persona, els destinataris sempre veuran a qui l'hem enviat.
d) Per enviar un missatge electrònic és imprescindible una adreça de correu electrònic.

13. El client de correu o programari de correu:

a) Permet la consulta del correu des de qualsevol ordinador.
b) Mostra un avís a l'escriptori en cas de rebre un missatge nou.
c) Permet consultar un únic compte de correu.
d) Pot incorporar un servei de missatgeria instantània.

14. El correu web o webmail:

a) Descarrega els missatges de correu en un servidor remot.
b) Permet la connectivitat amb altres dispositius.
c) Permet llegir els missatges nous sense estar connectats a Internet.
d) Requereix tenir un ordinador propi.

15. Si volem copiar un format de text d'un paràgraf a altres paràgrafs podem utilitzar el botó que té el dibuix d'un pinzell. Com s'utilitza?

a) 1) Fem clic en el botó del pinzell; 2) posem el cursor al paràgraf que té el format que volem copiar i 3) seleccionem el text que volem que quedi amb aquest format.
b) 1) Posem el cursor al paràgraf que té el format que volem copiar; 2) fem clic en el botó del pinzell i 3) seleccionem el text que volem que quedi amb aquest format.
c) 1) Posem el cursor al paràgraf que té el format que volem copiar; 2) fem clic en el botó del pinzell i 3) utilitzem el menú "Enganxa-ho amb opcions".
d) 1) Seleccionem el text que volem que quedi amb aquest format; 2) fem clic en el botó del pinzell i 3) posem el cursor al paràgraf que té el format que volem copiar.

16. Com s'anomena l'espai blanc de l'inici d'un paràgraf o d'una línia?

a) Espaiat.
b) Marge.
c) Sagnat.
d) Salt de línia.

17. Quina forma té el cursor en un processador de textos?

a) Una barra vertical intermitent.
b) Una creu amb quatre fletxes.
c) Una fletxa.
d) Una mà que assenyala a on ets.

18. On trobem l'opció de canviar el nivell de zoom amb què es mostra la pàgina en un processador de textos?

a) A la barra de menús.
b) A la barra d'estat.
c) A la barra d'eines.
d) En el regle.

19. Si volem col·locar el mateix logotip a la part superior de totes les pàgines d'un document:

a) Utilitzarem l'opció d'inserir la imatge del logotip a cada pàgina del document.
b) Utilitzarem l'opció de copiar i enganxar el logotip a totes les pàgines.
c) Utilitzarem l'opció d'encapçalament i peu de pàgina del processador de textos.
d) No es pot fer, només podem afegir el logotip a la part superior de la primera pàgina del document.

20. Hem de saber el preu de venda, sense el 21% d'IVA, d'un producte que hem comprat i que ens ha costat 200 euros. Quina és la fórmula que utilitzaríem a la cel·la A1?

a) =A1/(1+21/100)
b) =200/(1+21/100)
c) =200(1+21/100)
d) =A1(1+21/100)

21. Quina és la unitat mínima d'informació d'un full de càlcul?

a) La fila.
b) El full.
c) La cel·la.
d) La columna.

22. Les columnes d'un full de càlcul:

a) Es defineixen amb un número (començant per 1, en ordre ascendent).
b) Es defineixen amb un número (començant per 1, en ordre descendent).
c) Es defineixen amb una lletra majúscula (en ordre, començant per la A, d'esquerra a dreta).
d) Es defineixen amb una lletra majúscula (en ordre, començant per la A, de dreta a esquerra).

23. El full de càlcul té l'opció de donar format de taula mitjançant format automàtic, que permet formatejar ràpidament una taula de números amb una sèrie de formats predissenyats. Però, què passa si seleccionem unes cel·les en blanc i apliquem aquesta opció?

a) No es pot aplicar un format a cel·les en blanc, per aplicar un autoformat les cel·les han d'estar emplenades.
b) Només aplicarà el format de tipus de lletra si les cel·les estan buides.
c) Només aplicarà els colors si les cel·les estan buides.
d) No importa si les cel·les estan plenes o buides, s'aplicarà el format igualment.

24. Si tenim un 10 i un 3, sabem que en full de càlcul la suma és =10+3, la resta és =10-3, la multiplicació és =103 i la divisió és =10/3. Però hi ha més operacions, quina fórmula d'aquestes representa una operació correcta?

a) =10!3
b) =10P3
c) =10@3
d) =-10-3

25. Quin resultat obtindrem si introduïm la fórmula =4+2/2+4 en un full de càlcul?

a) El resultat és 9 perquè, com que no hi ha parèntesis, la divisió té prioritat sobre la suma: fa primer la divisió 2/2 i després suma el primer quatre i després suma el segon 4.
b) El resultat és 7 perquè, com que no hi ha parèntesis, va d'esquerra a dreta: fa primer la primera suma 4+2, després divideix per dos, i després suma el segon 4.
c) El resultat és 4,3333333333 perquè, com que no hi ha parèntesis, va de dreta a esquerra: fa primer la suma de la dreta 2+4 (dona 6), després divideix el primer 2 per aquest 6 (dona 0,3333333333) i li suma el primer 4.
d) El resultat és 1 perquè, com que no hi ha parèntesis, la suma té prioritat sobre la divisió: fa primer 4+2, després 2+4 i després divideix aquets dos resultats.

26. El principi de multicanalitat significa:

a) Que les administracions públiques han de cooperar per facilitar el procés d'implantació electrònica i garantir-ne la interoperativitat.
b) Que l'Administració pública ha de promoure la provisió de serveis que s'ofereixen mitjançant tots els canals a disposició dels usuaris.
c) Que segons les característiques del servei, la ciutadania haurà d'utilitzar un determinat canal per comunicar-se amb l'administració pública.
d) Que l'ús dels mitjans electrònics ha de facilitar la participació de la ciutadania en l'activitat administrativa.

27. Quin principi de gestió dels documents electrònics diu que els documents s'han de gestionar en sistemes informàtics que en permetin l'ús i l'accés independentment de les opcions tecnològiques escollides pels destinataris?

a) El principi de transformació.
b) El principi de transparència i disponibilitat.
c) El principi de perdurabilitat.
d) El principi de neutralitat tecnològica.

28. Quin dels següents principis no informa la incorporació dels mitjans electrònics en les actuacions del sector públic de Catalunya?

a) Simplificació, eficàcia, eficiència i economia.
b) Omnicanalitat.
c) Neutralitat tecnològica.
d) Transparència i participació.

29. Dins de l'arquitectura de l'administració electrònica de la Generalitat de Catalunya, què és S@rcat?

a) El registre electrònic.
b) L'adreça per a notificacions electròniques.
c) Una passarel·la de pagaments.
d) Un sistema d'avisos i alertes.

30. D'acord amb l'article 4 de la Llei 29/2010, del 3 d'agost, de l'ús dels mitjans electrònics al sector públic de Catalunya, què implica el principi de proximitat?

a) Que les entitats del sector públic han d'adoptar les mesures necessàries per redissenyar els serveis, els tràmits i els procediments administratius.
b) Que les entitats del sector públic han de garantir que l'ús dels mitjans electrònics no ocasioni discriminacions per raó del mitjà emprat o per raó de les discapacitats o les dificultats especials dels seus destinataris.
c) Que les entitats del sector públic han de facilitar que l'ús dels mitjans electrònics, pels ciutadans, les faci més properes i adaptades a llurs necessitats, reduint costos i càrregues.
d) Que les entitats del sector públic han de garantir que l'ús dels mitjans electrònics asseguri la identitat, la integritat, la conservació i, si escau, la confidencialitat de la informació i les transaccions que es duen a terme emprant mitjans electrònics.

Test de Tema 9

Riscos laborals: drets i obligacions. Pla d'emergència d'edificis i instal·lacions: conceptes bàsics d'evacuació, confinament, emergència, pla d'emergència i pla d'evacuació. Objectius generals d'un pla d'emergència, elements principals i fases. Objectius generals d'un simulacre d'emergència. Diferents rols d'actuació en plans i simulacres d'evacuació i emergència.

1. Els accidents de treball succeeixen únicament en els centres de treball?

a) Sí, una vegada que el treballador ha fitxat la seva entrada.
b) Sí, una vegada que el treballador no ha pres les degudes precaucions dictades per la seva empresa.
c) No, també ocorren en els itineraris del treballador al seu centre de treball.
d) No, també ocorren si el treballador està de baixa per malaltia.

2. S'estableix l'obligació de comunicar a l'autoritat laboral les següents situacions:

a) Els accidents de treball amb baixa.
b) La responsabilitat criminal de l'ocupador en un accident.
c) La relació de defuncions.
d) Són correctes a) i b).

3. L'avaluació de riscos:

a) És una finalitat en si mateixa per a l'empresa.
b) És un mitjà per a adoptar mesures de prevenció.
c) Es realitza per imperatiu legal.
d) Totes són correctes.

4. Entre les causes d'accidents trobem:

a) Les causes que participen de manera evident i visible.
b) Les causes que estan darrere i possibiliten que les visibles apareguin.
c) El factor humà.
d) Totes són correctes.

5. Les condicions de treball són:

a) Totes les clàusules que apareixen en un contracte laboral.
b) L'ambient i horari en què es desenvolupa el treball d'un empleat.
c) Qualsevol característica que pugui tenir una influència en la generació de riscos per a un empleat.
d) El lloc on es troba situat el centre de treball i els seus accessos.

6. Quants delegats de prevenció hi ha en empreses entre 101 i 500 treballadors?

a) 3.
b) 6.
c) 5.
d) 10.

7. Segons la Llei 31/1995, de 8 de novembre, un equip de treball:

a) És el conjunt de treballadors destinats a realitzar la mateixa labor.
b) És qualsevol màquina, instrument o aparell utilitzats en el treball.
c) És qualsevol instal·lació utilitzada en el treball.
d) Són correctes b) i c).

8. EL PAU o Pla d'Autoprotecció:

a) És un document Ministerial que es publica en el BOE una vegada a l'any.
b) És un Pla específic per a cada sector d'activitat.
c) És un document específic per a cada centre de treball i activitat.
d) És un Pla territorial que depèn de les CCAA.

9. Els plans d'emergència interior:

a) Tenen com a objectiu limitar els efectes dels accidents a l'interior del centre de treball.
b) S'exigeixen en determinats sectors amb més risc degut a la seva activitat.
c) Les CCAA tenen competències per al seu registre.
d) Totes són correctes.

10. El Pla de Prevenció és un document escrit:

a) Exigible a totes les empreses sigui quina sigui la seva dimensió.
b) En el qual intervenen els sindicats i salvament civil.
c) Que ha de posar-se en coneixement de les Forces de Seguretat.
d) Són correctes b) i c).

11. En la Llei 31/1995, de 8 de novembre, el concepte de risc laboral és:

a) El conjunt de possibilitats de sofrir un accident laboral.
b) La falta de mesures de seguretat.
c) La manca de Pla de Prevenció.
d) Totes són correctes.

12. El concepte de risc laboral greu i imminent suposa:

a) Que havent estat advertit, l'empresari continua la seva activitat sense adoptar un Pla de Prevenció.
b) Que es dóna un component a futur que permet preveure amb seguretat la provocació d'un mal per al treballador.
c) Que es tracta d'un mal per als treballadors derivat d'una causa de força major que no es podia evitar per l'empresari.
d) Que és el propi empresari el que amb la seva inacció està posant en risc la salut dels treballadors de la seva empresa.

13. Respecte el Burnout o síndrome d'estar cremat:

a) Es desenvolupen sentiments negatius cap a les persones amb les quals es treballa.
b) És la vivència de trobar-se emocionalment esgotat.
c) Es tracta de desenvolupar aversió cap al propi rol en l'empresa.
d) Totes són correctes.

14. En matèria de prevenció de riscos laborals, la sectorització:

a) És la separació de determinats espais de l'empresa perquè no pugui propagar-se el foc en cas d'incendi.
b) És un espai que queda aïllat del fum i del foc durant un temps en cas d'incendi en l'empresa.
c) Es refereix al repartiment d'activitats empresarials per sectors per a elaborar un pla antiincendis específic.
d) Són correctes a) i b).

15. La Llei 31/1995, de 8 de novembre, de Prevenció de Riscos Laborals:

a) S'aplica en la majoria de comunitats autònomes.
b) Només obliga a les mitjanes i grans empreses.
c) S'aplica a totes les empreses.
d) S'aplica en empreses i Administracions Públiques de l'Estat.

16. Els reglaments laborals de seguretat i salut en el treball:

a) Complementen les disposicions del la LRPL.
b) No poden ser contraris a les disposicions de la LRPL.
c) Els adopta el Govern central.
d) Totes són correctes.

17. Les normes juridicotècniques de seguretat i salut en el treball:

a) No incideixen directament en la salut dels treballadors.
b) Són normes que regulen la qualitat dels productes i mercaderies que es fabriquen.
c) Influeixen en els processos de producció i en definitiva en la salut laboral dels treballadors que participen en ells.
d) Són correctes b) i c).

18. La Llei 31/1995, de 8 de novembre, és aplicable:

a) Als funcionaris de l'Estat.
b) Als Mossos d'Esquadra.
c) Al personal sanitari i forense.
d) A la Guàrdia Civil.

19. Els treballadors autònoms:

a) Estan obligats per la Llei de Prevenció de Riscos Laborals.
b) Estan obligats per la LRPL si tenen personal al seu càrrec.
c) No estan obligats a respectar cap llei que afecti el personal laboral.
d) Cap és correcta.

20. Quant als deures dels empresaris:

a) Se cenyeixen a abonar els salaris entre els dies 1 i 5 de cada mes.
b) Es troba l'obligació de protegir als treballadors dels riscos laborals.
c) Es concreta a seleccionar cada perfil més adequat per a cada lloc de treball.
d) Totes són correctes.

21. En matèria de prevenció de riscos laborals, els empresaris:

a) Han de cenyir-se a la normativa i no poden anar més enllà del que aquesta disposi.
b) Han d'avançar-se al perill per al seu treballador.
c) Han d'adoptar totes les mesures específiques a la mena d'activitat que desenvolupen més enllà de la normativa.
d) Han de rebre directives de les CCAA en matèria de prevenció de riscos per a poder implantar-les en la seva empresa.

22. D'entre els principis orientadors de la LPRL són els següents:

a) L'empresari ha d'evitar els riscos.
b) L'empresari ha d'avaluar els riscos que no pot evitar.
c) L'empresari ha de substituir les situacions perilloses per altres menys perilloses.
d) Totes són correctes.

23. L'empresari ha d'anticipar-se als accidents que es puguin produir en la seva empresa?

a) No, la llei no l'obliga a anticipar cap comportament.
b) Sí, la llei l'obliga a anticipar qualsevol conducta que pugui desenvolupar un treballador contractat per ell.
c) Si, la llei l'obliga a anticipar els comportaments imprudents i exempts de temeritat dels seus treballadors.
d) Si, la llei l'obliga a anticipar els accidents que puguin produir-se per fallades de la maquinària que utilitzen els treballadors.

24. D'entre les obligacions específiques en matèria de prevenció de riscos per a l'empresari es troba:

a) La dotació d'equips de treball segurs.
b) L'atribució d'equips de protecció individuals.
c) El lliurament de l'uniforme o bata d'empresa.
d) Són correctes a) i b).

25. Té l'empresari el deure de coordinar-se amb altres empreses?

a) Sí.
b) No.
c) Només en empreses de més de 100 treballadors.
d) Només en empreses situades en polígons industrials.

26. Entre els deures específics de l'empresari es troba:

a) Cuidar de la salut dels seus treballadors.
b) Proposar-los una mútua metgessa privada si l'activitat que exerceix l'empresa és especialment perillosa.
c) Vigilar de manera periòdica la salut dels seus treballadors.
d) La prevenció de riscos de laborals no té res a veure amb la salut dels treballadors emprats.

27. En matèria de prevenció de riscos laborals els treballadors:

a) Poden opinar individualment sobre aquelles mesures que els afectin.
b) Han de participar a través dels seus representants sindicals.
c) Tenen dret a participar a través dels seus representants sindicals.
d) No participen d'aquesta matèria que obliga als ocupadors.

28. La defensa dels drets dels treballadors en matèria de riscos laborals correspon:

a) Als comitès d'empresa.
b) Als Delegats de personal.
c) Als representants sindicals.
d) Totes són correctes.

29. Els delegats de prevenció i el servei de prevenció són:

a) Els delegats de prevenció són triats pels treballadors.
b) El servei de prevenció és designat per l'empresari.
c) Els delegats de prevenció són triats d'entre els treballadors per l'empresari.
d) Són correctes a) i b).

30. Les funcions dels delegats de prevenció són les següents:

a) Col·laborar amb l'empresa en la implementació de l'acció preventiva.
b) Promoure entre els treballadors la implementació de l'acció preventiva.
c) Ser consultats per l'empresa abans d'implementar noves normes en matèria de prevenció.
d) Totes són correctes.

Test de Tema 10

Ús del material: descripció de material fungible i de material no fungible. Seguretat laboral en la manipulació manual de càrregues: característiques de la càrrega, esforç físic necessari, mesures preventives i manteniment de l'esquena. Bones pràctiques ambientals: eficiència en l'àmbit de l'energia, eficiència en l'ús del paper, gestió adequada dels residus i eficiència en l'ús de l'aigua.

1. La vida útil d'un material és:

a) El temps que dura un objecte.
b) El temps que es preveu que es podrà utilitzar un objecte.
c) El temps en què un objecte és útil al seu amo.
d) Un paràmetre del fabricant per a determinar el seu termini de garantia.

2. Un bolígraf és material d'oficina:

a) Fungible.
b) No fungible.
c) No es regeix per aquestes categories.
d) Dependrà de l'ús que li doni el seu amo.

3. Una grapadora és material d'oficina:

a) Fungible.
b) No fungible.
c) No es regeix per aquestes categories.
d) Dependrà de l'ús que li doni el seu propietari.

4. Entre les recomanacions per al manteniment i l'ús adequat del material d'oficina hi ha:

a) Mantenir els retoladors tancats.
b) Mantenir les cues tapades.
c) Apagar els aparells que no s'utilitzin.
d) Totes són correctes.

5. Quan es tira paper a reciclar és recomanable:

a) Trencar-lo en trossos perquè no es conegui el seu contingut.
b) Passar-ho sempre per un destructor de documents.
c) Treure-li les grapes.
d) Totes són correctes.

6. A partir de quants quilos de càrrega es dóna un risc de dolor lumbar?

a) 3 kgs.
b) 6 kgs.
c) 5 kgs.
d) 10 kgs.

7. Són característiques d'una càrrega:

a) Un pes o volum excessiu.
b) Equilibri inestable.
c) Que pugui provocar cops o corts.
d) Totes són correctes.

8. L'esforç físic suposa:

a) Una manera sana de començar la jornada laboral.
b) Una condició de determinats llocs de treball.
c) Una postura forçada del cos.
d) Són correctes a) i c).

9. En l'ambient de treball, quina d'aquestes circumstàncies pot produir-se?

a) Que la falta d'espai impedeixi manipular la càrrega amb facilitat.
b) Que la falta d'espai impedeixi col·locar una càrrega a l'altura segura.
c) Que la falta d'espai impedeixi al treballador asseure's.
d) Totes són correctes.

10. En determinats llocs de treball pot succeir:

a) Que es doni una sobrecàrrega d'electricitat aerostàtica.
b) Que els despatxos no estiguin ben dissenyats.
c) Que l'ambient sigui inadequat per falta de llum.
d) Són correctes b) i c).

11. La distribució de les pauses per a recuperar la fatiga les decideix el treballador?

a) Sí, segons les seves necessitats d'aquest dia.
b) Només si és una treballadora embarassada.
c) Sí, si el treballador té un comunicat mèdic que l'exigeixi.
d) No, mai.

12. Pel que fa a les característiques individuals del treballador que suposen un risc per a la seva salut hi ha:

a) Una aptitud física inadequada.
b) Una formació insuficient.
c) Un salut mental deteriorada.
d) Són correctes a) i b).

13. Per les dones joves, els valors màxims de manipulació de càrregues són:

a) 10 kgs.
b) 15 kgs.
c) 20 kgs.
d) Dependrà de la seva alçada.

14. Per a evitar riscos, el treballador no ha de començar a empènyer una càrrega de més de 25 kgs:

a) Sí, és correcte.
b) No és correcte.
c) Dependrà de la seva alçada.
d) No existeix diferència entre començar a empènyer i mantenir una càrrega en moviment.

15. Són treballadors considerats especialment sensibles aquells que:

a) Són dones embarassades.
b) Tenen mal d'esquena.
c) Tenen més de 40 anys.
d) Són correctes a) i b).

16. En relació a manipular una càrrega es recomana:

a) Realitzar primer suaus estiraments.
b) Utilitzar cordes i corrioles.
c) Manipular-la sense inclinacions.
d) Totes són correctes

17. El lloc més favorable per a col·locar una càrrega és:

a) A l'esquena.
b) Damunt del cap.
c) Davant del treballador.
d) Cap és correcta.

18. Per a subjectar una càrrega sense risc, és necessari:

a) Subjectar-la amb cordes.
b) Agafar-la amb les dues mans
c) Una obertura en la caixa.
d) Totes són correctes.

19. Factors de risc del dolor lumbar:

a) Moviments de coll repetits.
b) Postures forçades.
c) Romandre ajupit molt de temps.
d) Són correctes a) i b).

20. Quant als deures de l'empresari:

a) Aquest se cenyeix a abonar els salaris entre els dies 1 i 5 de cada mes.
b) Es troba l'obligació de protegir als treballadors dels riscos laborals.
c) Es concreta a seleccionar cada perfil més adequat per a cada lloc de treball.
d) Totes són correctes.

21. L'estrès influeix en el dolor d'esquena?

a) Sí.
b) No.
c) L'estrès influeix en qualsevol dolor.
d) L'estrès té a veure amb desarregles hormonals.

22. Pel que fa a la manera d'asseure's en la cadira del despatx, és important:

a) Posar l'esquena contra el seient.
b) Que les plantes dels peus toquin a terra.
c) Que els ulls estiguin a l'altura de la part elevada de l'ordinador.
d) Totes són correctes.

23. Si un treballador passa molt de temps assegut, és recomanable que:

a) S'aixequi de la cadira cada 45 minuts.
b) S'obligui a anar caminant a la feina.
c) Circuli amb bicicleta diàriament.
d) Faci deu flexions cada mitja hora.

24. Si un treballador passa molt de temps dempeus, és recomanable:

a) Balancejar el pes entre les dues cames.
b) Recolzar-se a estones en el taulell.
c) Usar un calçat ergonòmic i adaptat.
d) Totes amb correctes.

25. Dins de les bones pràctiques destinades a tot el personal hi ha:

a) Saludar-se tots els matins.
b) Donar la benvinguda als nous empleats.
c) Apagar els llums de les estances buides.
d) Apagar el wifi en acabar la jornada laboral.

26. Els aparells elèctrics que no s'utilitzen, consumeixen energia?

a) Sí, també en *stand by*.
b) Sí, però no a la nit.
c) No, mai.
d) No, si estan desendollats.

27. La temperatura ideal a l'hivern és de:

a) 17-15 graus.
b) 19-20 graus.
c) 20-24 graus.
d) No hi ha una temperatura ideal.

28. A l'estiu, a l'oficina:

a) És millor obrir les finestres.
b) No es recomana obrir les finestres.
c) És millor posar l'aire condicionat.
d) Cada empresa decideix el millor.

29. A l'estiu, per cada grau que es redueix la temperatura, es consumeix en energia:

a) Un 2% més.
b) Un 4% més.
c) Un 6% més.
d) Un 8% més.

30. Per a consumir menys energia és recomanable:

a) Apagar les calefaccions i els aires condicionats a les nits.
b) Encendre les calefaccions i els aires condicionats als matins.
c) Deixar tot el dia els aparells connectats a temperatura moderada i constant.
d) Són correctes a) i b).

Tests de Temes

Solucions

Test de Tema 1

1. ***a)*** *Podríem definir el bon govern com aquell on els que governen ho fan de manera ètica i que a més a més té un enfocament de qualitat de cara al ciutadà.*

La Llei 19/2014, del 29 de desembre, de transparència, accés a la informació pública i bon govern defineix el bon govern com: "...Els principis, les obligacions i les regles sobre la qualitat dels serveis i el funcionament de l'Administració, i els principis ètics i les bones pràctiques d'acord amb els quals han d'actuar els alts càrrecs de l'Administració, els càrrecs directius i la resta de personal al servei de l'Administració, amb l'objectiu que aquesta funcioni amb la màxima transparència, qualitat i equitat, i amb garantia de retiment de comptes."

2. ***c)*** *Bon govern.*

El bon govern és, per tant, un concepte extens que es desprèn del concepte d'ètica pública i que es pot resumir com un conjunt de principis, valors, normes i bones pràctiques que han de guiar dels treballadors del sector públic, amb l'objectiu que les administracions funcionin amb la màxima transparència i ètica pública i que els serveis que presten siguin de qualitat, eficients i útils per a les persones.

3. ***d)*** *Com aquell conjunt d'activitats i prestacions que tenen per finalitat atendre i satisfer de manera regular i constant les necessitats individuals i col·lectives considerades d'interès general i de responsabilitat de les administracions públiques de Catalunya.*

Entenem el servei públic com aquell conjunt d'activitats i prestacions que tenen per finalitat atendre i satisfer de manera regular i constant les necessitats individuals i col·lectives (Codi ètic del servei públic de Catalunya) considerades d'interès general i de responsabilitat de les administracions públiques de Catalunya, sense perjudici de qui les faci efectives.

4. ***d)*** *Totes són correctes.*

Considerem que un servei públic de qualitat que contribueix a millorar el benestar de la gent i a fer progressar el país té com a inherents els valors ètics següents: 1. Responsabilitat envers el bé comú: l'activitat del servei públic implica assumir una alta dedicació i compromís i la màxima responsabilitat envers el bé comú; 2. Centralitat de les persones: l'exercici del servei públic s'ha d'orientar i concebre des de la perspectiva de l'interès i necessitats de les persones, posant-les sempre en el centre de l'acció i prioritzant les més vulnerables; 3. Objectivitat i imparcialitat: el servei públic s'ha de dur a terme de manera diligent, objectiva, imparcial, justa, respectuosa i personalitzada; 4. Professionalitat i eficàcia: el servei públic s'ha de fonamentar en la professionalitat i qualitat tècnica, així com l'eficàcia i eficiència en el seu acompliment; 5. Innovació i participació: el servei públic ha d'incorporar la capacitat de lideratge, el treball en equip i col·laboratiu, la innovació i ha d'afavorir la participació i el retiment de comptes; 6. Obertura i accessibilitat de les organitzacions del servei públic: el servei públic requereix un context d'organitzacions digitals, en xarxa, obertes, accessibles, transparents, humanitzades, i preparades per adaptar-se i respondre a les necessitats canviants de les persones i de la societat.

5. **c)** *Transparència, l'accés a la informació pública, bon govern i govern obert.*

Adquireixen especial rellevància els principis com són: el primer de transparència, el segon sobre l'accés a la informació pública, i el tercer de bon govern, com a principis bàsics que permeten avaluar la qualitat democràtica del funcionament de les administracions públiques; i també la té el quart, sobre el govern obert, com a concepte que permet aprofitar els avantatges dels mitjans electrònics per a configurar un sistema de relacions entre les administracions i la ciutadania més interactiu i més participatiu.

6. **a)** *Vocació de servei, professionalitat i confiança pública.*

Les persones que integren el servei públic de Catalunya han de tenir com a propis un conjunt de valors en la seva tasca professional. Aquests valors, independentment de l'activitat, el sector i la posició que ocupin en l'organització, són: vocació de servei, professionalitat i confiança pública (El Codi ètic del servei públic de Catalunya).

7. **a)** *Llei 19/2014, del 29 de desembre, de transparència, accés a la informació pública i bon govern.*

A Catalunya, el Parlament va aprovar la Llei 19/2014, del 29 de desembre, de transparència, accés a la informació pública i bon govern; dita Llei té per objecte establir un sistema de relació entre les persones i l'Administració pública i els altres subjectes obligats fonamentat en el coneixement de l'activitat pública, la incentivació de la participació ciutadana, la millora de la qualitat de la informació pública i de la gestió administrativa i la garantia del retiment de comptes i la responsabilitat en la gestió pública.

8. **d)** *És l'acció proactiva de l'Administració de donar a conèixer la informació relativa als seus àmbits d'actuació i les seves obligacions amb caràcter permanent i actualitzat.*

Es defineix la transparència pública com l'acció proactiva de l'Administració de donar a conèixer la informació relativa als seus àmbits d'actuació i les seves obligacions amb caràcter permanent i actualitzat, de manera que resulti més comprensible per a les persones i per mitjà dels instruments de difusió que permetin un accés ampli i fàcil i facilitin la participació en els assumptes públics.

9. **a)** *És una obligació de l'Administració que ha de facilitar de manera proactiva, sense necessitat de demanda expressa.*

La transparència és un dels pilars bàsics de l'activitat pública. És una obligació de l'Administració que ha de facilitar de manera proactiva, sense necessitat de demanda expressa, la informació sobre dades i continguts de diversa naturalesa. D'aquesta manera es dóna compliment al mandat de l'article 71.4 de l'Estatut d'autonomia, que obliga l'Administració de la Generalitat a fer pública la informació necessària perquè la ciutadania en pugui avaluar la gestió.

10. **a)** *La Llei 19/2014 té com a principal àmbit subjectiu d'aplicació les administracions públiques de Catalunya, noció que inclou l'Administració de la Generalitat i els ens locals, així com tots els organismes i entitats de naturalesa administrativa dependents o vinculats a aquestes administracions.*

La Llei 19/2014, del 29 de desembre, de transparència, accés a la informació pública i bon govern és aplicable (art. 3):

a) A l'Administració de la Generalitat i els ens que integren l'Administració local a Catalunya.

b) Als organismes i ens públics, les societats amb participació majoritària o vinculades, les fundacions del sector públic, les entitats de dret públic dependents o vinculades amb les administracions a què fa referència la lletra a, les entitats de dret públic que actuen amb independència funcional o amb una autonomia especial reconeguda per llei que exerceixen funcions de regulació o supervisió externa sobre un determinat sector o activitat, les institucions de la Generalitat a què fa referència el capítol V del Títol II de l'Estatut d'autonomia, els col·legis professionals i les corporacions de dret públic en allò que afecta l'exercici de llurs funcions públiques i els consorcis o altres formes associatives i llurs ens vinculats i societats mercantils en què participa de manera majoritària alguna d'aquestes administracions.

c) A les universitats públiques de Catalunya i els ens que en depenen o hi estan vinculats o participats, incloses les societats mercantils, les fundacions i altres ens instrumentals.

d) A les persones físiques o jurídiques que exerceixen funcions públiques o potestats administratives, que presten serveis públics o que perceben fons públics per a funcionar o per a dur a terme llurs activitats per qualsevol títol jurídic.

e) A les persones físiques o jurídiques que duen a terme activitats qualificades legalment com a serveis d'interès general o universal.

f) Als grups d'interès, en els termes que estableix el Títol IV.

11. ***d)*** *Sí, si perceben subvencions o ajuts públics de més de 100.000 euros anuals.*

Segons l'article 3.4, la Llei 19/2014, del 29 de desembre, de transparència, accés a la informació pública i bon govern és aplicable a: 4. Les obligacions de transparència establertes pel Títol II també són aplicables als partits polítics, a les associacions i fundacions vinculades, a les organitzacions sindicals i empresarials i a les entitats privades en els supòsits següents:

a) Si perceben subvencions o ajuts públics de més de 100.000 euros anuals.

b) Si almenys el quaranta per cent de llurs ingressos anuals procedeix de subvencions o ajuts públics, sempre que aquesta quantitat sigui de més de 5.000 euros.

12. ***d)*** *Totes són correctes.*

Per a fer efectiva la transparència, els subjectes obligats han d'adoptar les actuacions següents:

a) Difondre la informació pública d'interès general d'una manera veraç i objectiva.

b) Garantir que la informació es difon de manera constant i s'actualitza permanentment.

c) *Organitzar la informació de manera que sigui accessible i comprensible.*

d) *Facilitar la consulta de la informació amb l'ús de mitjans informàtics en formats comprensibles.*

13. **d)** *Totes són correctes.*

L'Administració pública, en aplicació del principi de transparència, ha de fer pública la informació relativa a: L'organització institucional i l'estructura administrativa; La gestió econòmica, comptable, pressupostària i patrimonial; Les decisions i les actuacions amb rellevància jurídica especial; La plantilla, la relació de llocs de treball i el règim retributiu; Els procediments administratius relacionats amb l'exercici de les seves competències; Els contractes i els convenis; Les convocatòries i l'atorgament de les subvencions i els ajusts públics; Els informes i els estudis; Els plans, els programes i les memòries generals; La informació estadística; La informació geogràfica.

14. **a)** *Com el conjunt de mesures per a establir una relació i un diàleg permanents i bidireccionals entre l'Administració i les persones a l'hora de definir i aplicar les polítiques públiques, i per a introduir i desenvolupar instruments de participació i col·laboració ciutadana en els assumptes públics.*

Un govern obert és un govern: Transparent; Que facilita l'accés a la informació pública; Que promou la participació ciutadana; Que crea una relació de confiança amb les institucions. Les polítiques de govern obert persegueixen una comunicació entre l'Administració i la ciutadania que sigui: Bidireccional; Permanent; i Transparent.

15. **d)** *Implantar un sistema de govern obert dins l'Administració catalana que integri les polítiques de transparència, de dades obertes i de participació ciutadana.*

La Generalitat es planteja quatre grans reptes en matèria de govern obert: Garantir una aplicació rigorosa i efectiva de la Llei de transparència, accés a la informació pública i bon govern; Implantar un sistema de govern obert dins l'Administració catalana que integri les polítiques de transparència, de dades obertes i de participació ciutadana; Lluitar contra la corrupció: màxima transparència i informació pel que fa a la contractació i a les subvencions públiques; Contractar de forma legal i èticament impecable, socialment responsable i econòmicament eficient.

16. **d)** *Totes són correctes.*

Els ciutadans poden participar en les polítiques de govern obert a través de diferents portals impulsats per la Generalitat:

— transparenciacatalunya.cat

El portal és gestionat per la Generalitat i incorpora la informació de les administracions locals i d'altres administracions i entitats catalanes.

— dadesobertes.gencat.cat

És el portal on estan publicades les dades de caràcter públic de la Generalitat amb l'objectiu de fomentar-ne l'ús i la reutilització.

— *participa.gencat.cat*

És el portal de participació ciutadana des d'on es pot accedir als òrgans estables de participació i als processos de participació ciutadana promoguts per la Generalitat.

En cas que els ciutadans no hi trobin la informació que busquen, poden fer ús del seu dret d'accés a la informació pública, que permet sol·licitar a través d'un formulari específic tota mena d'informació pública.

17. **a)** *Portal de la Transparència.*

L'instrument per fer accessible la informació a la ciutadania és el portal de la Transparència, un espai web on s'ha de publicar la informació de les administracions públiques.

18. **c)** *Ser proactiu a l'hora d'informar sobre l'organització institucional i l'estructura administrativa, la gestió econòmica, comptable, pressupostària i patrimonial, les decisions i actuacions de rellevància jurídica, la planificació i programació, la contractació pública, els convenis de col·laboració, les subvencions.*

Perquè la informació sigui transparent, no n'hi ha prou de publicar-la: també cal ordenar-la, processar-la perquè sigui més entenedora, facilitar-la en un format que es pugui reutilitzar per a poder ser analitzada, buscar uns estàndards perquè determinades dades siguin comparables... En aquest context, els eixos que concreten i garanteixen la transparència de la Generalitat de Catalunya són la publicitat activa, el dret d'accés a la informació pública i les dades obertes. La publicitat activa implica ser proactiu a l'hora d'informar sobre l'organització institucional i l'estructura administrativa, la gestió econòmica, comptable, pressupostària i patrimonial, les decisions i actuacions de rellevància jurídica, la planificació i programació, la contractació pública, els convenis de col·laboració, les subvencions... I aquesta és, precisament, la missió del portal de transparència.

19. **a)** *Que la ciutadania pugui requerir i obtenir informació pública, a través d'un tràmit presencial o per Internet.*

El dret d'accés a la informació pública garanteix que la ciutadania pugui requerir i obtenir informació pública, a través d'un tràmit presencial o per Internet. Les peticions d'informació sol·licitada només es poden denegar en alguns casos específics molt clars, per exemple quan es considera que la divulgació d'aquesta informació pot perjudicar la seguretat pública, els drets dels menors d'edat o el secret professional, entre d'altres. En cas de denegació, es poden interposar recursos davant la Comissió de Garantia del Dret d'Accés a la Informació Pública, un organisme independent que vetlla per aquest dret.

20. **d)** *Posa a disposició de la ciutadania i de les empreses fitxers de dades d'accés lliure i gratuït, amb l'objectiu que la informació de caràcter públic sigui fàcilment reutilitzable.*

El portal de dades obertes de la Generalitat posa a disposició de la ciutadania i de les empreses fitxers de dades d'accés lliure i gratuït, amb l'objectiu que la informació de caràcter públic sigui fàcilment reutilitzable.

21. **a)** *El conjunt de propietats i característiques d'un servei o producte que satisfan les necessitats establertes per la ciutadania.*

En aquest concepte de qualitat cal destacar dos elements fonamentals: un vessant intern en relació amb l'elaboració del producte o la prestació del servei, de caràcter objectiu, que es refereix al compliment de les especificacions i l'objecte de la qual és que pugui complir la destinació per a la qual va ser dissenyada; i en segon lloc, un vessant extern, de caràcter més subjectiu, que es refereix al compliment de les expectatives de la clientela i que obliga a l'establiment de mecanismes que permetin a les organitzacions conèixer quines són, si volen encertar en la configuració de l'oferta.

22. **d)** *La participació del personal.*

La participació del personal: el personal, a tots els nivells, és l'essència d'una organització, i el seu total compromís possibilita que les seves habilitats siguin usades per al benefici de l'organització.

23. **c)** *La millora contínua.*

La millora contínua de l'exercici global en la prestació de serveis, de l'organització hauria de ser un objectiu permanent.

24. **a)** *Les expectatives i la percepció dels ciutadans.*

Les expectatives, és a dir, allò que els clients/ciutadans esperen que passi durant la prestació del servei. La percepció es correspon amb la impressió que té el client/ciutadà sobre el servei que ha rebut.

25. **d)** *La prestació d'un servei consisteix en la satisfacció d'una necessitat sense que això suposi la producció d'un bé tangible.*

La prestació d'un servei consisteix en la satisfacció d'una necessitat sense que això suposi la producció d'un bé tangible. Un servei és, per tant, un procés on el factor humà juga un paper central. Factor humà, per tant, és el principal element a tenir en compte en la prestació del servei. Qualsevol comportament de les persones pot afegir-li o restar-li valor. Al resultat no només hi influirà l'execució del procés, sinó d'altres factors com l'aparença física, l'empatia, etcètera.

26. **b)** *La gestió de la qualitat.*

La gestió de la qualitat es pot entendre com el conjunt d'accions que implementa una organització per consolidar un procés de millora contínua. Aquesta tasca implica necessàriament la planificació, el desplegament o execució del que s'ha planificat, l'avaluació dels resultats obtinguts i la proposta de mesures per a la millora d'aquells aspectes que l'organització consideri que no arriben al nivell adequat.

27. **b)** *La planificació de les accions necessàries per a aconseguir els objectius de millora fixats.*

La planificació de les accions necessàries per a aconseguir els objectius de millora fixats constitueix el Pla de Qualitat. En aquesta planificació s'ha d'incloure, els objectius, les accions, els responsables, els terminis i el calendari.

28. **c)** *El servei públic s'ha de fonamentar en la professionalitat i qualitat tècnica, així com l'eficàcia i eficiència en el seu acompliment.*

El Codi de Conducta recollit a l'EBEP té com a deures per a tots els empleats públics el d'orientar l'actuació professional per a aconseguir els objectius amb la màxima agilitat possible i sense apartar-se'n d'ells.

29. **a)** *S'han de dissenyar els models de serveis públics més afavoridors de transparència, accés a la informació, rendiment de comptes i avaluació de polítiques públiques.*

La Llei 19/2013, del 9 de desembre, de transparència, accés a la informació i bon govern: "[...] segons la qual la Llei de transparència "incrementa i reforça la transparència en l'activitat pública –que s'articula a través d'obligacions de publicitat activa per a totes les administracions i entitats públiques–, reconeix i garanteix l'accés a la informació –regulat com un dret d'ampli àmbit subjectiu i objectiu– i estableix les obligacions de bon govern que han de complir els responsables públics així com les conseqüències jurídiques derivades del seu incompliment –el que es converteix en una exigència de responsabilitat per a tots els que desenvolupen activitats de rellevància pública–."

30. **a)** *Aplicar el govern obert i fomentar la participació i la col·laboració ciutadanes.*

L'art. 1 de la Llei 19/2014, del 29 de desembre, de transparència, accés a la informació pública i bon govern defineix l'objecte de la Llei: Aplicar el govern obert i fomentar la participació i la col·laboració ciutadanes. El ciutadà té el dret a produir dades i informació amb valor públic. Una ciutadania apoderada és determinant per definir les polítiques i els serveis públics del país. Cal, doncs, arbitrar mecanismes que facin possible que l'Administració pigui reutilitzar aquestes dades.

Test de Tema 2

1. **c)** *Social i democràtic de dret.*

   Segons l'article 1 de la Constitució: Espanya es constitueix en un Estat social i democràtic de Dret, que propugna com a valors superiors del seu ordenament jurídic la llibertat, la justícia, la igualtat i el pluralisme polític.

2. **d)** *Tots ho són.*

   Segons l'article 1.1 de la Constitució: Espanya es constitueix en un Estat social i democràtic de Dret, que propugna com a valors superiors del seu ordenament jurídic la llibertat, la justícia, la igualtat i el pluralisme polític.

3. **b)** *El poble espanyol.*

   Segons l'art.1.2 de la Constitució: La sobirania nacional resideix en el poble espanyol, del qual emanen els poders de l'Estat.

4. **d)** *De les nacionalitats i regions que la integren.*

   Segons l'art. 2 de la Constitució, aquesta es fonamenta en la indissoluble unitat de la Nació espanyola, pàtria comuna i indivisible de tots els espanyols, i reconeix i garanteix el dret a l'autonomia de les nacionalitats i de les regions que la integren i la solidaritat entre totes elles.

5. **d)** *Totes són correctes.*

   La Constitució garanteix el principi de legalitat, la jerarquia normativa, la publicitat de les normes, la irretroactivitat de les disposicions sancionadores no favorables o restrictives de drets individuals, la seguretat jurídica, la responsabilitat i la interdicció de l'arbitrarietat dels poders públics (art. 9.3 CE).

6. **c)** *Obligatori i gratuït.*

   Segons l'article 27.4 de la Constitució, l'ensenyament bàsic és obligatori i gratuït.

7. **c)** *El deure de treballar i el dret al treball.*

   Tots els espanyols tenen el deure de treballar i el dret al treball, a la lliure elecció de professió o ofici, a la promoció a través del treball i a una remuneració suficient per tal de satisfer les seves necessitats i les de la seva família sense que en cap cas es pugui fer discriminació per raó de sexe (art. 35 CE).

8. **a)** *Sí.*

   Segons l'article 28 de la Constitució, tothom té dret a sindicar-se lliurement. La llei podrà limitar o exceptuar l'exercici d'aquest dret a les Forces o als Instituts Armats o als altres cossos sotmesos a disciplina militar, i regularà les peculiaritats de l'exercici per als funcionaris públics. La llibertat sindical comprèn el dret a fundar sindicats i a afiliar-s'hi a elecció, i el dret dels sindicats a formar confederacions i a fundar organitzacions sindicals internacionals o a afiliar-s'hi. Ningú podrà ser obligat a afiliar-se a un sindicat.

9. ***d)*** *Dret a la propietat privada.*

El dret a la propietat privada no és un dret fonamental, i es troba recollit a l'article 33 de la Constitució: Es reconeix el dret a la propietat privada i a l'herència.

10. ***c)*** *El 19 de juliol de 2006.*

Llei orgànica 6/2006, de reforma de l'Estatut d'autonomia de Catalunya, és de 19 de juliol.

11. ***d)*** *Una llei orgànica estatal.*

Llei orgànica 6/2006, de 19 de juliol, de reforma de l'Estatut d'autonomia de Catalunya. L'Estatut d'Autonomia de Catalunya és la norma institucional bàsica de Catalunya desenvolupada d'acord amb el que s'estableix al Títol vuitè de la Constitució espanyola de 1978. Té, doncs, caràcter i rang de llei orgànica.

12. ***c)*** *La Generalitat.*

La Generalitat és el sistema institucional en què s'organitza políticament l'autogovern de Catalunya (art. 2 EAC).

13. ***a)*** *El 9 d'agost de 2006.*

La Llei orgànica 6/2006, de 19 de juliol, de reforma de l'Estatut d'autonomia de Catalunya va ser aprovada pel Congrés de Diputats el 30 de març 2006 i pel Senat d'Espanya el 10 de maig de 2006, i aprovada en referèndum pels ciutadans de Catalunya el 18 de juny de 2006. Un cop aprovat en referèndum, el rei sancionà la llei i aquesta fou publicada al BOE, com a Llei Orgànica 6/2006, del 19 de juliol, de Reforma de l'Estatut d'Autonomia de Catalunya. És vigent des del 9 d'agost de 2006.

14. ***a)*** *Competències exclusives.*

L'article 110 EAC, sobre les competències exclusives, determina que: Corresponen a la Generalitat, en l'àmbit de les seves competències exclusives, de manera íntegra, la potestat legislativa, la potestat reglamentària i la funció executiva. Correspon únicament a la Generalitat l'exercici d'aquestes potestats i funcions, mitjançant les quals pot establir polítiques pròpies.

15. ***b)*** *Competències compartides.*

En les matèries que l'Estatut atribueix a la Generalitat de forma compartida amb l'Estat, corresponen a la Generalitat la potestat legislativa, la potestat reglamentària i la funció executiva, en el marc de les bases que fixi l'Estat com a principis o mínim comú normatiu en normes amb rang de llei, excepte en els supòsits que es determinin d'acord amb la Constitució i amb aquest Estatut. En exercici d'aquestes competències, la Generalitat pot establir polítiques pròpies. El Parlament ha de desplegar i concretar per mitjà d'una llei les dites disposicions bàsiques (art. 111 EAC).

16. ***d)*** *Les que atribueixen a la Generalitat la potestat reglamentària i la funció executiva.*

Correspon a la Generalitat, en l'àmbit de les seves competències executives, la potestat reglamentària, que comprèn l'aprovació de disposicions per a l'execució de la normativa de l'Estat, i també la funció executiva, que en tot cas inclou la potestat d'organització de la seva pròpia administració i, en general, totes les funcions i activitats que l'ordenament atribueix a l'Administració pública (art. 112 EAC).

17. ***d)*** *Els drets, deures i principis rectors.*

El títol del Títol I de l'AEC és "Drets, deures i principis rectors" i conté els articles 15 a 54.

18. ***c)*** *Legislativa i reglamentària i la funció executiva.*

Correspon a la Generalitat, en l'àmbit de les seves competències executives, la potestat reglamentària, que comprèn l'aprovació de disposicions per a l'execució de la normativa de l'Estat, i també la funció executiva, que en tot cas inclou la potestat d'organització de la seva pròpia administració i, en general, totes les funcions i activitats que l'ordenament atribueix a l'Administració pública (art. 112 EAC).

19. ***a)*** *Al capítol I del Títol II.*

El Parlament es troba regulat al capítol I (El Parlament), del Títol II (De les institucions), que conté els articles 55 a 66.

20. ***a)*** *El sistema institucional en què s'organitza políticament l'autogovern de Catalunya.*

La Generalitat és el sistema institucional en què s'organitza políticament l'autogovern de Catalunya (art. 2.1 EAC).

21. ***b)*** *El català.*

La llengua pròpia de Catalunya és el català. Com a tal, el català és la llengua d'ús normal i preferent de les administracions públiques i dels mitjans de comunicació públics de Catalunya, i és també la llengua normalment emprada com a vehicular i d'aprenentatge en l'ensenyament (art. 6 EAC).

22. ***c)*** *A Catalunya totes les persones tenen el dret i el deure d'utilitzar les dues llengües oficials.*

El català és la llengua oficial de Catalunya. També ho és el castellà, que és la llengua oficial de l'Estat espanyol. Totes les persones tenen el dret d'utilitzar les dues llengües oficials i els ciutadans de Catalunya tenen el dret i el deure de conèixer-les. Els poders públics de Catalunya han d'establir les mesures necessàries per a facilitar l'exercici d'aquests drets i el compliment d'aquest deure. D'acord amb el que disposa l'article 32, no hi pot haver discriminació per l'ús de qualsevol de les dues llengües (art. 6.2 EAC).

23. ***a)*** *Els drets, deures i principis rectors.*

El títol del Títol I de l'Estatut és "Drets, deures i principis rectors", i conté els articles 15 a 54 al llarg de cinc capítols.

24. ***a)*** *El dret a viure amb dignitat, seguretat i autonomia, lliures d'explotació, maltractaments i de tota mensa de discriminació.*

L'article 15 de l'EAC estableix que: Els ciutadans de Catalunya són titulars dels drets i els deures reconeguts per les normes a què fa referència l'article 4.1; Totes les persones tenen dret a viure amb dignitat, seguretat i autonomia, lliures d'explotació, de maltractaments i de tota mena de discriminació, i tenen dret al lliure desenvolupament de llur personalitat i capacitat personal; Els drets que aquest Estatut reconeix als ciutadans de Catalunya es poden estendre a altres persones, en els termes que estableixen les lleis.

25. ***d)*** *Totes són correctes.*

Totes les persones tenen dret a accedir en condicions d'igualtat a la cultura i al desenvolupament de llurs capacitats creatives individuals i col·lectives. Totes les persones tenen el deure de respectar i preservar el patrimoni cultural (article 22 EAC).

Totes les persones tenen dret a viure en un medi equilibrat, sostenible i respectuós amb la salut, d'acord amb els estàndards i els nivells de protecció que determinen les lleis. Totes les persones tenen dret a la protecció davant les diferents formes de contaminació, d'acord amb els estàndards i els nivells que determinen les lleis. També tenen el deure de col·laborar en la conservació del patrimoni natural i en les actuacions que tendeixin a eliminar les diferents formes de contaminació, amb l'objectiu de mantenir-lo i conservar-lo per a les generacions futures (art. 27 EAC).

26. ***a)*** *La seva norma institucional bàsica.*

Catalunya, com a nacionalitat, exerceix el seu autogovern constituïda en comunitat autònoma d'acord amb la Constitució i amb aquest Estatut, que és la seva norma institucional bàsica (art. 26.1 EAC).

27. ***a)*** *El castellà, el català i l'aranès.*

La llengua pròpia de Catalunya és el català. Com a tal, el català és la llengua d'ús normal i preferent de les administracions públiques i dels mitjans de comunicació públics de Catalunya, i és també la llengua normalment emprada com a vehicular i d'aprenentatge en l'ensenyament. El català és la llengua oficial de Catalunya. També ho és el castellà, que és la llengua oficial de l'Estat espanyol. Totes les persones tenen el dret d'utilitzar les dues llengües oficials i els ciutadans de Catalunya tenen el dret i el deure de conèixer-les. Els poders públics de Catalunya han d'establir les mesures necessàries per a facilitar l'exercici d'aquests drets i el compliment d'aquest deure. D'acord amb el que disposa l'article 32, no hi pot haver discriminació per l'ús de qualsevol de les dues llengües. La llengua occitana, denominada aranès a l'Aran, és la llengua pròpia d'aquest territori i és oficial a Catalunya, d'acord amb el que estableixen aquest Estatut i les lleis de normalització lingüística (art. 6 EAC).

28. ***b)*** *Competències concurrents.*

En el capítol I (Tipologia de les competències) del Títol IV (De les competències), només es fa menció a les competències: exclusives (art. 110), compartides (art. 111) i executives (art. 112).

29. ***a)*** *El Parlament.*

El Parlament representa el poble de Catalunya. El Parlament exerceix la potestat legislativa, aprova els pressupostos de la Generalitat i controla i impulsa l'acció política i de govern. És la seu on s'expressa preferentment el pluralisme i es fa públic el debat polític (art 55 EAC).

30. ***d)*** *El Govern de la Generalitat.*

El Govern és l'òrgan superior col·legiat que dirigeix l'acció política i l'Administració de la Generalitat. Exerceix la funció executiva i la potestat reglamentària d'acord amb aquest Estatut i les lleis (art. 68.1 EAC).

Test de Tema 3

1. **d)** *Totes són correctes.*

La Llei 13/2008, del 5 de novembre, de la presidència de la Generalitat i del Govern, ens parla dels òrgans superiors (president o presidenta de la Generalitat, el Govern, el conseller primer o consellera primera del Govern, el vicepresident o vicepresidenta del Govern i els consellers), els alts càrrecs (secretaris generals i directors generals) i la resta dels òrgans administratius de l'Administració de la Generalitat, que els agrupa segons les categories següents:

a) Segons l'àmbit d'extensió de les seves competències

— *Òrgans centrals: aquells que estenen la seva competència a tot el territori de Catalunya (conselleries, secretaries generals, serveis centrals, etc.).*

— *Òrgans territorials o perifèrics: aquells que cenyeixen la seva competència només a una part del territori (delegacions territorials).*

b) Segons el caràcter de les seves competències

— *Òrgans actius: aquells que tenen competències resolutòries (potestat de dictar actes administratius –consellers, secretaris generals, etc.–).*

— *Òrgans consultius: aquells que tenen competències exclusivament consultives, no resolutòries (per exemple, la Comissió Jurídica Assessora).*

2. **c)** *Són òrgans consultius de l'Administració de la Generalitat els que tenen assignades expressament funcions d'informe, consulta, assessorament o proposta.*

Són òrgans consultius de l'Administració de la Generalitat els que tenen assignades expressament funcions d'informe, consulta, assessorament o proposta (article 21 de la 13/1989, de 14 de desembre).

3. **d)** *Permeten que l'Administració gestioni els interessos generals.*

Els òrgans actius expressen i executen la voluntat de l'Administració, i conformen l'estructura orgànica dels Departaments. La seva direcció es compon de funcionaris, i en podem citar els següents: els subdirectors generals, els serveis, les seccions i els negociats. Correspon al Govern la creació, modificació i supressió dels òrgans actius de nivell igual o superior al de la secció.

4. **c)** *Sí, en l'article 216 del capítol II del Pressupost de la Generalitat.*

La Generalitat pot constituir empreses públiques per a complir les funcions que són de la seva competència, d'acord amb el que estableixen les lleis del Parlament (art. 216 EAC).

5. ***a)*** *La Llei 4/1985.*

La Llei 4/1985 indica la importància de l'empresa pública com a instrument a l'abast de tota Administració moderna que a més és reconeguda per l'article 54 de l'Estatut d'Autonomia de Catalunya, el qual autoritza la Generalitat perquè constitueixi empreses públiques que siguin el mitjà d'execució de les funcions de la seva competència.

6. ***a)*** *L'Estatut de l'Empresa Pública Catalana.*

Aquesta Llei, partint del fet mateix que l'empresa pública pertany a la Generalitat, la defineix mitjançant dos elements bàsics: l'un de caire material, com ho és la gestió de serveis de contingut econòmic, industrial o financer, i l'altre de caire formal, la utilització de formes de dret privat. Aquests dos elements li permeten de diferenciar l'empresa pública dels organismes autònoms que desenvolupen una activitat estrictament administrativa, perquè entén que a aquests darrers escau d'aplicar-los les normes que regulen, en general, l'activitat de l'Administració pública.

7. ***c)*** *Sí, és l'òrgan unipersonal superior de l'Administració de la Generalitat.*

Els òrgans superiors de l'Administració de la Generalitat són el president o presidenta de la Generalitat, el Govern, el conseller primer o consellera primera del Govern, el vicepresident o vicepresidenta del Govern i els consellers (art. 5.1 de la Llei 13/1989, de 14 de desembre).

8. ***c)*** *Sí, és l'òrgan col·legiat superior de direcció de l'Administració de la Generalitat.*

Un òrgan col·legiat és aquell òrgan administratiu de caràcter pluritutular, que es crea formalment i està integrat per 3 o més persones, als quals se'ls atribueix funcions administratives de decisió, proposta, assessorament, control i que actuïn integrats en l'administració pública. Un exemple seria el Govern de la Generalitat de Catalunya que és l'òrgan col·legiat amb funcions executives i administratives que és format per tots els consellers i coordinat pel president.

9. ***a)*** *Un conseller.*

Un conseller és sempre unipersonal perquè està conformat per un únic subjecte. És, a més, un òrgan superior: Els òrgans superiors de l'Administració de la Generalitat són el president o presidenta de la Generalitat, el Govern, el conseller primer o consellera primera del Govern, el vicepresident o vicepresidenta del Govern i els consellers (art. 5.1 de la Llei 13/1989, de 14 de desembre).

10. ***d)*** *Totes són correctes.*

Llei 4/1985, de 29 de març, de l'Estatut de l'Empresa Pública Catalana, indica que: Les entitats autònomes: fan operacions o presten serveis de caràcter principalment comercial, industrial o financer. Les entitats autònomes són ens de dret públic creats per la llei amb personalitat jurídica i patrimoni propi, als quals s'encomana, en règim de descentralització administrativa, l'organització i administració d'algun servei públic i dels recursos que hi són adscrits, el compliment d'activitats econòmiques al servei de finalitats diverses i l'administració de determinats béns públics.

11. ***a)*** *La potestat que permet la materialització pràctica de les competències que l'Estatut atorga la Generalitat.*

Correspon a la Generalitat, en matèria d'organització de la seva Administració, la competència exclusiva sobre: l'estructura, la regulació dels òrgans i directius públics, el funcionament i l'articulació territorial; les diverses modalitats organitzatives i instrumentals per a l'actuació administrativa (art. 150 EAC).

12. ***b)*** *Llei del Parlament.*

Es poden constituir entitats autònomes de la Generalitat que facin operacions o prestin serveis de caràcter principalment comercial, industrial o financer per llei del Parlament. La llei de creació n'ha de determinar les funcions, els recursos econòmics que se li assignen i les bases de llur organització i llur règim jurídic (art. 3 de la Llei 4/1985, de 29 de març).

13. ***d)*** *Són entitats de dret privat.*

La Llei 4/1985, de 29 de març, de l'Estatut de l'Empresa Pública Catalana, indica que les: Les entitats autònomes són ens de dret públic creats per la llei amb personalitat jurídica i patrimoni propi, als quals s'encomana, en règim de descentralització administrativa, l'organització i administració d'algun servei públic i dels recursos que hi són adscrits, el compliment d'activitats econòmiques al servei de finalitats diverses i l'administració de determinats béns públics.

14. ***a)*** *Contenciós administratiu.*

La Llei 4/1985, de 29 de març, de l'Estatut de l'Empresa Pública Catalana, indica que les entitats autònomes són ens de dret públic creats per la llei amb personalitat jurídica i patrimoni propi. Per tant els recursos de les entitats autònomes es resolen en la jurisdicció contenciosa administrativa atès que té la potestat de dictar actes per part de l'Administració Pública incloses les entitats autònomes i de la potestat reglamentària de Govern.

15. ***d)*** *Òrgans creats excepcionalment pel govern els quals s'assigna un àmbit d'actuació especifica específic.*

D'acord amb l'article 24 de la Llei 13/2008, el Govern pot nomenar comissionats (que tenen la consideració d'alts càrrecs), als quals ha d'assignar un àmbit d'actuació específic i els quals ha d'adscriure al departament corresponent, que pot ser el de la Presidència si l'àmbit d'actuació assignat afecta les competències de més d'un departament. Els comissionats actuen sota la direcció superior del titular o la titular del departament al qual són adscrits i depenen del secretari o secretària general pel que fa a les funcions d'aquest que no els hagin estat atribuïdes.

16. ***d)*** *Al Govern.*

Dins les previsions pressupostàries, el Consell Executiu pot acordar la constitució de societats subjectes a normes civils i mercantils per a assolir les finalitats assignades per l'Estatut d'Autonomia. L'acord de constitució s'ha de publicar en el Diari Oficial de la Generalitat de Catalunya i ha de determinar necessàriament l'objecte social, el capital fundacional de la societat, la participació que hi ha de tenir directament o indirectament la Generalitat i la forma jurídica que ha d'adoptar. El Consell Executiu n'ha de donar compte al Parlament (art. 35 de la Llei 4/1985, de 29 de març).

17. **b)** *Poden tenir béns propis i béns adscrits de caràcter patrimonial.*

    La Llei 4/1985, de 29 de març, de l'Estatut de l'Empresa Pública Catalana, indica que les entitats autònomes són ens de dret públic creats per la llei amb personalitat jurídica i patrimoni propi, als quals s'encomana, en règim de descentralització administrativa, l'organització i administració d'algun servei públic i dels recursos que hi són adscrits, el compliment d'activitats econòmiques al servei de finalitats diverses i l'administració de determinats béns públics.

18. **b)** *Llei del Parlament.*

    Es poden constituir entitats autònomes de la Generalitat que facin operacions o prestin serveis de caràcter principalment comercial, industrial o financer per llei del Parlament. La llei de creació n'ha de determinar les funcions, els recursos econòmics que se li assignen i les bases de llur organització i llur règim jurídic (art. 3 de la Llei 4/1985, de 29 de març).

19. **c)** *Sí, es pot acordar la constitució de consorcis entre la Generalitat i altres administracions públiques per a finalitats d'interès comú.*

    La Llei 40/2015, d'1 d'octubre, de règim jurídic del sector públic, en el seu capítol VI, descriu què són els consorcis i com es creen.

20. **c)** *Un decret del Govern de la Generalitat.*

    El Govern pot acordar la constitució de consorcis entre la Generalitat i altres administracions públiques per a finalitats d'interès comú o amb entitats privades sense ànim de lucre que tinguin finalitats d'interès públic concurrents amb les de l'Administració (art. 55.1 Llei 13/1989). La constitució d'un consorci en què participi la Generalitat s'ha d'aprovar per decret del Govern de la Generalitat.

21. **a)** *Dues, les entitats autònomes administratives i les entitats autònomes comercials i financeres.*

    Es poden constituir entitats autònomes de la Generalitat que facin operacions o prestin serveis de caràcter principalment comercial, industrial o financer per llei del Parlament. La llei de creació n'ha de determinar les funcions, els recursos econòmics que se li assignen i les bases de llur organització i llur règim jurídic (art. 3 de la Llei 4/1985, de 29 de març).

22. **d)** *Totes són correctes.*

    Les fundacions són entitats sense ànim de lucre constituïdes mitjançant l'afectació d'uns béns o d'uns drets de contingut econòmic i la destinació dels seus rendiments o dels recursos obtinguts per altres mitjans al compliment de finalitats d'interès general. Poden constituir-les les persones físiques i les persones jurídiques públiques o privades. La fundació és la persona jurídica de substrat patrimonial per excel·lència: és un conjunt de béns (un patrimoni) adscrit a la consecució d'una finalitat. Una vegada constituïda la fundació, la persona del fundador no importa tant com el conjunt de béns que aquell separa o individualitza per atendre una finalitat determinada. L'EAC atribueix a la Generalitat la competència exclusiva en matèria de fundacions de caràcter docent, cultural, artístic, benèfic assistencial i similars, que exerceixen principalment les seves funcions a Catalunya (art. 118.2 EAC).

23. ***a)*** *Llei 13/1989, de 14 de desembre, d'organització, procediment i règim jurídic de l'Administració de la Generalitat.*

Segons l'art. 150: Correspon a la Generalitat, en matèria d'organització de la seva Administració, la competència exclusiva sobre:

- *L'estructura, la regulació dels òrgans i directius públics, el funcionament i l'articulació territorial.*
- *Les diverses modalitats organitzatives i instrumentals per a l'actuació administrativa*

Tanmateix la Llei 13/1989, de 14 de desembre, d'organització, procediment i règim jurídic de l'Administració de la Generalitat de Catalunya, té com a objectiu millorar al màxim la prestació dels serveis al ciutadà mitjançant una Administració àgil i eficaç, la gestió de la qual sigui un reflex dels principis constitucionals d'eficàcia, jerarquia, descentralització, desconcentració i coordinació que han d'inspirar i presidir l'actuació dels seus òrgans i agents.

24. ***a)*** *Òrgans centrals.*

Segons l'article 8 de la Llei 13/1989, de 14 de desembre: Són òrgans centrals de la Generalitat aquells la competència dels quals s'estén a tot el territori de Catalunya.

25. ***b)*** *Alts càrrecs.*

Són alts càrrecs de l'Administració de la Generalitat els secretaris generals i els directors generals. Tots ells són nomenats i cessats pel Govern, a proposta del conseller del departament on s'adscriuen (art. 5 de la Llei 13/1989, de 14 de desembre).

26. ***b)*** *Òrgans territorials o perifèrics.*

L'Administració territorial de la Generalitat s'estructura en Delegacions Territorials del Govern, d'acord amb la delimitació que s'estableixi legalment (art. 18 de la Llei 13/1989, de 14 de desembre).

27. ***c)*** *Els òrgans actius.*

La Llei 13/2008, del 5 de novembre, de la presidència de la Generalitat i del Govern, ens parla dels òrgans superiors (president o presidenta de la Generalitat, el Govern, el conseller primer o consellera primera del Govern, el vicepresident o vicepresidenta del Govern i els consellers), els alts càrrecs (secretaris generals i directors generals) i la resta dels òrgans administratius de l'Administració de la Generalitat, que els agrupa segons les categories següents:

a) Segons l'àmbit d'extensió de les seves competències

— Òrgans centrals: aquells que estenen la seva competència a tot el territori de Catalunya (conselleries, secretaries generals, serveis centrals, etc.).

— Òrgans territorials o perifèrics: aquells que cenyeixen la seva competència només a una part del territori (delegacions territorials).

b) Segons el caràcter de les seves competències

— Òrgans actius: aquells que tenen competències resolutòries (potestat de dictar actes administratius –consellers, secretaris generals, etc.–).

— Òrgans consultius: aquells que tenen competències exclusivament consultives, no resolutòries (per exemple, la Comissió Jurídica Assessora).

28. ***d)*** *Òrgans consultius.*

La Llei 13/2008, del 5 de novembre, de la presidència de la Generalitat i del Govern, ens parla dels òrgans superiors (president o presidenta de la Generalitat, el Govern, el conseller primer o consellera primera del Govern, el vicepresident o vicepresidenta del Govern i els consellers), els alts càrrecs (secretaris generals i directors generals) i la resta dels òrgans administratius de l'Administració de la Generalitat, que els agrupa segons les categories següents:

a) Segons l'àmbit d'extensió de les seves competències

— Òrgans centrals: aquells que estenen la seva competència a tot el territori de Catalunya (conselleries, secretaries generals, serveis centrals, etc.).

— Òrgans territorials o perifèrics: aquells que cenyeixen la seva competència només a una part del territori (delegacions territorials).

b) Segons el caràcter de les seves competències

— Òrgans actius: aquells que tenen competències resolutòries (potestat de dictar actes administratius –consellers, secretaris generals, etc.–).

— Òrgans consultius: aquells que tenen competències exclusivament consultives, no resolutòries (per exemple, la Comissió Jurídica Assessora).

29. ***d)*** *Sí, quan una norma amb rang de llei o un decret del Govern els ho autoritza expressament.*

Sens perjudici de les facultats que li pertoquen com a membre del Govern, cada Conseller, com a cap del seu Departament, té les atribucions següents:

d) Exercir la potestat reglamentària en l'àmbit i amb els límits que li són propis.

k) Signar, en nom de la Generalitat, els contractes relatius a assumptes propis del Departament, en els termes establerts per la legislació vigent (art. 12 de la Llei 13/1989, de 14 de desembre).

30. ***c)*** *Coordinació orgànica.*

L'Administració de la Generalitat constitueix un sistema integrat d'agents i està informada pel principi de coordinació de tots els seus òrgans. Cada òrgan ha d'ajustar els seus mitjans no solament als fins propis, sinó també als de l'Administració de la Generalitat com a conjunt, sense impedir ni dificultar als altres el compliment de les competències que tenen assignades (art. 46 de la Llei 13/1989, de 14 de desembre).

Test de Tema 4

1. **a)** *Sí, les administracions públiques han de garantir que els interessats es puguin relacionar amb l'Administració a través de mitjans electrònics.*

   Les administracions públiques han de garantir que els interessats es puguin relacionar amb l'Administració a través de mitjans electrònics, per a la qual cosa han de posar a la seva disposició els canals d'accés que siguin necessaris així com els sistemes i les aplicacions que es determinin en cada cas (art. 12 de la Llei 39/2015, d'1 d'octubre).

2. **a)** *Sí, tenen dret a la protecció de dades.*

   Els qui, de conformitat amb l'article 3, tenen capacitat d'obrar davant les administracions públiques, són titulars, en les seves relacions amb elles, dels drets següents: h) A la protecció de dades de caràcter personal, i en particular a la seguretat i confidencialitat de les dades que figurin als fitxers, sistemes i aplicacions de les administracions públiques (art. 13 de la Llei 39/2015, d'1 d'octubre).

3. **d)** *Sí, el ciutadà i només el ciutadà, pot triar la manera (electrònica o presencialment) de posar-se en contacte amb l'administració.*

   Les persones físiques poden escollir en tot moment si es comuniquen amb les administracions públiques per exercir els seus drets i obligacions a través de mitjans electrònics o no, llevat que estiguin obligades a relacionar-se a través de mitjans electrònics amb les administracions públiques. El mitjà escollit per la persona per comunicar-se amb les administracions públiques pot ser modificat per aquella en qualsevol moment (art. 14 de la Llei 39/2015, d'1 d'octubre).

4. **a)** *Només electròniques.*

   En tot cas, estan obligats a relacionar-se a través de mitjans electrònics amb les administracions públiques per efectuar qualsevol tràmit d'un procediment administratiu, almenys, els subjectes següents:

   a) Les persones jurídiques.

   b) Les entitats sense personalitat jurídica.

   c) Els qui exerceixin una activitat professional per a la qual es requereixi la col·legiació obligatòria, per als tràmits i actuacions que portin a terme amb les administracions públiques en exercici de l'activitat professional esmentada (art. 14 de la Llei 39/2015, d'1 d'octubre).

5. **b)** *Dret de les persones en les seves relacions amb les administracions públiques.*

   L'article 13 de la LPACAP estableix el següent dret: g) A obtenir i utilitzar els mitjans d'identificació i signatura electrònica que disposa la LPACAP.

6. **c)** *Sí, és un dret de les persones en les seves relacions amb les administracions públiques.*

   L'article 13 de la LPACAP estableix que el ciutadà té dret a exigir les responsabilitats de les administracions públiques i autoritats, quan així correspongui legalment.

7. ***a)*** *Sí, si tenen condició d'interessada.*

L'article 53 de la LPACAP estableix els drets específics de les persones interessades, entre ells el dret: a) A conèixer, en qualsevol moment, l'estat de la tramitació dels procediments en què tinguin la condició de persones interessades; el sentit del silenci administratiu que correspongui, en cas que l'Administració no dicti ni notifiqui una resolució expressa dins el termini; l'òrgan competent per a la seva instrucció, si s'escau, i la resolució, i els actes de tràmit dictats. Així mateix, també tenen dret a accedir i a obtenir una còpia dels documents continguts en els procediments esmentats.

8. ***d)*** *Sí, té dret a consultar la informació en el punt d'accés general electrònic de l'Administració, que funciona com un portal d'accés.*

Els qui es relacionin amb les administracions públiques a través de mitjans electrònics tenen dret a consultar la informació en el punt d'accés general electrònic de l'Administració, que funciona com un portal d'accés.

9. ***a)*** *Sí, han de ser notificats dels fets que se'ls imputen.*

En el cas de procediments administratius de naturalesa sancionadora, els presumptes responsables tindran els següents drets: a) A ser notificat dels fets que se li imputen, de les infraccions que tals fets puguin constituir i de les sancions que, si escau, se'ls poguessin imposar, així com de la identitat de l'instructor, de l'autoritat competent per a imposar la sanció i de la norma que atribueix aquesta competència (art. 53 de la Llei 39/2015, d'1 d'octubre).

10. ***c)*** *Sí, tenen dret a conèixer, en qualsevol moment, l'estat de la tramitació dels procediments en què tinguin la condició d'interessats.*

A més de la resta de drets que preveu aquesta Llei, els interessats en un procediment administratiu tenen els drets següents:

a) A conèixer, en qualsevol moment, l'estat de la tramitació dels procediments en què tinguin la condició d'interessats; el sentit del silenci administratiu que correspongui, en cas que l'Administració no dicti ni notifiqui una resolució expressa dins el termini; l'òrgan competent per a la seva instrucció, si s'escau, i la resolució; i els actes de tràmit dictats. Així mateix, també tenen dret a accedir a obtenir una còpia dels documents continguts en els procediments esmentats (art. 53 de la Llei 39/2015, d'1 d'octubre).

11. ***b)*** *En la possibilitat d'accedir a la informació de què disposa l'Administració i que és pública.*

El dret d'accés a la informació pública és un dret que es reconeix a totes les persones majors de setze anys sense que sigui necessari justificar un interès personal o motivar la sol·licitud. Aquest dret consisteix en el poder d'accedir a la informació que disposa l'Administració i que és pública, i està regulat en la Llei 19/2014, del 29 de desembre.

12. **c)** *El dret a ser atesos amb respecte i consideració, sense discriminació per raó de naixement, sexe, raça, origen, religió, orientació sexual, opinió o qualsevol altra circumstància personal o social.*

Els ciutadans, en llurs relacions amb les administracions públiques de Catalunya, tenen dret a ser atesos amb el respecte i la consideració que mereix llur dignitat, sense discriminació per raó de naixement, sexe, raça, origen, religió, orientació sexual, opinió o qualsevol altra circumstància personal o social. Els ciutadans tenen dret a obtenir de les administracions públiques serveis d'atenció, informació i orientació per a l'exercici i la protecció de llurs drets i interessos, en el compliment de llurs deures i obligacions i en la redacció de documents administratius (art. 21 de la 26/2010, del 3 d'agost).

13. **a)** *A una bona administració.*

El dret dels ciutadans a una bona administració inclou:

a) El dret que l'actuació administrativa sigui proporcional a la finalitat perseguida (art. 22 de la Llei 26/2010, del 3 d'agost).

14. **b)** *Dret a participar en la presa de decisions.*

El dret dels ciutadans a una bona administració inclou:

b) El dret a participar en la presa de decisions i, especialment, el dret d'audiència i el dret a presentar al·legacions en qualsevol fase del procediment administratiu, d'acord amb el que estableix la normativa aplicable (art. 22 de la Llei 26/2010, del 3 d'agost).

15. **d)** *Com un dret a una bona administració.*

El dret dels ciutadans a una bona administració inclou: El dret que les decisions de les administracions públiques estiguin motivades, en els supòsits establerts legalment, amb una referència succinta als fets i als fonaments jurídics, amb la identificació de les normes aplicables i amb la indicació del règim de recursos que escaigui (art. 22 de la Llei 26/2010, de 3 d'agost).

16. **a)** *Sí, és un dret a uns serveis públics de qualitat.*

Tots els ciutadans tenen dret a: a) Accedir en condicions d'igualtat als serveis públics i que aquests siguin de qualitat; b) Plantejar els suggeriments i les queixes relatives al funcionament de l'activitat administrativa (art. 23 de la Llei 26/2010, del 3 d'agost).

17. **c)** *Sí, les cartes de serveis identifiquen uns serveis públics de qualitat.*

Les administracions públiques de Catalunya han de tenir cartes de serveis a disposició dels ciutadans, les empreses i els professionals, com a instruments per a la millora de la qualitat dels serveis, en els termes establerts per la normativa vigent (art. 23 de la Llei 26/2010, de 3 d'agost).

18. **a)** *Direccions Generals.*

Les administracions públiques de Catalunya han de tenir cartes de serveis a disposició dels ciutadans, les empreses i els professionals, com a instruments per a la millora de la qualitat dels serveis, en els termes establerts per la normativa vigent. Les unitats orgàniques de l'Administració de la Generalitat amb un rang mínim de direcció general han de disposar d'una carta de serveis per cadascun dels serveis finalistes que presten. Les cartes poden ser individualitzades per cada servei o bé agrupades (art. 23 de la Llei 26/2010, de 3 d'agost).

19. **d)** *Tots els drets són relatius als mitjans electrònics.*

L'article 24 de la Llei 26/2010, de 3 d'agost, titulat "Dret a l'ús dels mitjans electrònics", regula tots aquests drets.

20. **c)** *Qualsevol persona que té un dret o un interès legítim (individual o col·lectiu) que pugui estar afectada en un procediment administratiu .*

En un procediment administratiu, a més d'una administració pública que actua per mitjà dels seus òrgans, integrats pel personal respectiu, hi ha d'haver una altra part: una o més persones físiques (ciutadans) o jurídiques (per exemple, una societat anònima), o bé una altra administració pública. Aquesta altra part o altres parts en el procediment administratiu es coneix com a persona o persones interessades. Quan una persona té la condició d'interessada pot intervenir en el procediment o ser-ne una part; també es diu que té legitimació per actuar en el procediment. La condició de persona interessada no s'adquireix pel fet de ser part en un procediment concret, sinó que és prèvia: si una persona reuneix els requisits per ser persona interessada, estarà legitimada per ser part en un procediment administratiu.

21. **d)** *Totes són correctes.*

Són interessades en un procediment administratiu les persones que s'indiquen a l'article 4 de la Llei 39/2015, d'1 d'octubre: Les que el promoguin com a titulars de drets o interessos legítims individuals o col·lectius; Les que, sense haver iniciat el procediment, tinguin drets que puguin ser afectats per la decisió que s'adopti en aquest; Aquelles els interessos legítims de les quals, individuals o col·lectius, puguin ser afectats per la resolució i es personin en el procediment mentre no s'hagi dictat una resolució definitiva; Així mateix, les associacions i organitzacions representatives d'interessos econòmics i socials són titulars d'interessos legítims col·lectius en els termes que la Llei reconegui.

22. **b)** *El dret a accedir a la informació elaborada per l'Administració.*

El dret d'accés a la informació pública és el dret que tenen les persones a l'accés a la informació elaborada per l'Administració i la que aquesta té en el seu poder com a conseqüència de la seva activitat o de l'exercici de les seves funcions, inclosa la que li subministren els altres subjectes obligats d'acord amb la llei (article 18 de la Llei 19/2014, de 29 de desembre).

23. **c)** *La protecció de dades personals consisteix a protegir-les i tractar-les únicament per a les finalitats per a les quals els interessats ens les han facilitat, i no revelar-les a tercers sense autorització.*

L'article 13 de la Llei 39/2015, d'1 d'octubre, estableix el dret a la protecció de dades de caràcter personal i a la seguretat i confidencialitat de les dades que figuren en fitxers, sistemes i aplicacions de les administracions públiques, i dret a accedir als fitxers, a eliminar-los i a obtenir-ne la correcció.

24. **d)** *Inclou qualsevol forma o suport en què aquesta informació hagi estat elaborada o en què es conservi.*

El dret d'accés a la informació pública inclou qualsevol forma o suport en què aquesta informació hagi estat elaborada o en què es conservi (art. 19 de la Llei 19/2014, de 29 de desembre).

25. **d)** *Totes són correctes.*

El dret d'accés a la informació pública pot ser denegat o restringit si el coneixement o la divulgació de la informació comporta un perjudici per a: a) La seguretat pública; b) La investigació o la sanció de les infraccions penals, administratives o disciplinàries; c) El secret o la confidencialitat en els procediments tramitats per l'Administració pública, si el secret o la confidencialitat són establerts per una norma amb rang de llei (art. 21 de la 19/2014, de 29 de desembre).

26. **d)** *Totes les són correctes.*

Les sol·licituds d'accés a la informació pública han d'ésser denegades si la informació que es vol obtenir conté dades personals especialment protegides, com ara les relatives a la ideologia, l'afiliació sindical, la religió, les creences, l'origen racial, la salut i la vida sexual, i també les relatives a la comissió d'infraccions penals o administratives que no comportin l'amonestació pública a l'infractor, llevat que l'afectat hi consenti expressament per mitjà d'un escrit que ha d'acompanyar la sol·licitud (art. 23 de la Llei 19/2014, de 29 de desembre).

27. **c)** *Sí, sempre.*

És un dret de les persones en les seves relacions amb les administracions públiques el dret a: c) A utilitzar les llengües oficials al territori de la seva comunitat autònoma, d'acord amb el que preveuen aquesta Llei i la resta de l'ordenament jurídic (art. 13 de la Llei 39/2015, d'1 d'octubre).

28. **a)** *Sí, els ciutadans tenen el dret de fer propostes d'actuació o millora i suggeriments amb relació al funcionament dels serveis públics.*

És un dret a uns serveis públics de qualitat: b) Plantejar els suggeriments i les queixes relatives al funcionament de l'activitat administrativa (art. 23 de la 26/2010, de 3 d'agost).

Així mateix, l'article 61 de la Llei 19/2014, del 29 de desembre, estableix que: Els ciutadans tenen el dret de fer propostes d'actuació o millora i suggeriments amb relació al funcionament dels serveis públics; Les propostes i els suggeriments es poden formular per mitjà del Portal de la Transparència, amb el corresponent mecanisme d'interacció vinculat al catàleg dels serveis públics a què fa referència l'article 9.1.j, o per qualsevol altre mitjà que escullin els ciutadans; L'Administració pública ha de donar a conèixer de manera anonimitzada les propostes i els suggeriments rebuts, i ha de reconèixer i fer públiques les iniciati-

ves ciutadanes l'aplicació de les quals comporti una millora substancial dels serveis públics.

29. **b)** *Sí, es té el dret de les persones a comunicar-se amb les Administracions públiques en les relacions amb aquestes a través d'un Punt d'Accés General.*

Els qui, de conformitat amb l'article 3, tenen capacitat d'obrar davant les administracions públiques, són titulars, en les seves relacions amb elles, dels drets següents: a) A comunicar-se amb les administracions públiques a través d'un punt d'accés general electrònic de l'Administració (art. 13 de la Llei 39/2015).

30. **b)** *Sí, es pot sol·licitar sota la responsabilitat dels quals es tramiten els procediments administratius.*

L'article 53 de la LPACAP estableix, entre els drets específics de les persones interessades, el dret següent: b) A identificar les autoritats i el personal al servei de les administracions públiques sota la responsabilitat de les quals es tramitin els procediments.

Test de Tema 5

1. **a)** *Conèixer, abans del tràmit d'audiència, l'estat de la tramitació dels procediments en què tinguin la condició d'interessats.*

   L'article 53 de la Llei 39/2015, d'1 d'octubre, estableix que és un dret de l'interessat en el procediment administratiu el dret: a) A conèixer, en qualsevol moment, l'estat de la tramitació dels procediments en què tinguin la condició d'interessats; el sentit del silenci administratiu que correspongui, en cas que l'Administració no dicti ni notifiqui una resolució expressa dins el termini; l'òrgan competent per a la seva instrucció, si s'escau, i la resolució; i els actes de tràmit dictats. Així mateix, també tenen dret a accedir i a obtenir una còpia dels documents continguts en els procediments esmentats.

2. **b)** *No presentar documents originals en cap cas.*

   L'article 53 de la Llei 39/2015, d'1 d'octubre, estableix que és un dret de l'interessat en el procediment administratiu el dret: c) A no presentar documents originals llevat que, de manera excepcional, la normativa reguladora aplicable estableixi el contrari. En cas que, excepcionalment, hagin de presentar un document original, tenen dret a obtenir-ne una còpia autenticada.

3. **d)** *Qualssevol que els reconeguin la Constitució, les lleis o els reglaments.*

   L'article 53 de la Llei 39/2015, d'1 d'octubre, del procediment administratiu comú de les administracions públiques, regula els drets de l'interessat en el procediment administratiu.

4. **d)** *Totes són correctes.*

   A més dels drets que preveu l'apartat anterior, en el cas de procediments administratius de naturalesa sancionadora, els presumptes responsables tenen els drets següents: a) A ser notificats dels fets que se'ls imputin, de les infraccions que aquests fets puguin constituir i de les sancions que, si s'escau, se'ls puguin imposar, així com de la identitat de l'instructor, de l'autoritat competent per imposar la sanció i de la norma que atribueixi aquesta competència. b) A la presumpció de no-existència de responsabilitat administrativa mentre no es demostri el contrari (art. 53.2 de la Llei 39/2015, d'1 d'octubre).

5. **b)** *Amb anterioritat a l'inici de procediment, l'òrgan competent obrirà un període d'informació o actuacions prèvies a fi de conèixer les circumstàncies del cas concret i la conveniència o no d'iniciar el procediment.*

   L'art. 55.1 de la Llei 39/2015, d'1 d'octubre, estableix que: 1. Amb anterioritat a l'inici del procediment, l'òrgan competent pot obrir un període d'informació o actuacions prèvies amb la finalitat de conèixer les circumstàncies del cas concret i la conveniència o no d'iniciar el procediment.

6. **c)** *Fets, raons i petició en què es faci una breu descripció de la sol·licitud.*

Segons l'article 66.1 de la Llei 39/2015, d'1 d'octubre, les sol·licituds que es formulin han de contenir:

a) Nom i cognoms de l'interessat i, si s'escau, de la persona que el representi.

b) Identificació del mitjà electrònic o, si no n'hi ha, lloc físic en què vol que es practiqui la notificació. Addicionalment, els interessats poden aportar la seva adreça de correu electrònic i/o dispositiu electrònic per tal que les administracions públiques els avisin de l'enviament o posada a disposició de la notificació.

c) Fets, raons i petició en què es concreti, amb tota claredat, la sol·licitud.

d) Lloc i data.

7. **b)** *Signatura del sol·licitant o acreditació de l'autenticitat de la seva voluntat expressada mitjançant poder notarial.*

Segons l'article 66.1 de la Llei 39/2015, d'1 d'octubre, les sol·licituds que es formulin han de contenir:

a) Nom i cognoms de l'interessat i, si s'escau, de la persona que el representi.

b) Identificació del mitjà electrònic o, si no n'hi ha, lloc físic en què vol que es practiqui la notificació. Addicionalment, els interessats poden aportar la seva adreça de correu electrònic i/o dispositiu electrònic per tal que les administracions públiques els avisin de l'enviament o posada a disposició de la notificació.

c) Fets, raons i petició en què es concreti, amb tota claredat, la sol·licitud.

d) Lloc i data.

8. **c)** *Quan les pretensions corresponents a una pluralitat de persones tinguin un contingut i fonament idèntic o substancialment similar, seran en tot cas formulades en una única sol·licitud.*

L'article 66.2 de la Llei 39/2015, d'1 d'octubre, estableix que: Quan les pretensions corresponents a una pluralitat de persones tinguin un contingut i fonament idèntic o substancialment similar, es poden formular en una única sol·licitud, llevat que les normes reguladores dels procediments específics disposin una altra cosa.

9. **c)** *Els sol·licitants hi poden adjuntar els elements que estimin convenients per a precisar o completar les dades del model, els quals podran no ser admesos per l'òrgan a què s'adrecin.*

L'article 66.4 de la Llei 39/2015, d'1 d'octubre, estableix que: Les administracions públiques han d'establir models i sistemes de presentació massiva que permetin als interessats presentar simultàniament diverses sol·licituds. Aquests models, d'ús voluntari, han d'estar a disposició dels interessats a les seus electròniques corresponents i a les oficines d'assistència en matèria de registres de les administracions públiques. Els sol·licitants poden acompanyar els elements que considerin convenients per precisar o completar les dades del model, els quals han de ser admesos i tinguts en compte per l'òrgan al qual s'adrecin.

10. **b)** *El conjunt ordenat de documents i actuacions que serveixen d'antecedent i fonament a la resolució administrativa, així com les diligències encaminades a executar-la.*

Segons l'article 70.1 de la Llei 39/2015, d'1 d'octubre: S'entén per expedient administratiu, el conjunt ordenat de documents i actuacions que serveixen d'antecedent i fonament a la resolució administrativa, així com les diligències encaminades a executar-la.

11. **a)** *Tindran format no electrònic.*

L'article 70.1 de la Llei 39/2015, d'1 d'octubre, estableix que: Els expedients han de tenir format electrònic i s'han de formar mitjançant l'agregació ordenada de tots els documents, les proves, els dictàmens, els informes, els acords, les notificacions i altres diligències que els hagin d'integrar, així com un índex numerat de tots els documents que contingui quan es remeti. Així mateix, ha de constar a l'expedient una còpia electrònica certificada de la resolució adoptada.

12. **d)** *Informes, preceptius i facultatius, sol·licitats abans de la resolució administrativa que posi fi al procediment.*

L'article 79.1 de la Llei 39/2015, d'1 d'octubre, estableix que: Als efectes de la resolució del procediment, s'han de sol·licitar aquells informes que siguin preceptius per les disposicions legals, i els que es considerin necessaris per resoldre, i s'ha de citar el precepte que els exigeixi o bé fonamentar, si s'escau, la conveniència de reclamar-los.

13. **b)** *A través de mitjans electrònics, respectant els principis de transparència i publicitat.*

L'article 71 1 de la Llei 39/2015, d'1 d'octubre, estableix que: El procediment, sotmès al principi de celeritat, s'ha d'impulsar d'ofici en tots els seus tràmits i a través de mitjans electrònics, respectant els principis de transparència i publicitat.

14. **d)** *Aquells els interessos legítims, individuals o col·lectius, puguin resultar afectats per la resolució sempre que es personin en el procediment durant el tràmit d'audiència.*

L'article 4.1 de la Llei 39/2015, d'1 d'octubre, estableix que: Es consideren interessats en el procediment administratiu:

a) Els qui el promoguin com a titulars de drets o interessos legítims individuals o col·lectius.

b) Els qui, sense haver iniciat el procediment, tinguin drets que puguin ser afectats per la decisió que s'adopti en aquest.

c) Aquells els interessos legítims dels quals, individuals o col·lectius, puguin ser afectats per la resolució i es personin en el procediment mentre no s'hagi dictat una resolució definitiva.

15. ***d)*** *Qualsevol que sigui l'estat del procediment.*

Segons l'article 4.3 de la Llei 39/2015, d'1 d'octubre: Quan la condició d'interessat derivi d'alguna relació jurídica transmissible, el drethavent succeeix en aquesta condició sigui quin sigui l'estat del procediment.

16. ***d)*** *Seran titulars d'interessos legítims col·lectius en els termes que la Llei reconegui.*

Segons l'article 4.2 de la Llei 39/2015, d'1 d'octubre: Les associacions i organitzacions representatives d'interessos econòmics i socials són titulars d'interessos legítims col·lectius en els termes que la Llei reconegui.

17. ***c)*** *Entenent-se amb aquest les actuacions administratives, llevat de manifestació expressa en contra de l'interessat.*

L'article 5.1 de la Llei 39/2015, d'1 d'octubre, estableix que: Els interessats amb capacitat d'obrar poden actuar per mitjà d'un representant, i s'han d'entendre amb aquest les actuacions administratives, excepte en cas de manifestació expressa en contra de l'interessat.

18. ***d)*** *Les persones físiques amb capacitat d'obrar i les persones jurídiques, sempre que això estigui previst en els seus Estatuts.*

L'article 5.2 de la Llei 39/2015, d'1 d'octubre, estableix que: Les persones físiques amb capacitat d'obrar i les persones jurídiques, sempre que ho prevegin els seus estatuts, poden actuar en representació d'altres davant les administracions públiques.

19. ***b)*** *Els actes i gestions de mer tràmit.*

L'article 5.3 de la Llei 39/2015, d'1 d'octubre, estableix que: Per formular sol·licituds, presentar declaracions responsables o comunicacions, interposar recursos, desistir d'accions i renunciar a drets en nom d'una altra persona s'ha d'acreditar la representació. Per als actes i gestions de mer tràmit, aquesta representació es presumeix.

20. ***d)*** *Mitjançant qualsevol mitjà vàlid en Dret que deixi constància fidedigna de la seva existència.*

L'article 5.4 de la Llei 39/2015, d'1 d'octubre, estableix que: La representació es pot acreditar mitjançant qualsevol mitjà vàlid en dret que deixi constància fidedigne de la seva existència.

21. ***d)*** *Totes són correctes.*

L'article 5 de la Llei 39/2015, d'1 d'octubre, estableix que: A aquests efectes, s'entén acreditada la representació efectuada mitjançant apoderament apud acta efectuat per compareixença personal o compareixença electrònica a la seu electrònica corresponent, o a través de l'acreditació de la seva inscripció al registre electrònic d'apoderaments de l'Administració pública competent.

22. **c)** *L'òrgan competent per a la tramitació de procediment.*

L'article 5.5 de la Llei 39/2015, d'1 d'octubre, estableix que: L'òrgan competent per tramitar el procediment ha d'incorporar a l'expedient administratiu l'acreditació de la condició de representant i dels poders que té reconeguts en aquell moment. El document electrònic que acrediti el resultat de la consulta al registre electrònic d'apoderaments corresponent té la condició d'acreditació a aquests efectes.

23. **b)** *10 dies o d'un termini superior quan les circumstàncies del cas així ho requereixin.*

L'article 5.6 de la Llei 39/2015, d'1 d'octubre, estableix que: La manca d'acreditació o l'acreditació insuficient de la representació no impedeix que es tingui per efectuat l'acte de què es tracti, sempre que s'aporti aquella o es repari el defecte dins del termini de deu dies que ha de concedir a l'efecte l'òrgan administratiu, o d'un termini superior quan les circumstàncies del cas així ho requereixin.

24. **c)** *Amb caràcter general o específic a persones físiques o jurídiques autoritzades per a la realització de determinades transaccions electròniques en representació dels interessats.*

L'article 5.7 de la Llei 39/2015, d'1 d'octubre, estableix que: Les administracions públiques poden habilitar amb caràcter general o específic persones físiques o jurídiques autoritzades per a la realització de determinades transaccions electròniques en representació dels interessats. Aquesta habilitació ha d'especificar les condicions i obligacions a què es comprometen els qui així adquireixin la condició de representants, i determina la presumpció de validesa de la representació llevat que la normativa d'aplicació prevegi una altra cosa. Les administracions públiques poden requerir, en qualsevol moment, l'acreditació de la representació esmentada. No obstant això, l'interessat sempre pot comparèixer per si mateix en el procediment.

25. **c)** *El document nacional d'identitat o document identificatiu equivalent.*

L'article 9.1 de la Llei 39/2015, d'1 d'octubre, estableix que: Les administracions públiques estan obligades a verificar la identitat dels interessats en el procediment administratiu, mitjançant la comprovació del seu nom i cognoms o denominació o raó social, segons que correspongui, que constin al document nacional d'identitat o document identificatiu equivalent.

26. **d)** *Totes són correctes.*

L'article 9 de la Llei 39/2015, d'1 d'octubre, estableix que són sistemes d'identificació dels interessats en el procediment:

a) Sistemes basats en certificats electrònics qualificats de signatura electrònica expedits per prestadors inclosos a la "Llista de confiança de prestadors de serveis de certificació". b) Sistemes basats en certificats electrònics qualificats de segell electrònic expedits per prestadors inclosos a la "Llista de confiança de prestadors de serveis de certificació". c) Sistemes de clau concertada i qualsevol altre sistema que les administracions considerin vàlid en els termes i les condicions que s'estableixin, sempre que tinguin un registre previ com a usuari que permeti garantir-ne la identitat, amb l'autorització prèvia de la Secretaria General d'Administració Digital del Ministeri de Política Territorial i Funció Pública, que només es pot denegar per motius de seguretat pública, amb l'informe previ vinculant de la Secretaria d'Estat de Seguretat del Ministeri de l'Interior. L'autorització s'ha d'emetre en el termini màxim de tres mesos. Sense perjudici de l'obligació de l'Administració General de l'Estat de resoldre dins del termini, la manca de resolució de la sol·licitud d'autorització s'entén que té efectes desestimatoris.

27. ***c)*** *Gestions de mer tràmit.*

L'article 11.2 de la Llei 39/2015, d'1 d'octubre, estableix que:

2. Les administracions públiques només requereixen als interessats l'ús obligatori de signatura per: a) Formular sol·licituds; b) Presentar declaracions responsables o comunicacions; c) Interposar recursos. d) Desistir d'accions; e) Renunciar a drets

28. ***c)*** *Totes són correctes.*

L'article 10.1 de la Llei 39/2015, d'1 d'octubre, estableix que: Els interessats poden signar a través de qualsevol mitjà que permeti acreditar l'autenticitat de l'expressió de la seva voluntat i consentiment, així com la integritat i inalterabilitat del document. 2.En cas que els interessats optin per relacionar-se amb les administracions públiques a través de mitjans electrònics, es consideren vàlids als efectes de signatura: a)Sistemes de signatura electrònica qualificada i avançada basats en certificats electrònics qualificats de signatura.

29. ***a)*** *Llevat que estiguin obligades a relacionar-se a través de mitjans electrònics amb les Administracions Públiques.*

L'article 14.1 de la Llei 39/2015, d'1 d'octubre, estableix que: Les persones físiques poden escollir en tot moment si es comuniquen amb les administracions públiques per exercir els seus drets i obligacions a través de mitjans electrònics o no, llevat que estiguin obligades a relacionar-se a través de mitjans electrònics amb les administracions públiques. El mitjà escollit per la persona per comunicar-se amb les administracions públiques pot ser modificat per aquella en qualsevol moment.

30. ***a)*** *Podrà ser modificat per aquella en qualsevol moment.*

L'article 14.1 de la Llei 39/2015, d'1 d'octubre, estableix que: Les persones físiques poden escollir en tot moment si es comuniquen amb les administracions públiques per exercir els seus drets i obligacions a través de mitjans electrònics o no, llevat que estiguin obligades a relacionar-se a través de mitjans electrònics amb les administracions públiques. El mitjà escollit per la persona per comunicar-se amb les administracions públiques pot ser modificat per aquella en qualsevol moment.

Test de Tema 6

1. **c)** *El Reial Decret Legislatiu 5/2015, de 30 d'octubre.*

   El Reial Decret Legislatiu 5/2015, de 30 d'octubre, aprova el text refós de l'Estatut bàsic de l'empleat públic. Aquest estableix els principis generals aplicables al conjunt de les relacions d'ocupació pública, començant pel de servei als ciutadans i a l'interès general, ja que la finalitat primordial de qualsevol reforma en aquesta matèria ha de ser millorar la qualitat dels serveis que el ciutadà rep de l'Administració.

2. **a)** *De carrera, interins, personal laboral i eventual.*

   Segon el Decret legislatiu 1/1997, de 31 d'octubre, les classes de personal són les següents: a) Personal funcionari de carrera; b) Personal funcionari interí; c) Personal eventual; d) Personal laboral.

3. **b)** *Funcionaris de carrera.*

   El Decret legislatiu 1/1997, en l'article 11, defineix els funcionaris com "els qui, en virtut de nomenament i sota el principi de carrera, mitjançant relació professional sotmesa al dret públic, s'incorporen al servei de l'Administració de la Generalitat i ocupen places dotades en els seus pressupostos o es troben en alguna de les situacions que aquesta Llei determina».

4. **a)** *Llei de les Corts Generals.*

   La creació, modificació i supressió de cossos i escales de funcionaris es realitza per Llei de les Corts Generals.

5. **d)** *Totes són correctes.*

   La característica que el diferencia del personal funcionari de carrera és la prestació de serveis de manera temporal. Són funcionaris interins (art. 10 del TREBEP) els qui, per raons expressament justificades de necessitat i urgència, són nomenats com a tals per exercir funcions pròpies de funcionaris de carrera, quan es doni alguna de les circumstàncies següents:

   a) L'existència de places vacants quan no sigui possible cobrir-les per funcionaris de carrera.

   b) La substitució transitòria dels titulars.

   c) L'execució de programes de caràcter temporal, que no poden tenir una durada superior a tres anys, ampliable fins a dotze mesos més per les lleis de funció pública que es dictin en desplegament d'aquest Estatut.

   d) L'excés o l'acumulació de tasques per un termini màxim de sis mesos, dins d'un període de dotze mesos.

6. **b)** *Eventual.*

El personal eventual és un tipus de personal que també té una relació estatuària amb l'Administració. S'assimila al personal funcionari de carrera en tot allò que estigui d'acord amb la naturalesa de les seves funcions. Podem definir-lo com el personal que, en virtut de nomenament i amb caràcter no permanent, només exerceix funcions expressament qualificades de confiança o assessorament especial i és retribuït amb càrrec als crèdits pressupostaris consignats per a aquesta finalitat. El personal eventual està vinculat a l'Administració mitjançant un nomenament lliure de l'alcalde, el president de l'entitat.

La seva relació té caràcter no permanent, ocupa llocs de treball que no estan reservats ni als funcionaris ni al personal laboral i exerceixen funcions de confiança o assessorament especial. La condició de personal eventual no pot constituir mèrit per a l'accés a la funció pública o per a la promoció interna. El cessament és lliure i es pot produir en qualsevol moment. En tot cas el cessament és automàtic quan cessi l'autoritat que el va nomenar.

7. **d)** *Són correctes a) i c).*

Segons l'article 63 del TREBEP: Són causes de pèrdua de la condició de funcionari de carrera: a) La renúncia a la condició de funcionari; b) La pèrdua de la nacionalitat; c) La jubilació total del funcionari; d) La sanció disciplinària de separació del servei que tingui caràcter ferm; e) La pena principal o accessòria d'inhabilitació absoluta o especial per a càrrec públic que tingui caràcter ferm.

8. **c)** *L'estat en dicta les bases i les CCAA les executen.*

La CE atribueix a l'Estat la competència exclusiva per dictar les bases del règim estatutari dels funcionaris públics (art. 149.1.18 de la CE), i en aquest sentit la Llei 30/1984, de 2 d'agost, de mesures urgents per a la reforma de la funció pública, i el Reial decret legislatiu 5/2015, text refós de l'Estatut bàsic de l'empleat públic, defineixen la regulació bàsica, és a dir, els preceptes de la Llei estatal aplicables a totes les administracions públiques.

A Catalunya, la Llei orgànica 6/2006, de 19 de juliol, de reforma de l'Estatut d'autonomia de Catalunya, recull l'encàrrec de la CE, concretament en l'article 136: Correspon a la Generalitat de Catalunya, en matèria de funció pública, respectant el principi d'autonomia local:

a) La competència exclusiva sobre el règim estatutari del personal al servei de les administracions públiques catalanes i sobre l'ordenació i l'organització de la funció pública, salvant el que disposa la lletra b.

b) La competència compartida per al desenvolupament dels principis ordenadors de l'ocupació pública, sobre l'adquisició i la pèrdua de la condició de funcionari, les situacions administratives i els drets, els deures i les incompatibilitats del personal al servei de les administracions públiques.

c) La competència exclusiva, en matèria de personal laboral, per a l'adaptació de la relació de llocs de treball a les necessitats derivades de l'organització administrativa i sobre la formació d'aquest personal."

Per tant, el desenvolupament legislatiu i l'execució del règim jurídic dels funcionaris de la Generalitat de Catalunya corresponen a la mateixa Generalitat de Catalunya, en el marc de la legislació bàsica de l'Estat.

9. ***c)*** *Dret administratiu o al dret laboral.*

El sistema de funció pública pel qual opta la Constitució espanyola és un sistema basat en una relació estatutària i, per tant, de dret públic administratiu, i el personal laboral està basat en la relació contractual, és a dir, de dret laboral. El Tribunal Constitucional (TC) ha afirmat que els llocs de treball han de ser ocupats, amb caràcter general, per funcionaris públics i com a excepció, i quan així ho permeti la llei, poden ser ocupats per personal laboral.

10. ***a)*** *Al Decret Legislatiu 1/1997, de 31 d'octubre.*

El Decret legislatiu 1/1997 es configura com la norma fonamental d'estructuració i consolidació de la funció pública catalana que ordena i regula els aspectes de la relació de serveis professionals al servei de l'Administració de la Generalitat.

11. ***a)*** *A-Grups de l'A1 a la C2 .*

Segons l'article 76 del Reial decret legislatiu 5/2015, de 30 d'octubre: Els cossos i escales es classifiquen, d'acord amb la titulació exigida per accedir-hi, en els grups següents: Grup A. Dividit en dos subgrups, A1 i A2; Grup B. Per accedir als cossos o escales del grup B s'exigeix tenir el títol de tècnic superior; Grup C. Dividit en dos subgrups, C1 i C2, segons la titulació exigida per a l'ingrés (C1: títol de batxiller o tècnic i C2: títol de graduat en educació secundària obligatòria).

12. ***b)*** *No comportar-se en les relacions amb els administrats amb la màxima correcció.*

Segons l'article 52 del TREBEP: Els empleats públics han d'exercir amb diligència les tasques que tinguin assignades i vetllar pels interessos generals amb subjecció i observança de la Constitució i de la resta de l'ordenament jurídic, i han d'actuar d'acord amb els principis següents: objectivitat, integritat, neutralitat, responsabilitat, imparcialitat, confidencialitat, dedicació al servei públic, transparència, exemplaritat, austeritat, accessibilitat, eficàcia, honradesa, promoció de l'entorn cultural i mediambiental, i respecte a la igualtat entre dones i homes, que inspiren el Codi de conducta dels empleats públics configurat pels principis ètics i de conducta que regulen els articles següents. Els principis i les regles que estableix aquest capítol informen sobre la interpretació i l'aplicació del règim disciplinari dels empleats públics.

13. ***b)*** *El títol de llicenciat.*

Segons l'article 19 del Decret legislatiu 1/1997, de 31 d'octubre: Els cossos de funcionaris són agrupats, segons el nivell de la titulació exigida per ingressar-hi, en: Grup A: títol de doctor, de llicenciat, d'enginyer, d'arquitecte o equivalent.

14. *c) Títol d'arquitecte tècnic, enginyer tècnic o diplomatura universitària de primer cicle.*

Segons l'article 19 del Decret legislatiu 1/1997, de 31 d'octubre, el Grup B requereix: títol d'enginyer tècnic, de diplomat universitari de primer cicle, d'arquitecte tècnic, de formació professional de tercer grau o equivalent.

15. ***b)*** *Serà exigible i imprescindible per al personal de la Generalitat de Catalunya.*

Segons l'article 42 del Decret legislatiu 1/1997, de 31 d'octubre: D'acord amb els principis enunciats per l'article 103.1 de la Constitució, l'Administració de la Generalitat selecciona tot el seu personal amb criteris d'objectivitat, en funció dels principis d'igualtat, mèrit i capacitat dels aspirants, i mitjançant convocatòria pública. En el procés de selecció s'ha d'acreditar el coneixement de la llengua catalana, tant en l'expressió oral com en l'escrita.

16. ***b)*** *En les diferents funcions assignades.*

Són funcionaris interins els que per raons expressament justificades de necessitat i urgència són nomenats per exercir funcions pròpies de funcionaris de carrera, quan es doni alguna de les circumstàncies següents:

- *Existència de places vacants quan no es puguin cobrir mitjançant funcionaris de carrera. Es tracta de places vacants de la plantilla de personal que poden ser proveïdes perquè no hi ha prou personal, mentre no s'ocupin amb un funcionari de carrera.*
- *Substitució transitòria dels titulars.*
- *Execució de programes de caràcter temporal.*
- *Excés o acumulació de tasques per un termini màxim de sis mesos, dins un període de dotze mesos.*

És personal eventual el que mitjançant un nomenament lliure de l'autoritat competent només porta a terme funcions expressament qualificades com de confiança o assessorament especial. La seva relació amb l'Administració és de caràcter no permanent.

17. ***a)*** *Amb caràcter general han de ser ocupats per funcionaris.*

El TREBEP, en l'article 9, afegeix que, en tot cas, l'exercici de les funcions que impliquin la participació directa o indirecta en l'exercici de les potestats públiques o en la salvaguarda dels interessos generals de l'Estat i de les administracions públiques, correspon exclusivament als funcionaris públics, en els termes que s'estableixi en la llei de desplegament de cada administració pública.

18. ***d)*** *Totes són correctes.*

L'article 62.1 del TREBEP estableix que: La condició de funcionari de carrera s'adquireix pel compliment successiu dels requisits següents: a) Superació del procés selectiu; b) Nomenament per l'òrgan o autoritat competent, que s'ha de publicar al diari oficial corresponent; c) Acte d'acatament de la Constitució i, si s'escau, de l'estatut d'autonomia corresponent i de la resta de l'ordenament jurídic.

19. **c)** *Els que, per lliure nomenament, exerceixen funcions de confiança o assessorament especial.*

Segons l'article 12 del TREBEP: És personal eventual el que, en virtut de nomenament i amb caràcter no permanent, només exerceix funcions expressament qualificades de confiança o assessorament especial; és retribuït amb càrrec als crèdits pressupostaris consignats per a aquesta finalitat. 2.

20. **d)** *Cap és correcta.*

Segons l'article 8 del TREBEP: Són empleats públics els qui exerceixen funcions retribuïdes en les administracions públiques al servei dels interessos generals. Els empleats públics es classifiquen en: a) Funcionaris de carrera; b) Funcionaris interins; c) Personal laboral, ja sigui fix, per temps indefinit o temporal. d) Personal eventual.

21. **b)** *El lloc de treball.*

La plantilla és el conjunt de llocs de treball de la RLT, ocupats o no, que han estat dotats pel pressupost de la Generalitat i, per tant, són susceptibles de ser ocupats. La plantilla d'una unitat orgànica s'aprova amb la llei de pressupostos respectiva. En el nostre cas, l'aprovació del pressupost de la Generalitat significa l'aprovació de les plantilles de tots i cadascun dels departaments i ens de la Generalitat.

22. **c)** *Funcionaris de carrera, personal laboral i personal eventual.*

El TREBEP (art. 74) estableix que les administracions públiques han d'estructurar la seva organització a través de relacions de llocs de treball (RLT) o altres instruments organitzatius similars que comprenguin, almenys:

— *la denominació dels llocs,*

— *els grups de classificació professional,*

— *els cossos o escales (funcionaris), si s'escau, a què estiguin adscrits,*

— *els sistemes de provisió,*

— *i les retribucions complementàries.*

23. **c)** *Batxiller, de formació professional de segon grau o equivalent.*

L'article 19 del Reial Decret 1/1997, de 31 d'octubre, el estableix que el Grup C requereix: títol de batxiller, de formació professional de segon grau o equivalent.

24. **d)** *Totes són correctes.*

L'EBEP s'aplica al personal funcionari i laboral:

— *de l'Administració general de l'Estat,*

— *de les comunitats autònomes,*

— *de les ciutats de Ceuta i Melilla,*

— de les administracions de les entitats locals,

— dels organismes públics, les agències i altres entitats de dret públic amb personalitat jurídica pròpia, dependents de les administracions anteriors o que hi estan vinculades, i de les universitats públiques, i també s'aplica, amb algunes excepcions, al personal docent i al personal estatutari dels serveis de salut.

25. ***d)*** *Totes són correctes.*

Les competències en matèria de funció pública incloses en l'Estatut d'Autonomia són: a) La competència exclusiva sobre el règim estatutari del personal al servei de les administracions públiques catalanes i sobre l'ordenació i l'organització de la funció pública, salvant el que disposa la lletra b; b) La competència compartida per al desenvolupament dels principis ordenadors de l'ocupació pública, sobre l'adquisició i la pèrdua de la condició de funcionari, les situacions administratives i els drets, els deures i les incompatibilitats del personal al servei de les administracions públiques; c) La competència exclusiva, en matèria de personal laboral, per a l'adaptació de la relació de llocs de treball a les necessitats derivades de l'organització administrativa i sobre la formació d'aquest personal.

26. ***d)*** *Totes són correctes.*

El Decret legislatiu 1/1997 s'aplica al personal següent:

— a) Personal subjecte al règim funcionarial (funcionaris de carrera, funcionaris interins i personal eventual).

— b) Personal laboral, en els casos en què s'hi faci referència.

— c) Personal de les universitats, respectant l'autonomia universitària.

— d) Personal al servei de les corporacions locals situades en el territori de Catalunya.

— e) Personal al servei del Consell Consultiu (Consell de Garanties Estatutàries).

27. ***d)*** *Totes són correctes.*

El Decret legislatiu 1/1997 no s'aplica al personal següent:

a) Personal al servei del Parlament de Catalunya.

b) Personal al servei del Síndic de Greuges.

c) Personal al servei de la Sindicatura de Comptes.

d) Personal al servei de les entitats de dret públic subjectes al dret privat, que es regeix per la seva normativa específica.

28. ***a)*** *El conjunt de persones que presten serveis en l'Administració d'acord amb els principis de mèrit i capacitat.*

L'article 1.3 del Decret legislatiu 1/1997, de 31 d'octubre, diu que la funció pública és constituïda pel conjunt de persones que presten serveis en l'Administració d'acord amb els principis de mèrit i capacitat, mitjançant una relació de serveis professionals, retribuïda i de caràcter especial per raó dels serveis públics a desenvolupar i regulada per la normativa administrativa o laboral.

29. ***a)*** *Personal funcionari de carrera, personal funcionari interí, personal eventual o personal laboral.*

Segons el Decret legislatiu 1/1997, de 31 d'octubre, les classes de personal són les següents: a) Personal funcionari de carrera; b) Personal funcionari interí; c) Personal eventual; d) Personal laboral; e) Personal directiu professional.

30. ***d)*** *Totes són correctes.*

El text refós aprovat pel Decret legislatiu 1/1997, de 31 d'octubre, disposa que l'Administració de la Generalitat ha de seleccionar tot el seu personal amb criteris d'objectivitat, d'acord amb els principis d'igualtat, mèrit i capacitat, mitjançant convocatòria pública. En el procés de selecció ,el Decret legislatiu 1/1997 afegeix com a criteris:

— *S'ha d'acreditar el coneixement de la llengua catalana, tant en l'expressió oral com en l'expressió escrita.*

— *En la selecció del personal cal tenir en compte especialment l'adequació del sistema selectiu al contingut dels llocs de treball que s'hagin d'ocupar, de manera que s'analitzin els mèrits i l'experiència dels aspirants i la seva capacitat i idoneïtat per desenvolupar les funcions públiques.*

— *Els procediments selectius poden incloure valoracions sobre les experiències assolides i els coneixements teòrics, proves mèdiques o físiques, tests psicotècnics o professionals, entrevistes, proves pràctiques i, en general, altres instruments que ajudin a determinar d'una manera objectiva els mèrits, la capacitat i la idoneïtat dels aspirants amb relació al contingut dels llocs de treball que hagin d'ocupar.*

Test de Tema 7

1. **b)** *A la manera com estan organitzats els serveis.*

Els serveis han de donar resposta a l'usuari i satisfer les seves necessitats. L'Administració ha d'orientar els seus serveis a la ciutadania, és a dir, ha de saber informar (algú) de l'estat d'un tràmit, un servei, una acció..., perquè sàpiga manegar-s'hi. Un dels 10 principis de la nova atenció ciutadana de la Generalitat de Catalunya, indica que L'avaluació dels serveis d'atenció és l'instrument per mesurar l'impacte que tenen sobre el conjunt de la ciutadania i per reorientar-los si cal. D'aquí es desprèn que si l'impacte no és positiu, cal modificar l'organització dels serveis per tal que siguin adequats als usuaris. Queda clar que l'orientació ha de ser la idònia per a donar una resposta al màxim d'eficaç i eficient a l'usuari.

2. **a)** *Clara i comprensible.*

Una de les característiques de la comunicació verbal és la claredat en la pronunciació i en la vocalització. Ambdues han de ser clares i comprensibles de manera que el nostre interlocutor ens pugui entendre fàcilment i sense confusió.

3. **c)** *Parlar en plural.*

Parlar en plural, com a membre de l'OAC o unitat des de la qual informem donant veu a l'Administració. Aquesta manera de fer dóna proximitat i denota la intenció de col·laboració, servei i criteri.

4. **d)** *Anticipar la resposta de l'interlocutor.*

La comunicació no verbal està formada per tots aquells elements que acompanyen el procés de dir les coses. Alguns d'aquests elements són la postura, la gesticulació, la mirada... és a dir, tot allò que no es diu verbalment.

5. **a)** *Explicacions legalistes.*

Cal evitar explicacions sofisticades, legalistes, abundants en consideracions tècniques o excessivament aplicades en llenguatge de l'administració. Aquest tipus d'explicacions no ajuden en la comunicació sinó que la fan més dificultosa. Al contrari, hem de pensar en explicacions properes, senzilles, curtes, concises, no evasives, directes i de comprensió ràpida, ordenades i que motivin conductes posteriors.

6. **a)** *Ha d'estar net i ordenat.*

Un espai net i ordenat dóna sensació de confiança i seguretat en el servei. L'ordre genera bon ambient en la persona usuària i fa que exposi més fàcilment les seves necessitats; permet crear un ambient relaxat. D'altra banda, de cara la persona informadora/tramitadora la fa més eficient no tenir elements distorsionadors.

7. **b)** *Deixar parlar.*

Deixar parlar permet oferir un clima de llibertat d'expressió i opinió. A més crea la sensació de servei personalitzat i proactivitat de cara les necessitats de la persona usuària.

8. **c)** *Evitar criticar altres usuaris.*

Cal evitar criticar altres usuaris encara que sigui útil a títol d'exemple il·lustratiu. Fer-ho genera desconfiança a la persona que estem atenent, ja que pot pensar que farem el mateix d'ella quan marxi.

9. **d)** *Sempre.*

Les crítiques s'han de respondre sempre per tal generar confiança a la persona usuària i denotar atenció personalitzada sigui quina sigui la casuística. No hem d'evitar rebre, i encara menys respondre crítiques encara que no siguin certes, ja que sempre ens ajudaran a millorar. Val a dir que respondre les crítiques que no són certes, ajuda encara mes a reforçar el principi de servei a la ciutadania, de l'Administració. D'altra banda, no s'ha de confondre respondre en donar la raó.

10. **a)** *"Hauria de realitzar tots els passos que li suggereixen al Centre d'Atenció a la Discapacitat".*

L'ús del condicional converteix una imposició en un suggeriment i fa que la persona usuària se senti més còmode i no tingui la sensació de rebre ordres.

11. **c)** *Les Oficines d'atenció ciutadana i els Punts de registre i digitalització.*

Segons la informació publicada a la pàgina web d'Atenció ciutadana els dos tipus d'oficines són: les Oficines d'atenció ciutadana: fan funcions d'oficines d'assistència en matèria de registre i totes les tasques que se'n deriven (registre i digitalització, assistència a la tramitació, apoderaments, etc.); i els Punts de registre i digitalització: registren la documentació i la digitalitzen.

12. **d)** *No demostrar atenció cap a la crítica.*

Sigui quina sigui la crítica, s'adreci a qui s'adreci (serveis, persona, unitat...) i sigui certa o no, cal demostrar sempre interès per tal de generar confiança i caràcter de servei a la persona atesa.

13. **d)** *Són correctes a) i b).*

La tramitació atesa consisteix en el fet que qualsevol persona pot demanar que un treballador de l'OAC faci un tràmit en nom seu. Ara bé, cal tenir sempre el consentiment de la persona interessada.

14. **a)** *Assistència, atenció i gestió.*

El punt 6 del Decàleg de l'atenció ciutadana diu: "L'atenció a la ciutadania té un enfocament holístic, en clau omnicanal. Al seu voltant s'organitza l'operativa per satisfer les necessitats de benestar col·lectiu de la ciutadania i de la seva experiència com a usuària. Es fa en tres nivells: assistència, atenció i gestió."

15. **d)** *Sempre s'acomiadarà amb un agraïment.*

Les crítiques s'han de respondre sempre i han d'acomiadar-se amb un agraïment siguin certes o no, per tal de donar garantia d'atenció i millora del servei.

16. **c)** *Caldrà que s'identifiqui amb el seu DNI o qualsevol altre document que acrediti la seva identitat.*

La seguretat és una de les bases del model d'atenció ciutadana. Per rebre informació personal cal que la persona s'identifiqui de manera unívoca i inequívoca amb un document o certificat emès per un organisme oficial i que acrediti la seva identitat. Els serveis a les OAC's han de garantir que totes les interaccions de la ciutadania amb l'administració són segures, tant pel que fa a les dades com a les plataformes.

17. **d)** *Totes són correctes.*

D'acord amb la informació publicada per la DGAC a la pàgina web d'Atenció ciutadana i actualitzada el dia 28.08.2018: "Les oficines d'atenció ciutadana presten serveis d'atenció presencial sobre els serveis i tràmits que s'hi poden fer tant de la Generalitat com d'altres administracions públiques. Actuen com a entitats de registre dels sistemes d'identificació digital idCAT o idCAT Mòbil i poden donar suport per fer tràmits telemàtics."

18. **c)** *Són correctes a) i b).*

Les persones que són ateses han de ser-ho sense que pugui prevaler cap discriminació per raó de naixença, raça, sexe, religió, opinió o qualsevol altra condició o circumstància personal o social. Cal defugir doncs tota mena de discriminació i cap comentari que avergonyeixi i/o que denoti una situació de superioritat o bé que desqualifiqui el què ens estan exposant.

19. **d)** *És un element essencial del procés de comunicació.*

La capacitat d'escoltar és un element essencial del procés de comunicació i, per tant, de l'atenció al públic. L'atenció al públic pot ser presencial i telefònica (també telemàtica, però en aquest cas no parlaríem de capacitat d'escolta). Sentir-se escoltat, entre altres coses, vol dir sentir-se comprès, i aquesta sensació ha d'estar present en qualsevol classe d'atenció directa amb la persona que atenem.

20. **d)** *Promoure, crear i desenvolupar espais omnicanals d'atenció i de col·laboració entre la ciutadania i la Generalitat de Catalunya.*

Segons el Nou model d'atenció ciutadana presencial, elaborat per la Direcció General d'Atenció Ciutadana: "La missió del nou Model d'Atenció Ciutadania de la Generalitat de Catalunya se centra en promoure, crear i desenvolupar espais omnicanals d'atenció i de col·laboració entre la ciutadania i la Generalitat de Catalunya on es proporcioni una atenció integrada, proactiva i eficient, incorporant aquells serveis que aportin valor públic i proximitat a la ciutadania, resolent de manera personalitzada les seves necessitats i apoderant-la per a que sigui autònoma en les seves gestions i sobirana de les seves dades."

21. **d)** *Totes són correctes.*

La Direcció General d'Atenció Ciutadania defineix l'atenció presencial amb els següents principis: "- Proximitat. Garantir una atenció homogènia a tot el territori. - Innovació. Apostar per noves solucions tecnolò-

giques que ajudin a acomplir amb els objectius de proximitat, agilitat i proactivitat. - Transparència. La transparència esdevé un dels factors fonamentals en la relació entre la ciutadania i la Generalitat de Catalunya, a la vegada que també ho és entre els diferents Departaments interns. - Professionalitat. Personal expert en els aspectes formals de l'atenció a la ciutadania i també en la gestió de tots els procediments. - Eficiència i eficàcia. Aplicació dels models de gestió de qualitat per a la millora contínua dels temps d'espera i d'atenció. - Simplicitat. Transmetre senzillesa i agilitat en els processos. - Multicanalitat. Posar a disposició en l'espai presencial dels diferents canals per a optimitzar al màxim l'atenció. - Imatge. Aplicació de les normes d'identificació visuals de la Generalitat per a simplificar l'accés i localització de les oficines."

22. **c)** *Tècnica del "disc ratllat".*

La tècnica del "disc ratllat" consisteix a repetir un missatge fins a comprovar que s'ha entès i acceptat. És útil quan l'altra persona no vol acceptar la solució o alternativa que se li planteja i no n'hi ha cap altra. És important no sortir del tema i no entrar en els possibles atacs personals o desqualificacions, i recordar que també es pot exercir el dret a negar alguna informació si cal.

23. **d)** *Cal acomiadar-se i agrair la col·laboració.*

Totes les crítiques han de ser ateses, siguin certes o no. Sempre ens acomiadarem i agrairem la col·laboració. Encara que la crítica no sigui certa sempre pot presentar algun aspecte a millorar i si no és així, agrair la col·laboració mostra atenció cap a la persona que fa la crítica i demostra interès en la millora del servei.

24. **a)** *De la Direcció General d'Atenció Ciutadana, del Departament de la Vicepresidència i d'Economia i Hisenda.*

El Decret 43/2019, de 25 de febrer, de reestructuració del Departament de la Vicepresidència i d'Economia i Hisenda, recull en el seu article 83 les funcions de la Direcció General d'Atenció Ciutadana, essent una d'elles: a) Impulsar i dirigir un model d'atenció ciutadana omnicanal integrat basat en l'experiència d'usuari i l'adequació a les demandes de la ciutadania perquè sigui consistent i coherent.

25. **d)** *Cap és correcta.*

Els principis bàsics del model d'atenció ciutadana d'acord amb què s'estableix en el Decret 43/2019, de 25 de febrer, de reestructuració del Departament de la Vicepresidència i d'Economia i Hisenda i la informació publicada la pàgina web d'Atenció ciutadana són: la qualitat, l'accessibilitat, l'avaluació i la seguretat.

26. **a)** *Identificar-se dient el propi nom i el del servei on es treballa.*

Identificar-se amb el nom i el nom de la unitat on es treballa ajuda a la persona interlocutora a situar-se i saber si està parlant amb el servei adequat. També ajudarà en el cas de voler fer una trucada posterior relacionada, una queixa, un suggeriment, un agraïment, etc. Saber amb qui es parla i la unitat que gestiona el que es vol fer dona la sensació de proximitat i atenció a la persona que truca.

27. ***d)*** *Cal acomiadar-se amb simpatia i correcció.*

En la comunicació cara a cara cal acomiadar-se amb simpatia i correcció per donar per tancada la tramitació i per mostrar proximitat i alhora respecte cap a la persona que s'ha atès.

28. ***c)*** *Cal demostrar seguretat.*

Davant una situació d'agressivitat cal demostrar seguretat i fermesa, i no posar-se mai a l'altura de la persona agressiva. Si bé no hem d'intentar frenar l'agressivitat amb una actitud violenta o reptadora, sí que s'ha de demanar correcció, especialment quan interfereix en un ambient general d'informació.

29. ***b)*** *Hem d'assegurar-nos que deneguem amb exactitud la demanda formulada*

Si deneguem una petició hem d'assegurar-nos que deneguem amb exactitud la demanda formulada, i que no es pot deure a una mala interpretació nostra, fomentant la denegació de la manera més precisa i argumentada possible.

30. ***a)*** *Hem de demanar amb tota naturalitat que repeteixi els seus missatges.*

Si es dóna el cas que no arribem a entendre el que la persona usuària expressa li hem de demanar amb tota naturalitat que repeteixi allò que vol transmetre. Hem d'evitar que a l'hora de demanar-ho la persona se senti incapacitada per expressar-se i hem de responsabilitzar aquesta manca de comprensió a la nostra pròpia escolta, intentant provocar un ambient relaxat i de proximitat.

Test de Tema 8

1. **b)** *Tecnologies de la informació i la comunicació.*

   Les sigles TIC signifiquen Tecnologies de la Informació i la Comunicació.

2. **c)** *A l'exclusió social per causes tecnològiques.*

   El terme digital divide (fractura digital) ha estat utilitzat per explicar la diferència en el nivell d'ús de les TIC que pot existir entre aquelles persones nascudes en l'era digital i aquelles nascudes abans. L'essència de l'exclusió digital està vinculada a una desigualtat en l'accés o ús de la informació, a un tipus d'exclusió social que discrimina entre aquelles persones que no poden accedir als recursos digital per millorar les seves possibilitat de qualitat de vida i aquelles que si ho poden fer.

3. **a)** *Amb el correu brossa.*

   L'anglicisme spam està relacionat amb el correu brossa, que són correus electrònics que s'envien a molta gent amb finalitat publicitària.

4. **b)** *Comercial / llengua i cultura catalanes / pàgines web informatives.*

   El domini .com està destinat a pàgines d'ús comercial, el domini .cat està destinat a pàgines catalanes i referides a la cultura catalana i el domini .info està destinat a pàgines web informatives.

5. **b)** *WinRAR.*

   Internet Explorer és el navegador més utilitzat perquè està inclòs per defecte en el sistema operatiu Windows. Firefox és un navegador web lliure i gratuït creat per una organització global sense ànim de lucre. I Google Chrome és el navegador de Google. WinRAR és un programari de compressió de fitxers.

6. **b)** *Si triguem massa a omplir un formulari pot ser que, a l'hora d'enviar-lo, el servei ens indiqui que la sessió ha caducat.*

   Els formularis són documents amb espais en blanc que cal emplenar que poden ser amb text, amb desplegables on hem de triar una opció o amb caixetes per marcar. Si triguem massa a omplir un formulari, pot ser que, a l'hora d'enviar-lo, el servei ens indiqui que la sessió ha caducat.

7. **c)** *Escriure les paraules clau a la caixa de text del cercador.*

   Per començar una cerca hem d'escriure les paraules clau a la caixa de text del cercador. En la barra de menú del navegador podem trobar les opcions "Arxiu", "Edició", "Veure", etc. En els navegadors actuals sovint existeix una opció per a ocultar la barra de menú i així tenir més espai en la pantalla.

8. **b)** *Són unes lletres deformades que apareixen a la pantalla que asseguren que som una persona i no una màquina.*

   Captcha és l'acrònim de «Completely Automated Public Turing test to tell Computers and Humans Apart» (en anglès, "test de Turing públic i automàtic per a diferenciar a màquines d'humans"); són unes lletres deformades que apareixen a la pantalla que asseguren que som una persona i no una màquina. De vegades són difícils d'entendre però podrem sol·licitar que ens ensenyi una altra paraula.

9. **c)** *MSN*

Els cercadors són pàgines que busquen informació de tot tipus a Internet. Google és el cercador més utilitzat, però n'hi ha d'altres com Bing o Yahoo. MSN és un portal web i col·lecció relacionada de serveis i aplicacions d'Internet per a Windows i dispositius mòbils, subministrat per Microsoft.

10. **a)** *Caass.Ddff@gencat.cat*

L'adreça de correu electrònic correcta és Caass.Ddff@gencat.cat.

L'adreça de correu ha de tenir una, i només una, a voltada (@) i pot tenir lletres (majúscules i minúscules), números, guions, i punts. En canvi, no pot contenir:

— *Espais en blanc (separació entre caràcters).*

— *Signes de puntuació diferents d'un punt com una coma, un punt i coma, dos punts, cometes, parèntesis, admiració, interrogació, etc.*

— *Caràcters no anglosaxons: ç, ñ, etc.*

— *Accents o dièresis.*

— *Símbols no alfabètics com els monetaris o matemàtics, per exemple: €, $, +, /, %, #.*

11. **a)** *El correu electrònic.*

D'acord amb l'article 12 del Decret 56/2009, de 7 d'abril, per a l'impuls i el desenvolupament dels mitjans electrònics a l'Administració de la Generalitat, els departaments i organismes de la Generalitat utilitzen preferentment el correu electrònic en les seves comunicacions internes, sigui dins d'un mateix departament o organisme o entre els diferents departaments o organismes. El correu electrònic pot substituir les comunicacions en paper, sense perjudici de la signatura electrònica, si escau, de la documentació adjunta.

12. **c)** *Si enviem un correu electrònic a més d'una persona, els destinataris sempre veuran a qui l'hem enviat.*

Si volem enviar el missatge a més d'una persona, podem afegir les seves adreces de correu electrònic al camp destinatari, al camp CC (còpia en carbó) –tothom veu els destinataris– o al camp CCO (còpia en carbó oculta) –ningú veu les adreces dels destinataris del correu electrònic–.

13. **b)** *Mostra un avís a l'escriptori en cas de rebre un missatge nou.*

El client de correu o programari de correu mostra un avís a l'escriptori en cas de rebre un missatge nou.

14. **a)** *Descarrega els missatges de correu en un servidor remot.*

El correu web o webmail descarrega els missatges de correu en un servidor remot.

15. **b)** *1) Posem el cursor al paràgraf que té el format que volem copiar; 2) fem clic en el botó del pinzell i 3) seleccionem el text que volem que quedi amb aquest format.*

Per copiar un format de text d'un paràgraf a altres paràgrafs podem utilitzar el botó que té el dibuix d'un pinzell de la següent manera: 1) posem el cursor al paràgraf que té el format que volem copiar; 2) fem clic en el botó del pinzell, i 3) seleccionem el text que volem que quedi amb aquest format.

16. **c)** *Sagnat.*

El sagnat és l'espai blanc que hi ha a l'inici d'un paràgraf o d'una línia. En canvi, el marge és l'espai en blanc que hi ha als extrems d'una pàgina: a dalt i a baix, a l'esquerra i a la dreta del text o d'una imatge.

17. **a)** *Una barra vertical intermitent.*

El cursor és un senyal o signe que ens permet saber on som dins d'una pantalla o un monitor. Per exemple, el punter del ratolí, que té forma de fletxa. En un processador de textos, el cursor és una barra vertical intermitent.

18. **b)** *A la barra d'estat.*

A la barra d'estat, que és a la part de baix de la pantalla del processador de textos, indica: el nombre de pàgines del document, la pàgina on som, el nivell de zoom amb què es mostra la pàgina i l'idioma seleccionat. En canvi, la barra de menús, que és a la part de dalt de la pantalla del processador de textos, mostra diferents opcions en pestanyes: inserció d'imatges, disseny de pàgina, revisió d'ortografia, etc. La barra d'eines, que és a sota de la barra de menús, permet organitzar les principals accions del processador de textos a través de botons i menús.

19. **c)** *Utilitzarem l'opció d'encapçalament i peu de pàgina del processador de textos.*

Si volem col·locar el mateix logotip a la part superior de totes les pàgines d'un document utilitzarem l'opció d'encapçalament i peu de pàgina del processador de textos.

20. **b)** *=200/(1+21/100)*

Per saber el preu de venda, sense el 21% d'IVA, d'un producte que hem comprat i que ens han costat 200 euros hem d'utilitzar la fórmula "=200/(1+21/100)".

21. **c)** *La cel·la.*

La unitat mínima d'informació d'un full de càlcul és la cel·la, que és la intersecció entre una columna i una fila.

22. **c)** *Es defineixen amb una lletra majúscula (en ordre, començant per la A, d'esquerra a dreta).*

Les columnes d'un full de càlcul es defineixen amb una lletra majúscula (en ordre, començant per la A, d'esquerra a dreta).

23. ***d)*** *No importa si les cel·les estan plenes o buides, s'aplicarà el format igualment.*

En un full de càlcul, quan utilitzem l'opció de donar format de taula amb format automàtic no importa si les cel·les estan plenes o buides, s'aplica el format igualment.

24. ***d)*** *=-10-3*

L'operació correcta és =-10-3.

25. ***a)*** *El resultat és 9 perquè, com que no hi ha parèntesis, la divisió té prioritat sobre la suma: fa primer la divisió 2/2 i després suma el primer quatre i després suma el segon 4.*

El resultat és 9 perquè, com que no hi ha parèntesis la divisió té prioritat sobre la suma: fa primer la divisió 2/2 i després suma el primer quatre i després suma el segon 4.

26. ***b)*** *Que l'Administració pública ha de promoure la provisió de serveis que s'ofereixen mitjançant tots els canals a disposició dels usuaris.*

El principi de multicanalitat significa que l'Administració pública ha de promoure la provisió dels serveis que s'ofereixen mitjançant tots els canals disponibles per a la ciutadania (telèfon, internet, xarxes socials, etc.), quan sigui tècnicament possible i econòmicament viable.

27. ***d)*** *El principi de neutralitat tecnològica.*

D'acord amb l'article 6 de l'Ordre CLT/172/2014, de 14 de maig, per la qual s'aprova el protocol de gestió de documents electrònics i arxiu de la Generalitat de Catalunya, el principi de neutralitat tecnològica diu que els documents s'han de gestionar en sistemes informàtics que en permetin l'ús i l'accés independentment de les opcions tecnològiques escollides pels destinataris.

28. ***b)*** *Omnicanalitat.*

D'acord amb l'article 4 de la Llei 29/2010, del 3 d'agost, de l'ús dels mitjans electrònics al sector públic de Catalunya, la incorporació dels mitjans electrònics en les actuacions del sector públic de Catalunya ha d'ésser informada pels principis següents: accessibilitat a la informació de forma segura i comprensible; igualtat en l'accés per a tots els ciutadans; legalitat quant al manteniment de la integritat de les garanties jurídiques dels ciutadans; cooperació i col·laboració entre les administracions garantint la interoperabilitat; seguretat amb relació a la identitat, la integritat, la conservació i la confidencialitat de la informació i transaccions; proporcionalitat en l'exigència de garanties i mesures de seguretat; responsabilitat i qualitat en la veracitat de les informacions; neutralitat tecnològica i adaptabilitat al progrés de les tecnologies; simplificació i racionalitat administrativa; transparència i participació, garantint la rendició de comptes i la participació activa dels ciutadans; proximitat, facilitant l'ús dels mitjans electrònics als ciutadans.

29. ***a***) *El registre electrònic.*

El S@rcat és el sistema d'informació que permet el registre d'entrada i sortida de documents de la Generalitat de Catalunya. El registre electrònic permet l'anotació fidedigna de la presentació dels documents adreçats a qualsevol administració pública per part de la ciutadania, així com dels què l'administració adreça a altres administracions o particulars.

30. ***c***) *Que les entitats del sector públic han de facilitar que l'ús dels mitjans electrònics, pels ciutadans, les faci més properes i adaptades a llurs necessitats, reduint costos i càrregues.*

D'acord amb l'article 4 de la Llei 29/2010, del 3 d'agost, de l'ús dels mitjans electrònics al sector públic de Catalunya, la incorporació dels mitjans electrònics en les actuacions del sector públic de Catalunya ha de ser informada pel principi de proximitat, que implica que les entitats del sector públic han de facilitar que l'ús dels mitjans electrònics, pels ciutadans, les faci més properes i adaptades a llurs necessitats, reduint costos i càrregues.

Test de Tema 9

1. **c)** *No, també ocorren en els itineraris del treballador al seu centre de treball.*

   Es consideren accidents de treball: Els accidents que pateixi el treballador/a a l'anada o a la tornada del lloc de treball (accidents in itinere).

2. **d)** *Són correctes a) i b).*

   S'estableix l'obligació de comunicar a l'autoritat laboral els accidents de treball amb baixa i també la relació d'altes o defuncions, segons el que es disposa en l'art. 6 de l'Ordre de 16 de desembre de 1987 per la qual s'estableixen nous models per a la notificació d'accidents de treball i es donen instruccions per al seu emplenament i tramitació.

3. **b)** *És un mitjà per a adoptar mesures de prevenció.*

   L'avaluació de riscos és el procediment per identificar i graduar els riscos laborals. L'empresa té l'obligació d'avaluar els riscos derivats del treball i d'adoptar les mesures necessàries per eliminar-los o per reduir-los i controlar-los.

4. **d)** *Totes són correctes.*

   La causa d'un accident és tota gènesi que intervé en un accident, com per exemple: l'ús indegut d'un equip de treball (causa visible), la falta d'instruccions de treball (causa que està darrere de l'accident), comportaments imprudents de treballadors (factor humà).

5. **c)** *Qualsevol característica que pugui tenir una influència en la generació de riscos per a un empleat.*

   Segons la Llei 31/1995, de 8 de novembre, de Prevenció de Riscos Laborals, la política en matèria de prevenció de riscos laborals és el conjunt d'actuacions dels poders públics dirigides a la promoció de la millora de les condicions de treball per a elevar el nivell de protecció de la salut i la seguretat dels treballadors

6. **a)** *3.*

   Els delegats de prevenció són designats pels representants del personal entre els seus membres, d'acord amb l'escala següent: Treballadors delegats de prevenció: De 101 a 500 treballadors 3.

7. **d)** *Són correctes b) i c).*

   Segons l'article 17 de la Llei 31/1995, de 8 de novembre, sobre equips de treball i mitjans de protecció: L'empresari adoptarà les mesures necessàries amb la finalitat que els equips de treball siguin adequats per al treball que hagi de realitzar-se i convenientment adaptats a aquest efecte, de manera que garanteixin la seguretat i la salut dels treballadors en utilitzar-los.

8. c) *És un document específic per a cada centre de treball i activitat.*

Pla d'autoprotecció (PAU): és el document que preveu, per a una determinada activitat, instal·lació, centre, establiment o dependència, les emergències que es puguin produir com a conseqüència de la seva pròpia activitat i les mesures de resposta davant situacions de risc, de catàstrofes i de calamitats públiques que els puguin afectar.

9. **d)** *Totes són correctes.*

Pla d'Emergència interior: document normalment exigit en sectors específics (ex. riscos inherents als accidents greus en què intervinguin substàncies perilloses), en el qual es defineix l'organització i conjunt de mitjans i procediments d'actuació, per tal de prevenir els accidents de qualsevol tipus i, si s'escau, limitar els efectes a l'interior de l'establiment. Ha de ser registrat davant l'òrgan competent de la comunitat autònoma en què es trobi el centri de treball.

10. **a)** *Exigible a totes les empreses sigui quina sigui la seva dimensió.*

És un document escrit que haurà de ser elaborat per l'empresari i signat per ell. És exigible a totes les empreses, sigui quina sigui la seva activitat, la seva dimensió o la seva estructura.

11. **a)** *El conjunt de possibilitats de sofrir un accident laboral.*

Segons l'article 18 de la Llei: a fi de donar compliment al deure de protecció establert en la present Llei, l'empresari adoptarà les mesures adequades perquè els treballadors rebin totes les informacions necessàries en relació amb els riscos per a la seguretat i la salut dels treballadors en el treball, tant aquells que afectin l'empresa en el seu conjunt com a cada tipus de lloc de treball o funció.

12. **b)** *Que es dóna un component a futur que permet preveure amb seguretat la provocació d'un mal per al treballador.*

Segons la Llei 31/1995, de 8 de novembre, és un risc laboral greu i imminent aquell que racionalment sembla probable que es materialitzi en un futur immediat i pugui suposar un dany greu per a la salut dels treballadors.

13. **d)** *Totes són correctes.*

El burnout laboral, també anomenat síndrome del cremat o síndrome de cremar-se en el treball, és un trastorn emocional de creació recent que està vinculat amb l'àmbit laboral, l'estrès causat pel treball i l'estil de vida de l'empleat. Aquesta síndrome pot tenir conseqüències molt greus, tant a nivell físic com psicològic. Els símptomes més comuns són depressió i ansietat, motius de la gran majoria de les baixes laborals.

14. **d)** *Són correctes a) i b).*

Sectorització: espai que queda separat d'altres espais mitjançant elements delimitadors resistents al foc, que permeten aïllar-això del fum i del foc durant un temps determinat en cas d'incendi (parets, portis i vidres especials resistents al foc, etc.).

15. **d)** *S'aplica en empreses i Administracions Públiques de l'Estat.*

L'article 3 de la Llei 31/1995, de 8 de novembre, estableix que aquesta llei i les seves normes de desenvolupament seran aplicables tant en l'àmbit de les relacions laborals regulades en el text refós de la Llei de l'Estatut dels Treballadors, com en el de les relacions de caràcter administratiu o estatutari del personal al servei de les Administracions Públiques, amb les peculiaritats que, en aquest cas, es contemplen en la present Llei o en les seves normes de desenvolupament.

16. **d)** *Totes són correctes.*

Els adopta el Govern de l'Estat, i tenen per objecte desenvolupar les disposicions generals establertes en la LPRL, adaptant-les a les característiques específiques de les activitats, sectors o branques d'activitat als que s'apliqui el reglament en qüestió.

17. **d)** *Són correctes b) i c).*

Les normes juridicotècniques són normatives d'ordenació industrial o de qualitat en els productes, però que incideixen també en les condicions mediambientals de treball, i que tot i no tenir per objecte directe la protecció de la seguretat i la salut dels treballadors, poden tenir molta influència en aquesta matèria.

18. **a)** *Als funcionaris de l'Estat.*

L'article 3.2 de la llei estableix que: la present Llei no serà aplicable en aquelles activitats les particularitats de les quals ho impedeixin en l'àmbit de les funcions públiques de: Policia, seguretat i resguard duaner. Serveis operatius de protecció civil i peritatge forense en els casos de greu risc, catàstrofe i calamitat pública. Forces Armades i activitats militars de la Guàrdia Civil. No obstant això, aquesta Llei inspirarà la normativa específica que es dicti per a regular la protecció de la seguretat i la salut dels treballadors que presten els seus serveis en les indicades activitats.

19. **b)** *Estan obligats per la LRPL si tenen personal al seu càrrec.*

La Llei no els inclou dins del seu àmbit general d'aplicació si no tenen treballadors al seu càrrec. En principi, per tant la normativa de prevenció de riscos, no s'aplica al treballador autònom si no ho estableix expressament.

20. **b)** *Es troba l'obligació de protegir als treballadors dels riscos laborals.*

La protecció del treballador enfront dels riscos laborals exigeix una actuació en l'empresa que desborda el mer compliment formal d'un conjunt predeterminat, més o menys ampli, de deures i obligacions empresarials i, més encara, la simple correcció a posteriori de situacions de risc ja manifestades.

21. **c)** *Han d'adoptar totes les mesures específiques a la mena d'activitat que desenvolupen més enllà de la normativa.*

En virtut del deure de protecció general de la seguretat i salut dels treballadors que li pertoca, l'empresari ha de desenvolupar una acció permanent de prevenció amb la finalitat de perfeccionar els nivells de protecció existents, i disposar el que sigui necessari per adoptar les mesures de prevenció a les modificacions que puguin experimentar les circumstàncies en les quals es realitza el treball.

22. ***d)*** *Totes són correctes.*

L'empresari haurà d'adoptar les mesures de seguretat per a l'eliminació de riscos en l'empresa tenint en consideració que el treball és el que s'ha d'adaptar a la persona, i no a l'inrevés. En virtut d'aquest enfocament ergonòmic, l'empresari haurà de prendre en consideració les capacitats dels treballadors en matèria de seguretat i salut en el treball quan els hi encomani tasques laborals, i haurà d'adoptar les mesures necessàries perquè la maquinària o els equips de protecció individual que utilitzin els treballadors estiguin convenientment adaptats a les seves característiques.

23. ***c)*** *Sí, la llei l'obliga a anticipar els comportaments imprudents i exempts de temeritat dels seus treballadors.*

L'empresari haurà de preveure les distraccions o imprudències no temeràries que el treballador pugui cometre en el treball. En aquest sentit, l'empresari només queda exempt de responsabilitat quan el treballador cometi comportaments temeraris realitzats amb l'oblit dels més elementals deures de cura i atenció, d'aquí que no es consideri accident laboral el produït per una imprudència temerària del treballador.

24. ***d)*** *Són correctes a) i b).*

Segons l'article 17 LRPL, l'empresari haurà de complir les obligacions de caràcter específic que estableix la llei, com la dotació d'uns equips de treball segurs, i l'atribució, si escau, d'equips de protecció individuals als treballadors.

25. ***a)*** *Sí.*

L'empresari haurà de complir els obligacions de caràcter específic que estableix la LPRL, com la coordinació de les activitats de prevenció amb altres empreses.

26. ***c)*** *Vigilar de manera periòdica la salut dels seus treballadors.*

L'article 22 de la LRPL estableix que: L'empresari garantirà als treballadors al seu servei la vigilància periòdica del seu estat de salut en funció dels riscos inherents al treball. Aquesta vigilància només podrà dur-se a terme quan el treballador presti el seu consentiment. D'aquest caràcter voluntari només s'exceptuaran, previ informe dels representants dels treballadors, els supòsits en els quals la realització dels reconeixements sigui imprescindible per a avaluar els efectes de les condicions de treball sobre la salut dels treballadors o per a verificar si l'estat de salut del treballador pot constituir un perill per a aquest, per als altres treballadors o per a altres persones relacionades amb l'empresa o quan així estigui establert en una disposició legal en relació amb la protecció de riscos específics i activitats d'especial perillositat.

27. ***c)*** *Tenen dret a participar a través dels seus representants sindicals.*

La LPRL estableix el dret dels treballadors a participar en les qüestions relacionades amb la prevenció de riscos laborals, mitjançant tant els seus representants del personal o sindicals (Comitès d'empresa o Dele-

gats de personal, seccions sindicals o delegats sindicals, respectivament), com a través de la representació específica que crea la pròpia llei.

28. **d)** *Totes són correctes.*

La LPRL atribueix als comitès d'empresa, als delegats de personal i als representants sindicals la defensa dels interessos dels treballadors en matèria de prevenció de crisis en el treball.

29. **d)** *Són correctes a) i b).*

No s'ha de confondre la figura dels delegats de prevenció amb la modalitat de servei de prevenció consistent en què l'empresari designa uns treballadors específics de l'empresa per encarregar-se de les activitats de prevenció: els delegats de prevenció són representants dels treballadors, no són designats per l'empresari, sinó que han de ser escollits per i entre els representants del personal.

30. **d)** *Totes són correctes.*

L'article 36 de la LRPL disposa que són competències dels Delegats de Prevenció: Col·laborar amb la direcció de l'empresa en la millora de l'acció preventiva.

Promoure i fomentar la cooperació dels treballadors en l'execució de la normativa sobre prevenció de riscos laborals. Ser consultats per l'empresari, amb caràcter previ a la seva execució, sobre les decisions.

Test de Tema 10

1. **b)** *El temps que es preveu que es podrà utilitzar un objecte.*

   Qualsevol material o aparell amb l'ús es va gastant i deteriorant fins que ja no es pot utilitzar més; al temps que es preveu que es podrà utilitzar qualsevol bé se li denomina vida útil.

2. **a)** *Fungible.*

   Material d'oficina fungible és tot aquell que té una vida útil curta, perquè s'utilitza contínuament i ha de ser reposat cada poc temps (grapes, paper, cola, bolígraf...).

3. **a)** *Fungible.*

   Material d'oficina no fungible és tot aquell material d'oficina la vida útil del qual és una mica més llarga que la del material fungible (grapadora, tisores, calculadora...).

4. **d)** *Totes són correctes.*

   Pel que fa al manteniment i ús adequat dels materials d'oficina us oferim unes quantes instruccions senzilles: mantingueu els retoladors i marcadors tancats quan no s'utilitzin per evitar que s'assequin, tanqueu les coles després de cada ús per evitar càrregues innecessàries (dissolvents orgànics) i que s'assequin, apagueu els aparells que no s'utilitzen per allargar la vida de les piles.

5. **c)** *Treure'n les grapes.*

   Pel correcte reciclatge del paper, separeu els clips, les grapes i altres elements metàl·lics del paper a l'hora de llençar-lo.

6. **a)** *3 kgs.*

   Es considera que la manipulació manual de qualsevol càrrega que pesi més de 3 kg, malgrat que sigui un pes lleuger, si es manipula en unes condicions ergonòmiques desfavorables: allunyada del cos, amb postures inadequades, molt freqüentment, en condicions ambientals desfavorables, amb terra inestable, etc..., pot ocasionar un potencial de risc dors lumbar no tolerable.

7. **d)** *Totes són correctes.*

   Són característiques d'una càrrega: un pes o volum excessius, l'equilibri inestable o centre de gravetat desplaçable, les característiques exteriors físiques que puguin ocasionar lesions mecàniques al treballador (cops, talls, etc.).

8. **c)** *Una postura forçada del cos.*

   L'esforç físic és una posició inestable del cos (desequilibri) o una postura forçada (torsió o flexió del tronc, asimètrica del cos).

9. **b)** *Que la falta d'espai impedeixi col·locar una càrrega a l'altura segura.*

Són característiques incorrectes del sistema de treball: que les condicions del lloc de treball dificulten ubicar la càrrega a una altura d'elevació/descens segura i amb una postura correcta.

10. **c)** *Que l'ambient sigui inadequat per falta de llum.*

Són característiques incorrectes del sistema de treball: que l'entorn ambiental sigui inadequat (il·luminació, temperatura, ventilació, humitat, velocitat d'aire o soroll).

11. **d)** *No, mai.*

Característiques incorrectes del sistema de treball: una distribució de pauses insuficients per permetre la recuperació de la fatiga acumulada.

12. **d)** *Són correctes a) i b).*

Característiques individuals del treballador perilloses: una aptitud física inadequada i una formació o informació insuficients.

13. **b)** *15 kgs.*

Valors de pes màxims en condicions ideals de manipulació de càrregues: dones, joves i grans: 15 kg.

14. **a)** *Sí, és correcte.*

Valors màxims de força d'empenta o de tracció de càrregues en condicions ideals: no superar 25 kg per iniciar el moviment.

15. **a)** *Són dones embarassades.*

Finalment hem de tenir present els treballadors especialment sensibles que s'han de protegir davant la manipulació de càrregues: treballadors amb antecedents de lesions d'esquena i les dones embarassades.

16. **d)** *Totes són correctes*

Manipulació de la càrrega recomanable: manipular la càrrega propera al cos flexionant les cames amb l'esquena recta, manipular-la sense girs ni inclinacions, amb subjecció ferma de la càrrega i es realitzaran aixecaments suaus i espaiats.

17. **c)** *Davant del treballador.*

Situació de les càrregues a l'empresa: el lloc més favorable per la col·locació de la càrrega és davant del treballador, a prop del cos i a l'alçada de la cintura.

18. **d)** *Totes són correctes.*

Subjecció de la càrrega: una subjecció o suport de la càrrega mitjançant nanses o d'altres, amb forma, grandària i textura que permeti un subjectament confortable amb tota la mà, les mans i canells hauran de mantenir una posició de confort i neutral, si la càrrega no té nanses, seria correcta una obertura que permeti agafar-la còmodament, sempre que es pugui subjectar amb una flexió de la mà a 90° i per últim s'ha d'agafar amb les dues mans.

19. **d)** *Són correctes a) i b).*

Postures incorrectes al lloc de treball: postures estàtiques mantingudes en el temps (assegut, dret, estirat), postures forçades com romandre amb els braços per sobre de les espatlles, el tronc flexionat o girat, etc, moviments repetitius del coll o del tronc, combinats amb postures forçades.

20. **b)** *Es troba l'obligació de protegir als treballadors dels riscos laborals.*

Protecció del treballador enfront dels riscos laborals exigeix una actuació en l'empresa que desborda el mer compliment formal d'un conjunt predeterminat, més o menys ampli, de deures i obligacions empresarials i, més encara, la simple correcció a posteriori de situacions de risc ja manifestades.

21. **a)** *Sí.*

L'estrès com a precursor del mal d'esquena, a l'estar relacionat amb l'augment de la tensió muscular que pot contribuir a l'aparició de molèsties i contractures.

22. **d)** *Totes són correctes.*

Quan t'aixequis o en seure: per aixecar-te retrocedeix lleugerament un peu i recolza't en els reposa braços o, sinó, en les cuixes mantenint l'esquena recta. En seure, recolza't en els reposa braços i seu "el més enrere possible", procurant aproximar l'esquena al respatller.

23. **a)** *S'aixequi de la cadira cada 45 minuts.*

És preferible canviar de postura, aixecar-te o tombar-te abans que recolzar-te sobre el còccix i forçar la zona lumbar. Així mateix, cada 45 minuts aproximadament, procura aixecar-te i caminar uns metres per descansar l'esquena.

24. **a)** *Balancejar el pes entre les dues cames.*

Romandre llargs períodes dempeus de forma estàtica pot generar molèsties a la zona lumbar. Per evitar-les és recomanable: realitzar petits moviments que evitin sobrecàrregues, per exemple, bascular el pes d'una cama a una altra, o dins de la mateixa postura, balancejar donant un petit pas cap endavant o als costats.

25. **c)** *Apagar els llums de les estances buides.*

Són consells dirigits a tot el personal, utilitzar el llum quan realment sigui necessari i tancar els llums en funcionament d'aquelles dependències que no s'estan utilitzant.

26. **a)** *Sí, també en stand by.*

És important desconnectar els aparells elèctrics que no s'utilitzin, fins i tot els que estan en mode stand by, ja que fins i tot en aquest estat hi ha aparells que també consumeixen energia.

27. ***b)*** *19-20 graus.*

A l'hivern, és recomanable mantenir la temperatura entre 19-20°C per obtenir confort amb un consum mínim.

28. ***a)*** *És millor obrir les finestres.*

A l'estiu és recomanable obrir finestres i disposar cortines per evitar el sol i assolir una temperatura adequada, a fi d'estalviar-se, sempre que sigui possible, d'engegar l'aire condicionat.

29. ***d)*** *Un 8% més.*

Si és necessari l'ús de l'aire condicionat, cal ajustar la temperatura entre 23 i 25°C i tancar les finestres, ja que per cada grau que disminueix la temperatura s'estarà consumint un 8% més d'energia.

30. ***d)*** *Són correctes a) i b).*

Apagar la calefacció o l'aire condicionat a la nit i engegar-los al matí, després que l'oficina s'hagi ventilat i s'hagin tancat les finestres.

Tests d'Examen

Enunciats

Test d'Examen 1

1. Quin és l'instrument per mesurar l'impacte que els serveis públics d'atenció tenen per mesurar el seu impacte?

a) L'avaluació dels serveis d'atenció.
b) Les queixes.
c) Els costos.
d) El debat en el Parlament de Catalunya.

2. Què és la qualitat en el sector públic?

a) És la necessitat d'orientar totes les activitats de l'organització a la recerca de la satisfacció plena dels ciutadans.
b) És la necessitat d'orientar totes les activitats de l'organització en estalviar temps.
c) És la necessitat d'orientar totes les activitats de l'organització en estalviar pressupost de despeses.
d) És la necessitat d'orientar totes les activitats de l'organització en la normativa jurídica.

3. Què són les dades obertes (*open data* en anglès)?

a) Són conjunts de dades produïdes o recopilades per organismes públics que les administracions públiques posen a disposició de la ciutadania perquè les puguin utilitzar lliurement de manera senzilla i còmoda.
b) Són les dades del padró de població.
c) Són les dades del pressupost publicades al web.
d) Són els censos electorals.

4. El principal objectiu de l'obertura de dades és:

a) Poder efectuar les eleccions electorals.
b) Realitzar enquestes.
c) Realitzar estadístiques públiques.
d) Posar a disposició de la societat i fer públiques les dades que gestiona l'Administració, de manera que qualsevol persona o organització pugui utilitzar-les.

5. A la Generalitat, es disposa del portal de Dades Obertes?

a) Sí, el portal és el web de l'IDESCAT.
b) Sí, es disposa d'un portal de dades obertes: *http://governobert.gencat.cat/ca/dades_obertes/*.
c) No es disposa d'un portal de dades obertes.
d) El portal és el mateix que el de l'Institut Nacional d'Estadística (INE).

6. Els poders de la Generalitat, s'exerceixen d'acord amb el que s'estableix en:

a) L'Estatut d'Autonomia de Catalunya i en la Constitució.
b) L'Estatut d'Autonomia de Catalunya.
c) Els tractats internacionals dels quals Catalunya forma part
d) Totes són correctes.

7. Quina de les següents és la norma d'aprovació de l'Estatut d'Autonomia de Catalunya?

a) La Llei orgànica 2/1979, de 3 d'octubre.
b) El Reial decret 6 /2006, de 19 de juliol.
c) La Llei orgànica 6 /2006, de 19 de juliol.
d) La Llei 3/1982 de 23, de març.

8. Què significa que l'Estatut d'Autonomia és la norma institucional bàsica de la comunitat autònoma?

a) Que és una llei orgànica.
b) Que regula les normes elementals de convivència al seu àmbit d'aplicació.
c) Que regula les bases de les institucions autonòmiques
d) Que el seu contingut que gaudeix de força legal imperativa.

9. Perquè hi ha un capítol de drets i llibertats dels ciutadans a l'Estatut d'Autonomia de Catalunya?

a) Això no és del tot cert ja que hi ha una remissió al desenvolupament dels drets i llibertats als poders públics de Catalunya en l'àmbit que els pertoca.
b) Perquè la matèria de drets i llibertats dels ciutadans és una competència exclusiva de l'Estat espanyol i la Constitució i per tant l'Estatut està privat de regular aquesta matèria.
c) L'enunciat és incorrecte i l'Estatut d'Autonomia de Catalunya sí que hi ha un reconeixement de drets i llibertats específics al seu Títol I.
d) Cap és correcta.

10. Quina institució de la Generalitat ostenta la representació del poble de Catalunya?

a) El Parlament.
b) El President de la Generalitat.
c) El Govern.
d) Totes són correctes.

11. Qui determina el nombre, la denominació i l'àmbit de competències dels departaments en què s'organitza el Govern de la Generalitat?

a) Ve determinat per l'article 2 de la Llei 13/2008 de la Presidència i del Govern de la Generalitat.
b) Ve determinat per l'article 2 de la Llei 13/1989 d'organització, procediment i règim jurídic de l'Administració de la Generalitat.
c) El Parlament per llei.
d) El President de la Generalitat mitjançant decret.

12. Pel que fa al nomenament i cessament dels consellers:

a) Correspon al President de la Generalitat, mitjançant decret.
b) El nomenament té efectes des de la presa de possessió.
c) El cessament té efectes des de la data del decret en què s'acordi.
d) El cessament no té efectes fins que no és ratificat pel Consell Executiu de la Generalitat.

13. Quina de les següents competències del conseller no és delegable en cap cas?

a) Les que exerceixen per delegació del President o del Govern.
b) L'aprovació de disposicions de caràcter general.
c) Els actes que requereixen l'informe preceptiu de la Comissió Jurídica Assessora.
d) Totes són correctes.

14. Els òrgans que tenen com a funció principal optimitzar al màxim l'estructura territorial de l'administració de la Generalitat són:

a) Les vegueries.
b) Les delegacions territorials del Govern.
c) Els serveis territorials dels departaments del Govern.
d) Les secretaries territorials del Govern.

15. Els Directors Generals dels Departaments són:

a) Comissionats
b) Òrgans Superiors.
c) Alts càrrecs.
d) Cap és correcta.

16. És necessari comparèixer presencialment a les oficines públiques?

a) No, atès que existeix el Dret a no comparèixer presencialment a les oficines públiques, llevat que així ho estableixi una norma amb rang de llei.
b) Sí, sempre.
c) Mai.
d) Només en cas de judici.

17. És necessari presentar documents sempre en un expedient?

a) Existeix el dret a no presentar documents originals llevat que, de manera excepcional, la normativa reguladora aplicable estableixi el contrari.
b) No existeix aquest dret i sempre s'ha de presentar documents.
c) Només no cal presentar documents si el tràmit es electrònics.
d) Cap és correcta.

18. Si s'ha de presentar un document en un expedient que ja es troba en poder de l'Administració, cal tornar-lo a presentar?

a) Sí, sempre cal presentar tota la documentació.
b) No cal presentar dades i documents no exigits per les normes aplicables al procediment de què es tracti quan ja estiguin en poder de les administracions públiques o quan es tracti de documents elaborats per aquestes.
c) Sí, si són documents d'altres administracions.
d) Totes són correctes.

19. El tràmit d'al·legacions és un dret en qualsevol procediment administratiu?

a) Sí, és un dret formular al·legacions, utilitzar els mitjans de defensa admesos per l'ordenament jurídic, i a aportar documents en qualsevol fase del procediment.
b) No, no es poden presentar al·legacions en cap cas.
c) Només es poden presentar al·legacions en tràmits elèctrics.
d) Només es poden presentar al·legacions en fase d'audiència.

20. Estan obligats a relacionar-se a través de mitjans electrònics amb les administracions públiques per a la realització de qualsevol tràmit d'un procediment administratiu (assenyala l'opció INCORRECTA):

a) Les entitats amb personalitat jurídica.
b) Les persones jurídiques.
c) Els qui representin a un interessat que estigui obligat a relacionar-se electrònicament amb l'Administració.
d) Els empleats de les administracions públiques per als tràmits i actuacions que realitzen amb elles per raó de la seva condició d'empleat públic.

21. Assenyala l'afirmació correcta sobre els serveis d'atenció i informació:

a) Es pot obtenir informació i orientació sobre els requisits jurídics o tècnics que les disposicions vigents imposin als projectes, actuacions o sol·licituds que es proposin dur a terme.
b) Es poden demanar serveis d'atenció i escollir, d'entre els mitjans que en cada moment estiguin disponibles, el que els ciutadans volen fer servir per a rebre els serveis d'atenció, informació i orientació, que poden ser l'assistència a oficines presencials, l'atenció telefònica, en la mesura que els criteris de seguretat ho permetin, els mitjans electrònics o altres que siguin tècnicament possibles i econòmicament proporcionals
c) Es pot obtenir serveis d'atenció, informació per a l'exercici i la protecció de llurs drets i interessos, en el compliment de llurs deures i en la redacció de documents administratius.
d) Totes són correctes.

22. Les administracions:

a) Poden establir l'obligació de relacionar-se amb elles a través de mitjans electrònics per a determinats procediments.
b) Poden establir l'obligació de relacionar-se amb elles a través de mitjans electrònics per a certs col·lectius de persones físiques.
c) No poden establir l'obligació de relacionar-se amb elles a través de mitjans electrònics per a determinats procediments ni per a certs col·lectius de persones físiques.
d) Poden establir l'obligació de relacionar-se amb elles a través de mitjans electrònics per a determinats procediments i per a certs col·lectius de persones físiques.

23. La llengua dels procediments tramitats per l'Administració General de l'Estat serà:

a) El castellà.
b) El castellà o qualsevol altra llengua oficial en algun territori de l'Estat.
c) Preferiblement el castellà.
d) Cap és correcta.

24. Els interessats que es dirigeixin als òrgans de l'Administració General de l'Estat amb seu al territori d'una comunitat autònoma:

a) Únicament podran utilitzar el castellà.
b) Únicament podran utilitzar la llengua que sigui cooficial en ella.
c) Podran utilitzar també la llengua que sigui cooficial en ella.
d) Cap és correcta.

25. En els procediments tramitats per les administracions de les comunitats autònomes i de les entitats locals, l'ús de la llengua s'ajustarà al que preveu:

a) La present Llei.
b) La legislació autonòmica corresponent.
c) Aquesta Llei, o sinó, la legislació autonòmica corresponent.
d) La legislació autonòmica corresponent o, sinó, en la present Llei.

26. Què indica l'EBEP al respecte de la reserva de places per a persones amb discapacitat?

a) L'EBEP estableix que en les ofertes d'ocupació pública cal garantir una quota no inferior al 7% de les vacants ofertes, amb l'objectiu d'assolir progressivament el 2% dels efectius totals en cada administració pública.
b) La reserva del mínim del 7% s'ha d'efectuar de manera que, almenys, el 2% de les places ofertes siguin cobertes per persones que acreditin discapacitat intel·lectual, i el 5% restant de les places ofertes siguin cobertes per persones que acreditin qualsevol altre tipus de discapacitat.
c) No indica res al respecte.
d) Són correctes a) i b).

27. Quins són els sistemes de selecció del personal funcionari de la Generalitat de Catalunya?

a) Oposició i, si escau, cursos de formació o fase de prova que determini la convocatòria.
b) Concurs oposició i, si escau, cursos de formació o fase de prova que determini la convocatòria.
c) Concurs.
d) Totes són correctes.

28. Què és la promoció interna a la Generalitat de Catalunya?

a) La promoció interna és un dels drets dels funcionaris i consisteix en l'ascens des de cossos i escales del grup inferior a cossos o escales de grups superiors.
b) Són els concursos oposicions.
c) Equivalen als concursos.
d) Són les oposicions.

29. Com es classifiquen les retribucions del personal funcionari?

a) Retribucions bàsiques i retribucions complementàries.
b) Sou i pagues extra.
c) Triennis.
d) Pagues extraordinàries i triennis.

30. Assenyala l'afirmació correcta pel que fa a la regulació de les incompatibilitats:

a) Les administracions públiques establiran el catàleg d'activitats públiques i privades incompatibles amb l'ocupació d'un lloc de treball en el sector públic.
b) Les administracions públiques establiran el catàleg d'activitats privades incompatibles amb l'ocupació d'un lloc de treball al sector públic, mentre que respecte de les públiques, es regiran pel que disposi la legislació vigent.
c) Correspon al legislador establir els criteris del règim d'incompatibilitats.
d) Cap és correcta.

31. Si nosaltres realitzem una crítica:

a) Cal avergonyir la persona usuària per tal que li quedi clar que s'ha equivocat.
b) Cal expressar amb el màxim de sinceritat el que pensem, i demostrar voluntat per arreglar el problema.
c) Cal evitar qualsevol situació que pugui provocar incomoditat o vergonya a la persona usuària.
d) Són correctes b) i c).

32. En la comunicació verbal:

a) Hem de poder adaptar el nostre discurs al nivell cultural de qualsevol oïdor.
b) Hem de fer ús de tecnicismes i termes legals per demostrar fermesa i seguretat davant el nostre oïdor.
c) Hem de prestar atenció a allò que diem sense tenir en compte el que expressa el nostre oïdor.
d) Cap és correcta.

33. En la comunicació no verbal:

a) La mirada és fonamental.
b) La mirada només és important de cara persones amb dificultats auditives.
c) La mirada no forma part de la comunicació no verbal.
d) La mirada només és important amb persones que no parlen el nostre idioma.

34. Agafar i deixar objectes o manipular papers i estris de taula:

a) Poden ser senyals de desinterès o simplement de nerviosisme.
b) Poden ajudar a crear un ambient distès.
c) Poden ser senyals de control de la situació.
d) Poden ser senyals de proximitat.

35. En els serveis d'informació, la veritat (no de la informació donada sinó del que ha passat en la relació informant–informat):

a) És el que diu el personal de l'OAC.
b) És el que percep la persona usuària.
c) És el que diu la persona usuària.
d) És el que percep el personal de l'OAC.

36. Què és el codi segur de verificació (CSV)?

a) És un codi que podem trobar en els documents; una referència unívoca que permet accedir al mateix document en format electrònic per verificar-ne la seva autenticitat.
b) És un codi que es troba en els documents registrats i que permet visionar-los online per verificar la seva autenticitat.
c) És un codi que es troba en els expedients i que permet accedir al contingut d'aquests des de la carpeta del ciutadà.
d) És un codi que identifica el tipus documental de l'arxiu i la unitat que el gestiona.

37. D'acord amb el que estableix la Llei 39/2015, d'1 d'octubre, del procediment administratiu comú de les administracions públiques i amb caràcter general, quins efectes tenen les còpies autèntiques?

a) Les còpies autèntiques tenen efectes en el procediment administratiu on es creïn.
b) Les còpies autèntiques tenen validesa a la resta d'administracions públiques que tinguin conveni de cooperació.
c) Les còpies autèntiques de documents privats únicament tenen efectes administratius. Les còpies autèntiques efectuades per una Administració pública tenen validesa a la resta d'administracions.
d) Les còpies autèntiques efectuades per una Administració pública únicament tenen efectes administratius. Les còpies autèntiques de documents privats tenen validesa a la resta d'administracions.

38. La compulsa electrònica:

a) Acredita l'autenticitat del document original.
b) Acredita la coincidència entre la còpia efectuada i el document original aportat.
c) Es pot fer a les unitats destinatàries del document o al registre d'entrada.
d) No comporta un canvi de format.

39. Què són les metadades?

a) És la informació que es desa automàticament quan crees una biblioteca de documents.
b) És un concepte que va crear la Llei 39/2015 i que correspon al conjunt d'atributs o elements que permeten descriure completament el recurs al qual acompanyen.
c) Són les dades bàsiques dels documents electrònics: el nom de l'arxiu, la data de creació i l'autor.
d) Són les dades que descriuen el context, el contingut i l'estructura dels documents i la gestió d'aquests en el decurs del temps.

40. Quin procediment previ cal dur a terme per a l'emissió d'una còpia autèntica d'un document en paper?

a) L'escaneig del document.
b) La compulsa electrònica.
c) La creació d'un nou document electrònic.
d) La digitalització del document.

41. Entre les facultats dels Delegats de prevenció hi ha:

a) Acompanyar als Inspectors de Treball quan inspeccionin l'empresa.
b) Formar-se en matèria de prevenció de riscos laborals durant un any.
c) Prendre's dos dies d'assumptes propis a l'any per a compensar el temps dedicat al seu càrrec.
d) Totes són correctes.

42. Els Delegats de Prevenció, per a complir de manera eficaç amb les seves obligacions, poden:

a) Tenir accés a determinades informacions de tipus confidencial.
b) Vigilar i controlar l'estat de les condicions de treball.
c) Exigir a l'empresa l'adopció de determinades mesures de prevenció.
d) Totes són correctes.

43. El Comitè de Seguretat i Salut és propi d'empreses de:

a) 50 treballadors.
b) 100 treballadors
c) 500 treballadors.
d) 10 treballadors.

44. El Comitè de Seguretat i Salut per a desenvolupar les seves funcions:

a) Té un delegat en cada centre de treball.
b) Visita els centres de treball.
c) Pot demanar informes als ocupadors.
d) Totes són correctes.

45. Quan conviuen diverses empreses en el mateix centre de treball:

a) Cadascuna d'elles té la seva pròpia normativa de prevenció de riscos laborals.
b) Es dóna una normativa de prevenció comuna a totes elles.
c) Hi ha un empresari titular que informa i dóna les instruccions necessàries per a l'aplicació de la normativa en totes les empreses.
d) Als treballadors autònoms i al personal subcontractat no els serà aplicable la normativa de prevenció de riscos laborals.

46. Quan el personal no està davant del seu ordinador és millor:

a) Apagar els ordinadors.
b) Apagar les pantalles dels ordinadors.
c) Posar els dispositius en mode d'estalvi d'energia.
d) Utilitzar els screen saves.

47. Les màquines de fax tenen un mode d'estalvi d'energia?

a) Sí, els models EnergyStar.
b) No, és una tecnologia massa antiga per a ser sostenible.
c) Sí, avui dia tots els fax.
d) No, el fax només consumeix energia quan envia documents.

48. Les bones pràctiques en l'eficiència de l'ús del paper ha d'imposar-les:

a) La Direcció de l'empresa.
b) Els treballadors de l'empresa.
c) Els Sindicats i Delegats de personal.
d) Totes són correctes.

49. Calcular el nombre de fotocòpies, és una bona manera d'estalviar en paper?

a) Sí.
b) No.
c) Dependrà de l'activitat de l'empresa.
d) No, si la fotocopiadora és antiga.

50. Amb l'objectiu d'estalviar paper s'ha de:

a) Fotocopiar a doble cara.
b) Usar paper reciclat.
c) Reduir la grandària de la imatge.
d) Totes són correctes.

Test d'Examen 2

1. Són característiques de les dades obertes:

a) Són obertes per defecte.
b) Actualitzades i comprensibles.
c) Accessibles i fàcils d'utilitzar.
d) Totes són correctes.

2. Pel que fa a la carta de serveis:

a) Explica les funcions d'una Administració Pública.
b) Explica la normativa d'una Administració Pública
c) Explica les competències d'una Administració Pública.
d) És un instrument de millora de la qualitat.

3. De què informen les cartes de serveis?

a) Dels horaris de les Administracions públiques.
b) Informen públicament als ciutadans sobre els serveis que gestionen i sobre els compromisos de qualitat en la seva prestació.
c) Dels portals webs de les Administracions públiques.
d) Del marc normatiu de les administracions públiques.

4. Les cartes de serveis estan recollides en alguna norma d'àmbit autonòmic a Catalunya?

a) No, en cap norma.
b) Sí, a l'article 59 de la Llei 19/2014 de la Transparència es planteja el contingut de les cartes.
c) Sí, a la llei espanyola 13/2019.
d) Sí, a la Llei orgànica 3/2018, de 5 de desembre, de Protecció de Dades Personals i garantia dels drets digitals.

5. A quina norma es recull el dret de formular propostes i suggeriments?

a) A l'article 61 de la Llei 19/2014, de 29 de desembre, de transparència, accés a la informació pública i bon govern.
b) A la Llei 26/2010, de 3 d'agost, de règim jurídic i procediment de les administracions públiques de Catalunya.
c) A la Llei 16/2015, del 21 de juliol, de simplificació de l'activitat administrativa de l'Administració de la Generalitat i dels governs locals de Catalunya i d'impuls de l'activitat econòmica.
d) A la Llei 39/2015, d'1 d'octubre, del procediment administratiu comú de les administracions públiques.

6. L'Estatut atribueix l'exercici de la potestat reglamentària a:

a) El Parlament i el Govern.
b) El President de la Generalitat, els Consellers i el Govern.
c) El Parlament.
d) El Govern de la Generalitat.

7. A qui correspon la direcció de l'acció política del Govern?

a) Al Parlament.
b) A cada Conseller en l'àmbit de les competències de llur departament.
c) Al President de la Generalitat.
d) Al Parlament i al Govern.

8. Qui convoca les eleccions dels membres del Parlament de Catalunya?

a) El Govern de la Nació, mitjançant reial decret.
b) El Govern de la Generalitat, mitjançant decret.
c) El President del Parlament.
d) El President de la Generalitat, quinze dies abans del finiment de la legislatura.

9. El President de la Generalitat és nomenat per:

a) El President del Parlament.
b) Reial decret del Govern de l'Estat.
c) El Rei, referendat pel President del Parlament.
d) El Rei, referendat pel President del govern de l'Estat.

10. El President de la Generalitat ostenta:

a) La més alta representació de l'Estat a Catalunya.
b) La més alta representació del Govern a Catalunya.
c) La més alta representació de la Generalitat.
d) Totes són correctes.

11. La Comissió Jurídica Assessora és:

a) Un alt càrrec.
b) Un comissionat.
c) Un òrgan consultiu.
d) Un òrgan superior.

12. El Consell Tècnic és:

a) Un alt càrrec.
b) Un comissionat.
c) Un òrgan col·legiat.
d) Un òrgan superior.

13. El Consell de Treball, Econòmic i Social és:

a) Un alt càrrec.
b) Un comissionat.
c) Un òrgan consultiu.
d) Un òrgan superior.

14. L'Administració instrumental, segons la Llei 4/1985, de 29 de març, de l'Estatut de l'Empresa Pública Catalana, està composada per:

a) Organismes autònoms de caràcter administratiu.
b) Entitats autònomes de caràcter comercial, industrial financer.
c) Empreses de la Generalitat: entitats de dret públic sotmeses al dret privat, societats civils o mercantils amb participació majoritària de la Generalitat.
d) Totes són correctes .

15. Per quin d'aquests principis es regeix el sistema educatiu segons la Llei 12/2009, del 10 de juliol, d'educació?

a) La formació integral de les capacitats intel·lectuals, ètiques, físiques, emocionals i socials dels alumnes que els permeti el ple desenvolupament de la personalitat, amb un ensenyament de base científica, que ha d'ésser laic, d'acord amb l'Estatut, en els centres públics i en els centres privats en què ho determini llur caràcter propi.
b) La vinculació entre pensament, emoció i acció que contribueixi a un bon aprenentatge i condueixi els alumnes a la maduresa i la satisfacció personals.
c) La capacitació cultural, científica i tècnica que permeti als alumnes la plena integració social i laboral.
d) Totes són correctes.

16. Es pot ser assistit d'un assessor quan ho considerin convenient en els ciutadans en defensa dels seus interessos?

a) Sí .
b) No.
c) Mai.
d) Cap és correcta.

17. Si en una resolució no s'identifiquen bé els termes de la mateixa, què es pot fer?

a) No es pot interposar cap recurs.
b) No es pot exercir cap dret.
c) Es pot tramitar un contenciós administratiu.
d) Es pot interposar un recurs sol·licitant el dret a obtenir decisions administratives motivades en els supòsits legalment establerts.

18. Cal notificar les resolucions?

a) Sí, cal realitzar les resolucions de forma expressa i notificar-les.
b) No cal, s'aplica el silenci administratiu.
c) En cap cas cal una resolució.
d) S'han de fer resolucions però no notificar-les.

19. Si en una convocatòria de subvencions es sol·liciten documents que ja es troben en poder de la Generalitat, es pot efectuar un recurs al respecte?

a) Es pot demanar dret d'accés.
b) Sí, es pot interposar un recurs a la convocatòria de les subvencions per sol·licitar tràmits desproporcionats.
c) No es pot interposar recurs.
d) Es pot demanar tràmit d'audiència.

20. En el pagament d'una taxa universitària en la qual no existeix el pagament telemàtic, es pot demanar que s'instauri?

a) Sí, és obligatori posar a disposició el pagament telemàtic atès que és un dret.
b) No es pot demanar el pagament telemàtic.
c) Només és obligatori el pagament en metàl·lic.
d) Cap és correcta.

21. Quin òrgan haurà de mantenir un arxiu electrònic únic dels documents electrònics que corresponguin a procediments finalitzats?

a) L'Administració General de l'Estat.
b) L'Administració General de l'Estat i les administracions de les comunitats autònomes.
c) Les entitats que integren l'Administració local.
d) Cada Administració.

22. Els documents electrònics s'han de conservar en un format que permeti (assenyala l'opció INCORRECTA):

a) Garantir l'autenticitat del document.
b) Garantir la integritat del document.
c) Garantir la conservació del document.
d) La seva consulta fins a transcorreguts deu anys des de la seva emissió.

23. L'eliminació dels documents electrònics:

a) Haurà de ser autoritzada d'acord amb el que disposa la normativa aplicable.
b) Es realitzarà d'ofici transcorreguts 20 anys.
c) Requerirà resolució judicial.
d) No serà possible en cap cas.

24. L'Administració està obligada a dictar resolució expressa i a notificar-la en tots els procediments:

a) Iniciats a sol·licitud de l'interessat.
b) Sigui quina sigui la forma d'iniciació.
c) Llevat caducitat de procediment o desistiment de la sol·licitud.
d) Excepte en els casos de prescripció o renúncia del dret.

25. Els mitjans o suports en què s'emmagatzemin documents han d'assegurar:

a) La identificació dels usuaris.
b) El control d'accessos.
c) El compliment de les garanties previstes en la legislació de protecció de dades.
d) Totes són correctes.

26. El règim d'incompatibilitats és el règim jurídic en virtut del qual tot el personal que presta els seus serveis a l'administració pública, ja sigui funcionari o personal laboral, té prohibit exercir cap altra activitat professional o lucrativa, ja sigui al sector públic com al sector privat, llevat dels casos en què la llei ho permeti. Assenyala l'afirmació correcta respecte als principis generals:

a) Es considera activitat al sector públic la desenvolupada pels membres electius de les assemblees legislatives de les comunitats autònomes i de les corporacions locals.
b) Es considera activitat al sector públic la desenvolupada pels alts càrrecs i la resta de personal dels òrgans constitucionals i de totes les administracions públiques, inclosa l'Administració de Justícia.
c) Es considera activitat al sector públic la desenvolupada pels alts càrrecs i la resta de personal dels òrgans constitucionals i de totes les administracions públiques, i dels Ens, organisme i empreses que en depenen, entenent compreses les Entitats col·laboradores i les concertades de la Seguretat Social en la prestació sanitària.
d) Totes són correctes.

27. És una regla fonamental sobre incompatibilitats:

a) No ocupar més d'un lloc de treball en el sector públic, amb excepcions derivades de les necessitats del propi servei.
b) No percebre més d'una remuneració amb càrrec als pressupostos públics.
c) Prohibició de desenvolupar qualsevol tasca que pugui impedir el compliment dels seus deures o posar en perill la seva imparcialitat.
d) Totes són correctes.

28. Què inclou el règim disciplinari?

a) El règim disciplinari és el conjunt de normes i procediments aplicats per exigir responsabilitat administrativa per la comissió o l'omissió de fets i conductes constitutius d'una falta.
b) El règim disciplinari és el conjunt de normes i procediments aplicats per exigir responsabilitat econòmica per la comissió o l'omissió de fets i conductes constitutius d'una falta.
c) El règim disciplinari és el conjunt de normes i procediments aplicats per exigir responsabilitat administrativa per la comissió o l'omissió de fets i conductes constitutius d'un delicte.
d) Són correctes b) i c).

29. En quina norma vénen reflectits els principis de conducta dels funcionaris?

a) En el Decret legislatiu 1/1997, de 31 d'octubre, pel qual s'aprova la refosa en un text únic dels preceptes de determinats textos legals vigents a Catalunya en matèria de funció pública.
b) En la Constitució Espanyola.
c) En l'Estatut d'Autonomia de Catalunya.
d) En Reial decret legislatiu 5/2015, de 30 d'octubre, pel qual s'aprova el text refós de la Llei de l'estatut bàsic de l'empleat públic.

30. Quines competències té la Generalitat de Catalunya en matèria de polítiques de gènere?

a) La planificació, el disseny, l'execució, l'avaluació i el control de normes, plans i directrius generals en matèria de polítiques per a la dona, i també l'establiment d'accions positives per a aconseguir eradicar la discriminació per raó de sexe que s'hagin d'executar amb caràcter unitari per a tot el territori de Catalunya.
b) La promoció de l'associacionisme de dones que acompleixen activitats relacionades amb la igualtat i la no-discriminació i de les iniciatives de participació.
c) La regulació de les mesures i els instruments per a la sensibilització sobre la violència de gènere i per a detectar-la i prevenir-la, i també la regulació de serveis i recursos propis destinats a aconseguir una protecció integral de les dones que han patit o pateixen aquest tipus de violència.
d) Totes són correctes.

31. En l'atenció telefònica:

a) Hem de donar dades de caràcter personal si ens ho sol·licita el nostre interlocutor.
b) Hem de donar dades de caràcter personal si ens ho sol·licita el nostre interlocutor només si s'identifica amb el número del seu DNI.
c) Hem de donar dades de caràcter personal si ens ho sol·licita el nostre interlocutor només si s'identifica amb el número de registre del seu tràmit.
d) Mai hem de donar dades de caràcter personal.

32. Referent a les oficines d'atenció ciutadana:

a) N'hi ha que ofereixen informació generalista i d'altres que incorporen el nou model d'atenció integrada.
b) Només existeixen les que ofereixen informació generalista.
c) Les oficines d'atenció ciutadana de la Generalitat de Catalunya a Girona i a les Terres de l'Ebre (Tortosa) incorporen actualment el model d'atenció
d) Són correctes a) i c).

33. La norma que regula les oficines d'atenció ciutadana és:

a) El Decret 266/2001, de 9 d'octubre, pel qual s'estableixen la creació, l'organització i les funcions de les oficines d'atenció ciutadana.
b) El Decret 232/2013, de 15 d'octubre, pel qual es crea la Seu electrònica.
c) La Llei 39/2015, d'1 d'octubre, del procediment administratiu comú de les administracions públiques.
d) Cap és correcta.

34. Una de les funcions de les oficines d'atenció ciutadana és:

a) Informar a la ciutadania sobre els serveis i l'organització de la Generalitat de Catalunya.
b) Informar les entitats sobre els serveis i l'organització de la Generalitat de Catalunya.
c) Són correctes a) i b).
d) Cap és correcta.

35. En cas de crítiques i, si la responsabilitat és nostra:

a) Cal assumir l'error.
b) Cal assumir l'error només si ens ho indica el/la nostre/a superior jeràrquic/a.
c) Mai s'ha d'assumir l'error, ja que denota flaquesa.
d) Totes són correctes.

36. Quina eina cal utilitzar per a les trameses de documents entre persones de diferents unitats d'un departament de la Generalitat de Catalunya quan calgui constància fefaent de l'enviament?

a) El correu electrònic.
b) L'eNotum.
c) L'eValisa.
d) El S@rcat.

37. Pel que fa a l'usuari visualitzador de l'eValisa:

a) A efectes legals, el visualitzador rep la valisa de la mateixa manera que el receptor.
b) Cada valisa pot incloure un visualitzador que accedirà al contingut d'aquesta.
c) El visualitzador no pot retornar una valisa.
d) Quan el visualitzador llegeix la valisa, l'emissor rep un correu d'avís.

38. Si parlem del certificat digital:

a) Permet a la ciutadania no aportar aquella documentació que està en poder d'altres administracions.
b) És un codi d'identificació personal que permet operar exclusivament amb l'Administració de la Generalitat per fer ús dels serveis electrònics que aquesta presta.
c) És un document electrònic que conté els expedients digitals del personal de les administracions públiques.
d) És un sistema d'acreditació que permet a les parts tenir confiança en les transaccions a Internet.

39. L'ús del certificat digital garanteix, entre d'altres, les funcions següents:

a) Un valor legal superior, en relació amb els documents manuscrits.
b) La identificació de l'emissor/a i la integritat de la transacció.
c) La multicanalitat en les relacions entre l'Administració i la ciutadania.
d) L'anonimat de l'emissor/a.

40. Què és la signatura electrònica?

a) És la nostra signatura sobre paper escanejada.
b) És un conjunt de dades algorítmiques.
c) És el nostre nom quan signem un document.
d) És la imatge que es mostra en els documents signats electrònicament.

41. En relació amb els drets dels treballadors en matèria de prevenció de riscos laborals:

a) Tenen dret a ser consultats per l'empresari en tot allò nou que implementi i els afecti.
b) Tenen dret al fet que se'ls consulti sobre el seu desenvolupament.
c) Tenen dret a decidir quins treballadors seran els designats per a les situacions d'emergència.
d) Totes són correctes.

42. És obligació del treballador en matèria de prevenció de riscos laborals:

a) Conèixer i complir les normes establertes.
b) Cooperar en el salvament de vides humanes en cas d'accident.
c) Fer un bon ús de la maquinària a la seva disposició.
d) Totes són correctes.

43. El pànic col·lectiu és una emergència?

a) No.
b) Sí.
c) Sí, si existeix a més risc de pèrdues humanes.
d) No, perquè no és una catàstrofe natural.

44. Els Plans d'Emergència contemplen l'atenció a ferits?

a) Sí.
b) No.
c) Únicament si aquests són treballadors de l'empresa.
d) No, només tenen un caràcter preventiu.

45. El contingut d'un Pla d'Emergència suposa:

a) Una identificació de les amenaces.
b) Una anàlisi de vulnerabilitat.
c) Un inventari dels recursos que es poden utilitzar.
d) Totes són correctes.

46. Per a estalviar paper en les impressions:

a) Es pot imprimir dues cares en una sola cara del paper.
b) És millor treballar amb tauletes.
c) És millor imprimir tots els esborranys necessaris.
d) Cap és correcta.

47. El manual d'instruccions de la fotocopiadora és millor guardar-lo:

a) En un calaix amb clau.
b) Al costat de cada fotocopiadora.
c) Que ho tingui la Direcció de l'empresa en el seu despatx.
d) Totes són correctes.

48. L'ordre de reutilitzar el paper es pot aplicar a:

a) Totes les persones de l'empresa.
b) La Direcció de l'empresa.
c) Els treballadors de l'empresa.
d) Els bidells de l'entrada.

49. Un bon sistema per a estalviar en paper és:

a) Utilitzar intranet.
b) Utilitzar Google.
c) Utilitzar a companys com a ordinaris.
d) Utilitzar la megafonia de l'empresa.

50. L'empresa pot subscriure's a revistes especialitzades:

a) En format digital.
b) En paper per a poder-les compartir a la biblioteca.
c) Cada treballador subscriurà les seves.
d) Són correctes a) i b).

Test d'Examen 3

1. La carta de serveis es concreta en algun instrument?

a) En un o més documents amb informació d'utilitat per a les persones usuàries.
b) No, la carta de serveis no es concreta en cap document.
c) En el portal de transparència.
d) En un reglament.

2. El recull dels compromisos d'informació, atenció, tramitació i resolució amb què l'Administració gestiona el servei, es denomina:

a) Cartes de serveis.
b) Reglaments.
c) Model de qualitat.
d) Catàleg de serveis.

3. Els estàndards de qualitat fan referència a:

a) El catàleg de serveis.
b) Les queixes ciutadanes.
c) Els nivells de prestació desitjables que hauria d'assolir un servei.
d) La normativa del servei amb carta de serveis.

4. Quan es tracta d'assegurar que els usuaris dels serveis públics tinguin el que necessiten, estem parlant d'un servei públic de:

a) Qualitat.
b) Eficient.
c) Legal.
d) Eficaç.

5. La gestió d'una organització pública dirigida a l'assoliment dels objectius que li són propis i que han estat establerts com a objectius clau, es denomina:

a) Organització orientada als processos.
b) Organització Política.
c) Organització burocràtica.
d) Organització orientada vers als resultats.

6. De les següents funcions, correspon al President de la Generalitat:

a) Sancionar, promulgar i ordenar la publicació de les lleis del Parlament.
b) Expedir els decrets que dicti el Govern.
c) Ordenar la publicació en el DOGC i al BOE del nomenament del President del Tribunal Superior de Justícia de Catalunya.
d) Nomenar i ordenar la publicació del nomenament del Síndic de Greuges.

7. Els membres del Parlament són:

a) Inviolables pels vots i les opinions que emetin en l'exercici de llur càrrec.
b) Elegits pel President de la Generalitat de Catalunya.
c) D'una Cambra i una Mesa.
d) Són correctes b) i c).

8. Quines institucions integren la Generalitat de Catalunya?

a) La Generalitat està integrada pel Parlament, la Presidència de la Generalitat, el Govern i les altres institucions que estableix el capítol V del Títol II.
b) La Generalitat està integrada pel Parlament i la Presidència de la Generalitat.
c) La Generalitat està integrada per la Presidència de la Generalitat, i el Govern.
d) Cap és correcta.

9. El Poder judicial es diferencia d'altres poders, com:

a) La Corona.
b) El Poder legislatiu i el Poder Executiu.
c) El Tribunal Constitucional.
d) El Tribunal de Comptes.

10. El poder judicial a Catalunya està inclòs en algun Títol de l'Estatut d'Autonomia Catalunya?

a) No.
b) Sí, en el Títol II de les Institucions.
c) Sí, en el Títol I dels drets, deures i principis rectors.
d) Sí, en el Títol III, del poder judicial a Catalunya.

11. El sistema educatiu català estableix l'obligatorietat d'escolarització de tot l'alumnat fins als:

a) 18 anys.
b) 16 anys .
c) 14 anys.
d) 5 anys.

12. Quina és la franja d'edat de l'educació primària?

a) L'Educació Primària comprèn tres cicles entre els 6 i els 12 anys.
b) L'Educació primària abraça dos cicles fins als 6 anys.
c) L'Educació primària inclou dos cicles entre els 12 i els 16 anys.
d) Cap és correcta.

13. L'educació secundària, és obligatòria?

a) L'Educació secundària és obligatòria i comprèn tres cicles entre els 6 i els 12 anys.
b) L'Educació Secundària Obligatòria (ESO) és obligatòria i inclou dos cicles entre els 12 i els 16 anys.
c) L'Educació secundària NO és obligatòria i abraça dos cicles fins als 6 anys.
d) Cap és correcta.

14. El català és la llengua normalment emprada com a llengua vehicular i d'aprenentatge del sistema educatiu?

a) Sí.
b) No.
c) No, ho són el català, el castellà i l'aranès.
d) Són correctes a) i c).

15. És un deure dels alumnes:

a) Assistir a classe.
b) Participar en les activitats educatives del centre.
c) Esforçar-se en l'aprenentatge i en el desenvolupament de les capacitats personals
d) Totes les opcions són deures i són correctes.

16. Què és el procediment administratiu?

a) Un expedient.
b) Un tràmit.
c) Una resolució.
d) Totes són correctes.

17. Es pot sol·licitar l'accés a dades dels expedients de renda garantida?

a) Sí, l'accés a les dades d'aquests expedients no contenen dades sensibles.
b) No es pot demanar l'accés si no ets persona interessada, atès que poden tenir dades considerades sensibles.
c) Només en el tràmit d'exposició pública.
d) Només en el tràmit electrònic.

18. Qui pot presentar una sol·licitud de dret d'accés?

a) Qualsevol persona més gran de setze anys.
b) Qualsevol persona en interès propi.
c) Qualsevol persona en representació d'una entitat.
d) Totes són correctes.

19. Es pot denegar el dret d'accés a la informació pública?

a) Només pot ser denegat o restringit per les causes expressament establertes per les lleis.
b) No es pot denegar.
c) Sí, sempre.
d) Cap és correcta.

20. Es pot limitar l'accés a informació pública, si comporta un perjudici als drets d'un menor?

a) No, no existeix cap límit.
b) Sí, està establert en la Llei 19/2014, de 29 de desembre, de transparència, accés a la informació pública i bon govern.
c) En termes generals, no, només en casos excepcionals.
d) Cap és correcta.

21. Pel que fa a la compareixença de les persones davant les oficines públiques:

a) Només serà obligatòria presencialment quan així estigui previst en una norma reglamentària.
b) Només serà obligatòria quan així estigui previst en una norma amb rang de llei, ja sigui presencialment o per mitjans electrònics.
c) Només serà obligatòria presencialment quan així estigui previst en una norma amb rang de llei.
d) Sigui presencialment o per mitjans electrònics, només serà obligatòria quan així estigui previst en una norma reglamentària.

22. En els casos en què sigui procedent la compareixença, la corresponent citació ha de fer constar expressament (assenyala l'opció INCORRECTA):

a) El lloc, data, hora.
b) Els mitjans disponibles.
c) L'objecte de la compareixença.
d) Els efectes d'atendre-la.

23. Les administracions públiques han de lliurar a l'interessat un certificat acreditatiu de la compareixença?

a) Sí, en tot cas.
b) No, en cap cas.
c) Quan l'interessat ho sol·liciti.
d) Quan l'Administració ho consideri convenient.

24. Els departaments estan obligats a disposar d'un Registre General?

a) Sí, tots els departaments.
b) No, només les conselleries.
c) Només la Presidència de la Generalitat.
d) Cap és correcta.

25. Quins tipus d'arxius existeixen a la Generalitat de Catalunya?

a) Arxius de gestió.
b) Arxius centrals administratius.
c) Arxius històrics.
d) Totes són correctes.

26. Quin és l'objectiu del Pla d'Igualtat d'oportunitats entre dones i homes de l'Administració de la Generalitat de Catalunya?

a) El règim disciplinari entre homes i dones en l'àmbit laboral.
b) El règim d'incompatibilitat discriminant entre homes i dones.
c) El règim d'atribucions discriminant entre homes i dones.
d) L'aplicació efectiva del principi d'igualtat de tracte d'oportunitats de dones i homes i eliminar la discriminació per raó de sexe amb relació a l'accés al treball remunerat, al salari, a la formació, a la promoció professional i a la resta de condicions de treball.

27. La llei estatal 26/2015 de modificació del sistema de protecció a la infància i l'adolescència, quins requisits ha aprovat?

a) Requisits d'accés i d'exercici de professions i activitats que impliquin tracte amb menors d'edat.
b) Els requisits d'homes i dones en la realització d'activitats amb joves.
c) Els requisits dels joves per accedir a les activitats públiques.
d) Són correctes b) i c).

28. Quin/s és/són dret/s individual/s dels funcionaris?

a) Dret a la inamovibilitat en la condició de funcionari de carrera.
b) Dreta a l'exercici efectiu de les funcions o tasques pròpies de la seva condició professional i d'acord amb la progressió assolida en la seva carrera professional.
c) Dret a la progressió en la carrera professional i promoció interna segons principis constitucionals d'igualtat, mèrit i capacitat mitjançant la implantació de sistemes objectius i transparents d'avaluació.
d) Totes són correctes.

29. Quin dels següents és un dret individual exercit col·lectivament?

a) La negociació col·lectiva.
b) Les vacances.
c) Els triennis.
d) Les pagues extres.

30. Quin dels següents no és un dret del funcionari públic?

a) Conèixer el seu expedient individual i accedir-hi lliurement Optar a possibilitats de carrera administrativa i de promoció interna si compleix els requisits exigits
b) Complir estricta, imparcialment i eficaçment les obligacions pròpies del seu lloc de treball.
c) A les prestacions de la Seguretat Social corresponents al règim que els sigui aplicable.
d) Cap és correcta.

31. En l'atenció telefònica:

a) El nostre interlocutor s'ha d'identificar sempre amb el seu nom i cognoms.
b) El nostre interlocutor s'ha d'identificar amb el seu nom i cognoms sempre que necessiti rebre informació personal.
c) El nostre interlocutor s'ha d'identificar amb el seu nom i cognoms sempre que actuï en nom d'una altra persona.
d) El nostre interlocutor no cal que s'identifiqui.

32. En l'atenció presencial:

a) Si la informació que demana la persona usuària és de caràcter general, no caldrà que s'identifiqui.
b) Si la informació que demana la persona usuària és de caràcter personal caldrà que s'identifiqui.
c) Són correctes a) i b).
d) La persona usuària cal que s'identifiqui tant per rebre informació general com de caràcter personal.

33. L'atenció personalitzada:

a) Consisteix en una manera d'atenció en què cada persona és atesa de manera singular i individualitzada.
b) Consisteix en una manera d'atenció en què cada persona és atesa pel seu nom en tot moment.
c) Consisteix en una manera d'atenció en què cada persona és sempre pel mateix treballador de l'administració.
d) Consisteix en una manera d'atenció adreçada a persones que presenten dificultats sensorials.

34. La qualitat dels serveis i més concretament de l'atenció al ciutadà/ana es mesura per:

a) La quantitat d'usuaris que s'atenen presencialment.
b) La quantitat d'usuaris que s'atenen telefònicament.
c) El grau de satisfacció.
d) Són correctes a) i b).

35. Si rebem una crítica que no és certa:

a) Cal utilitzar la tècnica del "disc ratllat".
b) Cal utilitzar la tècnica del "banc de boira".
c) Cal utilitzar la tècnica del "no sap/no contesta".
d) Cap és correcta.

36. La signatura electrònica té, respecte de les dades consignades en forma electrònica:

a) La mateixa validesa que la signatura escrita sempre que s'acompanyi d'una declaració responsable.
b) El mateix valor que la signatura escrita en relació amb les dades consignades en paper.
c) Inferior valor que la signatura escrita en relació amb les dades consignades en paper.
d) Només efectes a Catalunya.

37. Quina és la diferència entre certificat digital i signatura electrònica?

a) La signatura electrònica és el conjunt de dades en forma electrònica que poden ser utilitzades com a mitjà d'identificació de la persona signant. En canvi, un certificat electrònic és un document signat electrònicament per un prestador de serveis de certificació que verifica la signatura i confirma la identitat de la persona.
b) Són sinònims i es poden utilitzar indistintament.
c) Són sinònims, amb la diferència que la signatura electrònica únicament la utilitzen les persones físiques i el certificat digital, en canvi, únicament les persones jurídiques.
d) El certificat digital no permet identificar la persona però la signatura electrònica sí.

38. En l'àmbit de l'administració electrònica, l'idCAT és:

a) Un codi d'identificació personal que permet operar exclusivament amb l'Administració de la Generalitat per fer ús dels serveis electrònics que aquesta presta.
b) Una targeta que conté els certificats digitals del personal de les administracions públiques.
c) Un certificat que s'utilitza en aplicacions que requereixen la identificació i/o signatura electrònica i que vincula una persona física a una organització, cosa que li permetrà dur a terme certs tràmits en nom d'aquesta.
d) Un identificador digital per a la ciutadania que permet operar amb diferents administracions i, a més, assegura la integritat de les dades que s'envien.

39. En quina de les següents accions les administracions públiques no requeriran l'ús obligatori de signatura?

a) Desistir d'accions.
b) Interposar recursos.
c) Presentar declaracions responsables o comunicacions.
d) Respondre a una citació.

40. Quants anys has de tenir per poder obtenir un idCAT Mòbil?

a) Més de 14 anys.
b) Més de 16 anys.
c) Més de 17 anys.
d) Més de 18 anys.

41. Els Plans d'Emergència contemplen l'amenaça de bomba?

a) Sí.
b) No.
c) Sí, i aconsellen telefonar al 112.
d) No, en cap cas, per ser una amenaça improbable en un centre de treball.

42. Els Plans d'Evacuació:

a) Són documents escrits.
b) Són documents teòrics.
c) Són documents amb plans.
d) Són documents públics.

43. En la redacció d'un Pla d'Evacuació s'ha/s'han d'identificar:

a) Els diferents espais de l'empresa.
b) L'empresa, sempre.
c) Les diferents instal·lacions de protecció.
d) Totes les identificacions són necessàries.

44. Entre les mesures contemplades en un Pla d'Emergència hi ha:

a) Les mesures pensades per a les persones amb mobilitat reduïda.
b) Tancar les claus de gas i d'electricitat.
c) Recollir els efectes personals de cada treballador abans d'evacuar-lo.
d) Són correctes a) i b).

45. En els casos en què es produeix una situació d'emergència que requereix evacuació intervenen:

a) El Cap d'Emergència.
b) El Equips de Primera Intervenció
c) Centri de Control i Comunicacions.
d) Totes són correctes.

46. En les empreses hi ha d'haver un responsable de publicacions?

a) Sí.
b) No.
c) Sí, i ha d'estar al dia de totes les publicacions del sector.
d) No, en cap cas ningú ha de llegir totes les revistes.

47. Per gestionar adequadament els residus, és necessari:

a) Doblegar el paper abans de tirar-lo.
b) Arrugar el paper abans de tirar-lo.
c) Passar el paper per la trituradora de paper abans de tirar-lo.
d) Apilar el paper abans de tirar-lo.

48. Les piles:

a) S'han de tirar al contenidor de plàstic.
b) S'han de tirar al contenidor de cristall
c) S'han de tirar al contenidor de piles.
d) Mai cal tirar-les.

49. Qui s'ha d'ocupar d'estalviar aigua en l'empresa?

a) La Direcció de l'empresa.
b) Tots els treballadors de l'empresa.
c) Els Sindicats de l'empresa.
d) La persona responsable del manteniment en l'empresa.

50. Únicament en les empreses sense terrasses:

a) Es pot utilitzar el vàter com a cendrer.
b) Es pot utilitzar el vàter com a paperera.
c) Es pot utilitzar el vàter per a tirar menjar.
d) Cap és correcta.

Tests d'Examen

Solucions

Test d'Examen 1

1. ***a)*** *L'avaluació dels serveis d'atenció.* ***(Tema 1)***

   L'avaluació dels serveis d'atenció és l'instrument per mesurar l'impacte que tenen sobre el conjunt de la ciutadania i per reorientar-los si cal, entre ells les enquestes és un dels sistemes més emprats per l'avaluació (articles 9.1.j) 12.1. de la Llei 19/2014, del 29 de desembre).

2. ***a)*** *És la necessitat d'orientar totes les activitats de l'organització a la recerca de la satisfacció plena dels ciutadans.* ***(Tema 1)***

   En parlar de qualitat en els serveis públics ens estarem referint a aquest procés continu de millora de l'actuació administrativa, que permeti: Una adaptació constant a les necessitats del ciutadà; La detecció dels problemes de gestió i la recerca de solucions; La prevenció d'errors en totes les àrees funcionals de l'organització; La participació del personal en la recerca d'errors en l'actuació i en el disseny d'estratègies de millora; La implantació d'un sistema de control que permeti el seguiment del funcionament administratiu.

3. ***a)*** *Són conjunts de dades produïdes o recopilades per organismes públics que les administracions públiques posen a disposició de la ciutadania perquè les puguin utilitzar lliurement de manera senzilla i còmoda.* ***(Tema 1)***

   Les dades obertes (open data en anglès) són conjunts de dades produïdes o recopilades per organismes públics que les administracions públiques posen a disposició de la ciutadania perquè les puguin utilitzar lliurement de manera senzilla i còmoda; tenen un gran valor potencial i són essencials per a la transparència de les administracions públiques, l'eficiència i la igualtat d'oportunitats a l'hora de crear riquesa.

4. ***d)*** *Posar a disposició de la societat i fer públiques les dades que gestiona l'Administració, de manera que qualsevol persona o organització pugui utilitzar-les.* ***(Tema 1)***

   Amb el desenvolupament de la societat de la informació, les dades obertes són una eina d'informació molt valuosa que proporciona avantatges tant per a la ciutadania i les empreses com per a la mateixa Administració, que pot millorar la seva eficiència gràcies a una capacitat més gran d'interoperabilitat. Oferir dades obertes és un exercici de transparència informativa que permet que la ciutadania tingui informació sobre les accions i serveis de l'Administració i sobre la gestió que es fa dels recursos públics.

5. ***b)*** *Sí, es disposa d'un portal de dades obertes: http://governobert.gencat.cat/ca/dades_obertes/.* ***(Tema 1)***

   El portal de dades obertes és http://governobert.gencat.cat/ca/dades_obertes/

   És la solució tecnològica de la Generalitat per a l'obertura de les dades de l'administració pública a la societat, per donar compliment als objectius de transparència i foment de la reutilització de la informació de l'administració.

6. ***a)*** *L'Estatut d'Autonomia de Catalunya i en la Constitució.* ***(Tema 2)***

Segons l'article 2 de l'Estatut: "Els poders de la Generalitat emanen del poble de Catalunya i s'exerceixen d'acord amb el que estableixen aquest Estatut i la Constitució."

7. ***c)*** *La Llei orgànica 6 /2006, de 19 de juliol.* ***(Tema 2)***

Llei orgànica 6/2006, de 19 de juliol, de reforma de l'Estatut d'autonomia de Catalunya.

8. ***b)*** *Que regula les normes elementals de convivència al seu àmbit d'aplicació.* ***(Tema 2)***

Segons l'article 1 de en l'Estatut: "Catalunya, com a nacionalitat, exerceix el seu autogovern constituïda en comunitat autònoma d'acord amb la Constitució i amb aquest Estatut, que és la seva norma institucional bàsica."

9. ***c)*** *L'enunciat és incorrecte i en l'Estatut d'Autonomia de Catalunya sí que hi ha un reconeixement de drets i llibertats específics al seu Títol I.* ***(Tema 2)***

L'enunciat és incorrecte i l'Estatut d'Autonomia de Catalunya sí que hi ha un reconeixement de drets i llibertats específics al seu Títol I i no en un capítol:

"Títol I. Drets, deures i principis rectors" (articles 15-54).

10. ***a)*** *El Parlament.* ***(Tema 2)***

Segons l'article 55.1 de l'Estatut: "El Parlament representa el poble de Catalunya."

11. ***d)*** *El President de la Generalitat mitjançant decret.* ***(Tema 3)***

Segons l'article 23.2 de la Llei 13/2008, del 5 de novembre: "El president o presidenta de la Generalitat determina per decret el nombre, la denominació i l'àmbit de competències dels departaments en què s'organitza el Govern. La Presidència de la Generalitat constitueix en tot cas un departament."

12. ***a)*** *Correspon al President de la Generalitat, mitjançant decret.* ***(Tema 3)***

Segons l'article 17.1 de la Llei 13/2008, del 5 de novembre: "Correspon al president o presidenta de la Generalitat d'acordar el nomenament i el cessament dels membres del Govern. El decret corresponent s'ha de publicar en el Diari Oficial de la Generalitat de Catalunya."

13. ***d)*** *Totes són correctes.* ***(Tema 3)***

Segons l'article 16 de la Llei 13/2008, del 5 de novembre: "Corresponen als consellers, com a integrants del Govern, les atribucions següents: a) Desenvolupar l'acció de govern en l'àmbit de les funcions que els són assignades, de conformitat amb les directrius del president o presidenta de la Generalitat i del Govern; b) Proposar al Govern avantprojectes de llei, projectes de decret legislatiu, projectes de decret llei o projectes de decret relatius a llurs funcions o a llur àmbit de competències; c) Proposar al Govern el programa d'actuació relatiu a llurs funcions o a llur àmbit de competències; d) Proposar al Govern el nomenament i el cessament dels alts càrrecs del departament, i acordar el nomenament i el cessament dels altres càrrecs del departament; e) Exercir la potestat disciplinària, en el marc establert per l'ordenament vigent; f) Formular propostes al Govern sobre assumptes que en requereixen l'aprovació relatius a llurs funcions o a llur àmbit de competències; g) Qualssevol altres que siguin pròpies del càrrec o que els siguin atribuïdes per norma."

14. **b)** *Les delegacions territorials del Govern.* ***(Tema 3)***

L'Administració de la Generalitat es compon d'òrgans jeràrquicament ordenats i té personalitat jurídica única. L'estructura de l'Administració de la Generalitat s'ha fet a partir d'una administració central que reuneix els òrgans amb competència en tot el territori i la seva ordenació en departaments i una administració territorial (delegacions territorials). La primera ordenació de caràcter general la trobem en el Decret 280/1986, de 9 de setembre, el qual establí la seu de les delegacions territorials del Govern a Barcelona, Tarragona, Lleida i Girona. Posteriorment el Decret 79/2001, de 6 de març, va crear la delegació territorial del Govern a les Terres de l'Ebre. Per últim, el Decret 229/2006, de 30 de maig, crea les delegacions territorials a la Catalunya Central i a l'Alt Pirineu i Aran.

15. **c)** *Alts càrrecs.* ***(Tema 3)***

L'article 5 de la Llei 13/1989, de 14 de desembre: "Són alts càrrecs de l'Administració de la Generalitat els secretaris generals i els directors generals. Tots ells són nomenats i cessats pel Govern, a proposta del conseller del departament on s'adscriuen."

16. **a)** *No, atès que existeix el Dret a no comparèixer presencialment a les oficines públiques, llevat que així ho estableixi una norma amb rang de llei.* ***(Tema 4)***

Segons l'article 19 de la Llei 39/2015, d'1 d'octubre: "La compareixença de les persones davant les oficines públiques, ja sigui presencialment o per mitjans electrònics, només serà obligatòria quan així estigui previst en una norma amb rang de llei."

17. **a)** *Existeix el dret a no presentar documents originals llevat que, de manera excepcional, la normativa reguladora aplicable estableixi el contrari.* ***(Tema 4)***

Dret a no presentar documents originals llevat que excepcionalment la normativa reguladora aplicable estableixi el contrari (art. 26 de la Llei 26/2010, del 3 d'agost, i 53 de la Llei 39/2015, d'1 d'octubre).

18. **b)** *No cal presentar dades i documents no exigits per les normes aplicables al procediment de què es tracti quan ja estiguin en poder de les administracions públiques o quan es tracti de documents elaborats per aquestes.* ***(Tema 4)***

Existeix el dret a no presentar dades i documents no exigits per les normes aplicables al procediment de què es tracti quan ja estiguin en poder de les administracions públiques o quan es tracti de documents elaborats per aquestes (art. 53 de la Llei 39/2015, d'1 d'octubre).

19. **a)** *Sí, és un dret formular al·legacions, utilitzar els mitjans de defensa admesos per l'ordenament jurídic, i a aportar documents en qualsevol fase del procediment.* ***(Tema 4)***

Existeix el dret a ser oïdes mitjançant l'audiència en qualsevol fase del procediment i a formular al·legacions (art. 22 de la Llei 26/2010, del 3 d'agost, i 53 de la Llei 39/2015, d'1 d'octubre).

20. ***a)*** *Les entitats amb personalitat jurídica.* ***(Tema 5)***

L'article 14.2 de la Llei 39/2015, d'1 d'octubre, estableix el dret i obligació de relacionar-se electrònicament amb les administracions públiques: "En tot cas, estan obligats a relacionar-se a través de mitjans electrònics amb les administracions públiques per efectuar qualsevol tràmit d'un procediment administratiu, almenys, els subjectes següents: a) Les persones jurídiques."

21. ***d)*** *Totes són correctes.* ***(Tema 4)***

Dret a obtenir serveis d'atenció, informació per a l'exercici i la protecció de llurs drets i interessos, en el compliment de llurs deures i en la redacció de documents administratius (art. 21 de la Llei 26/2010, del 3 d'agost, i 53 de la Llei 39/2015, d'1 d'octubre).

22. ***d)*** *Poden establir l'obligació de relacionar-se amb elles a través de mitjans electrònics per a determinats procediments i per a certs col·lectius de persones físiques.* ***(Tema 5)***

Segons l'article 14.3 de la Llei 39/2015, d'1 d'octubre, sobre el dret i obligació de relacionar-se electrònicament amb les administracions públiques: "Reglamentàriament, les administracions poden establir l'obligació de relacionar-se amb elles a través de mitjans electrònics per a determinats procediments i per a certs col·lectius de persones físiques que per raó de la seva capacitat econòmica, tècnica, dedicació professional o altres motius quedi acreditat que tenen accés i disponibilitat dels mitjans electrònics necessaris."

23. ***a)*** *El castellà.* ***(Tema 5)***

Segons l'article 15.1 de la Llei 39/2015, d'1 d'octubre: "La llengua dels procediments tramitats per l'Administració General de l'Estat és el castellà."

24. ***c)*** *Podran utilitzar també la llengua que sigui cooficial en ella.* ***(Tema 5)***

Segons l'article 15.1 de la Llei 39/2015, d'1 d'octubre: "La llengua dels procediments tramitats per l'Administració General de l'Estat és el castellà. No obstant això, els interessats que es dirigeixin als òrgans de l'Administració General de l'Estat amb seu al territori d'una comunitat autònoma poden utilitzar també la llengua que hi sigui cooficial."

25. ***b)*** *La legislació autonòmica corresponent.* ***(Tema 5)***

Segons l'article 15.2 de la Llei 39/2015, d'1 d'octubre: "En els procediments tramitats per les administracions de les comunitats autònomes i de les entitats locals, l'ús de la llengua s'ha d'ajustar al que preveu la legislació autonòmica corresponent.".

26. ***d)*** *Són correctes a) i b).* ***(Tema 6)***

L'EBEP estableix que en les ofertes d'ocupació pública cal garantir una quota no inferior al 7% de les vacants ofertes, amb l'objectiu d'assolir progressivament el 2% dels efectius totals en cada administració pública. La reserva del mínim del 7% s'ha d'efectuar de manera que, almenys, el 2% de les places ofertes siguin cobertes per persones que acreditin discapacitat intel·lectual, i el 5% restant de les places ofertes siguin cobertes per persones que acreditin qualsevol altre tipus de discapacitat.

27. **d)** *Totes són correctes.* ***(Tema 6)***

L'accés als cossos i a les escales de funcionaris de la Generalitat es fa per mitjà dels procediments següents: a) Oposició i, si escau, cursos de formació o fase de prova que determini la convocatòria; b) Concurs oposició i, si escau, cursos de formació o fase de prova que determini la convocatòria; c) Concurs.

28. **a)** *La promoció interna és un dels drets dels funcionaris i consisteix en l'ascens des de cossos i escales del grup inferior a cossos o escales de grups superiors.* ***(Tema 6)***

La promoció interna és un dels drets dels funcionaris i consisteix en l'ascens des de cossos i escales del grup inferior a cossos o escales de grups superiors. Es garanteix la promoció interna, mitjançant l'accés des d'un cos o una escala d'un grup a un altre cos o una altra escala del grup immediatament superior, als funcionaris que prestin serveis a l'Administració de la Generalitat. La norma que regula la promoció interna és el Decret 65/1987, de 15 de gener, pel qual s'aprova el Reglament general de provisió de llocs de treball, de promoció professional i de promoció interna dels funcionaris de l'Administració de la Generalitat de Catalunya (articles 55-64), i el Decret legislatiu 1/1997, de 31 d'octubre (articles 59-60).

29. **a)** *Retribucions bàsiques i retribucions complementàries.* ***(Tema 6)***

Les retribucions del personal funcionari es classifiquen en retribucions bàsiques i retribucions complementàries. Les retribucions bàsiques són: sou, triennis i pagues extraordinàries. Les retribucions complementàries són: complement de destinació, complement específic, complement de productivitat, gratificacions extraordinàries i complement personal transitori.

30. **c)** *Correspon al legislador establir els criteris del règim d'incompatibilitats.* ***(Tema 6)***

La regulació de les incompatibilitats és integrada dins del règim estatutari dels funcionaris públics. Es basa en la necessitat d'aplicar el principi de dedicació del personal al servei de les administracions públiques a un únic lloc de treball, sense més excepcions que les que demani el servei públic, respectant l'exercici de les activitats privades que no puguin impedir l'estricte acompliment dels seus deures o comprometre'n la imparcialitat o la independència.

31. **d)** *Són correctes b) i c).* ***(Tema 7)***

Cal expressar amb el màxim de sinceritat el que pensem, i demostrar voluntat per arreglar el problema, reconeixent les pròpies responsabilitats, si n'hi hagués, i oferir ajuda per resoldre qualsevol equívoc. Cal evitar qualsevol situació que pugui provocar incomoditat o vergonya a l'usuari/a i demostrar comprensió si la crítica ha estat causada per l'estrès del nostre interlocutor.

32. **a)** *Hem de poder adaptar el nostre discurs al nivell cultural de qualsevol oïdor.* ***(Tema 7)***

El discurs ha de poder adaptar-se al nivell cultural de qualsevol oïdor de manera que quedi clar allò que volem dir i transmetre. Hem d'evitar l'ús de paraules tècniques i de tots aquells arguments i expressions que confonguin el nostre missatge.

33. ***a)*** *La mirada és fonamental.* ***(Tema 7)***

La mirada és fonamental en la comunicació interpersonal. La mirada directa als ulls de l'interlocutor, tant quan s'escolta com quan es parla, és un signe de gran habilitat social i de comunicació a més de ser un senyal d'atenció.

34. ***a)*** *Poden ser senyals de desinterès o simplement de nerviosisme.* ***(Tema 7)***

Agafar i deixar objectes o manipular papers i estris de taula són tics de taula que poden ser senyals de desinterès o simplement de nerviosisme que s'han d'evitar en el tracte directe.

35. ***b)*** *És el que percep la persona usuària.* ***(Tema 7)***

En els serveis d'informació la veritat (no de la informació donada sinó del que ha passat en la relació informant – informat) no és el que diu l'emissor, sinó el que percep la persona usuària. Del que entengui la persona usuària que és qui fa ús del servei i ha de rebre resposta a les seves necessitats, es desprenen un seguit d'actuacions i accions.

36. ***a)*** *És un codi que podem trobar en els documents; una referència unívoca que permet accedir al mateix document en format electrònic per verificar-ne la seva autenticitat.* ***(Tema 8)***

El codi segur de verificació (CSV) és un codi que es troba a cada document i és una referència unívoca que permet accedir al mateix document en format electrònic per verificar-ne la seva autenticitat. En aquest sentit, el CSV permet la comprovació de la integritat del document mitjançant l'accés a la seu electrònica corresponent.

37. ***c)*** *Les còpies autèntiques de documents privats únicament tenen efectes administratius. Les còpies autèntiques efectuades per una Administració pública tenen validesa a la resta d'administracions.* ***(Tema 8)***

D'acord amb l'article 27.1 de la Llei 39/2015, d'1 d'octubre, del procediment administratiu comú de les administracions públiques i amb caràcter general, les còpies autèntiques de documents privats únicament tenen efectes administratius. Les còpies autèntiques efectuades per una Administració pública tenen validesa a la resta d'administracions.

38. ***b)*** *Acredita la coincidència entre la còpia efectuada i el document original aportat.* ***(Tema 8)***

D'acord amb l'Ordre CLT/172/2014, de 14 de maig, per la qual s'aprova el protocol de gestió de documents electrònics i arxiu de la Generalitat de Catalunya, la compulsa electrònica d'un document aportat per una persona s'ha de fer al registre amb la finalitat que l'original li sigui retornat. La compulsa no acredita l'autenticitat del document original, sinó la coincidència entre la còpia efectuada i el document original aportat.

39. ***d)*** *Són les dades que descriuen el context, el contingut i l'estructura dels documents i la gestió d'aquests en el decurs del temps.* ***(Tema 8)***

D'acord amb la Ordre CLT/172/2014, de 14 de maig, per la qual s'aprova el protocol de gestió de documents electrònics i arxiu de la Generalitat de Catalunya, les metadades són les dades que descriuen el context, el contingut i l'estructura dels documents i la gestió d'aquests en el decurs del temps. En aquest sentit, les metadades faciliten la recuperació, autentificació, avaluació, preservació i/o interoperabilitat dels documents.

40. **d)** *La digitalització del document.* ***(Tema 8)***

D'acord amb la Instrucció 1/2016, per la qual s'estableixen els criteris i el procediment per a l'elaboració de còpies autèntiques pels òrgans administratius de la Generalitat de Catalunya mitjançant el mòdul eCòpia, per a l'emissió d'una còpia autèntica d'un document en paper cal dur a terme un procediment previ de digitalització conformada o també anomenada digitalització segura amb l'accés al mòdul de Digitalització. Prèviament al procediment de digitalització, l'empleat públic competent ha d'escanejar el document i crear un nou document electrònic, mitjançant impressores multifuncionals o altres màquines habilitades per realitzar aquesta funció.

41. **a)** *Acompanyar als Inspectors de Treball quan inspeccionin l'empresa.* ***(Tema 9)***

Segons l'article 36 LRPL en l'exercici de les competències atribuïdes als Delegats de Prevenció, aquests estaran facultats per a: "Acompanyar als tècnics en les avaluacions de caràcter preventiu del medi ambient de treball, així com, en els termes previstos en l'article 40 d'aquesta Llei, als Inspectors de Treball i Seguretat Social en les visites i verificacions que realitzin en els centres de treball per a comprovar el compliment de la normativa sobre prevenció de riscos laborals, podent formular davant ells les observacions que estimin oportunes."

42. **d)** *Totes són correctes.* ***(Tema 9)***

Per complir de forma eficaç aquestes competències, els delegats de prevenció estan facultats per: Tenir accés, amb determinades limitacions en matèria de confidencialitat, a les informacions i a la documentació relativa a les condicions de treball; realitzar visites als llocs de treball per a exercir una taverna de vigilància i control de l'estat de les condicions de treball; demanar a l'empresa l'adopció de mesures de caràcter preventiu per a la millora dels nivells de protecció de la seguretat i salut dels treballadors.

43. **a)** *50 treballadors.* ***(Tema 9)***

La LPRL regula aquest òrgan; aquest Comitè és l'òrgan paritari i col·legiat de participació en aquelles empreses que comptin amb 50 o més treballadors.

44. **b)** *Visita els centres de treball.* ***(Tema 9)***

Per a l'exercici de les seves competències, el Comitè de seguretat i salut estarà facultat per conèixer directament la situació relativa a la prevenció de riscos al centre de treball, tot duent a terme, a aquest efecte, les visites que considerin oportunes.

45. **c)** *Hi ha un empresari titular que informa i dóna les instruccions necessàries per a l'aplicació de la normativa en totes les empreses.* ***(Tema 9)***

L'empresari titular informarà i donarà les instruccions adequades als empresaris que desenvolupin la seva activitat en el seu centre de treball, en relació als riscos existents, així com de les mesures de protecció i prevenció i de les mesures d'emergència.

46. **b)** *Apagar les pantalles dels ordinadors.* ***(Tema 10)***

És preferible, desconnectar els monitors dels ordinadors quan no s'utilitzin (durant reunions, esmorzars, etc.), ja que els screen savers o salvapantalles no estalvien energia (utilitzen dues vegades l'energia d'un PC).

47. **a)** *Sí, els models Energy Star.* ***(Tema 10)***

És preferible utilitzar el mode de suspensió sleep mode en les màquines de fax de velocitat mitjana, marcades amb el logotip Energy Star. El mode sleep utilitza un 25% menys d'energia que el mode standby quan estan preparades per enviar i imprimir.

48. **a)** *La Direcció de l'empresa.* ***(Tema 10)***

Les bones pràctiques quant a l'ús eficient del paper a l'empresa, estan adreçades a ser aplicades per la Direcció.

49. **a)** *Sí.* ***(Tema 10)***

Controlar i informar mensualment sobre el nombre de fotocòpies realitzades, tant amb l'equipament propi com en serveis de reprografia externs, doncs aquest és un dels principals focus de consum de paper i ens donarà una idea dels progressos que estem assolint.

50. **d)** *Totes són correctes.* ***(Tema 10)***

Per estalviar és preferible: fotocopiar a doble cara sempre que sigui possible, fotocopiar en paper reciclat sempre que aquest no presenti problemes per a la fotocopiadora i reduir la grandària de la imatge, sempre que sigui possible i ens aporti una reducció del consum de paper.

Test d'Examen 2

1. **d)** *Totes són correctes.* ***(Tema 1)***

Perquè les dades obertes compleixin la seva finalitat han de ser: Dades obertes per defecte (suposa un gran canvi en el funcionament dels governs i com interactuen amb els ciutadans, que hauran de justificar el manteniment de les dades tancades); Actualitzades i comprensibles (només són valuoses si són rellevants. Tindran èxit si es publiquen de manera ràpida i exhaustiva); Accessibles i fàcils d'utilitzar (han de ser gratuïtes, sota llicència oberta, fàcils de trobar i llegibles per màquina); Comparables i interoperables (tenen un efecte multiplicador. Es podrà obtenir més valor d'aquells datasets de qualitat que siguin comparables i puguin interactuar entre ells).

2. **d)** *És un instrument de millora de la qualitat.* ***(Tema 1)***

La carta de serveis és un instrument de millora de la qualitat. Amb aquesta finalitat, requereix l'anàlisi prèvia de les expectatives de la persona usuària del servei, fixa uns compromisos, facilita la revisió dels processos de gestió, i permet avaluar la gestió i la satisfacció dels serveis prestats i prendre decisions de millora.

3. **b)** *Informen públicament als ciutadans sobre els serveis que gestionen i sobre els compromisos de qualitat en la seva prestació.* ***(Tema 1)***

Les Cartes de Serveis són documents a través dels quals les organitzacions informen públicament als ciutadans sobre els serveis que gestionen i sobre els compromisos de qualitat en la seva prestació. Es tracta, per tant, d'instruments per a expressar concretament el compromís del servei públic amb els seus usuaris i que permeten evidenciar l'efectivitat dels principis de funcionament de les administracions en el contacte quotidià o esporàdic que cada persona estableix amb les mateixes.

4. **b)** *Sí, a l'article 59 de la Llei 19/2014 de la Transparència es planteja el contingut de les cartes.* ***(Tema 1)***

L'article 59 de la Llei 19/2014 planteja el contingut de les cartes: "L'Administració pública ha de garantir que els serveis de la seva competència es presten en unes condicions mínimes i raonables de qualitat, i ha d'incloure cartes de servei en el marc regulador dels serveis públics bàsics, les quals han d'establir, com a mínim: a) L'organització i la forma de gestió del servei; b) La identificació dels responsables de la gestió; c) Els estàndards mínims de qualitat del servei desglossats, si escau, per categories de prestacions, i els indicadors i els instruments per a avaluar-ne l'aplicació; d) Les condicions d'accés; e) Els drets i deures dels usuaris; f) El règim econòmic aplicable, amb indicació de les taxes i els preus públics que siguin aplicables, si escau."

5. **a)** *A l'article 61 de la Llei 19/2014, de 29 de desembre, de transparència, accés a la informació pública i bon govern.* ***(Tema 1)***

L'article 61 de la Llei 19/2014, de 29 de desembre, estableix el següent: "Els ciutadans tenen el dret de fer propostes d'actuació o millora i suggeriments amb relació al funcionament dels serveis públics; Les propostes i els suggeriments es poden formular per mitjà del Portal de la Transparèn-

cia, amb el corresponent mecanisme d'interacció vinculat al catàleg dels serveis públics a què fa referència l'article 9.1.j, o per qualsevol altre mitjà que escullin els ciutadans; L'Administració pública ha de donar a conèixer de manera anonimitzada les propostes i els suggeriments rebuts, i ha de reconèixer i fer públiques les iniciatives ciutadanes l'aplicació de les quals comporti una millora substancial dels serveis públics.

6. **d)** *El Govern de la Generalitat.* ***(Tema 2)***

   Segon l'article 68 de l'Estatut: "El Govern és l'òrgan superior col·legiat que dirigeix l'acció política i l'Administració de la Generalitat. Exerceix la funció executiva i la potestat reglamentària d'acord amb aquest Estatut i les lleis."

7. **c)** *Al President de la Generalitat.* ***(Tema 2)***

   Segons l'article 67 de l'Estatut: "El president o presidenta té la més alta representació de la Generalitat i dirigeix l'acció del Govern (acció política). També té la representació ordinària de l'Estat a Catalunya."

8. **d)** *El President de la Generalitat, quinze dies abans del finiment de la legislatura.* ***(Tema 2)***

   Segons l'article 56.4 de l'Estatut: "El president o presidenta de la Generalitat, quinze dies abans del finiment de la legislatura, ha de convocar les eleccions, que han de tenir lloc entre quaranta i seixanta dies després de la convocatòria."

9. **d)** *El Rei, referendat pel President del govern de l'Estat.* ***(Tema 2)***

   L'article 67.4 de l'Estatut estableix el següent: "El president o presidenta de la Generalitat és nomenat pel rei. El reial decret que oficialitza el nomenament ha de ser rubricat pel president de l'Estat."

10. **c)** *Ostenta la més alta representació de la Generalitat.* ***(Tema 2)***

    L'article 67.1 de l'Estatut estableix el següent: "El president o presidenta té la més alta representació de la Generalitat i dirigeix l'acció del Govern. També té la representació ordinària de l'Estat a Catalunya."

11. **c)** *Un òrgan consultiu.* ***(Tema 3)***

    La Comissió Jurídica Assessora, regulada a la Llei 5/2005, de 2 de maig, es configura com l'alt òrgan consultiu del Govern de la Generalitat. Es relaciona amb aquest a través del Departament de la Presidència i exerceix les seves funcions amb autonomia funcional i orgànica per tal de garantir l'objectivitat i la independència.

12. **c)** *Un òrgan col·legiat.* ***(Tema 3)***

    El Consell Tècnic, regulat a l'art. 34 de la Llei 13/2008, és un òrgan col·legiat de suport al Govern. Els secretaris generals de cada departament són membres nats del Consell Tècnic. El presideix el conseller primer o consellera primera, si ha estat nomenat, o en cas contrari, el vicepresident o vicepresidenta del Govern. El Decret 413/2011, de 13 de desembre, aprova el Reglament del Consell Tècnic del Govern.

13. **c)** *Un òrgan consultiu.* ***(Tema 3)***

El Consell de Treball, Econòmic i Social és l'òrgan consultiu i d'assessorament del Govern en matèries socioeconòmiques, laborals i ocupacionals (art. 72.2 EAC). Es troba regulat a la Llei 7/2005, de 8 de juny, del Consell de Treball, Econòmic i Social de Catalunya. Es troba adscrit al departament d'Empresa i Ocupació i en formen part 37 membres, representants de les organitzacions sindicals i empresarials, així com del sector agrari, marítim pesquer, economia social i altres experts de reconegut prestigi.

14. **d)** *Totes són correctes.* ***(Tema 3)***

Segons l'article 1 de la Llei 4/1985, de 29 de març, de l'Estatut de l'empresa pública catalana, aquesta s'aplica a les entitats autònomes de la Generalitat que fan operacions o presten serveis de caràcter principalment comercial, industrial o financer i a les empreses de la Generalitat:

1r. Entitats de dret públic amb personalitat jurídica pròpia que són sotmeses a la Generalitat, però que han d'ajustar llur activitat a l'ordenament jurídic privat.

2n. Societats civils o mercantils amb participació majoritària de la Generalitat, de les seves entitats autònomes o de les societats en què la Generalitat o les susdites entitats tenen també participació majoritària en llur capital social.

c) A les societats civils o mercantils vinculades a la Generalitat, és a dir, les que són gestores de serveis públics de què és titular la Generalitat o les que hi han subscrit convenis, i en les quals aquesta té la facultat de designar tots o una part dels òrgans de direcció o hi participa directament o indirectament, com a mínim, en un 5 % del capital social.

15. **d)** *Totes són correctes.* ***(Tema 3)***

L'article 2 de la Llei 12/2009, del 10 de juliol, estableix el següent: "El sistema educatiu es regeix pels principis específics següents: a) La formació integral de les capacitats intel·lectuals, ètiques, físiques, emocionals i socials dels alumnes que els permeti el ple desenvolupament de la personalitat, amb un ensenyament de base científica, que ha d'ésser laic, d'acord amb l'Estatut, en els centres públics i en els centres privats en què ho determini llur caràcter propi; b) La vinculació entre pensament, emoció i acció que contribueixi a un bon aprenentatge i condueixi els alumnes a la maduresa i la satisfacció personals; c) La capacitació cultural, científica i tècnica que permeti als alumnes la plena integració social i laboral; d) L'habilitació per a l'aprenentatge permanent; e) L'estímul i el reconeixement de l'esforç i la valoració del rigor, l'honestedat i la constància en el treball."

16. **a)** *Sí.* ***(Tema 4)***

Segons l'article 53 de la Llei 39/2015, d'1 d'octubre, existeix el dret a actuar assistits d'un assessor quan ho considerin convenient en defensa dels seus interessos.

17. **d)** *Es pot interposar un recurs sol·licitant el dret a obtenir decisions administratives motivades en els supòsits legalment establerts.* ***(Tema 4)***

L'article 22 de la Llei 26/2010, del 3 d'agost, estableix el dret a obtenir decisions administratives motivades en els supòsits legalment establerts amb una referència succinta als fets, els fonaments jurídics, la identificació de les normes aplicables i amb indicació del règim de recursos que es puguin formular en cada cas.

18. **a)** *Sí, cal realitzar les resolucions de forma expressa i notificar-les.* ***(Tema 4)***

    L'article 22 de la Llei 26/2010, del 3 d'agost, estableix el dret a obtenir una resolució expressa i que es notifiqui dins el termini legalment establert.

19. **b)** *Sí, es pot interposar un recurs a la convocatòria de les subvencions per sol·licitar tràmits desproporcionats.* ***(Tema 4)***

    L'article 22 de la Llei 26/2010, del 3 d'agost, estableix el dret que les actuacions administratives siguin proporcionals a les finalitats perseguides.

20. **a)** *Sí, és obligatori posar a disposició el pagament telemàtic atès que és un dret.* ***(Tema 4)***

    L'article 53 de la Llei 39/2015, d'1 d'octubre, estableix el dret a complir les obligacions de pagament a través de mitjans electrònics.

21. **d)** *Cada Administració.* ***(Tema 5)***

    L'article 17.1 de la Llei 39/2015, d'1 d'octubre, estableix que: "Cada Administració ha de mantenir un arxiu electrònic únic dels documents electrònics que corresponguin a procediments finalitzats, en els termes que estableixi la normativa reguladora aplicable."

22. **d)** *La seva consulta fins a transcorreguts deu anys des de la seva emissió.* ***(Tema 5)***

    Segons l'article 17.2 de la Llei 39/2015, d'1 d'octubre: "Els documents electrònics s'han de conservar en un format que permeti garantir l'autenticitat, la integritat i la conservació del document, així com la seva consulta independentment del temps transcorregut des que es va emetre. S'ha d'assegurar en tot cas la possibilitat de traslladar les dades a altres formats i suports que garanteixin l'accés des de diferents aplicacions. L'eliminació dels documents esmentats ha de ser autoritzada d'acord amb el que disposa la normativa aplicable."

23. **a)** *Haurà de ser autoritzada d'acord amb el que disposa la normativa aplicable.* ***(Tema 5)***

    L'article 17.2 de la Llei 39/2015, d'1 d'octubre, estableix que: "Els documents electrònics s'han de conservar en un format que permeti garantir l'autenticitat, la integritat i la conservació del document, així com la seva consulta independentment del temps transcorregut des que es va emetre. S'ha d'assegurar en tot cas la possibilitat de traslladar les dades a altres formats i suports que garanteixin l'accés des de diferents aplicacions. L'eliminació dels documents esmentats ha de ser autoritzada d'acord amb el que disposa la normativa aplicable."

24. **b)** *Sigui quina sigui la forma d'iniciació.* ***(Tema 5)***

    L'article 21.1 de la Llei 39/2015, d'1 d'octubre, estableix l'obligació de resoldre: "L'Administració està obligada a dictar una resolució expressa i notificar-la en tots els procediments sigui quina sigui la seva forma d'iniciació."

25. ***d)*** *Totes són correctes.* ***(Tema 5)***

L'article 17.3 de la Llei 39/2015, d'1 d'octubre, estableix que: "Els mitjans o suports en què s'emmagatzemin documents han de disposar de mesures de seguretat, d'acord amb el que preveu l'Esquema Nacional de Seguretat, que garanteixin la integritat, autenticitat, confidencialitat, qualitat, protecció i conservació dels documents emmagatzemats. En particular, han d'assegurar la identificació dels usuaris i el control d'accessos, així com el compliment de les garanties que preveu la legislació de protecció de dades."

26. ***d)*** *Totes són correctes.* ***(Tema 6)***

El personal inclòs en l'àmbit d'aplicació de la Llei 53/1984, de 26 de desembre, d'incompatibilitats del personal al servei de les Administracions Públiques, que desitgi exercir qualssevol activitats privades o una segona activitat pública susceptible de compatibilitat, és: El personal civil i militar al servei de l'Administració de l'Estat i dels seus Organismes Públics (Lletra modificada per Llei 7/2007, de 12 d'abril. BOE 13.04.2007); El personal al servei de les Administracions de les Comunitats Autònomes i dels Organismes dependents d'elles, així com de les seves Assemblees Legislatives i òrgans institucionals; El personal al servei de les Corporacions Locals i dels Organismes d'elles depenents; El personal al servei d'Ens i Organismes públics exceptuats de l'aplicació de la Llei d'Entitats Estatals Autònomes; El personal que exerceixi funcions públiques i percebi les seves retribucions mitjançant aranzel; El personal al servei de la Seguretat Social, de les seves Entitats Gestores i de qualsevol altra Entitat o Organisme de la mateixa; El personal al servei d'entitats, corporacions de dret públic, fundacions i consorcis els pressupostos dels quals es doten ordinàriament en més d'un 50 per 100 amb subvencions o altres ingressos procedents de les Administracions Públiques (Lletra modificada per Llei 7/2007, de 12 d'abril. BOE 13.04.2007); El personal que presti serveis en Empreses en què la participació del capital, directa o indirectament, de les Administracions Públiques sigui superior al 50 per 100; El personal al servei del Banc d'Espanya i de les institucions financeres públiques; El restant personal al qual resulti d'aplicació el règim estatutari dels funcionaris públics.

27. ***d)*** *Totes són correctes.* ***(Tema 6)***

L'article 1.3 de la Llei 53/1984, de 26 de desembre, estableix: "En resum, podríem establir les tres regles fonamentals sobre incompatibilitats: — No ocupar més d'un lloc de treball en el sector públic, amb excepcions derivades de les necessitats del propi servei; — No percebre més d'una remuneració amb càrrec als pressupostos públics; — Prohibició de desenvolupar qualsevol tasca que pugui impedir el compliment dels seus deures o posar en perill la seva imparcialitat."

28. ***a)*** *El règim disciplinari és el conjunt de normes i procediments aplicats per exigir responsabilitat administrativa per la comissió o l'omissió de fets i conductes constitutius d'una falta.* ***(Tema 6)***

El règim disciplinari està basat en l'existència de codis de conducta i de deures estructurats entorn a l'ètica i la responsabilitat dels empleats públics. Aquest sistema vol garantir el dret dels ciutadans a la bona administració i a l'exercici correcte de les funcions públiques. El dret administratiu es converteix en el punt de referència de l'aplicació del règim disciplinari. L'article 113 del Decret legislatiu 1/1997, de 31 d'octubre, estableix que: "L'incompliment de les obligacions pròpies dels funcionaris, si implica la comissió de fets o omissions constitutius de falta, dóna lloc a les sancions corresponents, independentment de les que, segons els casos, puguin derivar de les responsabilitats civils o criminals."

29. ***d)*** *En Reial decret legislatiu 5/2015, de 30 d'octubre, pel qual s'aprova el text refós de la Llei de l'estatut bàsic de l'empleat públic.* ***(Tema 6)***

L'article 54 del Reial decret legislatiu 5/2015, de 30 d'octubre, recull un exhaustiu llistat de principis de conducta.

30. ***d)*** *Totes són correctes.* ***(Tema 6)***

L'article 153 de l'Estatut estableix que correspon a la Generalitat la competència exclusiva en matèria de polítiques de gènere. Aquesta competència, respectant el que estableix l'Estat en exercici de la competència que li atribueix l'article 149.1.1 de la Constitució, inclou en tot cas les opcions a, b i c redactades a la pregunta.

31. ***d)*** *Mai hem de donar dades de caràcter personal.* ***(Tema 7)***

La informació telefònica ha de ser de caràcter general i mai hem de donar dades de caràcter personal de l'administrat via telefònica, ja que no sabem exactament qui es troba a l'altre costat de la línia. Això implica que tampoc és necessari demanar que el ciutadà s'identifiqui.

32. ***d)*** *Són correctes a) i c).* ***(Tema 7)***

Hi ha oficines d'atenció ciutadana que ofereixen una informació generalista i d'altres que incorporen el nou model d'atenció integrada, és a dir, que donen informació especialitzada i poden gestionar la majoria de serveis de la Generalitat. Les oficines d'atenció ciutadana de la Generalitat de Catalunya a Girona i a les Terres de l'Ebre (Tortosa) incorporen actualment el model d'atenció integrada quant a la capacitat d'informar i gestionar tots els serveis d'atenció presencial dels òrgans territorials dels departaments en un únic espai físic i amb persones informadores especialitzades en les diferents matèries.

33. ***a)*** *El Decret 266/2001, de 9 d'octubre, pel qual s'estableixen la creació, l'organització i les funcions de les oficines d'atenció ciutadana.* ***(Tema 7)***

La norma que regula les oficines d'atenció ciutadana és el Decret 266/2001, de 9 d'octubre, pel qual s'estableixen la creació, l'organització i les funcions de les oficines d'atenció ciutadana, desplegat per l'Ordre PRE/399/2003, d'1 d'octubre, per la qual s'aprova la creació de l'Oficina d'Atenció Ciutadana a la Cerdanya.

34. ***c)*** *Són correctes a) i b).* ***(Tema 7)***

L'article 2 del Decret 266/2001, de 9 d'octubre, descriu les funcions que duran a terme les oficines d'atenció ciutadana essent el punt "a) Informar a la ciutadania i les entitats sobre els serveis i l'organització de la Generalitat de Catalunya. Informar a la ciutadania i les entitats sobre els serveis i l'organització de la Generalitat de Catalunya."

35. ***a)*** *Cal assumir l'error.* ***(Tema 7)***

En cas de crítiques i si és responsabilitat nostra cal assumir l'error, i com més aviat ho fem, menys temps donarem a la persona que ens critica per continuar insistint.

36. ***c)*** *L'eValisa.* ***(Tema 8)***

Les trameses de documents entre les persones de les diferents unitats d'un mateix departament de la Generalitat de Catalunya s'han fet mitjançant la valisa electrònica (eValisa), que és l'eina corporativa que incorpora automàticament el registre de forma electrònica i fa l'enviament de forma segura.

37. ***c)*** *El visualitzador no pot retornar una valisa.* ***(Tema 8)***

A més de l'usuari receptor, una valisa podrà tenir de forma opcional un o més usuaris visualitzadors. Aquest/s usuari/s visualitzador/s podrà/n accedir al contingut complert de la valisa de la mateixa forma que l'usuari receptor (font: www.aoc.cat). La diferència entre un receptor i un visualitzador és que aquest segon no està rebent conceptualment la valisa i això es tradueix en les següents diferències: No es farà cap assentament d'entrada a la unitat orgànica del visualitzador (recorda que a tots els efectes legals el visualitzador no està rebent la valisa); El visualitzador no pot retornar una valisa; Quan un visualitzador llegeix la valisa, no es genera cap correu d'avís a l'usuari emissor ni tampoc s'audita enlloc aquest esdeveniment.

38. ***d)*** *És un sistema d'acreditació que permet a les parts tenir confiança en les transaccions a Internet.* ***(Tema 8)***

Un certificat digital és un document electrònic signat per una autoritat de certificació (un tercer de confiança), que permet al seu posseïdor realitzar un conjunt d'accions de manera segura i amb validesa legal, com, per exemple, signar documents electrònics, identificar-se amb seguretat davant dels dispositius electrònics, els portals i les aplicacions que ho sol·licitin, entrar a llocs restringits, xifrar documents i correus electrònics, etc. L'ús del certificat digital garanteix quatre funcions: la identificació de l'emissor, la integritat de la transacció, el no-rebuig dels compromisos adquirits per via electrònica i la confidencialitat de l'enviament.

39. ***b)*** *La identificació de l'emissor/a i la integritat de la transacció.* ***(Tema 8)***

L'ús del certificat digital garanteix: La identificació de l'emissor; La integritat de la transacció; El no rebuig dels compromisos adquirits per via electrònica; i La confidencialitat de l'enviament.

40. ***b)*** *És un conjunt de dades algorítmiques.* ***(Tema 8)***

La signatura electrònica és un conjunt de dades algorítmiques.

41. ***d)*** *Totes són correctes.* ***(Tema 9)***

Segons l'article 33 de la LPRL: L'empresari haurà de consultar als treballadors, amb la deguda antelació, l'adopció de les decisions relatives a: La planificació i l'organització del treball en l'empresa i la introducció de noves tecnologies, en tot el relacionat amb les conseqüències que aques-

tes poguessin tenir per a la seguretat i la salut dels treballadors, derivades de l'elecció dels equips, la determinació i l'adequació de les condicions de treball i l'impacte dels factors ambientals en el treball. L'organització i desenvolupament de les activitats de protecció de la salut i prevenció dels riscos professionals en l'empresa, inclosa la designació dels treballadors encarregats d'aquestes activitats o el recurs a un servei de prevenció extern. La designació dels treballadors encarregats de les mesures d'emergència.

42. ***d)*** *Totes són correctes.* ***(Tema 9)***

Tot treballador, independentment del nivell jeràrquic d'aquest, té unes obligacions de caràcter general, obligacions reflectides a l'article 29 de la LPRL. Aquest article contempla 2 punts que es poden transformar en 10: 1. Conèixer i complir les normes internes establertes i, en qualsevol cas, actuar de conformitat amb les instruccions rebudes dels seus superiors i del coneixement professional de l'ofici. 2. Assistir a cursos de formació general o específica en matèria de prevenció de riscos laborals organitzats per l'empresa i comprometre's a l'aplicació dels ensenyaments rebuts. 3. Fer un bon ús, d'acord amb la seva naturalesa i els riscos previsibles, de les màquines, aparells, substàncies perilloses, equips de transport, i en general, de qualsevol altre mitjà amb el qual desenvolupi l'activitat.

43. ***c)*** *Sí, si existeix a més risc de pèrdues humanes.* ***(Tema 9)***

Una emergència en un establiment és una situació en la qual hi ha la possibilitat que és causin lesions greus o pèrdua de vides humanes. El pànic col·lectiu és una emergència.

44. ***a)*** *Sí.* ***(Tema 9)***

Entre els objectius del Pla d'Emergència es troba: crear un procediment d'evacuació per a tots els usuaris de les instal·lacions.

45. ***d)*** *Totes són correctes.* ***(Tema 9)***

El Pla d'emergències té en compte les mesures per evitar situacions d'emergència a les instal·lacions, o, en cas que es produeixin, les actuacions requerides per minimitzar-ne les conseqüències i optimitzar els recursos existents al respecte.

46. ***a)*** *Es pot imprimir dues cares en una sola cara del paper.* ***(Tema 10)***

Per estalviar paper és preferible: imprimir 2 pàgines en 1 i/o seleccionar la qualitat mínima de resolució d'impressió, si la impressora ho permet.

47. ***b)*** *Al costat de cada fotocopiadora.* ***(Tema 10)***

Conèixer l'ús correcte de fotocopiadores i impressores i disposar dels manuals d'instrucció localitzables, per exemple, al costat dels equips, també es pot elaborar un senzill i entenedor manual d'ús d'impressores i fotocopiadores.

48. ***a)*** *Totes les persones de l'empresa.* ***(Tema 10)***

Tot el personal adoptarà les bones pràctiques següents: reutilitzar paper usat per una cara per a apunts, notes, esborranys, comunicacions internes, etc., reutilitzar sobres per reenviar documents, com subcarpetes, etc.

49. ***a)*** *Utilitzar intranet.* ***(Tema 10)***

Tot el personal pot adoptar la bona pràctica següent: utilitzar la intranet si l'empresa en disposa.

50. ***d)*** *Són correctes a) i b).* ***(Tema 10)***

Tot el personal pot adoptar les bones pràctiques següents: compartir publicacions, organitzar un espai dedicat a biblioteca, de manera que tot el personal pugui consultar fàcilment i ràpidament les publicacions que arriben, subscriure's a versions electròniques de revistes, diaris i publicacions. Moltes subscripcions estan disponibles en format electrònic i, per tant, és possible copiar-les i desar-les a l'ordinador o imprimir només els articles que ens interessen.

Test d'Examen 3

1. **a)** *En un o més documents amb informació d'utilitat per a les persones usuàries.* ***(Tema 1)***

La carta de serveis es concreta en un o més documents amb informació d'utilitat per a les persones usuàries i la ciutadania en general, sobre els serveis i la unitat que els presta, els compromisos adquirits, en termes d'eficàcia i qualitat de la prestació, i els mecanismes de participació de la ciutadania i de les persones usuàries en la millora de la prestació.

2. **a)** *Cartes de serveis.* ***(Tema 1)***

Les cartes de serveis des d'un punt de vista de les persones usuàries del servei, és un document a l'abast de la ciutadania que informa sobre: - les característiques essencials d'un servei amb referència concreta a documents més específics que ha de tenir a la seva disposició (regulació normativa del servei, impresos, etc.); - els compromisos d'informació, atenció, tramitació i resolució amb què l'Administració gestiona el servei, amb referència concreta a documents que informen del grau d'acompliment - les vies que permeten a la ciutadania participar en el disseny, la producció i la millora del servei.

3. **c)** *Els nivells de prestació desitjables que hauria d'assolir un servei.* ***(Tema 1)***

Els estàndards de qualitat fan referència als nivells de prestació desitjables que hauria d'assolir un servei tenint en compte les necessitats i expectatives del ciutadà, sempre que siguin raonables, i tenint en compte també les necessitats i objectius de l'organització. Els estàndards són la base, d'una banda, per establir compromisos del servei i, de l'altra, per detectar àrees de millora quan es comparin amb els nivells de prestació actuals. Els estàndards s'estableixen sobre els factors de qualitat identificats en la fase anterior. Aquests han d'anar relacionats amb variables que els faran quantificables i que permetran disposar d'informació (preferentment numèrica) per mesurar com s'estan materialitzant els factors de qualitat identificats anteriorment.

4. **a)** *Qualitat.* ***(Tema 1)***

En l'administració moderna la qualitat esdevé un valor en la relació entre ciutadania i organització pública. Concretament, es tracta d'assegurar que els usuaris dels serveis públics tinguin el que necessiten.

5. **d)** *Organització orientada vers als resultats.* ***(Tema 1)***

La Generalitat de Catalunya resumeix el concepte de qualitat total adaptada al sector públic de la manera següent: "Per qualitat en la gestió s'entén l'aplicació pràctica d'una sèrie de conceptes que s'han identificat com a característics d'aquelles organitzacions que aconsegueixen uns bons resultats de manera sostinguda en el temps. Si bé una bona qualitat en la gestió ha d'incloure bons resultats en la satisfacció de les persones destinatàries dels serveis i altres grups d'interès, així com una bona utilització dels avenços tecnològics, no acaba aquí.

6. **c)** *Ordenar la publicació en el DOGC i al BOE del nomenament del President del Tribunal Superior de Justícia de Catalunya.* **(Tema 2)**

L'article 95.5 de l'Estatut estableix el següent: "El President o Presidenta del Tribunal Superior de Justícia de Catalunya és el representant del poder judicial a Catalunya. És nomenat pel rei, a proposta del Consell General del Poder Judicial i amb la participació del Consell de Justícia de Catalunya, en els termes que determini la Llei orgànica del poder judicial. El president o presidenta de la Generalitat ordena que se'n publiqui el nomenament en el Diari Oficial de la Generalitat de Catalunya."

7. **a)** *Inviolables pels vots i les opinions que emetin en l'exercici de llur càrrec.* **(Tema 2)**

L'article 57.1 de l'Estatut estableix el següent: "Els membres del Parlament són inviolables pels vots i les opinions que emetin en l'exercici de llur càrrec. Durant llur mandat gaudeixen d'immunitat amb l'efecte concret que no poden ser detinguts si no és en cas de delicte flagrant."

8. **a)** *La Generalitat està integrada pel Parlament, la Presidència de la Generalitat, el Govern i les altres institucions que estableix el capítol V del Títol II.* **(Tema 2)**

Segons l'article 2 de l'Estatut: "La Generalitat és integrada pel Parlament, la Presidència de la Generalitat, el Govern i les altres institucions que estableix el capítol V del Títol II."

9. **b)** *El Poder legislatiu i el Poder Executiu.* **(Tema 2)**

El Poder judicial és un poder de l'Estat encarregat d'impartir justícia a una societat. És un dels tres poders i funcions primordials de l'Estat (juntament amb el poder legislatiu i el poder executiu), mitjançant l'aplicació de les normes i principis jurídics en la resolució de conflictes.

10. **d)** *Sí, en el Títol III, del poder judicial a Catalunya.* **(Tema 2)**

En l'Estatut d'Autonomia, el Títol III. Del poder judicial a Catalunya, i es descriu: Capítol I. El Tribunal Superior de Justícia de Catalunya; Capítol II. El Consell de Justícia de Catalunya; Capítol III. Competències de la Generalitat sobre l'Administració de justícia.

11. **b)** *16 anys.* **(Tema 3)**

El sistema educatiu establert a Catalunya obliga a l'escolarització de tots els alumnes que pertanyen a la franja d'edat compresa entre 3 i 16 anys, segons la Llei 12/2009, del 10 de juliol d'educació.

12. **a)** *L'Educació Primària comprèn tres cicles entre els 6 i els 12 anys.* **(Tema 3)**

L'educació primària és obligatòria per als nens i nenes des dels 6 fins als 12 anys. S'estructura en tres cicles de dos cursos cadascun: Cicle Inicial (de 6 a 8 anys), Cicle Mitjà (de 8 a 10 anys) i Cicle Superior (de 10 a 12 anys).

13. **b)** *L'Educació Secundària Obligatòria (ESO) és obligatòria i inclou dos cicles entre els 12 i els 16 anys.* ***(Tema 3)***

La ESO és obligatòria i gratuïta i inclou quatre cursos escolars entre els 12 i els 16 anys. Aquesta etapa va substituir als dos últims anys de la E.G.B. i els dos primers dels Ensenyaments Mitjans (1r i 2n de BUP o de FP), a més d'ampliar l'educació obligatòria fins als 16 anys. Després d'ella es pot, o bé cursar estudis tant de Batxillerat com de Formació Professional de grau mitjà, o bé accedir a el mercat de treball.

14. **a)** *Sí.* ***(Tema 3)***

L'article 11 de la Llei 12/2009, del 10 de juliol, estableix que: "El català, com a llengua pròpia de Catalunya, és la llengua normalment emprada com a llengua vehicular i d'aprenentatge del sistema educatiu."

15. **d)** *Totes les opcions són deures i són correctes.* ***(Tema 3)***

L'article 22.1 de la Llei 12/2009, del 10 de juliol, estableix el següent: "Estudiar per aprendre és el deure principal dels alumnes i comporta els deures següents: a) Assistir a classe; b) Participar en les activitats educatives del centre; c) Esforçar-se en l'aprenentatge i en el desenvolupament de les capacitats personals; d) Respectar els altres alumnes i l'autoritat del professorat.

16. **d)** *Totes són correctes.* ***(Tema 4)***

El procediment administratiu és qualsevol tipus d'expedient, tràmit, gestió, assumpte, resolució, acte administratiu, etc.) previst i regulat a les normes vigents.

17. **b)** *No es pot demanar l'accés si no ets persona interessada, atès que poden tenir dades considerades sensibles.* ***(Tema 4)***

L'article 23 de la Llei 19/2014, del 29 de desembre, estableix que: "Les sol·licituds d'accés a la informació pública han d'ésser denegades si la informació que es vol obtenir conté dades personals especialment protegides, com ara les relatives a la ideologia, l'afiliació sindical, la religió, les creences, l'origen racial, la salut i la vida sexual, i també les relatives a la comissió d'infraccions penals o administratives que no comportin l'amonestació pública a l'infractor, llevat que l'afectat hi consenti expressament per mitjà d'un escrit que ha d'acompanyar la sol·licitud."

18. **d)** *Totes són correctes.* ***(Tema 4)***

L'article 18 de la Llei 19/2014, del 29 de desembre, estableix el següent: "Les persones tenen el dret d'accedir a la informació pública, a què fa referència l'article 2.b, a títol individual o en nom i representació de qualsevol persona jurídica legalment constituïda. L'exercici d'aquest dret no és condicionat a la concurrència d'un interès personal, no resta subjecte a motivació i no requereix la invocació de cap norma. El dret d'accés a la informació pública es pot exercir a partir dels setze anys."

19. **a)** *Només pot ser denegat o restringit per les causes expressament establertes per les lleis.* ***(Tema 4)***

Segons l'article 20 de la Llei 19/2014, del 29 de desembre: "El dret d'accés a la informació pública es garanteix a totes les persones, d'acord amb el que estableix aquesta llei. El dret d'accés a la informació pública només pot ser denegat o restringit per les causes expressament establertes per les lleis."

20. **b)** *Sí, està establert en la Llei 19/2014, del 29 de desembre, de transparència, accés a la informació pública i bon govern.* ***(Tema 4)***

L'article 21.1 de la Llei 19/2014, del 29 de desembre, estableix que: "El dret d'accés a la informació pública pot ser denegat o restringit si el coneixement o la divulgació de la informació comporta un perjudici per a: e) Els drets dels menors d'edat."

21. **b)** *Només serà obligatòria quan així estigui previst en una norma amb rang de llei, ja sigui presencialment o per mitjans electrònics.* ***(Tema 5)***

Segons l'article 19.1 de la Llei 39/2015, d'1 d'octubre: "La compareixença de les persones davant les oficines públiques, ja sigui presencialment o per mitjans electrònics, només és obligatòria quan així ho prevegi una norma amb rang de llei."

22. **d)** *Els efectes d'atendre-la.* ***(Tema 5)***

Segons l'article 19.2 de la Llei 39/2015, d'1 d'octubre: "En els casos en què sigui procedent la compareixença, la citació corresponent ha de fer constar expressament el lloc, la data, l'hora, els mitjans disponibles i l'objecte de la compareixença, així com els efectes de no atendre-la."

23. **c)** *Quan l'interessat ho sol·liciti.* ***(Tema 5)***

L'article 19.3 de la Llei 39/2015, d'1 d'octubre, estableix que: "Les administracions públiques han de lliurar a l'interessat una certificació acreditativa de la compareixença quan així ho sol·liciti."

24. **a)** *Sí, tots els departaments.* ***(Tema 5)***

L'article 1.1 del Decret 360/1994, de 15 de desembre, estableix el següent: "Cada departament de l'Administració de la Generalitat ha de disposar d'un registre general. Igualment han de tenir un registre general els comissionats, les delegacions territorials, les direccions generals que no estiguin en el mateix edifici que el registre general del seu departament i els òrgans assimilats als anteriors. També han de tenir un registre general les entitats de dret públic amb personalitat jurídica pròpia vinculades o dependents de l'Administració de la Generalitat. Si aquestes estan ubicades al mateix immoble que el Departament, poden utilitzar el mateix registre general."

25. **d)** *Totes són correctes.* ***(Tema 5)***

El Sistema d'Arxius de Catalunya és el conjunt d'òrgans de l'Administració i d'arxius que, amb normes i procediments, garanteixen, d'acord amb els seus valors, la gestió, la conservació, la protecció i la difusió correctes de la documentació de Catalunya, i l'accés a aquesta documentació (art 16.1 de la Llei 10/2001).

26. **d)** *L'aplicació efectiva del principi d'igualtat de tracte d'oportunitats de dones i homes i eliminar la discriminació per raó de sexe amb relació a l'accés al treball remunerat, al salari, a la formació, a la promoció professional i a la resta de condicions de treball.* ***(Tema 6)***

L'article 15.1 de la Llei 17/2015, de 21 de juliol, d'Igualtat efectiva de dones i homes, disposa que el Pla d'igualtat té com a objectiu garantir l'aplicació efectiva del principi d'igualtat de tracte d'oportunitats de dones i homes i eliminar la discriminació per raó de sexe amb relació a l'accés al treball remunerat, al salari, a la formació, a la promoció professional i a la resta de condicions de treball.

27. **a)** *Requisits d'accés i d'exercici de professions i activitats que impliquin tracte amb menors d'edat.* ***(Tema 6)***

L'article 13.5 de la Llei estatal 26/2015, de modificació del sistema de protecció a la infància i l'adolescència, estableix que és requisit per a l'accés i l'exercici de les professions, oficis i activitats que impliquin un contacte habitual amb menors, el fet de no haver estat condemnat per sentència ferma per algun delicte contra la llibertat i indemnitat sexual, que inclou l'agressió i abús sexual, l'assetjament sexual, l'exhibicionisme i la provocació sexual, la prostitució i l'explotació sexual i la corrupció de menors, així com pel delicte de tràfic de persones. A tal efecte, qui pretengui l'accés a aquelles professions, oficis o activitats haurà d'acreditar aquesta circumstància mitjançant l'aportació d'una certificació negativa del registre central de delinqüents sexuals.

28. **d)** *Totes són correctes.* ***(Tema 6)***

L'article 14 del Reial decret legislatiu 5/2015, de 30 d'octubre, estableix el següent: "Els empleats públics tenen els drets de caràcter individual següents en correspondència amb la naturalesa jurídica de la seva relació de servei: a) A la inamovibilitat en la condició de funcionari de carrera; b) A l'exercici efectiu de les funcions o tasques pròpies de la seva condició professional i d'acord amb la progressió assolida en la seva carrera professional; c) A la progressió en la carrera professional i promoció interna segons principis constitucionals d'igualtat, mèrit i capacitat mitjançant la implantació de sistemes objectius i transparents d'avaluació."

29. **a)** *La negociació col·lectiva.* ***(Tema 6)***

Segons el Reial decret legislatiu 5/2015, de 30 d'octubre: "Els empleats públics tenen els drets individuals següents que s'exerceixen de manera col·lectiva: a) A la llibertat sindical; b) A la negociació col·lectiva i a la participació en la determinació de les condicions de treball; c) A l'exercici de la vaga, amb la garantia del manteniment dels serveis essencials de la comunitat; d) Al plantejament de conflictes col·lectius de treball, d'acord amb la legislació aplicable en cada cas; e) Al de reunió, en els termes que estableix l'article 46 d'aquest Estatut.

30. **b)** *Complir estricta, imparcialment i eficaçment les obligacions pròpies del seu lloc de treball.* ***(Tema 6)***

Els articles 52.53 i 54 del Reial decret legislatiu 5/2015, de 30 d'octubre, estableixen els deures dels empleats públics. Codi de conducta.

31. ***d)*** *El nostre interlocutor no cal que s'identifiqui.* ***(Tema 7)***

Per via telefònica mai donarem informació personal, és per això que no cal que el nostre interlocutor s'identifiqui amb el seu nom i cognoms ni amb cap altra dada.

32. ***c)*** *Són correctes a) i b).* ***(Tema 7)***

Si el ciutadà vol rebre informació de caràcter personal, caldrà que s'identifiqui amb un DNI o qualsevol altre certificat vàlid. Ara bé, si la informació que demana és de caràcter general, sense dades de caràcter personal no caldrà aquesta identificació, ja que la informació generalista no conté dades personals.

33. ***a)*** *Consisteix en una manera d'atenció en què cada persona és atesa de manera singular i individualitzada.* ***(Tema 7)***

Segons el glossari del tema, l'atenció personalitzada consisteix en una manera d'atenció en què cada persona és atesa de manera singular i individualitzada, en funció de les seves característiques i els problemes personals.

34. ***c)*** *El grau de satisfacció* ***(Tema 7)***

La qualitat dels serveis i més concretament de l'atenció al ciutadà es mesura pel grau de satisfacció. La diferència entre el que la persona usuària vol o desitja (expectatives) i el que realment obté (percepció) és el que decanta la balança vers la seva satisfacció o la insatisfacció. Si la percepció del que ha obtingut és igual o superior a les seves expectatives, el client estarà satisfet, mentre que si és inferior se sentirà insatisfet.

35. ***a)*** *Cal utilitzar la tècnica del "disc ratllat".* ***(Tema 7)***

Si rebem una crítica que no és certa cal utilitzar la tècnica del "disc ratllat" és a dir, utilitzar explicacions breus i repetitives, sense respondre als atacs personals o altres crítiques.

36. ***b)*** *El mateix valor que la signatura escrita en relació amb les dades consignades en paper.* ***(Tema 8)***

La signatura electrònica té, respecte de les dades consignades en forma electrònica, el mateix valor que la signatura escrita en relació amb les dades consignades en paper.

37. ***a)*** *La signatura electrònica és el conjunt de dades en forma electrònica que poden ser utilitzades com a mitjà d'identificació de la persona signant. En canvi, un certificat electrònic és un document signat electrònicament per un prestador de serveis de certificació que verifica la signatura i confirma la identitat de la persona.* ***(Tema 8)***

La signatura electrònica és el conjunt de dades en forma electrònica que poden ser utilitzades com a mitjà d'identificació de la persona signant. Un certificat electrònic és un document signat electrònicament per un prestador de serveis de certificació que verifica la signatura i confirma la identitat de la persona.

38. **d)** *Un identificador digital per a la ciutadania que permet operar amb diferents administracions i, a més, assegura la integritat de les dades que s'envien.* ***(Tema 8)***

L'idCAT Certificat permet operar amb les administracions públiques i assegura la integritat i la confidencialitat de les transaccions electròniques que la ciutadania envia per Internet. També permet, per exemple, signar documents amb totes les garanties.

39. **d)** *Respondre a una citació.* ***(Tema 8)***

D'acord amb l'article 11 de la Llei 39/2015, d'1 d'octubre, del procediment administratiu comú de les administracions públiques i amb caràcter general, per efectuar qualsevol actuació de les que preveu el procediment administratiu, n'hi ha prou que els interessats acreditin prèviament la seva identitat a través de qualsevol dels mitjans d'identificació que disposa aquesta Llei. Les administracions públiques només requereixen als interessats l'ús obligatori de signatura per: Formular sol·licituds; Presentar declaracions responsables o comunicacions; Interposar recursos; Desistir d'accions; Renunciar a drets.

40. **b)** *Més de 16 anys.* ***(Tema 8)***

idCAT Mòbil és un mecanisme d'identificació i signatura electrònica orientat a la ciutadania i basat en l'enviament d'una contrasenya d'un sol ús al mòbil. Es pot utilitzar per a identificar-se en la majoria de tràmits amb les administracions catalanes i des de qualsevol dispositiu (no cal instal·lar res). Per obtenir un idCAT Mòbil, cal complir els requisits següents: Ser major de 16 anys; Acreditar la identitat; Informar obligatòriament d'una adreça de correu electrònic i un telèfon mòbil a efectes d'identificació i contacte.

41. **c)** *Sí, i aconsellen telefonar al 112.* ***(Tema 9)***

Amenaça de bomba: el primer és la valoració de l'amenaça i en cas de credibilitat trucada al 112 i evacuació del centre de treball.

42. **c)** *Són documents amb plans.* ***(Tema 9)***

En un Pla d'Evacuació, el primer plànol que cal elaborar és el de l'edifici, a nivell general. A continuació, cal elaborar un plànol de cada planta, i, si són massa extensos, diversos plans per zones.

43. **d)** *Totes les identificacions són necessàries.* ***(Tema 9)***

En la redacció del pla d'evacuació; en primer lloc s'han d'identificar las dades principals, com el nom de l'edifici, de l'empresa, etc. Cal identificar els diferents espais i descriure i assenyalar les dades més importants, com el nombre màxim de persones que pot haver-hi, l'estat de les escales, etc. D'altra banda, cal identificar les diferents instal·lacions de protecció contra incendis.

44. **d)** *Són correctes a) i b).* ***(Tema 9)***

Un element a estudiar és com s'evacuarien les persones de mobilitat reduïda. Un altre element molt important és la descripció de totes les tasques que cal dur a terme en cas d'emergència. Per exemple, tancar la clau de pas general del gas i del subministrament elèctric i bloquejar els ascensors i muntacàrregues, a més de tancar els sistemes de ventilació o climatització.

45. **d)** *Totes són correctes.* ***(Tema 9)***

En els plans d'emergència i evacuació s'han d'especificar les funcions dels diferents equips que intervindran en l'emergència (Cap d'emergència, Cap d'Intervenció, ESI, etc.) Així mateix, ha d'aparèixer una taula, segons la disponibilitat dels mitjans humans (matí, triga, nit, festius, etc.), on s'indiqui la funció, nom de la persona que la va realitzar i el seu substitut.

46. **a)** *Sí.* ***(Tema 10)***

La seva funció serà la de revisar subscripcions i sol·licitar als responsables de les publicacions que no són llegides pel personal que esborrin la seva entitat dels seus llistats; i revisar el nombre d'exemplars de cada publicació o document que arriba a l'entitat, doncs alguns cops hi ha persones que ja no treballen a l'entitat a les quals els continua arribant la correspondència.

47. **d)** *Apilar el paper abans de tirar-lo.* ***(Tema 10)***

És molt beneficiós apilar el paper utilitzat sense arrugar per minimitzar espai i doblegar les caixes de cartró per reduir-ne el volum.

48. **c)** *S'han de tirar al contenidor de piles.* ***(Tema 10)***

Les piles es dipositaran en els contenidors corresponents destinats a aquest ús específic.

49. **a)** *La Direcció de l'empresa.* ***(Tema 10)***

Tothom, a més si un treballador detecta la pèrdua d'aigua en alguna aixeta, cisterna o canonada, ha d'avisar al responsable de manteniment.

50. **d)** *Cap és correcta.* ***(Tema 10)***

És necessari evitar l'ús de l'inodor com a cendrer o paperera. No llençar paper que no sigui higiènic ni burilles.

Exercicis d'eines bàsiques

Teoria

Teoria

1. Operacions elementals

A) Suma

Exemple:

152	SUMANDS
+ 69	
221	SUMA O TOTAL

La suma o addició és una operació que té com a objectiu reunir en un sol nombre el valor de dos o més. Per efectuar-la s'han de sumar primer les unitats, després les desenes, després les centenes, i així successivament.

Per sumar nombres, els sumands han de ser homogenis.

B) Resta

Exemple:

124	MINUEND
- 29	SUBTRAHEND
95	RESTA

La resta és una operació que té com a finalitat treure d'un nombre més gran un altre més petit.

Per efectuar la resta, s'ha de començar restant les unitats, després les desenes, després les centenes, i així successivament.

C) Multiplicació i divisió

Exemple:

3 + 4* x 4* - 6** : 3**= 17*

* multiplicand x multiplicador = producte
** dividend: divisor = quocient

Multiplicar és fer un nombre tants cops més gran com unitats tingui un altre. I dividir és fer un nombre més petit tants cops com unitats tingui un altre.

En el cas d'una operació en la qual es porten a terme diferents funcions, hem d'establir una jerarquia en el moment d'operar. Els signes + i

- exerceixen la funció de parèntesi respecte de la multiplicació i la divisió. Per tant, abans de sumar i restar hem de multiplicar i dividir els nombres afectats.

$$3 + (4 \times 4) - (6 : 3) = 17$$

Aleshores, l'exemple plantejat es resoldrà multiplicant primer 4 x 4 = 16 i dividint 6: 3 =2, així l'operació queda simplificada a suma i resta: 3 + 16 - 2 = 17.

II. Nombres enters

El conjunt de nombres enters està format pels nombres positius i els negatius.

Multiplicació					Divisió				
+	x	+	=	+	+	:	+	=	+
més	per	més		més	més	entre	més		més
+	x	-	=	-	+	:	-	=	-
més	per	menys		menys	més	entre	menys		menys
-	x	+	=	-	-	:	+	=	-
menys	per	més		menys	menys	entre	més		menys
-	x	-	=	+	-	:	-	=	+
menys	per	menys		més	menys	entre	menys		més

III. Nombres decimals

Els nombres decimals són els que resulten quan una unitat entera no és completa: els enters i decimals se separen per una coma, essent nombres decimals els que queden a la dreta de la coma, i enters els que queden a l'esquerra.

A) Exemple núm. 1

$$\begin{array}{r} 0{,}03 \\ 5 \\ 3{,}45 \\ 4{,}79 \\ +\ 6{,}136 \\ \hline 19{,}406 \end{array}$$

Els nombres decimals se sumen com els enters, mantenint la coma en la mateixa posició per a tots els sumands i el resultat. Primer se sumarà el grup més petit, en el nostre exemple, les centèsimes, per sumar-hi després les dècimes, les unitats, etc.

B) Exemple núm. 2

$$\begin{array}{r} 12{,}60 \\ -\ 8{,}93 \\ \hline 3{,}67 \end{array}$$

La mateixa norma que se segueix per a la suma de nombres decimals és la que se segueix per a la resta.

C) Exemple núm. 3

$$\begin{array}{r} 3{,}8 \\ \times\ 4{,}3 \\ \hline 114 \\ 152 \\ \hline 16{,}34 \end{array}$$

Així com en la suma i la resta s'ha de vigilar que les comes de separació dels enters dels decimals i les unitats d'un mateix ordre estiguin unes a sota de les altres, en la multiplicació no és necessari.

Els nombres decimals es multipliquen com si fossin enters; però un cop acabada l'operació, en el resultat caldrà separar tants decimals com hi hagi al multiplicand i el multiplicador.

Així, en l'exemple, el multiplicand 3,8 té només un decimal i el multiplicador 4,3 té també un decimal. Per tant, el nombre resultant haurà de tenir 1 + 1 = 2 decimals.

D) Exemple núm. 4

$$\begin{array}{r} 525 \\ \times\ 0{,}504 \\ \hline 2100 \\ 000 \\ 2625 \\ \hline 264{,}600 \end{array}$$

En el cas de multiplicar un enter per un decimal s'opera exactament igual que en l'exemple anterior. Així, el nombre de decimals que tindrà el resultat serà 3, tants com té l'únic nombre decimal.

E) Exemple núm. 5

$$6{,}05 : 100 = 0{,}0605$$

Quan dividim un nombre decimal per la unitat seguida de zeros, el resultat serà el nombre decimal amb la coma traslladada cap a l'esquerra tants llocs com zeros té el divisor. Així, 0,0605 és el resultat de traslladar 2 llocs la coma, ja que 100 conté dos zeros.

F) Exemple núm. 6

```
Dividend ———→ 253,150 | 23      ←——— Divisor
               23       11,006  ←——— Quocient
               0150
Resta ———→      12/
```

En aquest cas, que estem dividint un nombre decimal per un enter, s'efectua la divisió com si els dos nombres fossin enters, separant després en el quocient tantes xifres decimals com té el dividend. O, millor dit, en baixar la primera xifra decimal es posarà una coma en el quocient. Així, en l'operació 253,150:23, en el mateix moment en què hem baixat l'1 (decimal) del dividend hem escrit una coma en el quocient.

G) Exemple núm. 7

```
(325:0,4) =    3250  | 4
                05     812,5
                 10
                  20/
```

Aquest és el cas de dividir un nombre enter per un decimal. Abans de començar l'operació és millor arreglar el divisor i convertir-lo en un nombre enter. La manera de fer aquest canvi és posar en el dividend tants zeros com xifres decimals té el divisor i treure-li la coma. Després s'opera com si es tractés d'una divisió de nombres enters. Per tant, la divisió 325 : 0,4 és la mateixa que 3250 : 4, ja que hem multiplicat el dividend i el divisor pel mateix número: 10.

H) Exemple núm. 8

```
729,3 | 0,0033  =   7293000 | 33
                      69      221000
                       33
                        0/
```

Per acabar, ens podem trobar amb el cas de dividir un nombre decimal per un altre decimal. Hem d'igualar amb zeros les xifres decimals i després treure la coma decimal, i operar com si es tractés de nombres enters. El dividend 729,3 té 1 decimal i el divisor té 4 decimals. Per tal que el divisor resulti un nombre enter hem de córrer la coma del dividend i del divisor 4 vegades. Al número

729,3 correm la coma 1 lloc i a més li afegim 3 zeros, resultant 7293000. El divisor resulta 33. En realitat, hem multiplicat el dividend i el divisor pel mateix número: 10.000.

IV. Nombres fraccionaris i mixtos

A) Exemple núm. 1

$$\begin{array}{ll} \text{NUMERADOR} & \\ & \dfrac{5}{7} + \dfrac{3}{7} - \dfrac{4}{7} + \dfrac{2}{7} \\ \text{DENOMINADOR} & \end{array}$$

Es tracta de sumar i restar fraccions amb el mateix denominador. La fracció que en resulta tindrà el mateix denominador, essent el seu numerador el resultat de sumar i restar els numeradors de les quatre fraccions donades.

Així, 5 + 3 - 4 + 2 és igual a 6. Aquest serà el numerador.

El denominador serà el mateix que en les fraccions anteriors, 7.

En conseqüència, el resultat de l'operació serà: $\dfrac{6}{7}$

B) Exemple núm. 2

$$\frac{2}{3} + \frac{1}{4} + \frac{5}{2} - \frac{3}{6}$$

En aquest cas, les fraccions que s'han de sumar i restar tenen denominador diferent. S'hauran de reduir, en primer lloc, a comú denominador.

Per fer-ho s'ha de buscar el mínim múltiple comú dels denominadors, en aquest cas de 3, 4, 2 i 6. Aquests números posseeixen infinits múltiples comuns, però convé trobar el més petit. En aquest cas és el 12.

Arribats a aquest punt, es tracta de trobar fraccions equivalents a cada una de les quatre que ens donen a l'enunciat del problema, però que posseeixin com a denominador el 12.

S'obté una fracció equivalent a la primera si es multipliquen o divideixen numerador i denominador pel mateix nombre.

En conseqüència, la fracció equivalent a 2/3 que tingui el 12 en el denominador, serà 8/12 perquè al 3 l'hem multiplicat per 4 per obtenir 12. De la mateixa manera, i per tal que la fracció que en resulta sigui equivalent a la primera, s'haurà de multiplicar el numerador pel mateix número: 2 x 4 = 8.

La fracció equivalent a 1/4, amb denominador 12, serà $\dfrac{3 \quad (1 \times 3)}{12 \quad (4 \times 3)}$

L'equivalent a 5/2 serà 30/12 i l'equivalent a 3/6 serà 6/12.

Si reescrivim el que hem obtingut ens trobem amb una operació equivalent a l'original, però amb el mateix denominador. Aquesta operació es farà segons el que hem dit a l'epígraf anterior. Així:

$$\frac{8}{12} + \frac{3}{12} + \frac{30}{12} - \frac{6}{12} = \frac{35}{12}$$

C) Exemple núm. 3

$$\frac{3}{4} \text{ x } \frac{2}{3} \text{ x } \frac{5}{2}$$

Es tracta d'una multiplicació de fraccions. Per resoldre-la es multipliquen els numeradors entre si i els denominadors entre si.

En concret, 3 x 2 x 5 = 30, mentre que 4 x 3 x 2 = 24. La fracció que resulta de multiplicar aquestes tres serà:

$$\frac{30}{24} = \frac{5}{4}$$

Hem dividit numerador i denominador per (6), per reduir al màxim la fracció.

D) Exemple núm. 4

$$\frac{3}{5} : \frac{4}{3}$$

La divisió és l'operació inversa a la multiplicació. Per resoldre-la es multiplica la primera fracció per la inversa de la segona.

És a dir, 3/5 x 3/4. Per tant, el resultat de l'operació serà 9/20.

E) Exemple núm. 5

$$6\ \frac{1}{2} + \frac{3}{4}$$

El primer terme de la suma es denomina nombre mixt. Consisteix en la suma d'un nombre natural i una fracció, 6 + 1/2. Per passar-lo a fraccionari s'aplica la definició de suma, així:

$$6\ \frac{1}{2} = 6 + \frac{1}{2} = \frac{6}{1} + \frac{1}{2} = \frac{(6 \text{ x } 2) + 1}{2} = \frac{13}{2}$$

O bé, es multiplica el nombre enter pel denominador i, al resultat, se li suma el numerador. El denominador es manté.

$$6\ \frac{1}{2} = \frac{(6 \text{ x } 2) + 1}{2} = \frac{13}{2}$$

La resta de la suma es farà segons el que hem dit abans:

$$\frac{13}{2} + \frac{3}{4} = \frac{(13 \text{ x } 2) + 3}{4} \ ; \text{ essent el resultat } \frac{29}{4}$$

NOTA: si la fracció que en resulta equival a un nombre enter, aquesta serà la resposta més correcta:

$$\frac{15}{2} = 5 \quad \frac{18}{6} = 3 \quad \frac{188}{4} = 47, \text{ etc.}$$

Si es pot reduir la fracció (dividir per un mateix nombre numerador i denominador), la resposta més correcta serà la màxima reducció possible:

$$\frac{17}{2} = \frac{1}{3} \quad \begin{matrix} \longrightarrow 17 : 17 \\ \longleftarrow 51 : 17 \end{matrix} \ ; \frac{15}{24} = \frac{5}{8} \ ; \ \frac{8}{32} = \frac{1}{4}, \text{ etc}$$

V. Potències i arrels

Propietats de las potències	
$a = b;\ a^n$ o b^n	$2 = 2;\ 2^2 = 2^2$
$a^o = 1$	$15^o = 1$
$(a \cdot b \cdot c)^n = a^n \cdot b^n \cdot c^n$	$(2 \times 3 \times 4)^2 = 2^2 \times 3^2 \times 4^2$
$(a : b)^n = a^{n+n}$	$(4 : 2)^2 = 4^2 : 2^2$
$a^m \cdot a^n = a^{m+n}$	$2^3 \times 2^4 = 2^{3+4} = 2^7$
$a^m : a^n = a^{m-n}$	$3^8 : 3^2 = 3^{8-2} = 3^6$
$a_{-m} = \frac{1}{a^m}$	$3_{-2} : \frac{1}{3^2} = \frac{1}{9}$
$(a^m)^n = a^{m \cdot n}$	$(2^3)^2 = 2^{3 \times 2} = 2^6$
$(a + b)^2 = a^2 + b^2 + 2ab$	$(2 + 3)^2 = 2^2 + 3^2 + 2x\ (2 \times 3)$
$(a + b) \cdot (a - b) = a^2 - b^2$	$(2 + 3) \times (2 - 3) = 2^2 - 3^2$

Propietats de la radicació	
$A^{M/N} = \sqrt[N]{A^M}$	$2^{3/2} = \sqrt[2]{2^3}$
$\sqrt[N]{A \cdot B} = \sqrt[N]{A} \cdot \sqrt[N]{B}$	$\sqrt[3]{2 \times 3} = \sqrt[3]{2} \times \sqrt[3]{3}$
$A\sqrt[N]{B} = \sqrt[N]{A^N \cdot B}$	$2\sqrt[3]{3} = \sqrt[3]{2^3 \times 3}$
$\sqrt[N]{A : B} = \sqrt[N]{A} : \sqrt[N]{B}$	$\sqrt[4]{A : B} = \sqrt[4]{A} : \sqrt[4]{B}$
$\sqrt[N]{A}^{\,M} = \sqrt[N]{A^M}$	$\sqrt[2]{3}^{\,3} = \sqrt[2]{3^3}$
$\sqrt[M]{\sqrt[N]{A}} = \sqrt[MN]{A}$	$\sqrt[3]{\sqrt[2]{2}} = \sqrt[6]{2}$
$\sqrt[N]{A^M} = \sqrt[MP]{A^{MP}}$	$\sqrt[4]{3^8} = \sqrt[4x5]{3^{8x5}}$

ARRELS QUADRADES	ARRELS CÚBIQUES
$\sqrt[3]{1} = 1$	$\sqrt[3]{1} = 1$
$\sqrt{2} = 1{,}4142$	$\sqrt[3]{8} = 2$
$\sqrt{3} = 1{,}732$	$\sqrt[3]{27} = 3$
$\sqrt{4} = 2$	$\sqrt[3]{64} = 4$
$\sqrt{5} = 2{,}236$	$\sqrt[3]{125} = 5$
$\sqrt{6} = 2{,}4494$	$\sqrt[3]{216} = 6$
$\sqrt{7} = 2{,}6457$	$\sqrt[3]{343} = 7$
$\sqrt{8} = 2{,}8284$	$\sqrt[3]{512} = 8$
$\sqrt{9} = 3$	$\sqrt[3]{729} = 9$
$\sqrt{10} = 3{,}1623$	$\sqrt[3]{1000} = 10$
$\sqrt{16} = 4$	$\sqrt[3]{1331} = 11$
$\sqrt{25} = 5$	$\sqrt[3]{1728} = 12$
$\sqrt{36} = 6$	$\sqrt[3]{2197} = 13$
$\sqrt{49} = 7$	$\sqrt[3]{2744} = 14$
$\sqrt{64} = 8$	$\sqrt[3]{3375} = 15$
$\sqrt{81} = 9$	
$\sqrt{100} = 10$	
$\sqrt{121} = 11$	
$\sqrt{144} = 12$	
$\sqrt{169} = 13$	
$\sqrt{196} = 14$	
$\sqrt{225} = 15$	
$\sqrt{256} = 16$	
$\sqrt{289} = 14$	
$\sqrt{324} = 18$	
$\sqrt{361} = 19$	
$\sqrt{400} = 20$	

VI. Sistema sexagesimal i sistema mètric

VI.1. Sistema sexagesimal

A) Exemple de suma

(12h 29' 47") + (5h 41' 33")

En aquest sistema cada terme se suma al seu homònim independentment. Així doncs, els segons se sumaran amb els segons, els minuts amb els minuts, les hores amb les hores...

Així doncs, i en aquest cas concret, resultaria que 47" + 33" = 80"; 29' + 41' = 70' i 12h + 5h = 17h. No obstant, convé reescriure adequadament aquestes expressions.

80' són un minut i queden 20', això permetrà sumar un minut als que ja teníem. Alhora, 71' és una hora i 11'; per tant, si afegim aquesta hora a les que ja teníem, en resulten 18.

El resultat, en conseqüència serà 18h 11' 20".

B) Exemple de resta

(5h 32' 45") - (3h 52' 20")

Igual que en la suma, cada terme es resta del seu homònim independentment. El que succeeix és que, en aquest cas, el subtrahend de minuts (52) és més gran que el minuend, i així no es pot fer la resta en el sistema sexagesimal.

En aquest cas, s'agafa una hora, de les cinc que existeixen en el minuend, i s'afegeixen els seus seixanta minuts als 32 que hi apareixen. Aquesta maniobra permetrà resoldre el problema adequadament.

Així:

```
  4h 92' 45"
- 3h 52' 20"
------------
  1h 40' 25"
```

C) Exemple de determinació de dies, hores, minuts i segons

946.381 segons

Com que cada seixanta segons constitueixen un minut, si dividim aquella quantitat entre 60 obtindrem els minuts. La resta de la divisió seran, lògicament, els segons.

```
946381''  | 60
346         15773'
  463
   438
     181
       1''
```

De la mateixa manera, si dividim la quantitat de minuts obinguda entre 60 (cada seixanta minuts és una hora) obtindrem les hores i en la resta estaran els minuts. Finalment, si dividim la quantitat resultant per 24 (compte!, cada vint-i-quatre hores és un dia) obtindrem els dies i la resta seran les hores.

Així:

```
15773'  | 60
377       262 h | 24
  173      22 h   10 dies
   53'
```

El resultat, per consegüent, serà 10 dies 22h 53' 1".

VI.II. Sistema mètric

Sistema Mètric	
Unitats	**Nomenclatura**
Metre .... longitud (m)	DECA 10
Metre quadrat .... superfície (m^2)	HECTO 100
Metre cúbic .... volum (m^3)	KILO 1.000
Litre .... capacitat (l)	MIRIA 10.000
Gram .... massa pes (g)	

	MÚLTIPLES			SUBMÚLTIPLES		
LONGITUD	Mm	miriàmetre	10.000 m	dm	decímetre	0,1 m
	Km	kilòmetre	1.000 m	cm	centímetre	0,01 m
	hm	hectòmetre	100 m	mm	mil·límetre	0,001 m
	dam	decàmetre	10 m			
	m	metre	1 m			
SUPERFÍCIE	Mm^2		100.000.000 m^2	dm^2		0,01 m^2
	Km^2		1.000.000 m^2	cm^2		0,0001 m^2
	hm^2		10.000 m^2	mm^2		0,000001 m^2
	dam^2		1.000 m^2			
	m^2		1 m^2			
VOLUM	Mm^3		1000.000.000.000 m^3	dm^3		0,001 m^3
	Km^3		1.000,000.000 m^3	cm^3		0,000001 m^3
	hm^3		1.000.000 m^3	mm^3		0,000000001 m^3
	dam^3		1.000 m^3			
	m^3		1 m^3			
CAPACITAT	Ml		10.000 l	dl		0,1 l
	Kl		1.000 l	cl		0,01 l
	hl		100 l	ml		0,001 l
	dal		10 l			
	l		1 l			
PES	tm		1000.000 g	dg		0,1 g
	qm		100.000 g	cg		0,01 g
	Mg		10.000 g	mg		0,001 g
	kg		1.000 g			
	hg		100 g			
	dag		10 g			

VII. Regla de tres

La regla de tres simple abraça tots aquells problemes en els quals es donen dues quantitats que corresponen a magnituds diferents i que guarden entre si una proporció directa o indirecta. A això ens afegeixen una tercera dada que pertany a una d'aquestes dues magnituds i nosaltres hem de trobar el valor que li correspongui en l'altra magnitud.

A) Regla de tres directa

1. M'he comprat 15 camises en un magatzem i m'han costat 465 euros. M'han fet uns encàrrecs i he de comprar 25 camises més. Quant em costaran?

   La relació entre el nombre de camises i el preu és directament proporcional, ja que a major nombre de camises, més gran serà l'import que he de pagar.

   Per tant, plantejo el problema de la forma següent:

   15 camises ⟶ 465 euros

   25 camises ⟶ x

   Aleshores:

$$x \frac{25 \times 465}{15} = 775 \text{ euros}$$

   Haurà de pagar 775 euros.

2. Una persona percep 750 euros al mes per la seva feina. Quant percebrà si només ha treballat 20 dies?

   La relació entre la quantitat cobrada i els dies treballats és directament proporcional, ja que si treballo menys dies cobraré menys diners.

   Per tant:

   30 dies ⟶ 750 euros

   20 dies ⟶ x

   Si:

$$x \frac{750 \times 20}{30} = 500 \text{ euros}$$

   Percebrà 500 euros.

B) Regla de tres inversa

Per construir una paret, 20 treballadors tarden 24 dies. Quant tardaran 16 treballadors?

En aquest cas la relació entre el nombre de treballadors i el temps empleat és inversament proporcional ja que, a menys treballadors, més temps necessitarem per fer la feina.

Per tant:

20 treballadors ⟶ 24 dies

16 treballadors ⟶ x

Si:

$$x = \frac{20 \times 24}{16} = 30 \text{ dies}$$

Hi tardaran 30 dies.

VIII. Percentatges

El tant per cent es representa amb el símbol % i es calcula aplicant el concepte de regla de tres directa de l'apartat anterior.

Se'ns poden presentar tres casos:

A) Calculi el % d'una quantitat

He comprat unes joguines per 58 euros. M'han fet un descompte del 12%. Quant he hagut de pagar?

100% ⟶ 58 euros

12% ⟶ x

$$x = \frac{58 \times 12}{100} = 6{,}96 \text{ euros}$$

Si al total del preu (58 euros) li resto 6,96, que és el descompte que em fan, resulta que he de pagar 51,04 euros.

B) Atès el % d'una quantitat, calculi aquesta quantitat

Quinze dones d'una empresa estan casades i representen el 75% de les dones que hi treballen. Quantes dones hi ha en total?

75% ⟶ 15 dones

100% ⟶ x

$$x = \frac{100 \times 15}{75} = 20 \text{ dones}$$

Hi ha 20 dones a l'empresa.

C) Atesa una quantitat que és el % d'una altra també donada, calculi aquest %. Una classe té una matrícula de 25 alumnes. Si falten a classe 4 alumnes, quin tant per cent va faltar-hi?

25 alumnes ⟶ 100%

4 alumnes ⟶ x

$$x = \frac{100 \times 4}{25} = 16 \text{ alumnes}$$

Hi va faltar el 16% dels alumnes.

IX. Equacions de primer grau

Són equacions les expressions matemàtiques següents:

$$x - 2 + 4x - 7 = 3x + 4x - 7$$

$$2x + 5 - 3x = 7 + 21 - 6x$$

Una equació és una igualtat que uneix dues expressions diferents que contenen incògnites o variables. Aquestes expressions reben el nom d'expressions algebraiques. S'anomena primer membre de l'equació a l'expressió algebraica que hi ha a l'esquerra del signe igual, i segon membre de l'equació a l'expressió algebraica que hi ha a la dreta del signe igual.

Les lletres que apareixen en l'equació són les incògnites, i es defineix com una quantitat desconeguda a la qual se li assigna una lletra per poder treballar.

La solució de l'equació és el nombre o nombres que en substituir-los per les incògnites verifiquen o resolen l'equació.

Existeixen diferents tècniques o mètodes per resoldre les equacions de primer grau. A continuació se'n mostren els més habituals.

Si hem de resoldre l'equació:

$$2x - 5 + 4x - 6 = x + 13x + 7 - 10x - 2$$

Hem de seguir els següents passos:

1r. Simplificar els dos membres de l'equació ajuntant els termes homogenis, és a dir, sumar números i expressions iguals.

$$6x - 11 = 4x + 5$$

2º. Eliminar les X d'un dels dos membres restant la mateixa quantitat dels dos membres de l'equació (millor d'on n'hi hagi menys per evitar que quedin negatives).

$$6x - 11 - 4x = 4x + 5 - 4x$$

$$2x - 11 = 5$$

3º. Aïllar les X. Això significa deixar les X soles en un membre i els nombres en l'altre membre de l'equació. Per aconseguir-ho hem d'eliminar els nombres que se sumen o es resten a les X sumant o l'oposat d'aquest nombre als dos costats de l'equació.

$$2x - 11 + 11 = 5 + 11$$

$$2x = 16$$

4º. Dividir els dos costats de l'equació pel quocient de les X.

$$2x/2 = 16/2$$

$$x = 8$$

A continuació resolem l'equació següent:

$$2x - 5 + 4x - 6 = x + 13x + 7 - 10x - 2$$

1º. Passem totes les X a un dels costats de l'equació i tots els membres a l'altre, canviant el signe dels termes que es traspassen.

$$2x + 4x - x - 13x + 10x = 7 - 2 + 5 + 6$$

2º. Simplifiquem els dos termes de l'equació ajuntant els termes homogenis.

$$2x = 16$$

3º. Canviem el coeficient de la X de costat. Si multiplicava, passa dividint i si dividia, passa multiplicant.

$$x = 16/2 = 8$$

Exercicis d'eines bàsiques

Enunciats

Exercicis

Comprensió lectora I

Segons la lectura del text següent, indiqui a cada proposta si és Veritat o Fals:

El llagost i el subconscient

Em van venir a veure els del Col·legi d'Aparelladors i em van dir que la façana de l'edifici era molt trista i que si jo els volia alegrar una mica aquest aspecte més aviat nocturn que tenia, i alhora, que els fes alguna cosa que la caracteritzés.

La proposta em va alegrar perquè era un repte: jo no havia treballat mai sobre una façana, un element que ja hi és, que no pots modificar. Vaig començar pel desglossament del rètol de l'entitat, que té cinquanta lletres. I com si es tractés de la caixa d'un caixista d'una impremta antiga, les vaig escampar sobre la façana per grups, en forma de material alfabètic. Cada grup de lletres és d'un color diferent. Després, sobre la porta d'entrada, les lletres degudament "desordenades" formen el text del rètol. Perquè s'ha de tenir en compte que un text és un alfabet desordenat.

Després vaig veure que, a dalt, s'hi podia col·locar alguna cosa. Primer se'm va acudir de fer-hi una gran A tombada, com si dormís, amb les cames enlaire. Però s'assemblava a l'escaire que l'entitat té com a símbol, era una relació massa fàcil. M'interessava de fer una mena de metàfora, en què la poesia tingués un paper actiu, i que l'element escollit no fos prosaic. Per això, també vaig desestimar la possibilitat de col·locar-hi un gran metre de fuster, d'aquests que es despleguen com un llampec o una cinta mètrica. També vaig pensar en una avioneta estavellada. I un dia, per una jugada del subconscient, se'm va ocórrer la figura del llagost, un animal àgil, que sorgint del bosc del pensament se situa triomfant al cim de l'edifici.

Un amic meu, quan va veure el llagost, em va dir que els indis mexicans tenen el llagost com el símbol de la saviesa. Llavors, ja té una explicació: és un homenatge a la intel·ligència dels arquitectes. El subconscient hi ha vegades que té aquestes sortides. És fantàstic, perquè jo quan ho vaig fer ni de lluny ho sospitava. El subconscient em va jugar una carta perfecta.

1. **Joan Brossa va fer el llagost per elogiar la saviesa dels arquitectes.**
2. **L'artista ha treballat en diverses façanes, però cada tasca és diferent i representa un nou repte.**
3. **L'artista pensa que el subconscient el va ajudar en aquesta obra.**
4. **Va respectar el text original del rètol de la façana de l'edifici.**
5. **El Col·legi d'Aparelladors no tenia cap símbol abans de l'obra de Joan Brossa.**
6. **Brossa volia que la seva obra tingués relació amb la poesia.**

Comprensió lectora II

Vine a la Vall de Núria

Us proposem gaudir d'un paratge d'alta muntanya únic, la Vall de Núria, on només es pot accedir a peu o amb el tren cremallera des del poble de Ribes de Freser. Des d'aquí fins a la vall, aquest tren supera un desnivell de més de mil metres en un recorregut de dotze quilòmetres.

Des de les finestres del tren gaudireu de la bellesa del paisatge espectacular que ofereix l'alta muntanya. A més, amb el bitllet del cremallera podreu pujar al telecabina tantes vegades com vulgueu o visitar les exposicions sobre la història de Núria a l'església.

A la Vall de Núria podeu practicar l'esquí alpí, el de fons i el de muntanya a l'hivern; a l'estiu podeu fer excursions a cavall per les muntanyes.

Per menjar hi trobareu diverses propostes:

1. La cuina internacional al restaurant de l'hotel: bona cuina, bona taula i bon servei.
2. L'àpat típic amb els plats tradicionals de muntanya en un espai suggestiu, a la Cabana dels Pastors.
3. A l'autoservei, l'àpat ràpid i a gust de tothom.
4. Un menjar senzill en l'ambient jove i desenfadat de l'Alberg Pic de l'Àliga.

Si al vespre us vénen ganes de quedar-vos a passar la nit a la vall podeu gaudir dels serveis de l'hotel, de les cel·les de l'hostatgeria, o fins i tot, si aneu preparats, passar una nit al refugi de muntanya. En aquest cas, recordeu-vos de portar el sac de dormir!

Si sortiu a la muntanya, preneu precaucions: comproveu el vostre equip, demaneu informació meteorològica i ompliu el full de ruta a l'Oficina d'Informació de la Vall de Núria; i si no sou muntanyencs gaire experts, hi ha un servei de guies professionals que us poden assessorar o acompanyar en les vostres excursions.

Informeu-vos-en i consulteu les dates i els horaris de les activitats a l'Oficina d'Informació de la Vall de Núria a l'estació de la plaça de Catalunya, en ple centre de Barcelona, o bé a la mateixa estació del cremallera a Ribes de Freser.

Indiqui si les afirmacions següents són vertaderes o falses segons el text anterior: si són veritat, marqueu amb una V; si no són veritat, marqui amb una F.

1. **Un cremallera és un tipus de tren que pot superar grans desnivells de terreny.**
2. **Si heu comprat el bitllet del cremallera, podreu agafar gratuïtament el telecabina.**

3. **A la Vall de Núria es poden practicar esports de muntanya a l'estiu i a l'hivern.**

4. **A l'Alberg del Pic de l'Àliga es pot menjar en un ambient informal.**

5. **Si no porteu sac de dormir, no us podreu quedar a dormir a Núria.**

6. **Els muntanyencs poc experts han d'anar d'excursió acompanyats d'un guia professional.**

7. **Hi ha dues oficines d'informació de la Vall de Núria al centre de Barcelona.**

Comprensió lectora III

Llegiu les quatre situacions que teniu en aquest full i els sis anuncis següents i decidiu quin dels anuncis ofereix el servei més adequat per a cadascuna de les situacions.

Marqueu la lletra de l'anunci més adequat a cada situació.

Quin és el restaurant més adequat per a cada situació?

1. La Marta i la Paula són dues estudiants que cuiden molt la seva salut. Han quedat dissabte per anar a dinar fora, però no poden gastar gaires diners. A totes dues els agraden els menjars sans i lleugers.
2. Avui dimarts, en Joan ha quedat per anar a sopar amb els seus germans, en Miquel i la Pilar, i després anar al cinema. Els nois en tenen prou amb un entrepà, però la noia està fent una dieta per aprimar-se i vigila molt el que menja.
3. La Rosa vol que els seus amics anglesos coneguin la cuina i els vins catalans. Com que vol quedar bé, ha decidit portar-los a un dels millors restaurants de Barcelona.
4. La Marina és vegetariana, però al seu xicot li agrada molt la carn i menjar bé. Busquen algun lloc per anar a sopar on tots dos puguin menjar de gust.

Restaurants

a) **El Buffet Verd**

Cuina vegeteriana variada i ben elaborada. Per 5,85 euros ofereixen un ampli bufet de primers i segons plats, a més de les postres, te o cafè, refresc, vi o cervesa.

Obert només als migdies, de dilluns a divendres.

b) **Miquetes Màgiques**

És el restaurant de la vida sana: tenen un menú d'especialitats macrobiòtiques per 6,61 euros: sopa, plat combinat de llegums, cereals i peix i aigua mineral.

De dilluns a divendres, obert només al migdia. Els caps de setmana, també obren al vespre.

c) **Ocell de Foc**

Lloc agradable que us ofereix cuina tradicional catalana amb tocs de modernitat, així com un variat assortiment d'amanides. Especialitat en carns a la brasa. De dilluns a divendres tenen un molt bon menú, per només 12 euros.

Els caps de setmana, restaurant a la carta.

d) **Roig Robí**

Selecta cuina catalana. Hi trobareu tot tipus de guisats i arrossos tradicionals, elaborats amb una bona dosi d'originalitat. El seu menú de degustació val 33 euros. Tenen una carta de vins excel·lents.

Tanquen els dissabtes al migdia.

e) **La Flauta**

Ideal per als qui tenen pressa, però volen menjar bé. Fan entrepans excel·lents amb pa d'elaboració pròpia.

També tenen tapes i amanides boníssimes, menú del dia i restaurant a la carta.

Dissabte tancat.

f) **Fres Co**

Us ofereixen un bufet lliure d'amanides fresques, pastes, pizzes i sopes de tots els gustos. El menú val 5,85 euros al migdia, de dilluns a divendres, i 7,5 euros els vespres i els caps de setmana.

Dissabte tancat.

Comprensió lectora IV

Llegiu l'article de la pàgina següent: cinc escriptors diferents parlen de llibreries destacades de diverses ciutats dels Països Catalans.

Tingueu en compte que:

— Totes les preguntes es poden respondre.

— Una mateixa llibreria pot ser la resposta a més d'una pregunta.

— Només hi ha una resposta per a cada pregunta.

Escriviu la lletra de la resposta al costat de cada pregunta.

Exemple:

Pregunta: Quina llibreria es coneix amb un altre nom?

Resposta: A

Quina llibreria...

1. és un negoci familiar?
2. té més d'una botiga?
3. està instal·lada en un edifici de valor artístic?
4. és a la vora de la universitat?
5. es va fundar gràcies a altres col·laboracions?
6. publica una revista amb les obres literàries més recents?
7. va crear un premi literari?
8. no ven únicament llibres, actualment?
9. dóna molta importància a la poesia?
10. ha canviat per adaptar-se als nous temps?

a) **Llibreria Gaudí (Reus)**

Des de 1965, un dels motors fonamentals de la cultura catalana a Reus ha estat i continua essent la llibreria Gaudí, ca l'Isidre. I és que aquest llibreter, que entén la seva professió com un servei a la cultura del seu país, ha estat sempre un agitador intel·lectual.

L'Isidre Fonts pensa que la llibreria és una eina de divulgació del llibre en català, un autèntic repte en una societat que té un cert desconeixement de la pròpia llengua i cultura. La Maria Pallarch, dona de l'Isidre, també hi treballa i la seva filla Montsant, que, conscient dels nous temps, ha aportat un nou esperit al negoci i ha reformat la botiga per continuar essent un punt de referència obligat. A més, la llibreria publica un butlletí prou remarcable de novetats literàries.

b) **Llibreria Faristol (Castelló)**

Aquesta llibreria és coneguda per la rica diversitat dels llibres i altres productes recomanables per a la vista i l'intel·lecte que ofereixen als seus clients (gravats, quadres, ceràmica...).

És freqüent de veure-hi algun escriptor local que vol conèixer l'èxit de vendes del seu darrer títol, o que fa una ullada al tauler d'anuncis de premis literaris de les institucions locals. O una professora que encarrega una nova lectura per als seus alumnes adolescents, les mares dels quals passaran uns dies després a comprar-la. La llibreria Faristol és hereva de les antigues tertúlies d'escriptors que es feien a les rebotigues.

c) **Llibreria 22 (Girona)**

A més d'aquesta llibreria, situada al número 22 del carrer Hortes, en ple barri vell de Girona i actual zona universitària, tenen dues llibreries més a la ciutat. La primera, a causa de la seva ubicació, està especialitzada en llibres universitaris. L'ànima del negoci es diu Guillem Terribas. Ara fa vint-i-cinc anys, va iniciar –fent cas de la il·lusió del seu pare– l'aventura de la llibreria, que sovint ha tirat endavant amb més ganes i imaginació que diners. Va ser un dels primers a entendre la llibreria com un punt de trobada i de col·laboració cultural.

Una de les iniciatives pròpies que més l'omple d'orgull és el premi Just M. Casero de narració curta, que ja ha celebrat el vintè aniversari, i que ha donat a conèixer autors, avui tan populars, com Maria Mercè Roca i Josep Maria Fonalleras.

d) **Punt del Llibre (Lleida)**

Darrere moltes de les llibreries que no han desaparegut al cap de dos o tres anys d'haver-se fundat, hi sol haver una història bastant compartida. De bon començament, hi ha una persona que s'estima els llibres i que arrisca els seus pocs diners per obrir un cau ple de papers i d'il·lusions. Si té sort i la llibreria es troba a la vora d'una escola, d'un institut o d'una de les facultats universitàries, haurà de vèncer la temptació d'adquirir quaderns, bolígrafs i plomes estilogràfiques. Aquest és el cas del llibreter de Punt del Llibre, Miquel Bernal.

Després de tretze anys d'haver fundat l'establiment, cal agrair que, encara avui, continuï essent un punt de trobada per als amants de la literatura i de la poesia en particular, que ocupa un dels llocs més destacats de l'establiment.

e) **Llibreria Ona (Barcelona)**

Ona és molt més que una llibreria de novetat: a l'ordinador s'hi troba tot el que hi ha publicat en català, uns trenta mil títols. Aquesta llibreria va ser fundada a la dècada dels seixanta per un grup de llibreters emprenedors conjuntament amb l'empresa discogràfica Concèntric, la qual després seria la gran plataforma de la Nova Cançó; per això s'hi venien, fins fa uns quatre anys, a més de llibres, discs en català. La llibreria ocupa una antiga casa de teixits, que no es pot reformar perquè pertany al Quadrat d'or modernista de Barcelona.

Comprensión lectora V

Llegiu atentament les notícies breus que teniu en aquest full i els vuit enunciats de la pàgina següent i decidiu quin dels enunciats és més adequat per a cada notícia.

Marqueu, al costat de cada test, la lletra corresponent.

1. Un antic edifici industrial serà la seu del nou museu de la motocicleta de la ciutat de Barcelona. La capital catalana és la tercera ciutat del món en nombre de motos per quilòmetre quadrat, i a Catalunya hi ha 600.000 afeccionats a la motocicleta; és a dir, un 10% de la població sent atracció per a aquest vehicle.

2. Més de 18 milions de persones han visitat els museus italians durant el 1997, una xifra a la qual mai no s'havia arribat en el passat. Diverses mesures han permès aquests resultats, com ara l'obertura dels museus en horaris nocturns –fins a les 10 del vespre– i les insistents campanyes publicitàries. Aquestes mesures tenen un sol missatge: la cultura és el principal recurs de què disposa el país.

3. Maria A. Ferrer ha publicat un llibre que, a partir d'un itinerari que s'inicia al circ romà i segueix les principals restes arqueològiques de la ciutat de Tarragona, explica d'una manera senzilla i amena les creences i les pràctiques religioses dels antics habitants de la ciutat, anomenada aleshores Tarraco.

4. És a punt de començar el judici pel robatori del Beatus de Lièbana, el llibre del segle X que va ser robat del Museu Diocesà d'Urgell el setembre de 1996 i recuperat el gener de 1997. L'acusació demana més de 35 anys de presó per als nou implicats. A conseqüència del robatori, el museu va reforçar les mesures de seguretat i va encarregar una reproducció del llibre, que és la que actualment es mostra al públic.

5. El Museu de la Prehistòria de Taltaüll, a pocs quilòmetres de Perpinyà, ha tornat a obrir una de les seves instal·lacions més característiques: la reproducció de la Cova de l'Aragó. El visitant del museu pot passejar-se dins d'una reproducció exacta de la cova i viure un espectacular muntatge que permet contemplar com vivia l'home prehistòric.

6. Professors de la Universitat Autònoma de Barcelona (UAB) han creat un parc arqueològic artificial per ensenyar arqueologia als joves durant les estades escolars. Es tracta de la recreació d'una vil·la romana on els nois hauran de treballar com a arqueòlegs, fent servir les tècniques i les eines pròpies d'aquesta activitat.

Opcions de resposta

a Lladres al museu.
b Barcelona tindrà un nou museu.
c Conferència sobre el món romà.
d El patrimoni artístic, un recurs econòmic.
e Lliçons pràctiques d'arqueologia.
f Conèixer les creences a través d'unes ruïnes.
g Robatori de motocicletes a Tarragona.
h Un museu per reviure els orígens.

Comprensió lectora VI

Llegiu aquest article i escolliu quin dels resums de la pàgina següent és el més adequat.

Medecines i salut

Actualment no podem concebre un món sense medecines. Tanmateix, el seu ús massiu és un fenomen propi de finals d'aquest segle, que ha generat alguns hàbits perjudicials per a la salut.

Moltes persones cauen en l'error d'associar el fet de prendre medecines amb el de mantenir una bona salut; també hi ha la creença generalitzada que podem medicar-nos nosaltres mateixos. En conseqüència, s'ha estès el mal costum de decidir quins medicaments prenem i quina quantitat en necessitem sense consultar l'especialista.

Però no ens oblidem del perill que l'automedicació pot comportar: pràcticament no existeixen medicaments sense contraindicacions ni efectes secundaris.

És evident que moltes medecines són d'ús gairebé habitual. La majoria de persones se'n serveixen molt sovint. No obstant això, una simple aspirina, present a qualsevol farmaciola familiar, de vegades pot provocar problemes importants.

L'automedicació, a més, provoca costums perillosos que afecten terceres persones: per exemple, molta gent recomana amb freqüència els medicaments que pren o ha pres en alguna ocasió a amics i familiars.

Però aquest tractament que els ha estat beneficiós pot tenir efectes negatius en una altra persona.

Un altre hàbit freqüent és el de canviar les dosis prescrites pel facultatiu disminuint-ne o augmentant-ne la dosi aconsellada. Cal tenir en compte que l'excés de medecina pot traduir-se en l'aparició d'efectes secundaris; en canvi, l'escassetat o un espai massa ampli entre presa i presa, condueix a la ineficàcia del medicament.

D'altra banda, els remeis casolans tradicionals són una bona solució per combatre els petits mals que tothom pateix en alguna ocasió. Al llarg dels anys han demostrat suficientment que no provoquen efectes secundaris i que tot sovint resulten eficaços. Així, per exemple, en cas d'una indigestió, un bon remei pot ser fer uns dies de règim; de la mateixa manera, en cas de refredat, la calor, els líquids abundants i els sucs de taronja i de llimona poden resultar tan beneficiosos com qualsevol medecina.

Amb tot, els remeis casolans no han de tancar-nos la porta a la consulta facultativa. Al capdavall, només l'especialista pot mesurar adequadament la importància i el significat dels diversos símptomes. Perquè el que sembla una indigestió, un mal de cap o un refredat comú de vegades amaga alguna malaltia més seriosa que requereix un tractament controlat pel metge.

Així doncs, no ens hauríem d'automedicar ni abusar dels fàrmacs. Per solucionar els problemes de salut, si bé podem recórrer als remeis tradicionals, la decisió més assenyada és consultar l'expert. Quan ens trobem malament, si acudíssim al metge en lloc de córrer a la farmaciola i començar a prendre medicaments tots en sortiriem guanyant.

Quin dels resums següents és el que recull el contingut essencial i el sentit del text de manera més adequada? Marqueu amb la lletra que identifica el resum.

a) En hàbits de salut hi ha costums perillosos, com ara l'automedicació, la recomanació de medecines o el canvi de les dosis prescrites d'un medicament. D'altra banda, pensem que fins i tot una simple aspirina també pot tenir efectes secundaris i afectar negativament la salut. En canvi, el suc de taronja i de llimona en cas de refredat o la dieta en cas d'indigestió són remeis eficaços i de vegades tan beneficiosos com els medicaments. Però un símptoma que ens sembli a simple vista sense importància pot ocultar una malaltia més seriosa que requereixi la consulta del metge.

b) És un error pensar que prendre medecines és un ajut eficaç per mantenir un bon estat de salut. A més, s'ha estès el mal costum de creure que podem automedicar-nos. Així s'oblida que hàbits com recórrer a fàrmacs d'ús habitual, recomanar medecines o canviar les dosis d'un medicament prescrites pel facultatiu, comporten el perill de l'aparició de contraindicacions i d'efectes secundaris. Si bé els remeis casolans tradicionals s'han demostrat inofensius i sovint eficaços, el més assenyat davant d'un símptoma és consultar l'especialista, l'únic que pot decidir-ne el grau d'importància.

c) L'automedicació és una manera d'obrar generalitzada, malgrat que comporta perills com ara contraindicacions i efectes secundaris. En canvi, els remeis casolans tradicionals no fan mal i sovint produeixen una millora. Cal anar amb compte amb els medicaments: medecines que tothom té a casa seva poden provocar problemes de salut greus. A més, com que la gent canvia la dosi dels medicaments receptats pels metges, el remei no funciona o produeix reaccions adverses. Encara més, el recurs indiscriminat a medecines, que moltes persones consideren un costum preventiu per reforçar la salut, és un hàbit molt negatiu. Al capdavall, la decisió més sàvia i beneficiosa per a tothom és anar a veure l'especialista.

Comprensió lectora VII

Llegiu detingudament aquest article d'opinió i responeu les preguntes següents:

Últimament he tingut ocasió de sentir, dues vegades, la reivindicació del valor de la paraula responsabilitat en un sentit positiu i progressista. Una es va produir en una conversa amb antics alumnes de l'Escola Blanquerna: l'escola fundada per l'historiador i pedagog A. Galí, on s'experimentaren els mètodes de l'escola activa, i que la guerra civil va interrompre; l'altra va sortir en un acte celebrat en una escola de Barcelona, on es va recordar la figura de Pere Vergés i la seva tasca lligada al moviment de renovació pedagògica dels anys trenta i quaranta.

En totes dues ocasions, persones vinculades amb aquestes experiències educatives em deien que l'objectiu d'aquestes escoles havia estat educar en la responsabilitat i per tant, en la llibertat, el civisme, la reflexió i la democràcia. L'objectiu era, doncs, construir persones responsables, persones preparades per a la llibertat. Em va sorprendre, i admirar, aquesta reivindicació explícita de la paraula responsabilitat: la seva presentació com un valor positiu i alegre, el seu lligam indissociable amb la paraula llibertat.

Malauradament, la responsabilitat ha tingut mala premsa. Quan demanem a algú que «assumeixi les seves responsabilitats» ho diem gairebé sempre per renyar-lo, per obligar-lo a fer alguna cosa que no desitja. Quan se'ns ha dit, en política o en la vida social, que hem de ser responsables, se'ns ha volgut dir que no ens passem de la ratlla, que ens controlem, que siguem prudents abans d'actuar. Ser responsable vol dir, en aquest darrer sentit, no fer res per temor a les conseqüències. La crida a la responsabilitat ha estat una crida a la inacció, a la quietud, a la renúncia. Per això em va cridar l'atenció aquesta reclamació del sentit positiu de la responsabilitat des del camp de la pedagogia, des de la convicció que hi ha d'haver una formació de la responsabilitat i, per tant, un ensenyament, una construcció de l'hàbit d'assumir les conseqüències dels nostres actes, no pas per deixar-los de fer, sinó per fer-los amb un ple coneixement de causa

Actualment manca el sentit de responsabilitat. Ens l'han presentat tan antipàtic, tan negatiu, que l'hem deixat d'associar a la llibertat d'actuació, i en trencar-se aquest lligam, la llibertat ens ha quedat associada a la voluntat d'aconseguir immediatament allò que es desitja. La paraula responsabilitat havia format part del vocabulari progressista dels anys trenta. Però de sobte va passar al vocabulari conservador. Amb el problema que els progressistes no van acabar de trobar un terme raonable que el substituís.

Seria absurd donar a l'escola la culpa d'aquest canvi relacionat amb el concepte de responsabilitat; igualment no tindria sentit donar-la als mitjans de comunicació. Totes les mancances en el camp dels valors les hem llançat sempre contra l'escola i contra els mitjans de comunicació, culpables de totes les culpes i solució de tots els problemes. Però escola i mitjans de comunicació no són la locomotora del tren dels valors, sinó que són uns vagons més d'aquest tren, on tota la societat va al damunt. Tanmateix, és important que des del món de l'escola s'intenti dignificar la paraula responsabilitat.

Segur que la memòria mitifica moltes coses. Malgrat això, d'aquesta memòria, encara que sigui mitificada, en podem aprendre moltes coses. Si més no, podem intentar treure la pols de paraules que havien estat indubtablement positives, com responsabilitat i civisme, tornant-les a associar amb una paraula que mai no ha passat de moda: llibertat.

D'acord amb el text anterior, marqueu si les afirmacions següents són vertaderes (V) o falses (F).

1. **Algunes experiències educatives dels anys trenta i quaranta ja defensaven que l'individu se l'ha de preparar per saber exercir la llibertat.**
2. **El sentit de la paraula responsabilitat és inseparable dels moviments de renovació pedagògica.**
3. **La responsabilitat ha estat presentada sovint com un valor que ens condiciona negativament.**
4. **El canvi de significat de la paraula responsabilitat s'ha d'atribuir als progressistes.**
5. **L'autor es sorprèn que ens hàgim oblidat del veritable significat del terme responsabilitat.**
6. **Els mitjans de comunicació i l'escola han de ser els encarregats de preservar els valors socials.**
7. **Segons l'autor, l'escola hauria de tornar a educar en la responsabilitat.**

Ara marqueu la resposta correcta a cada pregunta. Només hi ha una resposta correcta per a cada enunciat.

8. **Segons l'autor, una persona responsable actua:**

a) Amb prudència i temor.
b) Sovint fent allò que no desitja.
c) De manera conseqüent.
d) Quan no hi ha cap risc.

9. **La intenció de l'autor és:**

a) Recordar les tasques pedagògiques d'Alexandre Galí i de Pere Vergés.
b) Defensar l'associació de la paraula responsabilitat amb la paraula llibertat.
c) Analitzar el sentit negatiu de la paraula responsabilitat.
d) Repassar el significat de la paraula responsabilitat al llarg del temps.

10. Quin titular reflecteix millor l'actitud de l'autor en relació al tema?:

a) El paper de la responsabilitat en la història.
b) La responsabilitat ja no està de moda.
c) La reivindicació de la responsabilitat.
d) La responsabilitat de l'educació escolar.

Comprensió lectora VIII

Llegiu atentament el text que hi ha a continuació i responeu a les preguntes següents.

L'alfabet és el sistema d'escriptura més comú en el món d'avui, gràcies a la facilitat del seu aprenentatge i al fet (aquest circumstancial) de ser la forma d'escriptura que han adoptat des de fa molts segles un conjunt notabilíssim de pobles, alguns dels quals han arribat a tenir un pes geopolític, industrial i mediàtic molt i molt gran. Però quan parlem de l'alfabet, cal que no ens limitem al llatí; també són alfabets el ciríl·lic, l'hebreu, l'àrab, el coreà... i això fa que aquest tipus d'escriptura, en les seves diferents versions i estils, sigui el predominant avui dia, llevat de les excepcions significatives dels sistemes d'escriptura xinès i japonès, que són ideogràfics.

L'extensió de l'alfabet en els darrers segles ha seguit les passes de les colonitzacions. Aquestes operacions gegantines (i despietades, gairebé sense excepcions) han significat per a tot de pobles l'espoliació de les seves riqueses, la imposició de cultures i religions alienes, de sistemes jurídics, administratius i repressius forans i també l'aparició de malalties desconegudes fins llavors per la població sotmesa.

En aquest marc general, potser l'única aportació positiva dels conqueridors ha estat la possibilitat que els pobles colonitzats arribin al mestratge de l'escriptura com a eina de desenvolupament, que cada grup humà pot adaptar fàcilment a les característiques de les llengües pròpies. L'alfabet, però, no hauria de ser pres mai com un benefici absolut, i és per això que en cap cas s'hauria d'imposar, sinó simplement oferir a tothom que n'accepti la utilitat en les coordenades específiques de cada cultura. Aquesta darrera precisió és especialment vàlida i recomanable pel que fa a tot de cultures orals que han funcionat i funcionen a la perfecció sense el suport de l'escriptura.

L'aportació positiva dels conqueridors, però, no va ser generosa o filantròpica. En general, la introducció de l'escriptura no va atènyer tota la població, sinó solament, de forma instrumental, uns grups restringits de persones que s'avenien a col·laborar en el procés colonitzador i que, en molts casos, van continuar amb la restricció un cop assolida la independència. En aquestes situacions, el manteniment d'una elit alfabetitzada enfront d'una immensa majoria d'illetrats ha estat un exemple eminent de la perversió en l'ús de l'escriptura, i ha significat que les decisions de pes havien de ser preses al marge del poble, tal vegada contra el poble.

Quant al futur, hi ha qui ha sentenciat la mort de l'escriptura sobre la base del desenvolupament de les noves tecnologies. Però des d'aquestes mai no s'ha elaborat cap programa de substitució, ni sembla que algú treballi a hores d'ara en projectes per tancar aquest període de cinc mil·lennis. Més aviat la impressió és la contrària: cada cop s'apleguen més esforços per aconseguir que els ordinadors subministrin les seves informacions a través de les llengües naturals i, doncs, sobre la base de l'escriptura, ara present a les pantalles.

Podria, tal vegada, morir el llibre com a suport de l'escrit, en el moment en què tothom s'adreci a les pantalles i sobretot quan cada persona pugui tenir a la seva disposició equips molt lleugers i més fàcilment transportables que els actuals ordinadors portàtils; però, fins i tot davant d'aquesta hipòtesi, ja sabem que l'escriptura ha tingut suports molt variats al llarg de la història (el fang, el papir, el pergamí, el paper...) i que no representaria cap catàstrofe que, en el futur, hi pogués haver un suport electrònic del tot generalitzat.

En aquest cas, el poder de la vella escriptura alfabètica hauria conquerit (potser està ja conquerint) les noves tecnologies i continuaria el seu camí com la forma més perfecta per a la conservació de la memòria humana.

Jesús Tuson. L'escriptura. Barcelona

D'acord amb el text anterior, marqueu amb una V o una F si les afirmacions següents són vertaderes o falses:

1. **La raó principal per la qual molts pobles han aconseguit una posició destacada en el món és l'adopció de l'alfabet.**
2. **Els sistemes d'escriptura xinès i japonès estan sent abandonats en benefici dels alfabets més estesos del món.**
3. **L'autor valora positivament que els colonitzadors donin a conèixer l'escriptura alfabètica als pobles conquerits.**
4. **Les cultures basades en llengües no escrites poden viure sense l'ús de l'alfabet.**
5. **L'autor reconeix la voluntat dels colonitzadors d'estendre l'ús de l'escriptura a tota la població dels territoris conquerits.**
6. **L'ensenyament de l'alfabet s'ha utilitzat també amb fins perjudicials per als interessos del poble.**
7. **L'autor es mostra preocupat pel fet que l'escriptura pugui desaparèixer amb el desenvolupament de les noves tecnologies.**
8. **L'autor creu que el futur del llibre està lligat al de l'escriptura.**

Ara marqueu amb una X el requadre corresponent a la resposta correcta (a, b, c o d) de cada pregunta (09, 10). Només hi ha una resposta correcta per a cada enunciat.

9. **La intenció de l'autor és:**

a) Analitzar el valor de l'escriptura per a la humanitat en el passat i en el futur.
b) Demostrar l'estreta relació que hi ha hagut entre colonització i escriptura.
c) Pronosticar els canvis culturals a causa del desenvolupament tecnològic.
d) Reivindicar el dret dels pobles a fer servir o no qualsevol sistema d'escriptura.

10. Quin titular reflecteix millor el contingut del text de Jesús Tuson?:

a) El llibre, un suport més de l'escriptura.
b) El poder de l'escriptura.
c) La història del poder i de l'escriptura.
d) La inutilitat de l'escriptura.

Comprensió lectora IX

Llegiu atentament el text que hi ha a continuació i marqueu amb una X el resum de la pàgina següent que sintetitza millor el contingut del text:

El 4 d'agost de 1897 uns camperols van descobrir casualment al tossal de l'Alcúdia d'Elx un bust de dona que es convertiria, de seguida, en una de les obres més emblemàtiques de la protohistòria de la península Ibèrica i, fins i tot, en un símbol de la dona hispànica. Se la va batejar immediatament com la Reina Mora, ja que en aquell temps existia una creença popular que associava al període de dominació musulmana riqueses i tresors incalculables amagats sota terra.

Al costat d'aquesta denominació espontània, els erudits de l'època van rebre la Dama com la prova irrefutable de l'existència d'una refinada civilització ibèrica, que en dècades anteriors havia estat molt buscada. La Dama complia i desbordava totes les expectatives d'una gran cultura anterior a la conquesta romana de la península Ibèrica, que encara no s'havia fet conèixer en tota la seva magnitud. La seva bellesa recordava Grècia; els seus ornaments i la seva misteriosa expressió evocaven l'Orient. I la seva circumspecció i dignitat —es deia— eren el prototipus ancestral de la dona peninsular. La mirada pròpia i la mirada d'Europa van crear a l'entorn de la Dama d'Elx un mite que arrelaria en el més pregon de la història.

Al llarg d'aquest segle, el coneixement del món ibèric ha ampliat la nostra visió de la Dama. El seu caràcter de bust, que tant havia intrigat, s'ha vist corroborat per altres troballes com ara una altra dama, fragmentària, d'una necròpolis del sud valencià, i un baró trobat a Baza amb un forat a l'esquena, tal com té l'escultura d'Elx. No s'havia entès la funció d'aquest orifici al bust de la Dama d'Elx i del baró trobat a Baza fins al descobriment, als anys setanta, de la Dama de Baza, una deessa o senyora asseguda en un tron alat. El tron tenia un costat perforat dins del qual es van trobar les cendres d'un alt personatge ibèric.

Probablement, doncs, la cavitat de la Dama d'Elx va servir per contenir les cendres o les ofrenes que custodiava la mateixa escultura. Qui és la Dama? Qui representa? Aquesta és una de les qüestions que difícilment arribarem a concretar mai.

El seu complicat vestit eleva la representació a una esfera sobrenatural, sobrehumana. S'ha pensat en una sacerdotessa, en una deessa, però també en una núvia o una princesa preparada per a la iniciació del ritu nupcial. En qualsevol cas, la mirada lleugerament baixa, amb una expressió pudorosa, reflecteix una gran dignitat. Potser totes aquestes hipòtesis contenen una part de veritat i són complementàries: es podria tractar de l'efígie funerària d'una dona d'alta condició, representada com una deessa o com una núvia. El món de l'aristocràcia s'idealitza amb imatges de la mort bella.

L'àmbit de l'escultura ibèrica és ampli i obert, i ofereix any rere any noves sorpreses. Impressionants troballes de guerrers i d'éssers mítics acompanyen la Dama.
La nostra mirada i les nostres preguntes no s'esgoten.

Certament, la Dama d'Elx és una escultura molt bella.

Ricardo Olmos. "El misteri de la Dama d'Elx".

a) L'any 1897 es va trobar casualment sota terra una bella escultura de dona en forma de bust que al principi va ser coneguda popularment com la Reina Mora perquè se la relacionava amb les riqueses de l'època dels àrabs. Aviat es va convertir en un mite perquè demostrava que abans de la conquesta romana de la península Ibèrica havia existit una cultura ibèrica d'un alt nivell. Alguns dels interrogants que presentava la Dama d'Elx es van poder aclarir perquè també es van descobrir altres escultures ibèriques, com ara un baró i la Dama de Baza, totes dues peces trobades al mateix indret, però, sobretot, gràcies a la complexitat del seu vestit. L'escultura ibèrica continua donant avui en dia nous motius de reflexió als estudiosos.

b) L'any 1897 es va descobrir prop d'Elx un bust femení de gran importància perquè finalment permetia provar que abans de l'època romana havia existit una gran civilització a la península Ibèrica. La Dama d'Elx presentava alguns enigmes que no es van poder resoldre fins ben entrat el segle XX, com ara que tingués forma de bust i un orifici a la part del darrere. Altres troballes escultòriques posteriors van permetre deduir que la Dama podia tenir una funció funerària. Tanmateix, encara no s'ha pogut saber del cert qui representava, si bé s'especula pel seu aspecte que podria tractar-se d'una divinitat o bé d'una núvia. El món de l'escultura ibèrica continua presentant encara molts enigmes, però també ens ofereix noves respostes.

c) L'any 1897 uns camperols van descobrir el bust de dona que va permetre als erudits afirmar que abans de l'arribada dels romans a la península Ibèrica hi havia hagut una civilització ibèrica molt desenvolupada. Els misteris que amaga la Dama d'Elx encara no han estat explicats del tot, però, gràcies als estudis sobre el vestit que duu la Dama, durant el segle XX s'ha pogut determinar qui era.

També s'ha pogut aclarir per a què servia un forat que hi ha al darrere de la Dama: altres troballes escultòriques han permès deduir que devia contenir les cendres d'un alt personatge. En qualsevol cas, el món de l'escultura ibèrica presenta cada vegada menys interrogants, tot i que continua oferint algunes sorpreses.

Comprensió lectora X

Per a cada pregunta, marqui la lletra de l'opció correcta:

1. **Quina de les frases següents explica què són les rajoles?:**

   a) Les aixetes que ragen molt.
   b) Les peces de ceràmica que es col·loquen a la paret.
   c) Els rajos de sol que es reflecteixen en el mar.
   d) Els recipients que s'utilitzen per regar les plantes.

2. **Quina d'aquestes frases conté una acció equivalent a empipar-se?:**

   a) En Jordi menja moltes pipes.
   b) En Joan fuma amb una pipa.
   c) En Xavier s'enfila a un arbre.
   d) En Francesc s'enfada molt.

3. **Quan utilitzem unes setrilleres?:**

   a) Per llegir.
   b) Per amanir la verdura.
   c) Per rentar els plats.
   d) Per anar en bicicleta.

4. **A qui se li pot dir rondinaire?:**

   a) A la Maria, perquè no para de moure's.
   b) A la Marta, perquè tot el dia passeja.
   c) A la Rosa, perquè fa soroll quan menja.
   d) A la Joana, perquè sovint es queixa.

5. **Què vol dir encarregar un llibre?:**

   a) Transportar un llibre.
   b) Apujar el preu d'un llibre.
   c) Demanar un llibre.
   d) Llegir un llibre pesat.

En algunes paraules del text següent s'han tret una o dues lletres. Heu d'omplir el buit de la paraula amb la grafia o les grafies que hi corresponguin. En alguns casos la grafia porta accent o dièresi.

Exemple: (0) cintur ó_

El (0) **cintur____** de (1) **segur____tat** (2) **comple____** 40 anys (3) **d'e____ istència**. En (4) **nom____s** aquest temps ja es considera un dels invents d'aquest (5) **se____le.** Des de l'any 1959, s'ha (6) **co____ertit** en l'element que més vides ha salvat en el món (7) **automo____ilístic.** Malgrat que es tracta d'una (8) **prote____ió** (9) **sen____illa** i (10) **nece____ària**, no va (11) **ap____rèixer** fins a principis de la (12) **dè____cada** dels seixanta.

(13) **Ning____** fins aleshores no s'havia imaginat una idea i un (14) **di____eny** tan elementals com pràctics (15) **s'insta____a** subjectant-lo en tres punts. El primer a definir-lo va ser (16) **l'en____inyer** aeronàutic suec Nils Bohlin: «Era (17) **q____estió** de trobar una (18) **so____ució** (19) **efica____** i que es (20) **p____gués** cordar (21) **còmod____ment** amb una mà», va explicar Bohlin en unes declaracions en què recordava la gestació de la seva gran obra.

No obstant, la necessitat d'anar ben agafats mentre es (22) **via____ava** no era nova. Al llarg de (23) ____ història sabem de detalls molt significatius que mostren aquesta (24) **pr____cupació**, i fins i tot la podem trobar en passatges literaris, com aquell que (25) **co____ta** que Ulisses es va lligar al timó de la seva nau per no caure a l'aigua (26) **e____mig** d'una tempesta.

Comprensió d'ordres senzilles

Prova 1. Comprensió verbal

2/6 25p.	Temps I: **3'** Temps II: **2'**	♦		Temps:
				Encerts:

Respongui de forma correcta a les preguntes, d'acord amb el següent text.

- **Reflexos**

Els reflexos, per a Paulov, són provocats pels estímuls i componen les unitats bàsiques de les respostes.

Són reaccions predeterminades.

Els reflexos, per ser les unitats bàsiques de les respostes, poden ser innats (RI) o apresos (RC); simples com les unitats o complexos (com els instints); de la mateixa manera, poden provocar accions o inhibir-les, com és el cas dels reflexos excitadors i dels inhibidors.

Reflex: així doncs, definim el reflex com una acció predeterminada a un estímul.

Reflex complex: és una cadena de reflexos que pot ser accionada per un únic senyal. Aquestes cadenes componen el que anomenem reflex complex o instint.

Reflex excitatori (+): és una reacció que intervé per estimular una altra activitat reflexa.

Reflex inhibitori (-): la reacció intervé per aturar una activitat reflexa de reflexos inhibitoris. Són de dos tipus:

— Inhibició interna: són reflexos que d'alguna manera exigeixen certs processos d'aprenentatge.

— Inhibició externa: també rep el nom de reflex d'orientació (RO) i es refereix als reflexos provocats per senyals externs que poden tenir eficàcia sense aprenentatge.

- **Excitació**

Els canvis que ens arriben des de l'exterior produeixen una excitació que abans de trobar-se amb l'àrea cortical estarà canalitzada pels analitzadors. Els analitzadors són unes estructures que tenen la funció d'analitzar i codificar el que passa en el medi.

Aquests canals consten de tres parts:

— La sensorial (més lligada a l'exterior).

— El mecanisme de conducció nerviosa.

— L'àrea cortical en la qual es projecta la conducció nerviosa.

L'analitzador capta una informació de l'exterior i excita les zones corticals pròximes, difusió que anomena procés d'irradació. Les irradiacions queden sotmeses a un procés de concentració en els punts originals, la qual cosa es coneix amb el nom d'inducció recíproca. Aquests canals consten de tres parts:

— La sensorial (més lligada a l'exterior).

— El mecanisme de conducció nerviosa.

— L'àrea cortical en la qual es projecta la conducció nerviosa.

L'analitzador capta una informació de l'exterior i excita les zones corticals pròximes, difusió que anomena procés d'irradació. Les irradiacions queden sotmeses a un procés de concentració en els punts originals, la qual cosa es coneix amb el nom d'inducció recíproca.

1. Quina és la unitat bàsica de la resposta?:

a) L'instint.
b) El reflex.
c) L'acció.
d) La inhibició.

2. Per parlar de reflex après fem servir l'abreviatura:

a) RC.
b) RI.
c) EC.
d) RO.

3. Un reflex complex s'anomena també:

a) Estímul.
b) Activitat.
c) Unitat.
d) Instint.

4. Si s'està aturant una activitat reflexa és perquè hi intervé un reflex:

a) Intern.
b) Excitatori.
c) Inhibitori.
d) Complex.

5. De qui són aquestes teories dels reflexos?:

a) Skinner.
b) Ningú.
c) Paulov.
d) Watson.

6. Quan un reflex és provocat per un senyal extern que ha pogut tenir eficàcia sense aprenentatge, s'anomena:

a) Inhibitori (-).
b) Excitatori (+).
c) Complex.
d) RO.

7. La funció dels analitzadors és:

a) Analitzar.
b) Codificar.
c) Són correctes a) i b).
d) Cap és correcta.

8. On es projecta la conducció nerviosa?:

a) Àrea cortical.
b) Mecanisme.
c) Canal.
d) Analitzador.

9. Quin tipus d'inhibició requereix certs processos d'aprenentatge?:

a) L'externa.
b) La interna.
c) La positiva.
d) La negativa.

10. La difusió de la informació de l'exterior que excita les zones corticals pròximes s'anomena:

a) Inducció recíproca.
b) Irradiació.
c) Excitació.
d) Inhibició.

És millor que no llegeixi prèviament el text, sinó que directament busqui les respostes correctes a les preguntes.

Prova 2. Arxiu

2/6 25p.	Temps I: **3'** Temps II: **2'**	♦		Temps: Encerts:

Marqui la lletra de l'arxiu on s'han de classifcar cadascun dels trenta cognoms següents:

A	A - DEL
B	DELA - FAM
C	FAMA - PAC
D	PACA - ZZ

1. Gil.
2. Munyet.
3. Sil.
4. Blas.
5. Dot.
6. Dídac.
7. Pujol.
8. Aros.
9. Verdaguer.
10. Vila.
11. Zamora.
12. Famola.
13. Arbós.
14. Prats.
15. Nicolau.
16. Delriu.
17. Bosc.
18. Roca.
19. Vega.
20. Sunyer.
21. Capella.
22. Penyarosa.
23. Planella.
24. Calvet.
25. Pancaria.
26. Arimany.
27. Solà.
28. Claret.
29. Santolària.
30. Llorenç.

Pot treballar de dues maneres:

a) Pregunta a pregunta.

b) Marcant totes les preguntes que segueixin el criteri A, després les del B, les del C i les que quedin corresponen al D. Provi-ho.

Prova 3. Comprensió verbal

2/6 25p.		Temps I: **3'** Temps II: **2'**	◆		Temps: Encerts:

Respongui de forma correcta a les preguntes d'acord amb el següent text.

L'Alba, una noia de catorze anys, verge i bruna, tornava de l'hort de casa seva amb un cistellet de figues negres, de coll de dama, quan s'aturà a avergonyir dos nois que pegaven a un altre i el feien caure al toll de la resclosa, i els va dir:

— Què us ha fet?

I ells li van contestar:

— No el volem amb nosaltres, perquè és negre.

— I si s'ofega?

I ells es van arronsar d'espatlles, car eren dos nois formats en un ambient cruel, de prejudicis.

I aleshores, quan l'Alba ja deixava el cistellet per tal de llançar-se a l'aigua sense ni treure's la roba, puix que només duia uns shorts i una brusa sobre la pell, el cel i la terra van començar amb una mena de trepidació sorda que s'anava accentuant, i un dels nois, que havia alçat el cap, digué:

— Mireu!

Tots tres van poder veure una gran formació d'aparells que s'atansava remorosament de la llunyania, i n'hi havia tants que cobrien l'horitzó. L'altre noi va dir:

— Són platets voladors, tu!

I l'Alba va mirar encara un moment cap als estranys objectes ovalats i plans que avançaven de pressa cap a la vila mentre la tremolor de la terra i de l'aire augmentava i el soroll creixia, però va pensar de nou en el fill de la seva veïna Margarida, en Dídac que havia desaparegut en les profunditats de la resclosa, i es va capbussar en l'aigua, darrere els nois, que s'havien oblidat del tot de llur acció i ara deien:

Guaita com brillen! Semblen de foc!

I dins de l'aigua, quan ja nedava cap a les pregoneses, l'Alba es va sentir com estirada per la puixança, d'un moviment interior que volia endur-se-la altre cop cap a la superfície, però ella lluità enèrgicament i amb tot el seu braó contra les onades i els remolins, que alteraven la calma habitual del toll, i bracejà amb esforç per atansar-se a l'indret on havia vist desaparèixer en Dídac.

"Mecanoscrit del segon origen". Manuel de Pedrolo.

1. **Quants anys té l'Alba?:**

   a) 14.
   b) 15.
   c) 16.
   d) 17.

2. **Qui és el Dídac per a l'Alba?:**

   a) El seu cosí.
   b) El fill de la seva germana Margarida.
   c) No el coneix.
   d) El fill de la seva veïna Margarida.

3. **Per què l'Alba no es treu la roba per llançar-se a l'aigua?:**

   a) Perquè hauria perdut massa temps.
   b) Perquè ja anava en banyador.
   c) En realitat, es treu els shorts.
   d) Perquè només porta uns shorts i una brusa sobre la pell.

4. **Per què dos nois estaven pegant a un altre?:**

   a) Perquè no els queia bé.
   b) Perquè els havia fet una mala passada.
   c) Perquè era negre.
   d) Perquè els havia robat els diners.

5. **Com eren els objectes que van aparèixer al cel?:**

   a) Ovalats i plans.
   b) Molt grans i rodons.
   c) Llums molt petits.
   d) No hi havia res al cel.

6. **Què portava l'Alba al cistellet?:**

   a) Figues verdes, de coll de dama.
   b) Prunes verdes, de coll de dama.
   c) Figues negres, de coll de dama.
   d) Prunes verdes, de coll de dama.

7. Quin tipus de nois eren els apallissadors?:

a) Nois formats en el si d'una bona família.
b) Nois d'un reformatori.
c) No eren nois, sinó noies.
d) Nois formats en un ambient cruel, de prejudicis.

8. Contra què ha de lluitar l'Alba dins de l'aigua?:

a) Contra un dels dos nois que havien tirat en Dídac.
b) Contra les onades i els remolins.
c) Contra ningú.
d) Contra els dos nois que havien tirat en Dídac.

9. D'on venia l'Alba quan es troba amb la baralla?:

a) De l'hort de la seva tia.
b) De passejar pel bosc.
c) De l'hort de casa seva.
d) De passejar per la resclosa.

10. On cau el Dídac a causa de la pallissa?:

a) Al toll de la resclosa.
b) Per un precipici.
c) En realitat, no arriba a caure enlloc.
d) Cau al mar.

Prova 4. Original i còpia

5/6 20p.	Temps I: **5'** Temps II: **4'**	◆		Temps:
				Encerts:

Compari l'original amb la còpia realitzada i indiqui el nombre d'errors que s'han comès, segons els següents criteris:

A Error en números.

B Error en lletres.

C Error en números i lletres.

D Cap error.

Els errors es consideren respecte de l'original.

	Original		Còpia
1.	D1C27F3GMN5	1.	D1C27F3GMNS
2.	321FCD82DML	2.	3217CD82DML
3.	ST3679NOPQR	3.	ST6379NOPQR
4.	66BB43AO356	4.	666B43AO356
5.	NNOORT2S572	5.	NNOPRT3S572
6.	4312ON5WRSP	6.	4312O5NWRSP
7.	83NOPR5624C	7.	83NOPR5624C
8.	1ADENO671PB	8.	1ADENO371PB
9.	B2CFP98B9D4	9.	B2CFP989BD4
10.	HR3GQ62DMNO	10.	HR3GQ62DMNO
11.	IKL4JMS35MT	11.	IKL4JMSS3MT
12.	NT635XRZ824	12.	NTB35XRZ824
13.	NAWSO6NM395	13.	NAWAO6NM395
14.	RAE38N7P672	14.	RAEB8N7P672
15.	NO543BC8DF7	15.	NO543BC8D7F
16.	XX33AA999RR	16.	XX333A999RR
17.	NNDD6DDORO1	17.	NNDD6DDORO1
18.	4RNMD8DMNR4	18.	4RNM8D8MNR4
19.	A2CF3X4L58I	19.	A2CF3X4L58I
20.	DBE23K6B7J9	20.	DBE23K6R7J9

Prova 5. Gràfiques

2/6 25p.	Temps I: **3'** Temps II: **2'**		Temps:
			Encerts:

Absentisme a les classes de 1º de batxillerat (%).

Assignatures	Dilluns	Dimarts	Dimecres	Dijous	Divendres
Naturals	11,4	9,5	8,7	8,3	10,0
Física	9,3	8,3	7,4	6,4	8,5
Matemàtiques	8,1	9,4	14,5	9,4	9,1
Filosofia	15,3	14,3	12,5	14,3	14,3
Història	11,9	12,2	11,5	12,3	11,4

1. Quin dia de la setmana falta més gent a la classe de filosofia?:

a) Dilluns.
b) Dimecres.
c) Dijous.
d) Divendres.

2. Suposem que van 27 alumnes a classe de matemàtiques; així doncs, quants n'haurien de faltar un dijous, segons la mitjana?:

a) 3,4.
b) 4,5.
c) 2,5.
d) 2,3.

3. Si a la classe d'història van 25 persones de mitjana, quantes n'hi faltaran un divendres normal?:

a) 3.
b) 2,85.
c) 3,45.
d) 4,65.

4. **Quin dia de la setmana hi ha més alumnes a la classe de física?:**

a) Dilluns.
b) Dimarts.
c) Divendres.
d) Dijous.

5. **Suposem que van 23 alumnes a classe de naturals. Quants n'haurien de faltar, segons la mitjana, un dimecres?:**

a) 2.
b) 4.
c) 5.
d) 3.

Taula de preus d'elements de construcció.

Elements de construcció euros	Preus		
Unitats/caixa	1 caixa	25 caixes	50 caixes
Maons (25 unitats/caixa)	15 euros	360 euros	720 euros
Rajoles (30 unitats/caixa)	40 euros	960 euros	1.800 euros
Bigues (10 unitats/caixa)	42 euros	1.000 euros	1.900

6. **Quant costa la unitat de maons, si en comprem una caixa?:**

a) 80 cèntims.
b) 15 cèntims.
c) 60 cèntims.
d) 6 cèntims.

7. **Quant és el preu mínim que haurà de pagar per 1.000 bigues?:**

a) 3.000 euros.
b) 4.200 euros.
c) 1.900 euros.
d) 3.800 euros.

8. **Quina diferència de preu per unitat hi ha entre el preu de cost de les rajoles si demanem 25 caixes o si en demanem 50 caixes?:**

a) 0,08 euros.
b) 0,80 euros.
c) 0,05 euros.
d) 0,20 euros

9. Quant costa una biga si només en comprem una caixa?:

a) 4,00 euros.
b) 4,20 euros.
c) 38 euros.
d) 40,00 euros.

10. Quin és el preu mínim que pagaré si he de comprar 100 maons, 90 rajoles i 25 caixes de bigues?:

a) 1.160 euros.
b) 1.280 euros.
c) 2.320 euros.
d) 1.180 euros.

Gràfic de comptes de llibres per mesos (1er semestre any).

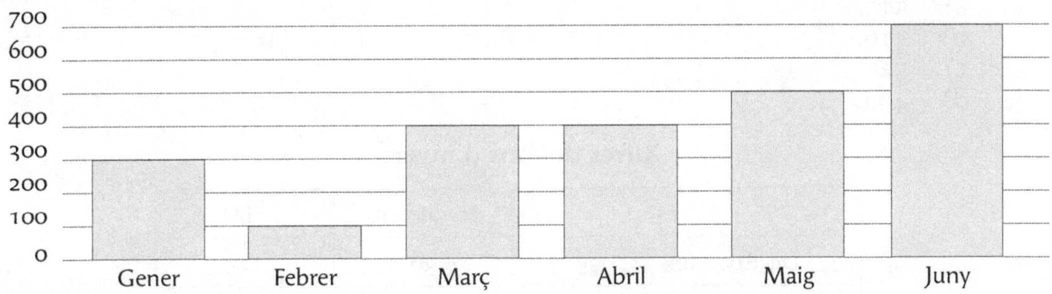

11. Quin mes hi va haver l'increment percentual de vendes més alt si el comparem amb el mes anterior?:

a) Maig.
b) Juny.
c) Abril.
d) Març.

12. Quants llibres es van vendre durant el mes de juny de l'any anterior, si el mateix mes d'aquest any reflecteix un increment del 30%?:

a) 638.
b) 527.
c) 538.
d) 436.

13. L'objectiu de vendes per al primer semestre era de 2.000 llibres. En quin percentatge el van excedir?:

a) 400%.
b) 40%.
c) 30%.
d) 20%.

14. Quin va ser l'increment percentual de llibres venuts el mes de març?:

a) 400.
b) 300.
c) 200.
d) 100.

15. Quants llibres es van vendre durant el mes d'abril de l'any anterior, si el mes d'abril d'aquest any reflecteix un decrement del 4%?:

a) 515.
b) 416.
c) 520.
d) 430.

Xifres de fons d'inversió

Xifres	Fondtresor	FIM
De 1.000 fins a 4.999	30	125
De 5.000 fins a 19.999	187	45
De 20.000 fins a 39.999	767	2.500
De 40.000 fins a 89.999	654	3.222
De 90.000 fins a 149.999	753	2.341
De 150.000 fins a 199.999	283	185
De 200.000 fins a 250.000	73	43

16. Quants fons dels dos tipus tenen una xifra d'inversió més gran de 150.000?:

a) 3.700.
b) 314.
c) 3.678.
d) 584.

17. Quants fons FIM tenen una xifra d'inversió entre 20.000 i 90.000?:

a) 5.722.
b) 7.143.
c) 5.000.
d) 6.143.

18. Quants fons Fondtresor tenen una xifra d'inversió de menys de 40.000?:

a) 873.
b) 754.
c) 1.638.
d) 984.

19. Quants fons dels dos tipus tenen una xifra d'inversió més petita de 20.000?:

a) 1.013.
b) 387.
c) 425.
d) 393.

20. Dels dos fons d'inversió, quin té la xifra més alta d'inversió?:

a) Fondtresor, amb 253.
b) FIM, amb 767.
c) Els dos iguals.
d) FIM, amb 3.222.

Prova 6. Codificació

2/6 25p.		Temps I: **3'** Temps II: **2'**	♦		Temps:
					Encerts:

La seva tasca serà contestar les preguntes basant-se en les instruccions següents. Tingui present que haurà de triar la resposta d'entre quatre opcions donades.

Instruccions:

Per enregistrar els objectes rebuts s'han de tenir en compte les següents informacions:

— El codi de registre d'entrada es compondrà sempre d'una sèrie, sense espais, de 16 caràcters (inclosos símbols, lletres i números).

— El primer dígit serà un 2 si el remitent és europeu, un 6 si és americà i un 3 si és d'altres països del món.

— A continuació, i precedides per un guió, s'inclouen les dues primeres lectures del primer cognom del destinatari (en minúscula) i la inicial del nom del remitent (en majúscula).

— Posteriorment, i entre parèntesis, s'hi inclou la primera lectura, en majúscules, de l'adreça, (inclosos article, preposicions, etc.).

— Finalment, entre guions, anirà el número del carrer on viu el destinatari.

— Perquè tots els codis tinguin la mateixa longitud (16 caràcters) serà necessari inserir-ne guions al final, fins a aconseguir un total de 16 caràcters.

Exemple de codificació:

En aquesta prova es tracta de codificar una sèrie d'objectes rebuts, d'acord amb les instruccions que se'ns donen dins el quadre i que ens indiquen quines lletres, quin número o quins signes formaran, tenint en compte diferents aspectes, aquest codi.

Per tal que quedi clar com funciona, desenvoluparem el següent **exemple**:

Remitent: Philip Morris (Noruega)
Destinatari: Carles Garrido Gutiérrez. Adreça: c/ Ample, 7

a) 2-CaP-(A)-7——
b) 2-gaP(A)-7———
c) 2-PhC(A)-7——
d) 2-gaP(A)-7——

En primer lloc, com el remitent és europeu (Noruega) el primer caràcter és un 2.

Els següents caràcters corresponen a les dues primeres lletres del primer cognom del destinatari (en minúscula) i la inicial del nom del remitent (en majúscula). Totes aquestes lletres van precedides per un guió. De moment el codi seria:

2-gaP

A continuació haurem de posar, entre parèntesis, la primera lletra (en majúscula) de l'adreça, encara que aquesta formi part d'un article, una preposició, etc. En aquest cas l'adreça és c/ Ample; per tant, col·locarem una (A):

2-gaP(A)

Després, hem de posar, entre guions, el número del carrer del destinatari, que en aquest cas és el 7:

2-gaP(A)-7-

Finalment, com tots els codis han de tenir 16 caràcters, hem d'omplir amb guions els espais que quedin fins a aquesta xifra. Com que en aquest cas ja en tenim 11, haurem d'afegir 5 guions més. Així doncs, el codi definitiu seria:

2-gaP(A)-7-----

Aquest codi correspon a l'opció b).

1. Remitent: Dominic Montrou Fisou (França)
Destinatària: Ana Fisou Gastón. Adreça: av. de la Diagonal, 4

a) 2-anD(A)-4-----
b) 2-AnD(A)-4-----
c) 3-fiD(A)-4-----
d) 2-fiD(A)-4-----

2. Remitent: Lucas Fernández Medina (Guatemala)
Destinatària: Josefa Medina Cidón. Adreça: Cardenal Tedechini, 10

a) 6-MeL(C)-10----
b) 6-meL(C)-10----
c) 3-MeL(C)-10----
d) 3-meL(C)-10----

3. Remitent: Hector García Pendú (Canadà)
Destinatari: Guifré Cadafal Folc. Adreça: av. de la Universitat, 6

a) 6-caH(A)-6-----
b) 3-caH(U)-6-----
c) 3-caH(U)-6----
d) 6-caH(U)-6---

4. **Remitent: Javier Fernández Sánchez (Cuba)**
Destinatari: Roberto Simón Jiménez. Adreça: c/ Comercio, 15

a) 3-sij(C)-15——
b) 3-giJ(c)-15——
c) 6-siJ(C)-15——
d) 6-siJ(C)-5——

5. **Remitent: Sofia Ganbaldí Nilbú (Itàlia)**
Destinatària: Caren del Rosal Nilbú. Adreça: c/ Niza, 20

a) 2-deS(N)-20——
b) 3-RoS(N)-200——
c) 2-deS(N)20——
d) 2-RoS(N)-20——

6. **Remitent: Cesar Monleón Tristán (Canadà)**
Destinatari: Cesar Monleón Petifán. Adreça: Gran Via, 1036

a) 6-moM(G)-1036—
b) 3-moM(G)-1036—
c) 6-moC(V)-1036—
d) 6-moC(G)-1036—

7. **Remitent: Robert Green Mayer (Anglaterra)**
Destinatari: Samuel Kabila Mobu. Adreça: Arc del Triomf, 2

a) 2-KaR(A)-2——
b) 2-kaR(A)-2——
c) 3-KaR(A)-2——
d) 3-KaR(A)-2——

8. **Remitent: Albert Einstein Filou (Japó)**
Destinatari: Francisco Delgado Miguel. Adreça: plaça de la Farga, 36

a) 2-deA(P)-36——
b) 3-deA(P)-36——
c) 3-dea(P)-36——
d) 3-deE(d)-36——

9. Remitent: José de Juan Picafort (Chile)
Destinatari: Maria de Juan Vilalta. Adreça: c/ València, 70

a) 6-deJ(V)-7——
b) 6-delJ(V)70——
c) -6-de-J(V)70——
d) 6-deJ(V)-70——

10. Remitent: Carmen León Dorado (Dinamarca)
Destinatària: Susana Canet Simón. Adreça: ronda de Sant Pere, 3

a) 2-caC(R)-3——
b) 2-CaL(R)-3——
c) 3-caC(R)-3——
d) 2-caL(R)-3——

Prova 7. Comprensió verbal

4/5 24p.	Temps I: **14'** Temps II: **10'**	♦♦		Temps: Encerts:

Llegeixi els textos següents i contesti les preguntes formulades.

Al llarg del seu curs es troben a distàncies variades antics molins que treballen com si els segles no haguessin passat i com si no existissin fàbriques de farina al món. N'aprofitem les rescloses per nedar en companyia d'uns ànecs menuts, de plomatge blanc i de bec i potes grocs, que tots els moliners crien, a més de les inevitables gallines; al principi quedaven estupefactes: no havien sentit a dir que els homes poguessin nedar igual que els ànecs.

1. a) Els molins treballen com si els segles haguessin passat.
b) Els molins no treballen.
c) Els molins treballen a distàncies variades.
d) Els molins treballen com si els segles no haguessin passat.

2. a) Aprofitem els ànecs per nedar.
b) Aprofitem les rescloses per nedar.
c) Aprofitem per nedar la companyia.
d) No aprofitem les rescloses per nedar.

3. a) Els ànecs són grans, de plomatge blanc i de bec i potes grocs.
b) Els ànecs són menuts, de plomatge groc i de bec i potes grocs.
c) Els ànecs són menuts, de plomatge blanc i de bec i potes grocs.
d) Els ànecs són menuts, de desplomatge blanc i de bec i potes grocs.

4. a) Els ànecs es quedaven estupefactes, al principi, en veure els homes nedar com ells.
b) Els ànecs es quedaven estupefactes quan veien les gallines.
c) Els ànecs es quedaven estupefactes pel color de les plomes.
d) Els ànecs mai s'han quedat estupefactes per res.

Jo havia enllestit un llarg llibre sobre els catalans als camps nazis i la veritat és que no m'havien quedat ganes de remoure el passat. La història de la deportació m'havia deixat mig malalta i escèptica. I la Natàlia volia que em fiqués dins l'univers de dues dones que no havia conegut, encara que n'havia escrit alguna cosa a les novel·les anteriors. En aquells moments, el tema no m'interessava gaire. No gosava obrir el paquet. No m'atreia la idea d'escriure sobre dues dones de la burgesia.

5. a) El tema del llibre que havia acabat era els catalans en temps de pau.
b) El tema del llibre que havia acabat era els nazis.
c) El tema del llibre que havia acabat era els catalans als camps nazis.
d) Jo no he acabat mai un llibre de catalans als camps nazis.

6. a) El llibre m'havia deixat malalta i asèptica.
b) El llibre m'havia deixat ferida i escèptica.
c) El llibre m'havia deixat escèptica i joiosa.
d) El llibre m'havia deixat malalta i escèptica.

7. a) Coneixia les dues dones del barri.
b) No coneixia les dues dones.
c) Coneixia les dues dones per amistat.
d) Coneixia les dues dones per un llibre.

8. a) La classe social de les dues dones era la burgesia.
b) La classe social de les dues dones eren totes menys la burgesia.
c) La classe social de les dues dones era la pagesia.
d) La classe social de les dues dones era el proletariat.

Aquell any ens vam divertir molt a Espanya i vam viatjar i escriure. Hemingway em portà a pescar tonyines. Vaig pescar-ne quatre llaunes i vam riure molt. Alice Tocklas em va preguntar si estava enamorat de Gertrude Stein, perquè li havia dedicat un llibre de poemes, encara que eren de T.S. Elliot, i jo li vaig dir que sí.

9. a) Elliot el va portar a pescar tonyines.
b) Hemingway el va portar a pescar llaunes.
c) Stein el va portar a pescar tonyines.
d) Hemingway el va portar a pescar tonyines.

10. a) Alice era de qui estava enamorat.
b) Estava enamorat de T.S. Elliot.
c) Estava enamorat de Gertrude.
d) Mai m'havia enamorat.

11. a) Havia dedicat un llibre de poemes a Hemingway.
b) No havia dedicat un llibre de poemes a G. Stein.
c) Havia dedicat un llibre de poemes a Alice.
d) Havia dedicat un llibre de poemes a Gertrude Stein.

12. a) Ens vam divertir molt a Europa sense viatjar.
b) Ens vam divertir molt a Espanya i vam viatjar i escriure.
c) No ens vam divertir molt a Espanya i vam viatjar i escriure.
d) Ens vam divertir molt a Espanya i vam descansar i escriure.

L'home gros va fer un gest ambigu, però amb l'expressió volgué donar a entendre que la cosa no tenia importància. De moment, el preocupava més recobrar la normalitat de la respiració, perquè -segons va dir- no podia parlar de gust quan tenia els pulmons plens.

13. a) L'home gros va fer un gest ambigu.
b) L'home gros no va fer cap gest ambigu.
c) L'home gros va fer un cop ambigu.
d) L'home gros va fer un gest important.

14. a) Amb l'expressió volgué donar a entendre que tenia importància.
b) Amb el gest volgué donar a entendre que la cosa no tenia importància.
c) Amb un gest ambigu volgué donar a entendre que la cosa tenia importància.
d) Amb l'expressió volgué donar a entendre que la cosa no tenia importància.

15. a) El que el preocupava més era parlar.
b) No tenia cap preocupació.
c) El que el preocupava més era recobrar la normalitat de la respiració.
d) El que el preocupava més era recobrar la anormalitat de la respiració.

16. a) Quan tenia els pulmons plens no podia parlar de tu.
b) Quan tenia els pulmons plens no podia parlar de gust.
c) Quan no tenia els pulmons plens no podia parlar de gust.
d) Quan tenia els pulmons plens callava.

Les mateixes Marthe i Marie, tan devotes, tan "santes dones", no disposaven d'un sol minut. Li van fer una reverència de la barana estant. El sol era de forn, i elles havien de vigilar que en Maurice, tan ofegat de feina, no agafés una insolació. A més, no podien deixar-lo sol en matèria de negoci; en això eren unànimes la Marthe i la Marie: tant els pastors com els traficants eren uns bandits, mentre que el pobre Maurice... Ah, el pobre Maurice, quina ànima de càntir!

17. a) La Marthe i la Marie eren "santes dones" i poc devotes.
b) La Marga i la Marie eren devotes i "santes dones".
c) La Marthe i la Marie eren devotes i "santes dones".
d) La Marthe i la Marie no eren devotes ni "santes dones".

18. a) El sol era de forn.
b) No feia sol.
c) El sol no era de forn.
d) El forn semblava un sol.

19. a) Elles havien de vigilar el sol del forn.
b) La Marthe i la Marie havien de vigilar la feina de Maurice.
c) La Marthe i la Marie havien de vigilar els bandits.
d) La Marthe i la Marie havien de vigilar que Maurice no agafés una insolació.

20. a) Els bandits eren el Maurice i la colla.
b) Els bandits eren els pastors i els traficants.
c) Els bandits eren els pastors, però no els traficants.
d) No hi havia bandits.

Vam somriure. Aquell home, sense arribar mai a l'alegria, no estalviava la placidesa facial; en Deltell, que ja no es recordava de la repugnància que li havia produït el "submarí", tenia en canvi la mica d'eufòria de l'alcohol i veia les coses aparentment clares.

21. a) Aquell home no estalviava l'eufòria.
b) Aquell home no estalviava el somriure sense alegria.
c) Aquell home no estalviava la placidesa facial.
d) Aquell home estalviava la placidesa facial.

22. a) Deltell no es recordava del somriure.
b) Deltell no es recordava de la repugnància del "submarí".
c) Deltell es recordava de la repugnància del "submarí".
d) Deltell no es recordava de l'eufòria del "submarí".

23. a) Deltell veia les coses aparentment clares per l'alcohol.
b) Deltell no veia les coses aparentment clares per l'alcohol.
c) Deltell no veia les coses clares.
d) Deltell veia un submarí.

24. a) Aquell home no va somriure sense arribar mai a l'alegria.
b) Aquell home va somriure i no va arribar mai a l'alegria.
c) Aquell home va somriure sense arribar mai a l'alegria.
d) Aquell home va somriure perquè estava content.

Càlcul elemental I

		A	B	C	D
1.	2 + (-37 + 12) - (-3 + 7 - 10) =	-17	-16	15	17
2.	3 + 7 x (-2) +5 [4 x (-3)] =	76	-71	-75	-14
3.	3 x 5 - 15/5 - (+3/5 + 11/5) =	46/5	46	15/5	-46/5
4.	12 x 6 - 5 + 8 + 23=	36	98	33	35
5.	10 - 7 + 3 [12 + 18 x (15 - 3)] =	-229	230	222	687
6.	3 + (12 x [-7 - (-5)]) =	-21	27	-27	21
7.	9 + [(-1) x (2) x (-3) x (1) x (-1)] + 4 =	8	7	9	10
8.	3 x (-5) x (2) x 3 x (-7) x (-1) x (-1) x 2 =	1.260	630	-1.260	-630
9.	19 + (15 - 35 + 20) x (-3) + 2 =	141	21	15	41
10.	(-2) - (+7 - 15) + (-0) =	6	8	10	12
11.	(2 + 17 - 15 + 16 - 17 - 19 + 7 x 3) x (37 - 30 - 7) =	0	37	67	90
12.	19 + 12 x 3 - 2 + 5 - 7 =	51	55	57	59
13.	10 - 9 - 8 - 7 - 80 =	-84	-86	-104	-94
14.	(19 + 25 - 10) - (12 x 5 + 23) =	60	83	-49	59
15.	3 x 2 + 9 - 3 x 5 : 3 =	10	11	12	-11
16.	27 x 3 : 27 + 5 : 37 x 2 =	16,5	3,27	96,5	14,5
17.	(19 + 3) x (-2 x 5 : -2) =	110	70	-60	-70
18.	13 + (-3) + (-2) + (-7) + (-5) =	-4	4	3	17
19.	[-5 + 3 - 7] : -5 =	8/6	-9/5	1,8	6/8
20.	12 x [7 - 21 x 2 : 2] =	168	-168	0	-236

Càlcul elemental II

		A	B	C	D
1.	3 x (- 2 + 7 x 1 - 5 -3 x 0) =	0	-5	5	3
2.	7 + (-6) + (-3) - 5 - (-6) =	-6	-1	-2	6
3.	2 x (- (-7) + 5 - (+3) - 5) =	26	29	8	30
4.	3 x 2 + 5 - 7 : 7 + 3 =	11	12	13	14
5.	2 + 3 (5 - 7) + (-3) - [5 x (-1)] =	-2	2	0	3
6.	9 - (25 - 3 + 12) x (-2) =	77	74	73	72
7.	3 + 12 - 6 + 7 - 1 x 3 x (-2) x 1 x (-1) =	-10	10	12	-12
8.	5 + 7 - 9 x (-3 - 2 + 5) =	10	12	13	16
9.	6 : 3+12 : (-4) +15 : (-5) =	-2	-4	-6	-8
10.	31 - 14 + 9 - (+6) + (-7) =	10	11	12	13
11.	36 + 21 - 15 + 3 + (-2) + (-17) + (-21) =	15	10	8	5
12.	1 + 2 + (-3) + (-4) + 5 + 6 + (-7) =	-2	-1	0	1
13.	(1 + 1 + 7 + 9) : 18 =	4	3	2	1
14.	25 - 105 - 6 - 10 - 126 =	-222	-126	122	222
15.	40 + (-15) + 16 - 112 =	40,6	39,8	-71	36
16.	7 + 12 : 6 + 100 : (-10) =	2	1	0	-1
17.	1.729 : 10 + 179 x 10 =	1.862,9	1.962,9	1.982	1.892,8
18.	275 + 127 + 12 - 15 : 10 =	410,5	-414,5	412,5	212,5
19.	36 + 12 x 3 : (-2) + 16 : 8 x 2 =	17	18	22	20
20.	(-50) : 25 + (-36) : 6 + (-27 : 9) =	-13	-12	-11	-10

Decimals I

		A	B	C	D
1.	13,5 + 27,6 - 12,08 - 19,002 =	31,082	10,018	-10,018	-31,82
2.	19,9 x 3,27 - 100,008 =	35,935	-34,935	35,925	-35,835
3.	19,9 x 10 + 3,27 x 100 =	526	-528	-526	538
4.	1.799 - 10 x 127 : 1.000 =	1.797,73	179,77	-1.799	-1,27
5.	12,9 + 0,5 + (-7,2) x 0,3 =	11,34	11,24	-11,34	-11,24
6.	0,25 + 127,2 + 19,3 - 12,4 x 2 =	24,80	146,75	131,95	121,95
7.	36 + 0,0026 x 0,25 =	-36,000650	36,0065	36,00065	36,2526
8.	35,6 x 10 - 0,63 =	354,37	355,37	35,537	36,21
9.	12,49 x (-126,5 x 0,5) =	50,76	13,2	-789,9925	-60,25
10.	36 - 15,5 + 1,365 x 176 : 100 =	2,26	20,026	22,9024	2,026
11.	12 + (-0,007) + 0,32 - (-19,15 - 16,4) =	21,30	-21,30	-23,30	47,8
12.	25 - (0,24 x 100) + 326,05 - 0,1998 =	326,5	325,85	326,8502	321,5
13.	14,016 - (0,16 : 100) + 15 x 0,01 =	14,01644	14,1644	14,165	14,0165
14.	19 x 0,3 + 12,07 : 0,002 =	6.040,7	604,07	60,407	604,7
15.	329,3976 + 12,7589 - 3 =	339,2565	339,1575	339,1565	338,9575
16.	694,5321 : 0,0012 =	578.776	578.776,75	578.776,5	578.676
17.	12,93 : 2 x 10 + 10 : 0,001 =	10.064,65	64.750	64.650	647.500
18.	(+327) : (-3) + 125,5 : (-0,005) =	24.991	25.209	-24.991	-25.209
19.	14,39 - 12,92 + 15,75 : 0,02 =	-787,5	892,7	788,97	8,61
20.	36 + 15 + 0,0007 + 0,700 + 10 x 17,5 =	16,7007	226,7007	1079,76	36,7007

Decimals II

		A	B	C	D
1.	0,14 x 15,3 + 17,9 =	4,648	46,48	20,042	2,0042
2.	12,9 x 0,03 + 12,9 x 0,04 =	0,903	6,67	66,71	9,03
3.	36 + 5,7 + 7,5 + 0,05 + 0,010 x (-10) =	49,15	48,195	4,925	0,4925
4.	16 + 2,7 + 5,2 + 0,017 x 12 =	24,104	22,104	287,004	23,24
5.	1.275 : 0,75 + 6 =	1.716	1.706	188,88	1.694
6.	0,05 x 0,75 + 6 x 2 =	12,075	11,758	12,085	12,0375
7.	12,9 x 2 : [0,07 x 10 - (+19 : 10)] =	20,5	-21,5	22,5	23,5
8.	14,03 x 0,025 + 19,035 x (-519 x 0,010) =	92,3678	34,6511	-98,4409	-34,6511
9.	16 + 12 x 0,35 + 0,19 + 0,019 x 10 =	22,48	10,49	20,58	18,75
10.	90 : 0,06 + 12 + (-17,2 - 0,026 x 0,2) =	1.949,7948	1.494,7948	1.505,0052	-1.505,8052
11.	0,5 x 0,10 x 0,15 x 0,20 =	0,00175	0,0175	0,0015	0,1575
12.	19 + 6,30+ 19 x 6,03=	234,27	138,87	139,13	139,87
13.	12,19 x 100 x 0,05 x 0,2 x (-3) =	-36,57	33,67	-35,67	37,65
14.	0,65 x 12 + 13,01 x 10 =	139,7	165,265	162,565	137,9
15.	19,19 x 0,10 x (-19) =	31,416	-36,461	34,641	37,179
16.	0,95 x 13,012 : 0,04 x (-1) =	309,035	303,905	305,039	-309,035
17.	(+1,36) x (-12,35) : (-1,02) =	16,46	18,475	14,66	17,47
18.	14,8 + 16,00 + 0,3 + 0,4 - (+0,5) =	31,2	29,7	31	37
19.	12- (+16,2) + (-15,3) - (+17,4) + (-2) =	36,8	39,8	38,9	-38,9
20.	3 [0,25 + (0,75 x 0,1)] =	0,975	0,475	9,75	0,795

Fraccions

		A	B	C	D
1.	2/4 + 1/6 =	16/24	8/12	6/24	1/3
2.	3/5 + 1/9 =	32/45	8/5	16/4	4/45
3.	12/19 + 15/3 =	236/57	13/15	321/57	23/4
4.	17/9 + 1/4 + 1/6 =	1,023	249/108	1,013	129/108
5.	3/4 + 12/5 =	20/15	63/20	15/20	21/10
6.	3/8 + 2/3 : 3/8 - 7/5 =	271/360	680/852	340/426	406/360
7.	3/27 + 12/3 + 1/5 -19/9 =	297/135	121/45	14/3	396/135
8.	(3/2 + 1/4) - 17/3 x 3 =	- 61/4	15,3	61/4	- 15,3
9.	(2/4 x 1/5) x (12/5 + 1/3) =	82/300	24/60	- 24/60	0,315
10.	1/2 + 3/4 : 12/5 =	39/48	13/16	25/36	5/6
11.	3/4 x 1/5 x 1/6 x 1/9 =	3/1080	1/390	1/360	1/9
12.	12/2 + 3/4 x 1/3 =	25/4	4/25	250/40	27/12
13.	3/2 x 1/2 x 2/5 + 3 =	66/20	33/10	330	0,33
14.	3/6 + 1/2 + 2 x (1/3) =	20/36	6/36	5/30	10/6
15.	12 + 3/4 + 1/5 - (12/6 - 1/3) =	115/60	677/60	1/2	2
16.	3/4 x 1/3 + 1/5 - 1/4 : 7/2 =	106/280	-3,27	53/140	318/840
17.	2/4 + 1/3 (1/2 x 1/4) =	13/24	12/3	15/6	6/12
18.	3/4 + 1/5 + 12/6 =	354/12	177/60	354/120	177/6
19.	2/9 x 1/6 x (1/2 - 1/5) =	2/54	6/54	3/270	1/90
20.	3/6 + [(12/24 x 3/9) x 2] =	5/6	1/9	1/6	24/30

Potències

		A	B	C	D
1.	102 + 107 =	10.000.000	10.000.100	10.000.010	10.001.000
2.	142 + 152 =	841	840	421	420
3.	34 + 24 x 34 =	104.976	50.625	1.377	104.975
4.	22 + 32 - 122 =	-36	36	-119	-131
5.	3-2 + 3-3 + 3-4 =	13/81	-13/81	81/13	-81/13
6.	26 + 25 x 22 =	190	194	192	182
7.	34 + 25 + 36 : 22 =	285,25	295,75	285,75	295,25
8.	32 x 32 x 35 + 32 =	2.609	19.692	34.992	2.690
9.	24 x 35 + 34 x 25 =	6.480	3.104	3.240	6.240
10.	22 x 34 x 2-1 - 22 =	158	156	178	198
11.	32 x 22 x 34 x 3-2 =	158	196	324	216
12.	32 + 22 x 34 x 3-2 =	36	45	81	54
13.	29 x (-26) + 32 x (-32) =	-10.240	10.320	10.240	32.849
14.	(129 : 127) x 24 : 123 =	-144	16/12	18	-32
15.	22 + 20 + 23 x 2-3 =	6	4	8	13/8
16.	42 + 44 + 420 x 4-21 =	27.225	256	10.225	272,25
17.	7 x 7 x 7 x 7 x 7-3 =	49	343/7	7	1/7
18.	12 + 14 + 124 x 122 =	17.882	294	21.600	12.470
19.	36 + 62 + 6 + (-62) =	-114	72	114	42
20.	62 - (+6)2 - (+6)-2 - 12 =	-12,027	12,16	2	84

Sistema mètric decimal I

		A	B	C	D	
1.	1km =	10	1.000	100	0,01	dam
2.	7km + 7dam =	7.700	7.070	70.700	70.070	m
3.	12km + 7hm + 12cm =	1.270,12	1.270,0012	127.000,12	12.700,12	m
4.	3m2 + 7hm2 + 12dam2 =	7.120,3	712,03	71.203	71,203	a
5.	2m2 + 0,07m2 + 16dam2 =	16.020,7	1.602,07	1.602.070	160.207	dm2
6.	12dm2 + 17m2 + 16mm2 =	171.200,16	17.120,016	1.712,016	17.120,16	cm2
7.	6km2 + 16m2 + 12hm2 =	6.001,216	60.012,16	612,0016	6.012,16	hm2
8.	36l =	3,6	360	36	0,36	dal
9.	37,85dm3 =	3.785	378,5	37,85	37.850	g d'aigua
10.	375,5l + 279dl =	40,34	403,4	4.034	4,034	dm3
11.	279m3 + 36dam3 =	639	639.000	36.279	36,279	kl
12.	36dal + 0,12l + 16l =	376.120	376,120	37,612	37.612	g d'aigua
13.	13dam2 + 16km2 + 16m2 =	16.001,316	16.001.316	1.600,1316	161.316	ca
14.	2Ha + 16a + 12dam2 + 2ca =	22.802	228,02	2.280.200	2,2802	dm2
15.	2ha + 6km2 =	602	6,02	6.020	60.200	a
16.	3ca + 2a + 3ha =	3,0203	0,030203	302,03	0,30203	km2
17.	2tm + 1qm =	210	2,1	21	2.100	mg
18.	16m3 + 12hm3 + 16dam3 =	12.016,016	1.216,16	12.016.016	121.616	kl
19.	12dm + 16cm + 10m =	113.600	1.136	10.136	11.360	mm
20.	2l + 3kl + 12hl =	420,2	312,2	3.122	4.202	kg d'aigua

Sistema mètric decimal II

		A	B	C	D	
1.	10kg + 100g + 120Mg =	12.101	121.010	120.100,1	1.300,1	dag
2.	120tm + 1000Mg =	130.000	12.100	1.300.000	1.200.100	hg
3.	12hg + 16dag + 0,5kg =	186	18.600	6.360	1.860	g
4.	12l + 116dal =	1,172	1.172.000	1.172	128	dm3
5.	13,2dam3 + 17,3m3 =	173.132	17,3132	13.217,3	17.432	kg d'aigua
6.	14,16dam3 =	14.160.000	1.416	14.160	0,1416	dm3
7.	1725,2m + 3,273m =	20.525	17.284,73	1.728,473	172,8473	dm
8.	173,25hm2 + 136,32dam2 =	17.461,32	174,6132	174.613,2	1.746.132	ca
9.	12,73l + 127,006dl =	25,4306	25.430,6	12.857,006	1.285,7006	dm3
10.	12dm2 + 1165dm2 + 17mm2 =	1.177,17	11,770017	1.177,0017	11,7717	ca
11.	16,52tm + 166,3qm + 12kg =	331,62	331.620	33.162	3.316,2	Mg
12.	16l + 127dal + 0,36hl =	1.322	13,22	1,322	132,2	m3
13.	236,42l x 0,37 =	8,74754	874,754	8.747,54	87,4754	dal
14.	325,3a + 12,36a x 2 =	3,5002	67,532	35,002	6,7532	ha
15.	16,25m + 12,36dam + 0,37km =	50,985	5,0985	1,7685	17,685	hm
16.	17km + 6hm + 12m =	17.612	176,12	1.761,2	17,612	dam
17.	17mm + 12km =	17.120	1.712	182	12.017	m
18.	0,36m2 + 0,37dam2 =	3.736	37.360.000	373.600	37.360	cm2
19.	0,365tm + 16l + 12kg =	393	0,393	0,3786	378,6	m3 d'aigua
20.	17g + 12kg + 13m3 =	13.012.017	13.012,017	26.017	26,017	l d'aigua

Arrels

		A	B	C	D
1.	$\sqrt{4}+\sqrt{9}=$	13	$\sqrt{13}$	6	5
2.	$\sqrt[3]{27}+\sqrt{25}=$	8	14	9	28
3.	$\sqrt[3]{125}+\sqrt{25}=$	30	$5\sqrt{125}$	$5+\sqrt{125}$	10
4.	$\sqrt{5}\times\sqrt{5}=$	$2\sqrt{5}$	$\sqrt{10}$	5	25
5.	$\sqrt{25}\times\sqrt{25}=$	5	25	$2\sqrt{25}$	1
6.	$\sqrt{0{,}5\times 0{,}2}=$	$1/\sqrt{10}$	1/10	0,1	0,14
7.	$\sqrt{0{,}0004}\times\sqrt{0{,}02}=$	$0{,}02\sqrt{2}$	$\sqrt{0{,}02}$	$\sqrt{0{,}0204}$	$0{,}002\sqrt{2}$
8.	$\sqrt{27}\times\sqrt{27}\times\sqrt{27}=$	$3\sqrt{3}$	$\sqrt{27}$	$3\sqrt{27}$	$3\sqrt[4]{3}$
9.	$\sqrt[3]{3}\times\sqrt[3]{9}=$	3	9	$\sqrt{3}$	$\sqrt{9}$
10.	$\sqrt{64/4}=$	8	2	4	16
11.	$\sqrt{121/\sqrt{121}}=$	1	$\sqrt{11}$	$11\sqrt{11}$	11
12.	$\sqrt{12^4}\times\sqrt{3\times 27}=$	$9\sqrt{2}$	1.296	$3\sqrt{12}$	36
13.	$\sqrt{16/4\times 4/2}=$	$2\sqrt{2}$	$\sqrt{6}$	$4/\sqrt{2}$	$\sqrt{2}$
14.	$\sqrt{5\times 27/3}=$	$5\sqrt{3}$	$\sqrt{11}$	$\sqrt{14}$	$3\sqrt{5}$
15.	$\sqrt{18}+\sqrt{50}=$	$15\sqrt{2}$	$8\sqrt{2}$	30	16
16.	$(\sqrt{17\times 2})^2=$	$4\sqrt{17}$	19	34	$4+\sqrt{17}$
17.	$(\sqrt{192})^{-2}=$	1/192	192	13,86	1/13,86
18.	$100^{7/4}=$	$100\sqrt[4]{100^3}$	$100\sqrt{100^3}$	$100\sqrt[4]{10^6}$	$1.000\sqrt{10}$
19.	$\sqrt{100}:\sqrt{1.000}=$	1/10	$100\sqrt{10}$	$\sqrt{10}$	$1/\sqrt{10}$
20.	$\sqrt{121}+(-21)=$	11,92	10	100	$11\sqrt{21}$

Sistema sexagesimal

		A	B	C	D
1.	1h + 12' =	71'	72'	68'	62'
2.	(2h + 15') + (3h + 14") =	18.915"	18.916"	18.914"	18.816"
3.	6h + 15' =	21.500"	22.500"	20.500"	21.250"
4.	3h 12' 15" x 2 =	6h 24'30"	6h 20' 30"	6h 20' 32"	6h 24' 32"
5.	7h + 1h 17' + 324' =	13h 41' 59"	12h 41' 59"	13h 40' 59"	13h 41' 00"
6.	3h 14' 15" =	194,25'	194,35'	195,35'	195,15'
7.	2h 7' - 124' =	179"	170"	180"	160"
8.	-(9h 14' 15") + (12h 45') =	3h 30' 45"	3h 31' 15"	3h 30' 15"	3h 31' 45"
9.	2h 13' 14" x 4 =	8h 53' 00"	8h 52' 00"	8h 53' 16"	8h 52' 56"
10.	3h 12' 7" : 3 =	3.845"	3.845,33"	3.842,33"	3.843"
11.	56,97h (passar a h, min i s) =	56h 58' 52"	56h 58' 12"	56h 57' 72"	56h 58' 02"
12.	13,42h + 15,7h =	28,49h	29,12h	29,22h	28,59h
13.	12h 13' + 2 1/2h =	883'	793'	893'	783'
14.	3h 15' + 12h 15' + 7h 15' =	23,15h	23,75h	22,15h	22,75h
15.	19h + 15h - 0' 13" =	123.388"	122.388"	122.387"	123.386"
16.	- 2h + 177' 15" =	3.435"	3.534"	3.535"	3.415"
17.	3h + 12h 7' - 1h 16" =	5.804"	50.800"	50.805"	50.804"
18.	2h 25' 15" x 7 =	61.000"	61.105"	61.005"	61.500"
19.	14h 15' 23" + 12h 15' 14" =	27h 00' 37"	26h 29' 97"	26h 31' 07"	26h 30' 37"
20.	1279" (passar a h, min i s) =	0h 21' 29"	0h 21' 19"	0h 20' 59"	0h 21' 59"

Percentatges

		A	B	C	D
1.	10% de 350 =	3,5	35	70	7
2.	15% de 725,3 =	108,795	98,795	108,975	98.975
3.	20% de 1275 =	127,5	318,75	25,5	255
4.	X = 20% de 1750; X =	350	35	300	437,5
5.	250 = X% de 725; X =	25%	35%	34,48%	35,75%
6.	X = 12% de 149; X =	15,75	17,88	15,5	15
7.	750 = 5% de X; X =	1.500	150.000	7.500	15.000
8.	950 = X% de 1750; X =	50,8%	54%	54,28%	50%
9.	325 = X% de 325; X =	100%	1%	10%	200%
10.	1750 = 7,5% de X; X =	23.330	20.000,33	23.333	23.333,33
11.	Si el 10% de X = 1750, calculi el 20%	350	3.500	375	3.575
12.	Si el 15 % de X = 125, calculi el 5%	41,76	6,25	62,5	41,67
13.	Si el 10% de X = 725, calculi el 12%	87	870	825	82,5
14.	Si la quantitat és 3720, 275 és el	7,39%	13,53%	73,9%	7%
15.	Si la quantitat és 2750, 275 és el	1%	20%	10%	2%
16.	Si traiem 312 a la quantitat 324, li traiem el...	1,04%	3,7%	9,63%	96,30%
17.	Si traiem el 15% a 933, li traiem el...	62,2	13,99	139,95	6,22
18.	Quan parlem del 50% d'una quantitat, això equival a	2/2	3/2	1/2	4/2
19.	Si parlem dels 2/4 d'una quantitat, parlem del	200%	75%	50%	150%
20.	Quin percentatge són 2/7 de 327?	28,57%	93,42%	9,34%	11,44%

Equacions I

		A	B	C	D
1.	$3x + 5 = 26$	7	-7	8	-8
2.	$5y - 2 = 38$	7	8	9	-8
3.	$x + 3 = 25$	20	21	22	23
4.	$2x + 7 = 41$	17	-17	20	-20
5.	$x + 13 = 9$	4	-4	-3	-5
6.	$2x + 18 = 12$	-2	-9	-3	9
7.	$z - 9 = -3$	-6	3/9	-3/9	6
8.	$5y - 1 = -36$	7	-7	36/5	-37/8
9.	$4 = 2y$	2	-2	1/2	-1/2
10.	$5x = 6$	6/5	5/6	4/3	1/2
11.	$x + 2 = 2x - 5$	7	-7	8	-8
12.	$y + 7 = y + 11$	No té solució	-7	-1	0
13.	$2x + 3x = 5$	1	-1	0	2/3
14.	$x - 3 = 13$	2	4	8	16
15.	$x + 1 = 28$	3	9	27	30
16.	$7x - 5x - 10 = 2x - 3x + 23$	9	10	11	12
17.	$6x + 12 - 5x + 4 = 7x - 3 - 4x + 15$	0	2	4	6
18.	$y + 17 - 23y = -2y - 3y$	3	1	2	-1
19.	$4x - 3 - 3x = 2x - 5$	-2	4	2	-4
20.	$11 - 5a - 13 = -2a + 8 + 7a$	-1	0	1	2

Equacions II

		A	B	C	D
1.	8x – 7 = 25	4	-3	1	0
2.	4x – 5 = 3x + 3	2	8	5	10
3.	-x = 3 - 2x	-1	3	2	-3
4.	39 – 11x + 8 = 5 + 13x + 4 – 7x +4	2	0	-3	4
5.	3x + 2 = 5x + 3 – x	4	-1	1	3
6.	3(x-5) = 4 (10 – 2x)	2	3	4	5
7.	10 (x + 1) + 2x – 2 = 11x + 7 + 2(x - 1)	-3	1/9	1/3	3
8.	3(2x + 2) + 2 = -2x + 4(x-5)	7	1/7	-7	-14
9.	6(5 + y) – 3(1 – y) = 4 (9 + 2y) – 12	3	9	-3	-1/3
10.	3x + 2 + 5 (4x-3) = 6x – 8	3/8	5/14	-10/32	5/17
11.	-3 (2-4y) – (3y – y) = -5y + 6 -5 (4y + 1)	5	-1/5	1/5	10
12.	3(3x -4) + 12 = 7(5x + 8) – 5x	3/8	-3/8	8/3	-8/3
13.	x/3 – 1/2 = x – 7/6	1	1/2	2/3	3
14.	3a + 5 = 11	3/11	9	2	3
15.	b + 7 = 2b + 12	5	-5	1/5	10
16.	2x + 7 = 16 – x	3	9	27	6
17.	(3x + 10)/2 = (5 + 2x)/3	0	2	-8	-4
18.	5x + 10 = 3(x-1) + 2x	No té solució	3	27	0
19.	6x – 2(2-x) = 9 – 2(x +5)	3/19	1/3	3/10	30
20.	(x + 2)/3 = 5x – 46	10	20	38/14	70

Regla de tres

Resolgui els següents problemes i marqui la resposta correcta en cada cas.

1. Una poma val 0,30 euros. Quants euros valen 11 pomes?:

a) 3,00.
b) 3,45.
c) 3,30.
d) 3,60.

2. Quants cèntims valen dues desenes d'ous, si un ou val 6 cèntims?:

a) 60.
b) 120.
c) 600.
d) 50.

3. En Carles té 15 cèntims i el seu germà en té el doble. Quants tenen entre tots dos?:

a) 15.
b) 30.
c) 45.
d) 60.

4. Quant val el doble de la meitat de 320?:

a) 160.
b) 150.
c) 640.
d) 320.

5. Tenim un tros de fusta de 20 m. Si fem 4 talls, quant mesurarà cadascun dels trossos resultants?:

a) 4 m.
b) 6 m.
c) 10 m.
d) 5 m.

6. Quantes monedes de 5 cèntims són 3,25 euros?:

a) 60.
b) 55.
c) 70.
d) 65.

7. Si l'Antoni té 3 cèntims d'euro més que el Robert i aquest en té cinc més que el Pere, que té 27 cèntims, quants cèntims té l'Antoni?:

a) 35.
b) 40.
c) 112.
d) 30.

8. Si una bola vermella val 3 cèntims i una de blanca en val 2, quants cèntims d'euro valen 3 boles vermelles i 5 de blanques?:

a) 8.
b) 17.
c) 19.
d) 20.

9. Un paquet de 15 bolígrafs val 1,5 euros. Quants cèntims valen dos bolígrafs?:

a) 15.
b) 25.
c) 30.
d) 20.

10. Quants minuts són tres hores?:

a) 120.
b) 60.
c) 180.
d) 260.

11. Una secretària fa 325 pulsacions per minut. Quantes pulsaciones farà en 3 minuts?:

a) 1075.
b) 875.
c) 975.
d) 1015.

12. En un restaurant es mengen 15 truites diàries. Quantes truites es mengen en una setmana si el dilluns tanquen per festa?:

a) 90.
b) 60.
c) 65.
d) 45.

13. Quant val la meitat de la meitat de 16?:

a) 8.
b) 6.
c) 4.
d) 2.

14. Una bossa de crispetes val 0,35 cèntims d'euro. Quantes en podem comprar amb 2,45 euros?:

a) 5.
b) 6.
c) 7.
d) 8.

15. Un cotxe ha de fer un recorregut de 36 km, però quan ha fet la meitat del camí torna al punt de sortida. Quants km recorre?:

a) 18.
b) 9.
c) 30.
d) 36.

16. Una puça salta 9 cm d'altura. Quants salts ha de fer per pujar 36 cm?:

a) 4.
b) 3.
c) 2.
d) 5.

17. Un paquet de 500 fulls val 5 euros. Quant val cada full?:

a) 2 cèntims.
b) 1 cèntim.
c) 0,5 cèntims.
d) 25 cèntims

18. Un camp de golf té 18 forats i el recorregut ideal és fer 4 cops a cada forat. Quants cops es fan en total?:

a) 76.
b) 72.
c) 56.
d) 90.

19. Tenint en compte que l'any té 365 dies i que cada 28 hi ha lluna plena, quantes llunes plenes hi ha cada any?:

a) 12.
b) 11.
c) 14.
d) 13.

20. Una empresa té 30.000 euros de guanys a l'any, però el 20% s'ha de reservar per reinvertir en l'empresa. Quants euros queden de beneficis nets?:

a) 15.000.
b) 24.000.
c) 20.000.
d) 12.000.

Càlcul general I

Indiqui la resposta de les següents operacions:

		A	B	C	D
1.	7:1/5 =	7/5	35	5/7	36/5
2.	(6 + 9 – 5) x 4 =	16	196	58	40
3.	60 és el 25% =	240	150	85	35
4.	(7- 4 + 5) : 2 =	4	6	13,5	6,5
5.	(2+1) – 3 x 5 –	13	– 13	-12	-45
6.	0,3 / 0, 03=	30	10	0,01	0,1
7.	1/5 + 12/15 =	5	1	1/5	15
8.	80 x 24 : 3 =	640	120	140	200
9.	11% de 2000 =	110	20	200	220
10.	0,4 x 10 : 1/4 =	1	1/4	16	10
11.	28 : 4: (2 x 7) =	14	1/2	4	2
12.	12 : 4 – 2 =a.	2	0	1	3
13.	5% de 25015 =	12,5	15	10	25
14.	100 x 0,5 =	1000	50	10	0,1
15.	0,003 x 100 : 10 =	3	0,3	0,03	30
16.	(26-18) : (14- 12) =	6	2	4	8
17.	3/7 . 1/7 =	1/7	7	3	1/3
18.	3 x 5 + (2 x 6) =	25	27	30	32
19.	3/4 x 2/3 =	0,5	0,4	0	0,6
20.	3 x (4 + 2) =	12	16	18	20

Càlcul general II

Esbrini el resultat de les següents operacions:

		A	B	C	D
1.	100 x 0,1 =	10	1	0,1	0,01
2.	3/8 x 4/3 =	0,8	0,5	2	0,2
3.	1 : 0,1 =	1	0,1	10	0,01
4.	16: 4 : (8: 2) =	4	1	2	0,5
5.	(6 x 5) : (2 x 3) =	4	10	6	5
6.	(3 + 9) : (4 – 1) =	3	4	2	6
7.	6% de 58 =	3,48	6,2	4,2	2,4
8.	1628 x 0,04 =	84,2	37,1	65,12	64
9.	3/4 x 4/3 =	1/3	1	9/6	0
10.	(70 x 26) : 5	520	120	246	364
11.	5% de 84 =	8	4,2	6	5
12.	(1/3 + 2/5) : 11 =	1/ 15	3/88	1/11	15/11
13.	1% de 3500 =	350	3,5	35	10
14.	6/4 : 3/8 =	4	2	0,5	9
15.	20% de 3600 =	720	72	360	36
16.	(9 + 1) x (8 – 2) =	80	60	70	90
17.	(27 – 15) x (8 + 4) =	160	156	144	180
18.	24/4 + 60 / 15 =	12	8	16	10
19.	6% de 420 =	42	21	25,2	37,4
20.	0,02 x 0,2 =	0,004	0,04	0,4	4

Càlcul general III

Esbrini el resultat de les següents operacions:

		A	B	C	D
1.	(2+ 3 – 4) : (3 x 5 – 7) =	0, 115	0,125	0,135	0,145
2.	4 x 9 – 2 x 13 x 5 =	50	65	60	55
3.	0,8 x0, 1 x 100 =	6	7	8	9
4.	2/5 + 7/10 =	1,4	1,3	1,2	1,1
5.	10 + 10 (al quadrat) + 10 (al cub) =	1010	1000	1111	1110
6.	21% de 1000 =	420	840	210	630
7.	7/3 : 14/3 =	0,5	1	1,5	2
8.	(3 + 6) al quadrat – 8 x 9 =	7	8	9	10
9.	2 / 3 x 4/5 : 8/3 =	3/5	1/5	5/3	3/7
10.	0,23 x 2 – 0,1 =	0,36	0,38	0,40	0,42
11.	(3 x 3 - 3) elevat al quadrat + 3 =	30	33	36	39
12.	1/2 + 7/8 + 3/4 =	8/17	17/8	9/4	4/9
13.	125 x 2 : 5 =	50	75	100	125
14.	5% del 10% de 400 =	5	3	4	2
15.	0,1 de 920 =	1,84	0,46	0,84	0,92
16.	3/5 x 1/5 =	4/10	3/25	15/5	5/3
17.	(2 + 3 x 5 - 4) x (7 – 5) =	30	28	26	24
18.	(3 x 4) + (5 + 3) x 4 =	44	46	48	45
19.	0,5 x 0, 6 =	0, 2	0,3	0,5	0,4
20.	26 és el 1% de	2600	260	26	26000

Càlcul general IV

Esbrini el resultat de les següents operacions:

		A	B	C	D
1.	381 x 27 =	10.287	10.288	10.289	10.290
2.	38 x 279 =	10600	10602	10604	10606
3.	3844 : 62 =	58	60	62	64
4.	186.459 : 683 =	267	271	269	273
5.	3279 + 3278 + 3277 =	9828	9830	9832	9834
6.	0,01 + 0,1 + 1 + 1,1 =	2,101	1,201	1,101	2,21
7.	683 – 273- 400 =	6	12	10	8
8.	1/4 + 1/3 =	5/12	6/12	7/12	8/12
9.	1/6 + 5/6 =	1	2	3/6	2/6
10.	1/3 – 1/4 =	1/12	1/14	1/8	1/6
11.	5/6 – 2/6 =	?	1/3	?	1/5
12.	1/4 x 2/8 =	1/8	1/16	?	?
13.	3/5 x 5/3 =	2	1	?	?
14.	6/5 : 74 =	21/35	22/35	23/35	24/35
15.	8/3 x 3/4 =	4	1	2	3
16.	1/4 x 16/5 =	2/5	3/5	4/5	1
17.	(12 : 4) – 2 =	0	1	2	3
18.	(3 + 7) + 5 =	15	150	175	17
19.	6/10 + 2/5 =	4	4/50	1/3	1
20.	8 : 10/4 =	3	3,1	3,2	3,4

Càlcul general V

Esbrini el resultat de les següents operacions:

		A	B	C	D
1.	(6 + 2) x (6 – 2) =	30	40	32	34
2.	14 – 2 x 2 + (6 – 3) =	14	13	24	21
3.	5/6 : 1/3 =	2,5	5	7,5	10
4.	12% de 400 =	44	76	78	80
5.	4/3 – 8/6 =	3	1	2	0
6.	9/11+ 13/11 =	1	2	22	11
7.	1/6 : 1/3 x 6 =	19/6	1	2/3	3
8.	2% de 12.600	126	504	252	784
9.	(6 x 3+ 7) : 5 =	5	3	15	
10.	(3+ 2) x (3-2) =	6	5	3	7
11.	3% de 240 =	6	3,6	24	7
12.	8 10 + 2) x 2 =	24	2,4	22	18
13.	(4 +5)2 =	41	61	71	81
14.	1/5 x 1/3 : 2 =	2/15	1/30	1/16	1/15
15.	(4 + 3 x 3) x (2 x 2 – 1) =	83	39	63	76
16.	(0,1)2 =	0,2	1	0,01	2,1
17.	(64 – 4) : 3 =	20	4	30	60
18.	2,5% de 20.000 =	450	200	500	750
19.	5/4 + 23/4 =	9	7	7/4	12/4
20.	36 + (3 x 2 – 1) =	41	17	43	20

Problemes bàsics de matemàtiques I

1. **Un senyor compra una finca per valor de 400.000 euros i paga 35.000 euros d'impostos. Tot seguit ven la finca per valor de 500.000 euros. Quants diners guanya en l'operació?:**

    a) 40.000 euros.
    b) 400.000 euros.
    c) 65.000 euros.
    d) 75.000 euros.

2. **Quants segons hi ha en dues hores?:**

    a) 6500.
    b) 7.200.
    c) 3.600.
    d) 8.250.

3. **D'una peça de roba de 31,5 m de longitud es volen fer faldilles i es necessiten 2,25 m de roba per cadascuna d'elles. Quantes faldilles podran fer-se?:**

    a) 12.
    b) 14.
    c) 15.
    d) 17.

4. **Un obrer ha d'aixecar una tàpia de 6 m d'alçada. Si triga 2 hores en aixecar 1,5 m, calcular el temps que triga en finalitzar la tàpia?:**

    a) 8 h.
    b) 7 h.
    c) 6h 30 m.
    d) 9h 45 m.

5. **Tres nois ajunten els seus estalvis i entre tots aconsegueixen 648 euros. Quants jocs informàtics poden comprar, sabent que cadascú costa 162 euros?:**

    a) 3.
    b) 4.
    c) 6.
    d) 5.

6. Com repartiran l'herència tres germans, si el pare els va deixar 220.386 euros per repartir en parts iguals entre ells?:

a) 73.462.
b) 80.003.
c) 43.730.
d) 10.462.

7. Quants Kilos de pintura es necessiten per pintar 280 m2 de paret, sabent que es gasten 800 gr en pintar 1 m2?:

a) 240.
b) 310.
c) 224
d) 205.

8. Un pintor cobra 24 euros per cada metre de reixa pintada. Quant guanya si pinta 23 metres?:

a) 628 euros.
b) 518 euros.
c) 552 euros.
d) 583 euros.

9. Un pastor té 126 ovelles, la meitat moren enverinades, 5 es perden i 25 són atacades i mortes per llops. Quantes ovelles queden?:

a) 33.
b) 30.
c) 67.
d) 24.

10. Una font mana 0,5 litres per segon. Quants litres manarà en 4 hores?:

a) 6800.
b) 7200.
c) 5320.
d) 7540.

11. Tenim 355 m de roba i es volen fer cortines amb ella. Quantes es podran fer, si per cada cortina es precisen 2,5 m de roba?:

a) 187.
b) 127.
c) 142.
d) 149.

12. Entre 4 amics han reunit 384.210 peces de puzzle. Si el primer va aportar 75.200 peces, el segon 126.000 peces i el tercer 85.010 peces, quantes va aportar el quart?:

a) 103.000 peces.
b) 98.000 peces.
c) 94.560 peces.
d) 98.810 peces.

13. Un punt A dista 2.350 Km d'un altre B. Quant costarà traslladar-se des d'A fins a B si cada Km. costa 1,7 euros?:

a) 3.998 euros.
b) 4.395 euros.
c) 3.995 euros.
d) 4.315 euros.

14. Un ciclista va a 35 Km/h i recorre una distància de 210 Km. Quant temps ha trigat en completar el recorregut?:

a) 7 h 30 m.
b) 6 h.
c) 5 h 45 m.
d) 6h 30 m.

15. Un número determinat el multipliquem per quatre. Al resultat li sumem 10. la quantitat resultat es divideix per dos i ens queda 247. Quin és el número inicial que teníem?:

a) 119.
b) 133.
c) 101.
d) 121.

16. Avariguar l'alçada mitjana d'un grup de 5 noies, que tenen les següents alçades: 1,67, 1,65, 1,73,1,79 i 1,66 m:

a) 1,68 m.
b) 1,71 m.
c) 1,70 m.
d) 1,69 m.

17. Una mare dóna al seus 5 fills un total de 3.340 euros. El més gran es queda amb 1.010 euros, el segon amb 840 euros, el tercer amb 620 euros i el quart amb 530 euros. Quant li queda al més petit?:

a) 337 euros.
b) 340 euros.
c) 334 euros.
d) 346 euros.

18. Un ramader compra 7 vaques i 15 cavalls, per un import total de 11.500 euros. Quan val cada vaca, si sabem que cada cavall va costar 350 euros?:

a) 893 euros.
b) 900 euros.
c) 892 euros.
d) 680 euros.

19. Quant costa el kilo de maduixes, si 2 kilos costen 42 euros?:

a) 11.
b) 24.
c) 22.
d) 21.

20. Una persona rep uns beneficis de 600 euros al mes, però gasta 5.800 euros a l'any. Quina quantitat estalvia en 2 anys?:

a) 2.230 euros.
b) 1.470 euros.
c) 2.800 euros.
d) 1.760 euros.

Problemes bàsics de matemàtiques II

Esbrini la solució als següents plantejaments:

1. **Un cable mesura 10 metres. Primer tallem 2/5 parts de la seva longitud i després 2 metres més. Quants metres queden?:**

   a) 2.
   b) 3.
   c) 4.
   d) 5.

2. **Una caixa conté 8 taronges. Si mengem la quarta part del seu contingut, quantes taronges queden a la caixa?:**

   a) 5.
   b) 6.
   c) 7.
   d) 8.

3. **Amb deu dotzenes de roses, quants rams de 5 roses es poden formar?:**

   a) 24.
   b) 28.
   c) 30.
   d) 32.

4. **Em falten 25 euros per comprar-me 3 cadires pel menjador, si cadascuna costa 40 euros, quants euros tinc en el meu poder?:**

   a) 80.
   b) 85.
   c) 90.
   d) 95.

5. **Si multipliquem 25 per la quarta part del núero que li precedeix en la sèrie de números naturals, el resultat és:**

   a) 120.
   b) 130.
   c) 140.
   d) 150.

6. Quint tant per cent de 500 es 40?:

a) 6.
b) 28.
c) 8.
d) 14.

7. Avariguar el 3% del 20% de 1.000:

a) 6.
b) 60.
c) 12.
d) 20.

8. Als 4/6 d'una quantitat se li resten els 2/3 de la mateixa. El resultat és:

a) 0.
b) 12/8.
c) 1/6.
d) 2.

9. Un fuster fa 15 portes en 10 hores. Quina part de la feina realitzarà en 2 hores?:

a) 1.
b) 5.
c) 3.
d) 2.

10. El major número natural que es pot formar amb les xifres 2,5 i 8, sense repetir cap ni una:

a) 882.
b) 852.
c) 582.
d) No és possible fer cap.

11. Cinc sisens és major que:

a) 4/5.
b) 677.
c) 7/8.
d) 8/9.

12. En quant excedeix el quadrat de quatre al cub de dos?:

a) 16.
b) 4.
c) 12.
d) 8.

13. Dos àrees i mitja és una superfície major que:

a) 250 m2.
b) 2250 m2.
c) 20m2.
d) 2500 m2.

14. Sumen 9 a un cert número, obtenim l'arrel quadrada de 100. Quin és aquest número?:

a) 10.
b) 7.
c) 4.
d) 1.

15. La meitat inferior d'un cilindre té una capacitat de 1,5 litres. Si a la capacitat total del cilindre li restem la de la meitat superior, quin és el volum restant?:

a) 3 litres.
b) 0 litres.
c) 6 litres.
d) 1,5 litres.

16. Un autobús realitza viatges d'anada i tornada entre dos pobles, A i B, separats 6 Km entre si. Si surt d'A i recorre 19 Km en la ruta descrita, a quina distància està de B?:

a) 12 Km.
b) 1 Km.
c) 10 Km.
d) 25 Km.

17. Un cargol avança 20 cm en una hora. Si una tortuga parteix del mateix lloc i recorre 2 metres per hora, quina distància treurà al cargol en cinc hores?:

a) 5.
b) 8.
c) 9.
d) 3.

18. Si una aixeta vessa 0,75 litres per segon. Quant temps trigarà en omplir una banyera de capacitat 285 litres?:

a) 6 m 20 s.
b) 6 m 10 s.
c) 6 m 30 s.
d) 6 m 40 s.

19. En una classe de 30 alumnes, només ha aprovat el 10% totes les assignatures, quants alumnes han suspès alguna cosa?:

a) 24.
b) 27.
c) 16.
d) 23.

20. Calculi l'edat mitjana d'un grup de 4 noies amb edats de 19, 18, 15 i 16 anys:

a) 16.
b) 16,5.
c) 17.
d) 17,5.

Càlcul ràpid I

Realitzeu, el més ràpidament possible, les següents operacions:

1.	120:2 =	**21.**	420 : 6 =
2.	975 + 31 =	**22.**	264 + 97 =
3.	55 x 8 =	**23.**	48 x 7 =
4.	459 – 32 =	**24.**	902 – 298 =
5.	160 : 8 =	**25.**	549 : 9 =
6.	618 + 19 =	**26.**	999 + 99 =
7.	46 x 2 =	**27.**	79 x 6 =
8.	647 – 74 =	**28.**	139 – 123 =
9.	910 : 5 =	**29.**	637 : 7 =
10.	321 +32 =	**30.**	37 + 637 =
11.	97 x 7 =	**31.**	97 x 9 =
12.	197 – 69 =	**32.**	675 – 592 =
13.	123 : 3 =	**33.**	644 : 7 =
14.	67 + 79 =	**34.**	36 + 91 =
15.	103 x 9 =	**35.**	345 x 6 =
16.	977 – 66 =	**36.**	639 – 403 =
17.	76 : 4 =	**37.**	630 : 9 =
18.	209 + 29 =	**38.**	93 + 381 =
19.	76 x 5 =	**39.**	678 x 9 =
20.	902 – 876 =	**40.**	870 – 787 =

Càlcul ràpid II

Realitzeu, el més ràpidament possible, les següents operacions:

1.	123 + 85 =	**21.**	222 + 47 =
2.	4 x 16 =	**22.**	23 x 8 =
3.	45 – 23 =	**23**	274 – 247 =
4.	125: 5 =	**24.**	1041 : 3 =
5.	32 + 127 =	**25.**	523 + 47 =
6.	16 x 7 =	**26.**	39 x 4 =
7.	976 – 456 =	**27.**	531 – 315 =
8.	288 : 6 =	**28.**	984 : 4 =
9.	721 + 25 =	**29.**	937 + 5 =
10.	28 x 5 =	**30.**	89 x 7 =
11.	821 – 81 =	**31.**	987 – 735 =
12.	332 : 2 =	**32.**	497 : 7 =
13.	743 + 98 =	**33**	334 + 125 =
14.	49 x 4 =	**34**	76 x 8 =
15.	680 – 88 =	**35.**	866 – 698 =
16.	469 : 7 =	**36.**	648 : 8 =
17.	891 + 76 =	**37.**	987 + 65 =
18.	151 x 2 =	**38**	125 x 9 =
19.	691 – 196 =	**39**	295 – 12 =
20.	1258 : 2 =	**40.**	240 : 8 =

Càlcul ràpid III

Realitzeu, el més ràpidament possible, les següents operacions:

1.	20 – 5 +3 x 2 =	**21.**	412 : 4 + 2 =
2.	3 x 5 + 10 – 8 =	**22.**	520- 410 x 2 =
3.	90 : 10 + 8 – 7 =	**23.**	631 – 135 + 2 =
4.	3 X 13 + 1 – 17 =	**24.**	600 : 5 + 2 + 12 =
5.	5 x 5 + 15 : 5 =	**25.**	176 – 68 + 4 : 2 =
6.	8 x 9 + 12 : 3 =	**26.**	180 : 9 – 15 x 5 =
7.	16 + 115 – 75 – 3 =	**27.**	300 – 50 x 5 + 10 =
8.	123 : 3 + 27 – 2 =	**28.**	402 : 3 + 2 + 18 =
9.	9 x 8 + 17 – 16 =	**29.**	72 : 9 + 4 – 2 =
10.	92 : 2 + 5 – 6 =	**30.**	18 x 3 + 5 – 17 =
11.	144 – 98 – 30 + 13 =	**31.**	150 : 5 + 4 + 6 =
12.	48 : 6 + 8 – 18 =	**32.**	25 + 8 x 3 – 9 =
13.	128 : 4+ 5 =	**33.**	77 – 8 + 12 =
14.	4427 + 128 – 365 =	**34.**	333 : 3 – 40 – 60 =
15.	1894 – 1467 + 123 =	**35.**	1527 – 28 – 99 =
16.	6160 : 4 + 10 =	**36.**	68 + 42 – 80 =
17.	33 : 3 + 2 + 5 =	**37.**	57 x 7 – 100 =
18.	81: 9 + 8 + 5 =	**38.**	138 : 3 + 4 : 2 =
19.	55 + 61 x 3 =	**39.**	145 : 5 + 6 =
20.	16 x 4 – 18 =	**40.**	140 : 2 + 3

Exercicis d'eines bàsiques

Solucions

Claus de respostes

Comprensió lectora I

1. *F*
2. *F*
3. *V*
4. *F*
5. *F*
6. *V*

Comprensió lectora II

1. *V*
2. *V*
3. *F*
4. *V*
5. *F*
6. *F*
7. *F*

Comprensió lectora III

1. *B*
2. *E*
3. *D*
4. *C*

Comprensió lectora IV

1. *A*
2. *C*
3. *E*
4. *C*
5. *E*
6. *A*
7. *C*
8. *B*
9. *D*
10. *A*

Comprensió lectora V

1. b
2. d
3. f
4. a
5. h
6. e

Comprensió lectora VI

Text C

Comprensió lectora VII

1. V
2. V
3. V
4. F
5. V
6. F
7. V
8. C
9. B
10. C

Comprensió lectora VIII

1. F
2. F
3. V
4. V
5. F
6. V
7. F
8. F
9. A
10. B

Comprensió lectora IX

Text B

Comprensió lectora X

1. *b)*
2. *d)*
3. *b)*
4. *d)*
5. *c)*

El (0) **cintur__ó__** de (1) **segur__e__tat** (2) **comple**__IX__ 40 anys (3) **d'e**__X__ **istència**. En (4) **nom__é__s** aquest temps ja es considera un dels invents d'aquest (5) **se__g__le**. Des de l'any 1959, s'ha (6) **co__nv__ertit** en l'element que més vides ha salvat en el món (7) **automo__b__ilístic**. Malgrat que es tracta d'una (8) **prote__cc__ió** (9) **sen__z__illa** i (10) **nece__ss__ària**, no va (11) **ap__a__rèixer** fins a principis de la (12) **dè____cada** dels seixanta.

(13) **Ning__ú__** fins aleshores no s'havia imaginat una idea i un (14) **di__ss__eny** tan elementals com pràctics (15) **s'insta__l·l__a** subjectant-lo en tres punts. El primer a definir-lo va ser (16) **l'en__g__inyer** aeronàutic suec Nils Bohlin: «Era (17) **q___ü_estió** de trobar una (18) **so__l__ució** (19) **efica__ç__** i que es (20) **p___O_gués** cordar (21) **còmod__a__ment** amb una mà», va explicar Bohlin en unes declaracions en què recordava la gestació de la seva gran obra.

No obstant, la necessitat d'anar ben agafats mentre es (22) **via__tj__ava** no era nova. Al llarg de (23) **__la__** història sabem de detalls molt significatius que mostren aquesta (24) **pr__e_O_cupació**, i fins i tot la podem trobar en passatges literaris, com aquell que (25) **co__n__ta** que Ulisses es va lligar al timó de la seva nau per no caure a l'aigua (26) **e_n___mig** d'una tempesta.

Prova 1. Comprensió verbal

1. **b)** *El reflex.*
2. **a)** *RC.*
3. **d)** *Instint.*
4. **c)** *Inhibitori.*
5. **c)** *Paulov.*
6. **d)** *RO.*
7. **c)** *Són correctes a) i b).*
8. **a)** *Àrea cortical.*
9. **b)** *La interna.*
10. **b)** *Irradiació.*

Prova 2. Arxiu

1. **c)** *FAMA - PAC*
2. **c)** *FAMA - PAC*
3. **d)** *PACA - ZZ*
4. **a)** *A - DEL*
5. **b)** *DELA - FAM*
6. **b)** *DELA - FAM*
7. **d)** *PACA - ZZ*
8. **a)** *A - DEL*
9. **d)** *PACA - ZZ*
10. **d)** *PACA - ZZ*
11. **d)** *PACA - ZZ*
12. **c)** *FAMA - PAC*
13. **a)** *A - DEL*
14. **d)** *PACA - ZZ*
15. **c)** *FAMA - PAC*
16. **b)** *DELA - FAM*
17. **a)** *A - DEL*
18. **d)** *PACA - ZZ*
19. **d)** *PACA - ZZ*
20. **d)** *PACA - ZZ*
21. **a)** *A - DEL*
22. **d)** *PACA - ZZ*
23. **d)** *PACA - ZZ*
24. **a)** *A - DEL*
25. **d)** *PACA - ZZ*
26. **a)** *A - DEL*
27. **d)** *PACA - ZZ*
28. **a)** *A - DEL*
29. **d)** *PACA - ZZ*
30. **c)** *FAMA - PAC*

Prova 3. Comprensió verbal

1. *a)* *14.*
2. *d)* *El fill de la seva veïna Margarida.*
3. *d)* *Perquè només porta uns shorts i una brusa sobre la pell.*
4. *c)* *Perquè era negre.*
5. *a)* *Ovalats i plans.*
6. *c)* *Figues negres, de coll de dama.*
7. *d)* *Nois formats en un ambient cruel, de prejudicis.*
8. *b)* *Contra les onades i els remolins.*
9. *c)* *De l'hort de casa seva.*
10. *a)* *Al toll de la resclosa.*

Prova 4. Original i còpia

1. *a)* *Error en números.*
2. *b)* *Error en lletres.*
3. *a)* *Error en números.*
4. *b)* *Error en lletres.*
5. *c)* *Error en números i lletres.*
6. *c)* *Error en números i lletres.*
7. *d)* *Cap error.*
8. *a)* *Error en números.*
9. *c)* *Error en números i lletres.*
10. *d)* *Cap error.*
11. *a)* *Error en números.*
12. *a)* *Error en números.*
13. *b)* *Error en lletres.*
14. *a)* *Error en números.*
15. *c)* *Error en números i lletres.*
16. *b)* *Error en lletres.*
17. *d)* *Cap error.*
18. *c)* *Error en números i lletres.*
19. *d)* *Cap error.*
20. *b)* *Error en lletres.*

Prova 5. Gràfiques

1. *a)* *Dilluns.*
2. *c)* *2,5.*
3. *b)* *2,85.*
4. *d)* *Dijous.*
5. *a)* *2.*
6. *c)* *60 cèntims.*
7. *d)* *3.800 euros.*
8. *a)* *0,08 euros.*
9. *b)* *4,20 euros.*
10. *d)* *1.180 euros.*
11. *d)* *Març.*
12. *c)* *538.*
13. *d)* *20%.*
14. *b)* *300.*
15. *b)* *416.*
16. *d)* *584.*
17. *a)* *5.722.*
18. *d)* *984.*
19. *b)* *387.*
20. *d)* *FIM, amb 3.222*

Prova 6. Codificació

1. **d)** *2-fiD(A)-4——*
2. **b)** *6-meL(C)-10——*
3. **a)** *6-caH(A)-6——*
4. **c)** *6-siJ(C)-15——*
5. **a)** *2-deS(N)-20——*
6. **d)** *6-moC(G)-1036—*
7. **b)** *2-kaR(A)-2——*
8. **b)** *3-deA(P)-36——*
9. **d)** *6-deJ(V)-70——*
10. **a)** *2-caC(R)-3——*

Prova 7. Comprensió verbal

1. **d)** *Els molins treballen com si els segles no haguessin passat.*
2. **b)** *Aprofitem les rescloses per nedar.*
3. **c)** *Els ànecs són menuts, de plomatge blanc i de bec i potes grogues.*
4. **a)** *Els ànecs es quedaven estupefactes quan veien les gallines.*
5. **c)** *El tema del llibre que havia acabat era els catalans als camps nazis.*
6. **d)** *El llibre m'havia deixat malalta i escèptica.*
7. **b)** *No coneixia les dues dones.*
8. **a)** *La classe social de les dues dones era la burgesia.*
9. **d)** *Hemingway el va portar a pescar tonyines.*
10. **c)** *Estava enamorat de Gertrude.*
11. **d)** *Havia dedicat un llibre de poemes a Gertrude Stein.*
12. **b)** *Ens vam divertir molt a Espanya i vam viatjar i escriure.*
13. **a)** *L'home gros va fer un gest ambigu.*
14. **d)** *Amb l'expressió volgué donar a entendre que la cosa no tenia importància.*
15. **c)** *El que el preocupava més era recobrar la normalitat de la respiració.*
16. **b)** *Quan tenia els pulmons plens no podia parlar de gust.*
17. **c)** *La Marthe i la Marie eren devotes i "santes dones".*
18. **a)** *El sol era de forn.*
19. **d)** *La Marthe i la Marie havien de vigilar que Maurice no agafés una insolació.*
20. **b)** *Els bandits eren els pastors i els traficants.*
21. **c)** *Aquell home no estalviava la placidesa facial.*
22. **b)** *Deltell no es recordava de la repugnància del "submarí".*
23. **a)** *Deltell veia les coses aparentment clares per l'alcohol.*
24. **c)** *Aquell home va somriure sense arribar mai a l'alegria.*

Càlcul elemental I

1. ***a)*** *-17.*
2. ***b)*** *-71.*
3. ***a)*** *46/5.*
4. ***b)*** *98.*
5. ***d)*** *687.*
6. ***a)*** *-21.*
7. ***b)*** *7.*
8. ***a)*** *1.260.*
9. ***b)*** *21.*
10. ***a)*** *6.*
11. ***a)*** *0.*
12. ***a)*** *51.*
13. ***d)*** *-94.*
14. ***c)*** *-49.*
15. ***a)*** *10.*
16. ***b)*** *3,27.*
17. ***a)*** *110.*
18. ***a)*** *-4.*
19. ***c)*** *1,8.*
20. ***b)*** *-168.*

Càlcul elemental II

1. ***a)*** *0.*
2. ***b)*** *-1.*
3. ***c)*** *8.*
4. ***c)*** *13.*
5. ***a)*** *-2.*
6. ***a)*** *77.*
7. ***b)*** *10.*
8. ***b)*** *12.*
9. ***b)*** *-4.*
10. ***d)*** *13.*
11. ***d)*** *5.*
12. ***c)*** *0.*
13. ***d)*** *1.*
14. ***a)*** *-222.*
15. ***c)*** *-71.*
16. ***d)*** *-1.*
17. ***b)*** *1.962,9.*
18. ***c)*** *412,5.*
19. ***c)*** *22.*
20. ***c)*** *-11.*

Decimals I

1. **b)** *10,018.*
2. **b)** *-34,935.*
3. **a)** *526.*
4. **a)** *1.797,73.*
5. **b)** *11,24.*
6. **d)** *121,95.*
7. **c)** *36,00065.*
8. **b)** *355,37.*
9. **c)** *-789,9925.*
10. **c)** *22,9024.*
11. **d)** *47,8.*
12. **c)** *326,8502.*
13. **b)** *14,1644.*
14. **a)** *6.040,7.*
15. **c)** *339,1565.*
16. **b)** *578.776,75.*
17. **a)** *10.064,65.*
18. **d)** *-25.209.*
19. **c)** *788,97.*
20. **b)** *226,7007.*

Decimals II

1. **c)** *20,042.*
2. **a)** *0,903.*
3. **a)** *49,15.*
4. **a)** *24,104.*
5. **b)** *1.706.*
6. **d)** *12,0375.*
7. **b)** *-21,5.*
8. **c)** *-98,4409.*
9. **c)** *20,58.*
10. **b)** *1.494,7948.*
11. **c)** *0,0015.*
12. **d)** *139,87.*
13. **a)** *-36,57.*
14. **d)** *137,9.*
15. **b)** *-36,461.*
16. **d)** *-309,035.*
17. **a)** *16,46.*
18. **c)** *31.*
19. **d)** *-38,9.*
20. **a)** *0,975.*

Fraccions

1. ***b)*** *8/12.*
2. ***a)*** *32/45.*
3. ***c)*** *321/57.*
4. ***b)*** *249/108.*
5. ***b)*** *63/20.*
6. ***a)*** *271/360.*
7. ***a)*** *297/135.*
8. ***a)*** *-61/4.*
9. ***a)*** *82/300.*
10. ***b)*** *13/16.*
11. ***c)*** *1/360.*
12. ***a)*** *25/4.*
13. ***b)*** *33/10.*
14. ***d)*** *10/6.*
15. ***b)*** *677/60.*
16. ***c)*** *53/140.*
17. ***a)*** *13/24.*
18. ***b)*** *177/60.*
19. ***d)*** *1/90.*
20. ***a)*** *5/6.*

Potències

1. ***b)*** *10.000.100.*
2. ***c)*** *421.*
3. ***c)*** *1.377.*
4. ***d)*** *-131.*
5. ***a)*** *13/81.*
6. ***c)*** *192.*
7. ***d)*** *295,25.*
8. ***b)*** *19.692.*
9. ***a)*** *6.480.*
10. ***a)*** *158.*
11. ***c)*** *324.*
12. ***b)*** *45.*
13. ***d)*** *32.849.*
14. ***b)*** *16/12.*
15. ***a)*** *6.*
16. ***d)*** *272,25.*
17. ***c)*** *7.*
18. ***a)*** *17.882.*
19. ***c)*** *114.*
20. ***a)*** *-12,027.*

Sistema mètric decimal I

1. **c)** *100 dam.*
2. **b)** *7.070 m.*
3. **d)** *12.700,12 m.*
4. **b)** *712,03 a.*
5. **d)** *160.207 dm2.*
6. **a)** *171.200,16 cm2.*
7. **c)** *612,0016 hm2.*
8. **a)** *3,6 dal.*
9. **d)** *37.850 g d'aigua.*
10. **b)** *403,4 dm3.*
11. **c)** *36.279 kl.*
12. **a)** *376.120 g d'aigua.*
13. **b)** *16.001.316 ca.*
14. **c)** *2.280.200 dm2.*
15. **d)** *60.200 a.*
16. **b)** *0,030203 km2.*
17. **a)** *210 Mg.*
18. **c)** *12.016.016 kl.*
19. **d)** *11.360 mm.*
20. **d)** *4.202 kg d'aigua.*

Sistema mètric decimal II

1. **b)** *121.010 dag.*
2. **c)** *1.300.000 hg.*
3. **d)** *1.860 g.*
4. **c)** *1.172 dm3.*
5. **c)** *13.217,3 kg.*
6. **a)** *14.160.000 dm3.*
7. **b)** *17.284,73 dm.*
8. **d)** *1.746.132 ca.*
9. **a)** *25,4306 dm3.*
10. **b)** *11,770017 ca.*
11. **d)** *3.316,2 Mg.*
12. **c)** *1,322 m3.*
13. **a)** *8,74754 dal.*
14. **a)** *3,5002 ha.*
15. **b)** *5,0985 hm.*
16. **c)** *1.761,2 dam.*
17. **d)** *12.017 m.*
18. **c)** *373.600 cm2.*
19. **b)** *0,393 m3 d'aigua.*
20. **b)** *13.012,017 l.*

Arrels

1. **d)** 5.
2. **a)** 8.
3. **d)** 10.
4. **c)** 5.
5. **b)** 25.
6. **a)** $1/\sqrt{10}$.
7. **d)** $0{,}002\sqrt{2}$.
8. **d)** $34\sqrt{3}$.
9. **a)** 3.
10. **c)** 4.
11. **b)** $\sqrt{11}$.
12. **b)** 1.296.
13. **a)** $2\sqrt{2}$.
14. **d)** $3\sqrt{5}$.
15. **b)** $8\sqrt{2}$.
16. **c)** 34.
17. **a)** 1/192.
18. **d)** $1.000\sqrt{10}$.
19. **d)** $1/\sqrt{10}$.
20. **b)** 10.

Sistema sexagesimal

1. **b)** 72'.
2. **c)** 18.914".
3. **b)** 22.500".
4. **a)** 6h 24' 30".
5. **d)** 13h 41' 00".
6. **a)** 194,25'.
7. **c)** 180".
8. **a)** 3h 30' 45".
9. **d)** 8h 52' 56".
10. **c)** 3.842,33".
11. **b)** 56h 58' 12".
12. **b)** 29,12 h.
13. **a)** 883'.
14. **d)** 22,75 h.
15. **c)** 122.387".
16. **a)** 3.435".
17. **d)** 50.804".
18. **c)** 61.005".
19. **d)** 26h 30' 37".
20. **b)** 0h 21' 19".

Percentatges

1. ***b)*** *35.*
2. ***a)*** *108,795.*
3. ***d)*** *255.*
4. ***a)*** *350.*
5. ***c)*** *34,48%.*
6. ***b)*** *17,88.*
7. ***d)*** *15.000.*
8. ***c)*** *54,28%.*
9. ***a)*** *100%.*
10. ***d)*** *23.333,33.*
11. ***b)*** *3.500.*
12. ***d)*** *41,67.*
13. ***b)*** *870.*
14. ***a)*** *7,39%.*
15. ***c)*** *10%.*
16. ***d)*** *96,30%.*
17. ***c)*** *139,95.*
18. ***c)*** *1/2.*
19. ***c)*** *50%.*
20. ***a)*** *28,57%.*

Equacions I

1. ***a)*** *7.*
2. ***b)*** *8.*
3. ***c)*** *22.*
4. ***a)*** *17.*
5. ***b)*** *-4.*
6. ***c)*** *-3.*
7. ***d)*** *6.*
8. ***b)*** *-7.*
9. ***a)*** *2.*
10. ***a)*** *6/5.*
11. ***a)*** *7.*
12. ***a)*** *No té solució.*
13. ***a)*** *1.*
14. ***d)*** *16.*
15. ***c)*** *27.*
16. ***c)*** *11.*
17. ***b)*** *2.*
18. ***b)*** *1.*
19. ***c)*** *2.*
20. ***a)*** *-1.*

Equacions II

1. **a)** *4.*
2. **b)** *8.*
3. **b)** *3.*
4. **a)** *2.*
5. **b)** *-1.*
6. **d)** *5.*
7. **d)** *3.*
8. **c)** *-7.*
9. **c)** *-3.*
10. **d)** *5/17.*
11. **c)** *1/5.*
12. **d)** *-8/3.*
13. **a)** *1.*
14. **c)** *2.*
15. **b)** *-5.*
16. **a)** *3.*
17. **d)** *-4.*
18. **a)** *No té solució.*
19. **c)** *27.*
20. **a)** *10.*

Regla de tres

1. **c)** *3,30.*
2. **b)** *120.*
3. **c)** *45.*
4. **d)** *320.*
5. **a)** *4 m.*
6. **d)** *65.*
7. **a)** *35.*
8. **c)** *19.*
9. **d)** *20.*
10. **c)** *180.*
11. **c)** *975.*
12. **a)** *90.*
13. **c)** *4.*
14. **c)** *7*
15. **d)** *36.*
16. **a)** *4.*
17. **b)** *1 cèntim.*
18. **b)** *72.*
19. **d)** *13.*
20. **b)** *24.000.*

Càlcul general I

1. **b)** *35.*
2. **d)** *40.*
3. **a)** *240.*
4. **a)** *13.*
5. **c)** *-12.*
6. **b)** *10.*
7. **b)** *1.*
8. **a)** *640.*
9. **d)** *220.*
10. **c)** *16.*
11. **b)** *1/2.*
12. **c)** *1.*
13. **a)** *12,5.*
14. **b)** *50.*
15. **c)** *0,03.*
16. **c)** *4.*
17. **c)** *3.*
18. **b)** *27.*
19. **a)** *0,5.*
20. **c)** *18.*

Càlcul general II

1. **a)** *10.*
2. **b)** *0,5.*
3. **c)** *10.*
4. **b)** *1.*
5. **d)** *5.*
6. **b)** *4.*
7. **a)** *3,48.*
8. **c)** *65,12.*
9. **b)** *1.*
10. **d)** *364.*
11. **b)** *4,2.*
12. **a)** *3/88.*
13. **c)** *35.*
14. **a)** *4.*
15. **a)** *720.*
16. **b)** *60.*
17. **c)** *144.*
18. **d)** *10.*
19. **c)** *25,2.*
20. **a)** *0,004.*

Càlcul general III

1. **b)** *0,125*
2. **a)** *50*
3. **c)** *8*
4. **d)** *1,1*
5. **d)** *1110*
6. **c)** *210*
7. **a)** *0,5*
8. **c)** *9*
9. **b)** *1/5*
10. **a)** *0,36*
11. **d)** *39*
12. **b)** *17/8*
13. **a)** *50*
14. **d)** *2*
15. **d)** *0,92*
16. **b)** *3/25*
17. **c)** *26*
18. **a)** *44*
19. **b)** *0,3*
20. **a)** *2600*

Càlcul general IV

1. **a)** *10.287*
2. **b)** *10602*
3. **c)** *62*
4. **d)** *273*
5. **d)** *9834*
6. **d)** *2,21*
7. **c)** *10*
8. **c)** *7/12*
9. **a)** *1*
10. **a)** *1/12*
11. **a)** *?*
12. **b)** *1/16*
13. **b)** *1*
14. **d)** *24/35*
15. **c)** *2*
16. **c)** *4/5*
17. **b)** *1*
18. **a)** *15*
19. **d)** *1*
20. **b)** *3,1*

Càlcul general V

1. **c)** *32*
2. **b)** *13*
3. **a)** *2,5*
4. **b)** *76*
5. **d)** *0*
6. **b)** *2*
7. **d)** *3*
8. **c)** *252*
9. **a)** *5*
10. **b)** *5*
11. **d)** *7,2*
12. **a)** *24*
13. **b)** *81*
14. **b)** *1/30*
15. **b)** *39*
16. **c)** *0,01*
17. **a)** *20*
18. **c)** *500*
19. **b)** *7*
20. **a)** *41*

Problemes bàsics de matermàtiques I

1. **c)** *65.000.*
2. **b)** *7.200.*
3. **b)** *14.*
4. **a)** *8 h.*
5. **b)** *4.*
6. **a)** *73.462.*
7. **c)** *224.*
8. **c)** *552.*
9. **a)** *33.*
10. **b)** *7200.*
11. **c)** *142.*
12. **b)** *98.000.*
13. **c)** *3.995.*
14. **b)** *6 h.*
15. **d)** *121.*
16. **c)** *1,70.*
17. **b)** *340.*
18. **a)** *893.*
19. **d)** *21.*
20. **c)** *2.800.*

Problemes bàsics de matermàtiques II

1. ***c)*** *4.*
2. ***b)*** *6.*
3. ***a)*** *24.*
4. ***d)*** *95.*
5. ***d)*** *150.*
6. ***c)*** *8.*
7. ***a)*** *6.*
8. ***a)*** *0.*
9. ***c)*** *3.*
10. ***b)*** *852,*
11. ***a)*** *4/5.*
12. ***d)*** *8.*
13. ***c)*** *20m*^{2}*.*
14. ***d)*** *1.*
15. ***d)*** *1, 5 litres.*
16. ***b)*** *1 Km.*
17. ***c)*** *9.*
18. ***a)*** *6 m 20 s.*
19. ***b)*** *27.*
20. ***b)*** *17*

Càlcul ràpid I

1. 60.
2. 1006.
3. 440.
4. 427.
5. 20.
6. 637.
7. 92.
8. 573.
9. 182.
10. 353.
11. 679.
12. 128.
13. 41.
14. 146.
15. 927.
16. 911.
17. 19.
18. 238.
19. 380.
20. 26.
21. 70.
22. 361.
23. 336.
24. 604.
25. 61.
26. 1098.
27. 474.
28. 16.
29. 91.
30. 674.
31. 873.
32. 83.
33. 92.
34. 127.
35. 2070.
36. 236.
37. 70.
38. 474.
39. 6102.
40. 83.

Càlcul ràpid II

1. 208.
2. 64.
3. 22.
4. 25.
5. 159.
6. 112.
7. 520.
8. 48.
9. 746.
10. 140.
11. 740.
12. 166.
13. 841.
14. 196.
15. 592.
16. 67.
17. 967.
18. 302.
19. 495.
20. 629.
21. 269.
22. 184.
23. 27.
24. 347.
25. 570.
26. 146.
27. 216.
28. 246.
29. 942.
30. 623.
31. 252.
32. 71.
33. 459.
34. 608.
35. 168.
36. 81.
37. 1052.
38. 1125.
39. 283.
40. 30.

Càlcul ràpid III

1. 21.
2. 17.
3. 10.
4. 23.
5. 28.
6. 76.
7. 53.
8. 66.
9. 73.
10. 45.
11. 29.
12. -2.
13. 37.
14. 4190.
15. 550.
16. 1550.
17. 18.
18. 22.
19. 238.
20. 46.
21. 105.
22. -300.
23. 498.
24. 134.
25. 110.
26. -55.
27. 60.
28. 154.
29. 10.
30. 42.
31. 40.
32. 40.
33. 81.
34. 11.
35. 1400.
36. 30.
37. 299.
38. 48.
39. 35.
40. 73.

Exercicis de tasques Pròpies

Enunciats

Supòsits pràctics: Suport i utilització del maquinari

Supòsit pràctic núm. 1

Explica breument els principals avantatges de les fotocopiadores digitals multifunció.

Supòsit pràctic núm. 2

Quins són els problemes més habituals en el funcionament de les fotocopiadores?

Supòsit pràctic núm. 3

El secretari del centre on treballa un subaltern li comenta que ha rebut una oferta molt interessant per comprar paper a molt bon preu. El representant li ofereix un paper blanc, de 60 gr/m² a gairebé la meitat de preu que el que es compra en aquests moments. Si el secretari demana l'opinió al subaltern, què li recomanarà aquest que faci?

Supòsit pràctic núm. 4

Comenti els principals problemes amb els quals es trobarà un subaltern si:

a) Treballa amb originals massa foscos.

b) Treballa amb papers que no són de la grandària adequada.

Supòsit pràctic núm. 5

Comenti els principals problemes amb que es trobaria un subaltern si treballa amb paper que porta molt temps guardat i no s'ha airejat suficientment.

Supòsit pràctic núm. 6

Respongui si les següents afirmacions sobre seguretat de les fotocopiadores són correctes o no (vertader o fals):

a) El tòner es llença al foc per evitar l'acumulació de residus.

b) Quan una fotocopiadora fa sorolls estranys, el subaltern l'apagarà i desconnectarà de la xarxa i avisarà al servei de manteniment.

c) La neteja de la fotocopiadora s'ha de fer sempre amb la màquina encesa per poder netejar millor tots els seus components.

d) La fotocopiadora s'ha de col·locar el més a prop possible de la paret per tal de disposar de més espai per poder passar i treballar.

e) La fotocopiadora s'ha de col·locar sobre una superfície plana, estable i sense vibracions intenses.

f) Per tal d'evitar estirar i forçar el cable d'alimentació, si aquest no arriba a l'endoll, cal endollar la fotocopiadora a un lladre.

g) Les fotocopiadores han d'estar en llocs nets i allunyats del foc.

h) Per tal d'evitar la humitat, que és un problema per aquest tipus de màquines, és convenient col·locar la fotocopiadora en zones exposades a la llum directa del sol.

Supòsit pràctic núm. 7

Un subaltern que treballa en el Departament d'Economia i Finances de la Generalitat de Catalunya rep, a primera hora del matí, l'encàrrec del seu superior de fer 20 dossiers de fotocòpies a doble cara, de 10 pàgines cadascun.

El subaltern col·loca els originals en la safata d'entrada principal i observa que no hi ha paper en el calaix corresponent. Li col·loca un paquet de 150 folis i engega la màquina. Mentre es fan les fotocòpies decideix anar a repartir la correspondència.

Comenta breument si el subaltern ha actuat correctament i amb quin problema es trobarà un cop torni de repartir la correspondència.

Supòsit pràctic núm. 8

Un subaltern que treballa en una biblioteca està fotocopiant una sèrie de documents que li han encarregat. De cop i volta la fotocopiadora comença a fer uns sorolls estranys i s'atura. El subaltern col·loca el cartell d'avaria a la màquina i comunica a la resta del personal de la biblioteca que s'ha espatllat la fotocopiadora. A continuació truca al servei tècnic. Quan el superior que li havia encarregat les fotocòpies va a buscar-les, li recrimina al subaltern que no hagi intentat arreglar la fotocopiadora. Què haurà de fer el subaltern en aquest cas?

Supòsit pràctic núm. 9

Un subaltern rep l'encàrrec de fotocopiar una sèrie de documents de diferents mides. Explica de manera detallada quin és el procediment que seguirà el subaltern per realitzar la tasca encomanada.

Supòsit pràctic núm. 10

El Director General de la unitat administrativa on treballa un subaltern li encarrega que faci unes fotocòpies que són molt urgents. Quan s'estan fent les còpies es produeix un embús i la fotocopiadora s'atura. El subaltern obre la tapa de la fotocopiadora per veure on s'ha produït l'embús i procedeix a treure el paper, però en fer-ho es trenca el paper i queda un tros a l'interior de l'aparell. El subaltern agafa unes tisoretes i amb la punta retira el tros de paper que encara estava embussat. Ha estat correcte l'actuació del subaltern? Si creus que no, comenta que hauries fet tu en el seu cas.

Supòsit pràctic núm. 11

Comenti els principals problemes amb els quals es trobaria un subaltern si la placa de vidre de la fotocopiadora a on col·loca el document és bruta.

Supòsit pràctic núm. 12

Un subaltern rep l'encàrrec urgent a primera hora del matí de fotocopiar una sèrie de documents. La safata alimentadora de paper no funciona correctament i el servei tècnic no podrà venir fins l'endemà al matí. Decideix fer les fotocòpies posant els documents damunt la placa de vidre i, per anar més ràpid, no abaixa la tapa. Ha estat correcte l'actuació del subaltern? Justifica la resposta.

Supòsit pràctic núm. 13

Avui comença un subaltern nou substitut perquè el professional habitual serà absent durant unes setmanes. La secretària fa l'acollida al nou company i el presenta als companys.

El subaltern li explica les seves funcions principals i aprofita que ha de fer unes fotocòpies i preparar-les en uns dossiers enquadernats per explicar-li com funciona la màquina. Si fos el teu cas, com acolliries el nou company?

Supòsit pràctic núm. 14

Un subaltern rep l'encàrrec de preparar tot el necessari per a la presentació del nou Protocol d'Atenció a la Ciutadania de les Oficines d'Atenció Ciutadana de Girona. La responsable de la unitat ha convocat a 15 persones i la durada prevista és de 9 a 14 h.

Supòsits pràctics: Suport i gestió de la documentació i la paqueteria

Supòsit pràctic núm. 1

Un subaltern rep l'encàrrec d'enviar un sobre transparent que conté bitllets i altres documents de valor. Es pot negar a obeir l'ordre rebuda?

Supòsit pràctic núm. 2

Un subaltern es presenta a Corres a portar la correspondència habitual del seu centre de treball. L'empleat encarregat de rebre la correspondència li demana que obri un dels paquets perquè sospita que conté algun dels objectes prohibits a la circulació. Com ha de reaccionar el subaltern? En el supòsit que es negués a obrir-lo, com creu que hauria de reaccionar l'empleat de Correus?

Supòsit pràctic núm. 3

És possible recuperar la correspondència un cop l'haguem lliurat a l'oficina de Correus corresponent?

Supòsit pràctic núm. 4

A efectes postals, què s'entén per adreça?

Supòsit pràctic núm. 5

Com s'han de formular les peticions de devolució, reexpedició o canvi d'adreça?

Supòsit pràctic núm. 6

On s'ha de col·locar el franqueig mitjançant segells d'una carta o objecte?

Supòsit pràctic núm. 7

Indiqui quin dels serveis de l'Oficina de Correus utilitzarà un subaltern en els casos següents:

a) Enviament d'un telegrama a la Direcció General de Política Lingüística.

b) Enviament d'un material escolar que el destinatari haurà d'abonar en el moment de la seva recepció.

c) Lliurament de la correspondència diària del seu centre que està formada per cartes i paquets postals.

d) Enviament d'un gir postal a l'Administració estatal.

e) Transmissió d'un burofax als Serveis Centrals del seu Departament.

Supòsit pràctic núm. 8

Expliqui quines pautes seguirà un subaltern per a distribuir la correspondència rebuda al centre.

Supòsit pràctic núm. 9

Un subaltern ha d'enviar una carta molt important i per això vol tenir constància que la carta ha arribat al seu destinatari. Mitjançant quin tipus de correspondència ho hauria de fer?

Supòsit pràctic núm. 10

El secretari necessita que el subaltern doblegui i ensobri unes cartes informatives als pares que s'enviaran per correu postal. En què consisteix aquesta tasca pròpia del personal subaltern?

Supòsit pràctic núm. 11

Un determinat Departament de la Generalitat vol utilitzar el sistema de franqueig pagat. Expliqui breument en què consisteix aquest sistema i si hi ha algun tipus de límit mínim o màxim per poder-s'hi acollir.

Supòsit pràctic núm. 12

Què s'entén per correspondència oficial a efectes de franquícia?

Supòsit pràctic núm. 13

El director general demana al subaltern que destrueixi la documentació antiga que conté dades personals de treballadors i usuaris, i que ja no cal conservar en paper atès que ja s'ha digitalitzat prèviament. Com actuarà el subaltern davant d'aquesta tasca que li ha demanat un superior?

Supòsit pràctic núm. 14

Què és una tramesa contra reemborsament?

Supòsits pràctics: Custòdia d'instal·lacions

Per a la resolució d'aquests supòsits pràctics, us recomanem consultar els temes 9 i 10 del programa.

Supòsit pràctic núm. 1

Com podeu saber quin és el tipus de fluid que transporta un tub que forma part dels sistemes d'instal·lacions amb el qual està equipat un centre de treball? I el sentit en què circula pel conducte?

Supòsit pràctic núm. 2

Una aixeta d'aigua calenta s'ha avariat i en perd molta quantitat. Com heu d'actuar en aquest cas?

Supòsit pràctic núm. 3

Si s'avaria un generador d'aigua calenta o refrigerada, com es podria desconnectar l'equip generador sense necessitat de buidar prèviament la instal·lació?

Supòsit pràctic núm. 4

Com caldrà actuar quan s'interrompi la combustió del dispositiu automàtic de seguretat instal·lat al tub d'entrada de combustible d'una caldera de calefacció, el qual es col·loca a fi de protegir-la quan la temperatura dels fums excedeixi la màxima permesa?

Supòsit pràctic núm. 5

Quina operació cal efectuar cada hivern als radiadors de la instal·lació de calefacció en el moment de posar en marxa el sistema després dels mesos d'inactivitat?

Supòsit pràctic núm. 6

Què s'ha de comprovar en les calderes d'aigua calenta i què cal efectuar-hi al final de cada temporada d'ús?

Supòsit pràctic núm. 7

Per què s'han de mantenir les instal·lacions de calefacció plenes d'aigua, fins i tot en els períodes en què no funcionen?

Supòsit pràctic núm. 8

Qui pot reparar les instal·lacions tèrmiques en els edificis?

Supòsit pràctic núm. 9

En què consisteix la climatització d'un local?

Supòsit pràctic núm. 10

En què consisteix el manteniment dels equipaments de climatització i calefacció?

Supòsit pràctic núm. 11

Què són les xarxes de distribució en les instal·lacions de climatització?

Supòsit pràctic núm. 12

Què és el valor de tarat d'un dispositiu de seguretat?

Supòsit pràctic núm. 13

Què són i amb quina finalitat s'utilitzen les vàlvules de seguretat de les instal·lacions de calefacció?

Supòsit pràctic núm. 14

Quins límits de temperatura, màxims i mínims, de confortabilitat ha establert la normativa vigent, per a l'aportació de calor del sistema de calefacció, en qualsevol local o estància, durant la temporada d'hivern?

Supòsit pràctic núm. 15

En quin valor límit de temperatura ha de trobar-se un local climatitzat durant la temporada d'estiu perquè compleixi els requisits de bones pràctiques en l'àmbit de l'energia?

Supòsit pràctic núm. 16

Com podem saber quines són les operacions de neteja i manteniment obligatòries que cal fer, periòdicament, en una caldera de calefacció d'aigua calenta?

Supòsit pràctic núm. 17

On es recull l'aigua de condensació dels evaporadors d'un sistema de refrigeració?

Supòsit pràctic núm. 18

Quina operació bàsica de manteniment requereix l'evaporador d'un equip de producció de fred per a la climatització?

Supòsit pràctic núm. 19

Com se selecciona el programa de funcionament d'un equip d'aire condicionat per refrigeració?

Supòsit pràctic núm. 20

Quins són els elements de regulació i control més característics d'una instal·lació de producció d'aire condicionat?

Supòsit pràctic núm. 21

Què s'ha d'indicar en el gràfic que, fàcilment visible, ha de col·locar el personal instal·lador d'un sistema d'aire condicionat a la sala de màquines?

Supòsit pràctic núm. 22

Si s'avaria un radiador de calefacció i comença a perdre aigua, què caldrà fer en primer lloc?

Supòsit pràctic núm. 23

Per què considereu que la conducció de gas natural ha de ser obligatòriament ventilada en tots els punts?

Supòsit pràctic núm. 24

Amb quina periodicitat s'han de revisar els aparells d'aire condicionat?

Supòsit pràctic núm. 25

En un repàs de rutina del magatzem de la bateria d'ampolles de gas, el personal subaltern s'adona que el personal de neteja hi ha col·locat pals, galledes i productes per a la desratització. Haurà d'ordenar que els retirin?

Supòsit pràctic núm. 26

En una bateria de bombones de gas equipades amb inversors automàtics, com se sap quina és la que funciona en cada moment?

Supòsit pràctic núm. 27

Què ha de fer el personal subaltern encarregat de la vigilància de les instal·lacions quan s'adona que la vàlvula de seguretat del dipòsit de superfície de gas ha expulsat, espontàniament, gas a ràfegues intermitents?

Supòsit pràctic núm. 28

Què ha d'indicar el rètol situat a la zona de dipòsits d'una instal·lació de dipòsits de gas liquat? Per què?

Supòsit pràctic núm. 29

Un subaltern, una mossa d'esquadra i dues persones detingudes es queden immobilitzats a la caixa d'un ascensor que es va instal·lar l'any 2010. Com demaneu ajuda?

Supòsit pràctic núm. 30

En una inspecció de rutina a la sala de màquines de l'ascensor, el personal subaltern comprova que aquesta sala s'utilitza com a arxiu documental perquè el centre directiu on treballa ja no disposa d'espai per col·locar expedients en paper. Què decidiu en aquest cas?

Supòsit pràctic núm. 31

En cas d'emergència, com podeu obrir des de l'exterior un ascensor dotat d'un equip de portes amb protecció electromecànica?

Supòsit pràctic núm. 32

Si per qualsevol motiu us quedeu tancats a la sala de màquines de l'ascensor, com podeu demanar ajuda?

Supòsit pràctic núm. 33

Què heu de fer si advertiu que la fossa del recinte de l'ascensor té aigua embassada?

Supòsit pràctic núm. 34

El personal subaltern encarregat de la vigilància dels ascensors d'un edifici d'oficines ha estat consultat per un tècnic d'obres quant a la possibilitat d'utilitzar l'ascensor com a mitjà de transport d'eines i materials per realitzar reparacions a diverses plantes. Quina serà la seva resposta?

Supòsit pràctic núm. 35

En el cas que disposem d'un sistema d'aire condicionat general per a tot l'edifici i en una zona concreta no sigui operatiu, com heu d'actuar?

Supòsit pràctic núm. 36

És normal que un ascensor produeixi fresses o vibracions apreciables en els locals connexos al recinte, a la sala de màquines o a la mateixa caixa?

Supòsit pràctic núm. 37

Què ha de controlar el personal subaltern encarregat del servei ordinari d'ascensors, en relació amb l'actitud de les persones que l'utilitzen?

Supòsit pràctic núm. 38

El personal subaltern pot accedir a la clau d'obertura de l'equip de portes d'un sistema d'ascensors en casos d'emergència?

Supòsit pràctic núm. 39

Què ha de comprovar el personal subaltern encarregat del servei ordinari dels ascensors en relació amb l'equip de portes?

Supòsit pràctic núm. 40

En el cas que el personal subaltern observi alguna anomalia en el funcionament de l'ascensor, com ha d'actuar?

Supòsit pràctic núm. 41

Un interruptor magnetotèrmic ha provocat el tall del corrent elèctric a l'edifici, se suposa que a conseqüència d'un curtcircuit. Quina serà l'actuació correcta del personal subaltern encarregat de la vigilància de les instal·lacions?

Supòsit pràctic núm. 42

Una sobrecàrrega elèctrica ha activat el mecanisme de l'interruptor automàtic i ha deixat a les fosques totes les dependències que vigila el personal subaltern. Què fareu per restituir el subministrament d'energia elèctrica?

Supòsit pràctic núm. 43

En una inspecció rutinària, el personal subaltern encarregat de la custòdia dels locals d'una unitat directiva s'adona que un auxiliar administratiu ha connectat, mitjançant un lladre, tres radiadors elèctrics en un endoll previst per alimentar un aparell. El personal subaltern pot desconnectar aquests aparells calefactors? Per què?

Supòsit pràctic núm. 44

Un funcionari subaltern està facultat per substituir els fusibles de seguretat fosos de la caixa general de protecció, que es troben col·locats en cadascun dels fils de la fase que va al comptador?

Supòsit pràctic núm. 45

Un curtcircuit en els conductors que subministren electricitat a la fotocopiadora ha provocat un curtcircuit interior que alimenta una quarta part dels punts del consum de les dependències que custòdia el personal subaltern. Comenteu si, per raons de prudència, és necessari interrompre el subministrament a tots els punts de consum mitjançant l'accionament de l'interruptor general instal·lat a aquest efecte a la caixa general de protecció i per què.

Supòsit pràctic núm. 46

El recobriment plastificat del cable de subministrament de la màquina fotocopiadora està pelat a causa que l'endoll és situat a uns metres de distància de la font de consum, i en trepitjar-lo, s'ha erosionat el recobriment del cable conductor que funciona d'aïllament de protecció. S'ha creat, doncs, una situació de perill potencial ja que la massa queda desprotegida de contactes indirectes. Què hauria de fer el personal subaltern en aquest cas?

Supòsit pràctic núm. 47

Què ha de fer un subaltern en comprovar que l'enllumenat de senyalització del centre ha deixat de funcionar?

Supòsit pràctic núm. 48

Una taca d'humitat a la paret dels sanitaris fa sospitar al personal subaltern que pot haver-se produït alguna esquerda en el tub de subministrament d'aigua al rentamans que hi ha encastat en un envà d'aquests sanitaris. Com heu d'actuar?

Supòsit pràctic núm. 49

L'aixeta d'un rentamans rep un cabal d'aigua ínfim que el fa pràcticament inservible. Què ha de fer en aquest cas el personal subaltern?

Supòsit pràctic núm. 50

El personal subaltern encarregat de la custòdia dels locals i instal·lacions del centre, en una inspecció rutinària de la instal·lació d'aire condicionat, s'ha adonat que el dispositiu de retenció de la instal·lació de recirculació d'aigua plora perquè s'ha esquerdat. Com haurà d'actuar?

Supòsit pràctic núm. 51

Hi ha hagut un petit incendi i s'ha utilitzat un dels extintors. Què farà el personal subaltern amb l'extintor utilitzat?

Supòsit pràctic núm. 52

El personal subaltern pot substituir algun component elèctric situat abans de l'Interruptor General Automàtic?

Supòsit pràctic núm. 53

Com es pot reconèixer en un endoll quin cable és el de fase, quin és el neutre i quin és el terra?

Supòsit pràctic núm. 54

Hi ha hagut una fuita de gas. És correcte activar els extractors per facilitar-ne l'evacuació?

Supòsit pràctic núm. 55

Com podeu saber si un endoll està sobrecarregat?

Supòsits pràctics: Notes interiors

Per a la resolució d'aquests supòsits pràctics, us recomanem consultar el tema 7 del programa.

Supòsit pràctic núm. 1

Redacteu una nota interior adreçada a la Direcció del centre en la qual es recullin les incidències que es detallen a continuació, succeïdes en entrar a l'edifici on treballeu com a subaltern/a:

— El personal de la unitat arriba a les 8 h.

— Hi havia molt desordre.

— Vaig fer una inspecció ràpida dels despatxos.

— No vaig tocar res.

— Vaig trucar immediatament a la policia des d'un altre despatx.

— Dilluns, dia 9 de març, vaig obrir, com cada dia, a les 7:45 h, les dues portes exteriors del centre on treballo (primer la principal del carrer de Mallorca i després la posterior, que comunica amb el pati de l'illa de cases).

— Quan em dirigia a la part posterior del centre tal com faig cada dia, vaig adonar-me que hi havia llums oberts i papers al terra.

— La policia em va informar que calia fer de seguida una denúncia.

— Vaig explicar els fets a la resta de personal de la unitat.

— En inspeccionar els despatxos, vaig adonar-me que al número 3 (corresponent al servei de compres) hi havia diversos calaixos oberts i un munt de documentació i material d'oficina a terra.

— Un cop vaig haver avisat la policia, vaig dirigir-me a la porta posterior i vaig comprovar que el pany estava forçat i la porta estava abonyegada i s'obria sense clau.

Supòsit pràctic núm. 2

Redacteu una nota interior adreçada al vostre cap de servei en què demaneu un augment en el pressupost per a l'aparcament del vehicle del Servei on treballeu com a conductor, d'acord amb les següents argumentacions:

— Habitualment deixo el cotxe de qualsevol manera; per tant, la guàrdia urbana ha denunciat el vehicle moltes vegades.

— Crec que és imprescindible, tant per a la millora del servei com per a l'estalvi econòmic, augmentar la quantitat de diners de què disposo per aparcar.

— Molt sovint faig moltes voltes abans d'aparcar, la qual cosa suposa una pèrdua de temps i de benzina.

— Tenint en compte la política viària i la situació del trànsit, és probable que les denúncies augmentin.

— El dia 4 de maig la grua es va emportar el vehicle que condueixo.

— Quan he d'aparcar al centre de la ciutat, tot i donar moltes voltes, no puc fer altra cosa que deixar el vehicle de qualsevol manera (en situació d'il·legalitat).

— Crec que és injust buscar la causa de les denúncies en negligències meves.

Supòsit pràctic núm. 3

Redacteu una nota interior dirigida a la seva cap de Servei en la qual constin els fets succeïts el dia 26 en l'oficina d'atenció ciutadana on treballeu com a subaltern/a:

— El dia 26 de març la senyora que ha presentat la denúncia va venir, molt nerviosa, a l'oficina on treballo.

— En lloc de fer cua, la senyora va passar al davant de les dues o tres persones que s'esperaven i va cridar que volia parlar amb "la direcció" amb força agressivitat.

— Vaig demanar perdó a la persona amb qui estava parlant i vaig respondre a la senyora que acceptàvem la seva petició, però que el cap de Servei havia de considerar si l'atenia personalment o ho delegava.

— Un cop vaig haver donat una resposta a la senyora, va insultar-me a mi i també la institució que represento.

— Finalment, la senyora va marxar.

— Una setmana després dels fets, vaig saber que la senyora ens havia denunciat a mi i a la resta del personal pel tracte que li havíem donat.

— Contestant al que se m'ha demanat, aquesta és l'explicació del que va provocar la denúncia de la senyora Esverada.

— Estic disposat a col·laborar en tot allò que calgui per solucionar el problema.

Supòsit pràctic núm. 4

Redacteu la nota interior que ha d'acompanyar un enviament que fa el Servei de Copisteria al Servei de Gestió Econòmica, tenint en compte la informació detallada a continuació.

— S'envien les fotocòpies de la següent documentació:

a) Relació del personal que ha presentat la sol·licitud per als ajuts d'estudi (5 còpies).

b) Dossier de premsa del mes de febrer (5 còpies).

c) Primera part del llibre "Economia en colors" (Rosa dels Vents, 2018).

— No hem pogut fotocopiar la relació de material d'oficina per a l'any 2020.

— Les fotocòpies es van demanar els dies 16 i 17 de març.

— Tal com us vam dir per telèfon, no hem fotocopiat la relació de material perquè els originals estan fets malbé.

Supòsit pràctic núm. 5

Redacteu una nota interior per informar un subaltern company vostre, que té un torn diferent, d'una avaria a la fotocopiadora.

— El paper s'encalla a l'entrada de la safata principal.

— S'haurien de fer mirar també la sortida de còpies i la safata de doble cara.

— Com que està avariada, he desconnectat la fotocopiadora.

— Només funciona si es fa servir la safata especial.

— Ja he avisat el servei tècnic.

— Darrerament la sortida de còpies i la safata de doble cara també fallen.

— La safata especial només agafa fulls d'un en un.

— El servei tècnic m'ha dit que trucaran quan localitzin el tècnic especialista en el nostre model de fotocopiadora perquè li diguem el que passa.

Supòsit pràctic núm. 6

Redacteu una nota interior per comunicar a la persona que s'encarrega del subministrament de material la conveniència de fer una comanda d'alguns materials que s'estan esgotant.

— S'ha de demanar material al subministrador habitual el més aviat possible.

— Només queda un recanvi de tinta.

— Només hi ha dues caixes de paper per fer fotocòpies (paper de 80 g) al magatzem.

— S'haurien de demanar recanvis de tinta.

— Persona encarregada del subministrament de material: Sr. Sala.

— No caldrà canviar la tinta fins d'aquí a deu dies, però els recanvis triguen una setmana a arribar.

— Amb les dues caixes que queden al magatzem tenim prou paper per a una setmana o deu dies.

Supòsit pràctic núm. 7

Redacteu una nota interior informant el professor tutor del centre d'ensenyament on treballa de la trucada de la mare d'una alumna.

— Vaig dir a la mare de l'alumna que havia de portar un justificant del metge per tal d'anul·lar les faltes de la seva filla.

— L'alumna es diu Ester Ruiz, de 3r d'ESO, grup B.

— La mare de l'alumna vol portar el justificant ella mateixa, tot i que li he dit que el pot portar la seva filla quan torni a classe.

— La mare ha dit que l'Ester té la grip.

— He informat la mare de l'alumna de l'horari en què vostè podria rebre-la.

— L'alumna no ha vingut avui a classe ni tampoc vindrà fins d'aquí a uns dies.

— Professora tutora: Anna Roig.

Supòsit pràctic núm. 8

Redacteu una nota interior per comunicar a una professora la visita del representant d'una editorial.

— Professora: Sra. Cristina Soler.

— És representant de l'editorial X i ha portat el material que la professora havia demanat.

— En l'entrega no s'inclou un dels llibres del crèdit d'escriptura perquè està esgotat.

— El representant ha dit que si li corre molta pressa el llibre i vol canviar-lo per un altre, el truqui al telèfon que consta a la targeta de visita que li ha deixat. Si no, intentarà portar-l'hi tan aviat com li sigui possible.

— El representat ha deixat de regal (no ho ha posat a la factura) un diccionari de català i un catàleg amb les novetats editorials.

Supòsit pràctic núm. 9

Redacteu una nota interior dirigida al personal de neteja, el qual realitza el servei en horari nocturn.

— Se li demana que posi especial atenció en la neteja de vidres, cadires i taules de la sala d'actes.

— També cal netejar a fons la porta de l'entrada, les escales d'accés i els corredors.

— La sala d'actes no es fa servir des de fa força dies i segurament té més pols del que és habitual.

— El motiu pel qual la sala d'actes de la planta baixa s'ha de netejar amb especial atenció és que s'hi celebrarà una reunió informativa el proper dissabte al matí.

— La nota es lliurarà, en concret, a la senyora Lluïsa.

Supòsit pràctic núm. 10

Redacteu una nota interior per informar el secretari de la fallada d'una línia telefònica.

— El problema, del qual ens vam adonar ahir a la tarda, era que no es rebien trucades exteriors per una de les línies de la centraleta.

— Primer hem avisat el servei tècnic de la companyia que va instal·lar la centraleta.

— El tècnic d'aquesta companyia ha vingut aquest matí.

— El tècnic que ha vingut aquest matí no ha trobat cap fallada als aparells telefònics ni tampoc ha trobat errades a la instal·lació de les línies de l'interior de l'edifici.

— El tècnic que hem avisat no ha trobat cap avaria. Suposem que l'avaria és deguda a una avaria exterior i, per això, hem avisat la companyia telefònica.

Supòsit pràctic núm. 11

Com a conseqüència de la realització de tasques de manteniment , cal informar que el dia 25 de març, de 14.00 h a 16.00 h, no hi haurà subministrament elèctric, de manera que quedarà afectada la xarxa informàtica de tres edificis:

— Cal Forn.

— Antic convent del Sant Agustí.

— Can Castellví.

S'agraeix la col·laboració de tot el personal de la unitat.

Redacteu la corresponent nota interna per informar d'aquests fets.

Supòsit pràctic núm. 12

Redacteu una nota interna per comunicar a la Secretaria dels Serveis Territorials d'Educació a Tarragona que, degut als efectes de la tempesta Glòria, la Direcció de l'Escola Mestral de l'Hospitalet de l'Infant, ha acordat que els pròxims dos dies lectius, el centre escolar romandrà tancat.

Exercicis de tasques Pròpies

Solucions

Solucions

L'exercici de les funcions a desenvolupar per part dels membres de l'agrupació professional de funcionaris del cos subaltern d'administració de la Generalitat de Catalunya han d'anar acompanyades de **competències professionals** (habilitats, actituds i aptituds) que permeten una bona execució de les tasques professionals:

— **Adaptabilitat**

Ajustar-se a situacions noves i canviants en el lloc de treball, acceptant nous enfocaments i canvis, i adaptant-se i treballant eficaçment en diferents i variades situacions.

— **Compromís amb l'organització i el servei públic**

Conèixer i comprendre les característiques específiques de l'Administració pública, sentir-se compromès/esa amb els seus principis i valors i actuar d'acord amb els principis ètics que n'inspiren l'actuació.

— **Comunicació**

Transmetre el missatge, tant verbal com escrit, de manera eficaç, clara i precisa, i adaptat al context i a la persona interlocutora.

— **Organització i planificació del treball**

Tenir capacitat per ordenar i prioritzar les tasques, les accions i els projectes que s'han de desenvolupar, per tal d'assolir els resultats esperats, en el termini adequat, i amb la qualitat i els recursos necessaris.

— **Prevenció i resolució de conflictes**

Controlar i regular les emocions i la conducta en situacions d'alt nivell d'ansietat o de conflicte real o potencial en el desenvolupament de les funcions. Mantenir un comportament calmat en situacions d'estrès, provocació, oposició o hostilitat.

— **Treball en equip**

Tenir capacitat per participar, col·laborar i coordinar-se activament en un equip o grup de treball. Tenir disposició per integrar-s'hi i fer que els altres també s'hi integrin, i potenciar la participació i la cohesió de l'equip o grup de treball, per tal d'assolir els objectius comuns.

Les funcions que han de desenvolupar els membres de l'agrupació professional de funcionaris del cos subaltern d'administració de la Generalitat de Catalunya, són les que corresponen a les de vigilància dels locals; control de les persones que accedeixen a les oficines públiques, tot informant-les de la situació dels locals; custòdia del material, del mobiliari i de les instal·lacions; utilització de màquines reproductores, fotocopiadores i similars, i, en general, altres tasques de caràcter similar, així com l'atenció de l'alumnat en el cas que es prestin serveis en centres educatius, de conformitat amb el que estableix la disposició addicional desena del Decret legislatiu 1/1997, de 31 d'octubre.

Suport i utilització del maquinari

La funció de **suport i utilització del maquinari** és una de les competències clau de l'agrupació professional de funcionaris del cos subaltern d'administració de la Generalitat de Catalunya.

— Utilitzar i manipular les màquines reproductores, fotocopiadores i similars de la unitat de treball.

— Atendre i donar suport als usuaris que sol·liciten o realitzen reproduccions.

— Realitzar digitalització, reprografia i enquadernació.

— Manipular papereria per enviaments: doblegar, ensobrar i fer paquets, entre d'altres.

— Donar suport en la gestió del material de les sales de reunions, de formació o d'actes, com poden ser ordinadors, projectors, material audiovisual, material de gravació, entre d'altres.

Supòsit pràctic núm. 1

De conformitat amb el que estableix la disposició addicional desena del Decret legislatiu 1/1997, de 31 d'octubre, una de les funcions que han de desenvolupar els membres de l'agrupació professional de funcionaris del cos subaltern d'administració de la Generalitat de Catalunya és la utilització de màquines reproductores, fotocopiadores i similars. Per aquest motiu cal conèixer i manipular correctament la fotocopiadora que utilitzem al lloc de treball.

Les fotocopiadores digitals multifunció són fotocopiadores que, a diferència de les tradicionals, realitzen la còpia gràcies a un escanejat de la imatge i un posterior emmagatzematge de les dades en un disc dur, les quals s'envien posteriorment a la zona d'impressió de la fotocopiadora.

Aquest tipus de fotocopiadores tenen molts avantatges entre els quals cal destacar:

— *Major productivitat de l'equip de treball, gràcies a la funcionalitat de poder fer impressions per blocs de documents i grapats.*

— *Estalvi d'energia i d'espai, atès que una sola màquina aglutina les funcions de diversos aparells.*

— *Estalvi econòmic atès que els treballs de manteniment, adquirir consumibles i possibles reparacions es centren en un sol aparell.*

Supòsit pràctic núm. 2

De conformitat amb el que estableix la disposició addicional desena del Decret legislatiu 1/1997, de 31 d'octubre, una de les funcions que han de desenvolupar els membres de l'agrupació professional de funcionaris del cos subaltern d'administració de la Generalitat de Catalunya és la utilització de màquines reproductores, fotocopiadores i similars. Per aquest motiu, cal conèixer i manipular correctament la fotocopiadora que utilitzem al lloc de treball per tal d'evitar possibles incidències i resultats no desitjats.

Un dels problemes més habituals alhora de manipular màquines fotocopiadores és el fet que es produeixin embussos. La causa dels embussos pot ser molt variada, encara que, generalment, té a veure amb el paper utilitzat.

Les causes més freqüents són: la mala qualitat del paper, el gramatge inadequat (paper excessivament fi o gruixut), un grau d'humitat del paper massa elevat, ús de paper que no tingui unes mides estàndards: DIN A 3 o DIN 4, reutilitzar paper ja imprès, treballar amb originals massa foscos o paper poc airejat. El paper cal adaptar-lo a les característiques de la màquina i, seguint la política de respecte mediambiental, caldrà que sigui paper reciclat i ecològic.

Cal anar amb compte si es treballa amb originals excessivament pesats o si es posen documents grapats atès que es pot danyar la placa de vidre.

Supòsit pràctic núm. 3

De conformitat amb el que estableix la disposició addicional desena del Decret legislatiu 1/1997, de 31 d'octubre, una de les funcions que han de desenvolupar els membres de l'agrupació professional de funcionaris del cos subaltern d'administració de la Generalitat de Catalunya és la utilització de màquines reproductores, fotocopiadores i similars. Per aquest motiu, cal conèixer i manipular correctament la fotocopiadora que utilitzem al lloc de treball per tal d'evitar possibles incidències no desitjades.

En aquest cas, el subaltern ha de recomanar al secretari que no accepti l'oferta, ja que en les fotocopiadores digitals només s'accepten paper de gramatge entre 75 g/m2 fins a 170 g/m2. I a més, la qualitat del paper és molt important pel bon funcionament de les màquines fotocopiadores. Li pot recordar que el paper excessivament fi pot generar problemes amb l'alimentador. També li pot recordar que la política actual de respecte al medi ambient és d'adquirir paper reciclat i ecològic.

En tot cas, el subaltern li pot suggerir que, en cas de dubte, es posi en contacte amb el servei tècnic de les màquines reproductores per conèixer la seva opinió.

Supòsit pràctic núm. 4

De conformitat amb el que estableix la disposició addicional desena del Decret legislatiu 1/1997, de 31 d'octubre, una de les funcions que han de desenvolupar els membres de l'agrupació professional de funcionaris del cos subaltern d'administració de la Generalitat de Catalunya és la utilització de màquines reproductores, fotocopiadores i similars. Per aquest motiu, cal conèixer i manipular correctament la fotocopiadora que utilitzem al lloc de treball per tal d'evitar possibles resultats no desitjats.

a) *D'una banda, el problema més habitual de treballar amb originals massa foscos és que la fotocopiadora s'embussi degut a que la còpia té un gruix més gran de tinta. Per altra banda, les imatges i el text de les còpies poden ser de baixa qualitat de manera que quedin massa fosques i no es puguin identificar.*

b) *Si el subaltern treballa amb paper que no és de la mida adequada es pot trobar amb problemes amb l'alimentador i també amb embussos.*

El professional ha de procurar assolir els millors resultats, en el termini adequat, i amb la qualitat i els recursos necessaris.

Supòsit pràctic núm. 5

De conformitat amb el que estableix la disposició addicional desena del Decret legislatiu 1/1997, de 31 d'octubre, una de les funcions que han de desenvolupar els membres de l'agrupació professional de funcionaris del cos subaltern d'administració de la Generalitat de Catalunya és la utilització de màquines reproductores, fotocopiadores i similars. Per aquest motiu, cal conèixer i manipular correctament la fotocopiadora que utilitzem al lloc de treball per tal d'evitar possibles resultats no desitjats.

Una altra de les funcions és la custòdia i cura del material. Per aquest motiu, procurarà que l'emmagatzematge del material sigui l'adequat.

En el cas plantejat, si el paper no està suficientment airejat, pot ocórrer que la fotocopiadora agafi més d'un paper i es produeixin embussos.

El professional ha de procurar assolir els millors resultats, en el termini adequat, i amb la qualitat i els recursos necessaris.

Supòsit pràctic núm. 6

a) Fals	e) Vertader
b) Vertader	f) Fals
c) Fals	g) Vertader
d) Fals	h) Fals

Supòsit pràctic núm. 7

De conformitat amb el que estableix la disposició addicional desena del Decret legislatiu 1/1997, de 31 d'octubre, una de les funcions que han de desenvolupar els membres de l'agrupació professional de funcionaris del cos subaltern d'administració de la Generalitat de Catalunya és la utilització de màquines reproductores, fotocopiadores i similars. Per aquest motiu, cal conèixer i manipular correctament la fotocopiadora que utilitzem al lloc de treball per tal d'evitar possibles incidències no desitjades.

En el cas plantejat, el subaltern no ha planificat bé la feina encomanada, ja que la quantitat de paper que ha col·locat al calaix és insuficient perquè poder fer tots els dossiers demanats.

Quan el subaltern torni de repartir la correspondència, es trobarà amb que la màquina s'ha aturat, ja sigui perquè ha consumit tot el paper del calaix o perquè hi ha hagut un embús.

Accions que hauria d'haver fet:

-D'una banda, el subaltern hauria d'haver col·locat, almenys, 200 folis per tal que la màquina tingués suficient paper per fer totes les còpies.

-I per l'altra, hauria d'haver deixat la tasca de repartir la correspondència un cop hagués acabat els dossiers per a poder ser a prop de la zona i solucionar qualsevol incidència durant el procés d'impressió (un embús o mala impressió dels dossiers que requereixin fer ajustos dels paràmetres d'impressió).

Finalment, després de finalitzar la tasca, el professional subaltern ja pot continuar amb les tasques habituals o les que li hagin estat encarregades.

El professional ha de procurar assolir els millors resultats, en el termini adequat, i amb la qualitat i els recursos necessaris.

Supòsit pràctic núm. 8

De conformitat amb el que estableix la disposició addicional desena del Decret legislatiu 1/1997, de 31 d'octubre, una de les funcions que han de desenvolupar els membres de l'agrupació professional de funcionaris del cos subaltern d'administració de la Generalitat de Catalunya és la utilització de màquines reproductores, fotocopiadores i similars. Per aquest motiu, cal conèixer i manipular correctament la fotocopiadora que utilitzem al lloc de treball per tal d'evitar possibles incidències no desitjades.

En el cas plantejat el subaltern haurà d'explicar amb correcció i educadament que ell, en cap cas, ha d'intentar arreglar la fotocopiadora ja que la normativa de seguretat sobre fotocopiadores i les instruccions d'aquest tipus de màquines especifiquen ben clarament que, en cas d'avaria, no s'ha de manipular sinó que s'ha d'apagar, desconnectar de la xarxa i avisar al servei tècnic.

Tanmateix, també podria haver avisat al superior que li havia encarregat les fotocòpies per a comunicar-li que no hi podria comptar a causa de l'avaria, i no esperar a dir-li en el moment que les hi anava a buscar. Així li hauria pogut donar marge d'actuació.

El professional ha de mostrar competència professional a l'hora de transmetre el missatge, tant verbal com escrit, de manera eficaç, clara i precisa. També ha de procurar assolir els millors resultats, en el termini adequat, i amb la qualitat i els recursos necessaris.

Supòsit pràctic núm. 9

De conformitat amb el que estableix la disposició addicional desena del Decret legislatiu 1/1997, de 31 d'octubre, una de les funcions que han de desenvolupar els membres de l'agrupació professional de funcionaris del cos subaltern d'administració de la Generalitat de Catalunya és la utilització de màquines reproductores, fotocopiadores i similars. Per aquest motiu, cal conèixer i manipular correctament la fotocopiadora que utilitzem al lloc de treball per tal d'evitar possibles incidències no desitjades.

Quan un subaltern rep l'encàrrec de fer una sèrie de fotocòpies, el primer que ha de fer és comprovar que l'aparell no tingui seleccionat un treball previ o que aquest estigui finalitzat. Si és així esperarà a què la màquina s'aturi i un cop tingui l'aparell buit i sense cap feina prefixada comprovarà que la màquina disposa del paper suficient a la safata de paper DIN A4 amb la qual està treballant i que aquest és del pes i la mida adequats al que es recomana al manual de l'usuari.

Com que es tracta d'originals de diferents mides, per tal d'evitar embussos i altres problemes amb la màquina, primer de tot optarà per treballar amb la safata manual, de manera que col·locarà els originals d'un en un i farà la fotocòpia. Abans, però comprovarà que l'original no està grapat, trencat, ni massa doblegat.

Finalment, introduirà els paràmetres necessaris de dimensions de paper, nombre de còpies i premerà el botó d'inici.

El professional ha de procurar assolir els millors resultats, en el termini adequat, i amb la qualitat i els recursos necessaris.

Supòsit pràctic núm. 10

De conformitat amb el que estableix la disposició addicional desena del Decret legislatiu 1/1997, de 31 d'octubre, una de les funcions que han de desenvolupar els membres de l'agrupació professional de funcionaris del cos subaltern d'administració de la Generalitat de Catalunya és la utilització de màquines reproductores, fotocopiadores i similars. Per aquest motiu, cal conèixer i manipular correctament la fotocopiadora que utilitzem al lloc de treball per tal d'evitar possibles incidències no desitjades.

L'actuació del subaltern descrita en aquest supòsit no ha estat correcta, perquè no ha seguit les normes o consells bàsics de seguretat en la manipulació d'aquest tipus de màquines.

El primer que hauria d'haver fet el subaltern és apagar la màquina i desendollar-la de la corrent, per tal d'evitar accidents. A continuació, hauria d'haver intentat treure el paper amb suavitat, per evitar que se li trenqués. Si, malgrat tot, el paper se li hagués trencat, hauria d'haver avisat al servei tècnic ja que en cap cas hauria d'haver-ho intentat amb unes tisores ni amb cap altre objecte metàl·lic o punxant.

Finalment, parlar amb el Director General que li havia encarregat les fotocòpies urgents, i comunicar-li que no hi podria comptar a causa de l'avaria, i no esperar a dir-li en el moment que les hi hagués anat a buscar. Així li pot donar marge d'actuació o la possibilitat d'utilitzar la fotocopiadora d'una altra unitat, si és el cas.

El professional ha de mostrar competència professional a l'hora de transmetre el missatge, tant verbal com escrit, de manera eficaç, clara i precisa. També ha de procurar assolir els millors resultats, en el termini adequat, i amb la qualitat i els recursos necessaris.

Supòsit pràctic núm. 11

De conformitat amb el que estableix la disposició addicional desena del Decret legislatiu 1/1997, de 31 d'octubre, una de les funcions que han de desenvolupar els membres de l'agrupació professional de funcionaris del cos subaltern d'administració de la Generalitat de Catalunya és la utilització de màquines reproductores, fotocopiadores i similars. Per aquest motiu, cal conèixer i manipular correctament la fotocopiadora que utilitzem al lloc de treball per tal d'evitar possibles incidències no desitjades.

És important tenir la placa de vidre net atès que si hi ha taques o brosses que també sortiran a la impressió oferint una mala qualitat de les fotocòpies realitzades. És possible que, donat el cas, haguem de repetir les fotocòpies o lliurar un material de poca qualitat.

La neteja de la placa de vidres es pot netejar amb un drap humit de netejador de vidres o alcohol. També és recomanable netejar la placa de color blanc que hi ha a la tapa i que també estarà en contacte amb el vidre.

El professional ha de procurar assolir els millors resultats, en el termini adequat, i amb la qualitat i els recursos necessaris.

Supòsit pràctic núm. 12

De conformitat amb el que estableix la disposició addicional desena del Decret legislatiu 1/1997, de 31 d'octubre, una de les funcions que han de desenvolupar els membres de l'agrupació professional de funcionaris del cos subaltern d'administració de la Generalitat de Catalunya és la utilització de màquines reproductores, fotocopiadores i similars. Per aquest motiu, cal conèixer i manipular correctament la fotocopiadora que utilitzem al lloc de treball per tal d'evitar possibles incidències no desitjades.

La decisió que ha pres el subaltern de realitzar el treball i buscar una alternativa òptima a la demanda que se li havia fet, és molt correcta. Malauradament, no ha actuat bé fent les fotocòpies sense abaixar la tapa: cal evitar fer fotocòpies amb la tapadora de la màquina oberta i, en cap cas, mirar cap a la font de llum atès que pot afectar-lo de la vista.

El professional ha de procurar assolir els millors resultats, en el termini adequat, i amb la qualitat i els recursos necessaris.

Supòsit pràctic núm. 13

El Decret legislatiu 1/1997, de 31 d'octubre, disposició addicional desena, defineix les funcions que han de desenvolupar els membres de l'agrupació professional de funcionaris del cos subaltern d'administració de la Generalitat de Catalunya.

En aquest cas i per començar, mostraria el centre al company al mateix temps que li aniria comentant les funcions més importants:

— *Supervisar totes les zones de l'edifici.*

— *Custòdia del material, del mobiliari i de les instal·lacions.*

— *Utilització de màquines reproductores, fotocopiadores i similars*

— *Atenció a l'alumnat.*

A continuació, i aprofitant que he de fer fotocòpies i preparar els dossiers, li explicaria el funcionament de la màquina, principalment les funcions que utilitzo de manera habitual, i li mostro a quin calaix de la fotocopiadora pot trobar el manual d'instruccions per si li sorgeix algun dubte.

Quan ja tenim les fotocòpies fetes, preparem les enquadernacions. Li mostro a on pot trobar la màquina enquadernadora i tot el material necessari (espirals, cartolines i plàstics per les tapes, etc). Li explico com fer-ho amb uns quants dossiers d'exemple i, a continuació, també li faig fer uns quants a ell perquè practiqui.

Finalment, li comentaria que poden sorgir incidències i situacions que també cal solucionar per no perjudicar el funcionament habitual del centre, a criteri de la direcció i d'acord amb les funcions i tasques que li han estat atribuïdes.

Supòsit pràctic núm. 14

La custòdia del material, del mobiliari i de les instal·lacions és una de les funcions que han de desenvolupar els membres de l'agrupació professional de funcionaris del cos subaltern d'administració de la Generalitat de Catalunya, segons el que estableix la disposició addicional desena del Decret legislatiu 1/1997, de 31 d'octubre.

Per tal de poder preparar tot el material necessari per a la reunió tindrà en compte:

— *Comprovar que la sala estigui neta i recollida;*

— *Comprovar i preparar taules i cadires suficients per a tots els assistents;*

— *Preparar el material per a projectar les presentacions: projector, ordinador, micròfon i punter. Comprovar que funcionen correctament;*

— *Pissarra blanca neta i retoladors de diferents colors que funcionin;*

— *Dossiers i material per a prendre notes: folis, bolígraf i els dossiers de la presentació;*

— *Climatització: comprovar que funciona correctament;*

— *Aigua, gots de paper, gerres d'aigua.*

Durant la reunió estaria localitzable i predisposat en cas que pugui sorgir alguna necessitat durant la reunió, com, per exemple, regular el clima de la sala o que algun aparell deixi de funcionar.

Suport i gestió de la documentació i la paqueteria

La funció de **suport i gestió de la documentació i la paqueteria** és una de les competències clau de l'agrupació professional de funcionaris del cos subaltern d'administració de la Generalitat de Catalunya.

— Realitzar la recepció del correu, els documents i la paqueteria.

— Preparar el correu de sortida i tramitar els enviaments per missatgeria.

— Classificar i distribuir la correspondència i documentació de la seva unitat de treball.

— Donar suport en tasques d'arxiu, i en la realització del trasllat de documentació a l'arxiu altre ubicació.

— Realitzar i/o supervisar el reciclatge de paper, i quan correspongui, realitzar la seva destrucció.

També les gestions entre unitats, dependències i fora del lloc de treball:

— Realitzar tasques relacionades amb el servei que li puguin encomanar, ja siguin dins o fora de l'edifici.

— Lliurament de documentació o correspondència urbana urgent.

— Realitzar o acompanyar en el lliurament de paqueteria.

— Portar documents o realitzar encàrrecs a altres dependències públiques, bancàries o correus.

Supòsit pràctic núm. 1

La funció de suport i gestió de la documentació i la paqueteria (per exemple, preparar el correu de sortida) i realitzar encàrrecs a Correus, és una de les competències de l'agrupació professional de funcionaris del cos subaltern d'administració de la Generalitat de Catalunya. Aquesta funció, entre d'altres, les estableix la disposició addicional desena del Decret legislatiu 1/1997, de 31 d'octubre.

En aquest cas, encara que la reglamentació de Correus vigent afectaria indirectament en l'exercici de les funcions pròpies del funcionari subaltern en matèria de distribució de la correspondència que, a aquests efectes, els hagin estat encomanades, el cert és que el Reglament dels Serveis de Correus no permet d'incloure en cap mena de tramesa postal sobres totalment transparents que continguin documents de valor.

Per tant, el subaltern hauria d'informar d'aquesta prohibició legal a la persona que li hagi ordenat la tramesa del sobre transparent i li podria suggerir que ho col·loqués tot en un sobre opac.

Supòsit pràctic núm. 2

D'acord amb el que estableix la disposició addicional desena del Decret legislatiu 1/1997, de 31 d'octubre, la funció de realitzar encàrrecs a Correus, és una de les competències de l'agrupació professional de funcionaris del cos subaltern d'administració de la Generalitat de Catalunya.

El Reglament dels Serveis de Correus faculta els empleats de les oficines corresponents a exigir als impositors l'obertura dels objectes presentats a finestreta, quan se sospiti que conté algun dels elements prohibits a la circulació per correu o no s'ajusta al contingut declarat en el sobre o la coberta, quan això sigui preceptiu.

Per tant en aquest cas el subaltern haurà d'obrir el sobre o el paquet per mostrar-lo a l'empleat de Correus, excepte en el cas que algú li hagués comunicat que contenia correspondència o objectes de caràcter confidencial. En aquest cas, haurà de negar-s'hi i, com que l'empleat de correus té l'obligació de negar-se a admetre'l, l'haurà de retornar el sobre o paquet a la persona que li hagi lliurat després d'explicar-li l'incident succeït a l'Oficina de Correus.

Supòsit pràctic núm. 3

La correspondència, mentre no arribi a poder del destinatari, és propietat del remitent, el qual podrà, mitjançant el pagament dels drets corresponents, recuperar-la o modificar-ne l'adreça, sempre que les operacions necessàries per trobar-la no pertorbin, a criteri de l'Administració de Correus, la marxa regular del servei.

Supòsit pràctic núm. 4

L'adreça inclou el nom i els cognoms del destinatari amb el domicili o el lloc de lliurament i el punt de destinació i amb expressió del districte postal que tingui assignat.

Supòsit pràctic núm. 5

La correspondència oficial es pot recuperar mitjançant el servei de Reenviament Postal de Correus. Cal presentar el formulari corresponent d'ordre escrita, signada pel cap de la dependència remitent i amb el segell corresponent.

També queden incloses dins d'aquest servei les notificacions o altres enviaments certificats, sempre que el remitent d'aquests no hagi acordat el contrari amb Correus.

Supòsit pràctic núm. 6

El franqueig mitjançant segells requerirà que aquests s'adhereixin a la coberta de l'enviament, en una única fila horitzontal i a l'angle superior dret respecte de la part on figuri l'adreça.

Supòsit pràctic núm. 7

D'acord amb el que estableix la disposició addicional desena del Decret legislatiu 1/1997, de 31 d'octubre, la funció de realitzar encàrrecs a Correus, és una de les competències de l'agrupació professional de funcionaris del cos subaltern d'administració de la Generalitat de Catalunya.

Els serveis de l'oficina de Correus que utilitzarà en cada cas plantejat són:

a) *Per l'enviament d'un telegrama a la Direcció General de Política Lingüística el subaltern ha d'utilitzar els serveis de la seva Oficina de Corres (presencialment a l'oficina o telemàticament).*

El servei Telegrama possibilita la tramesa urgent de missatges amb lliurament registrat (sota signatura del destinatari) cursat per mitjans electrònics des de l'origen fins al centre de distribució de destinació, amb possibilitat de certificar-ne fefaentment tant el lliurament com el contingut.

El telegrama és una transmissió segura i immediata, té valor de prova davant de jutges i tribunals i permet sol·licitar una còpia certificada com a prova legal davant tercers.

b) *Per l'enviament d'un material escolar que el destinatari haurà d'abonar en el moment de la seva recepció el subaltern ha d'utilitzar els serveis postals, i concretament mitjançant una correspondència contra reembors.*

Les trameses contra reemborsament permeten una gestió de cobrament segura i senzilla. És un servei tant per a comerç electrònic i venda a distància com per a particulars.

El lliurament de la tramesa es realitza previ abonament per part del destinatari, per l'import que figura en la tramesa (el sol·licitat pel remitent, a qui Correus posteriorment el reemborsa).

La quantitat del reemborsament es pot abonar al remitent mitjançant ordre d'ingrés en compte de l'entitat bancària que prefereixi o al seu domicili.

c) *Pel lliurament de la correspondència diària del seu centre que està formada per cartes i paquets postals el subaltern utilitzarà els serveis postals.*

d) *Per la transferència d'un gir postal el subaltern ha d'utilitzar la xarxa postal pública, disponible a l'oficina de Correus.*

El servei de gir és aquell mitjançant el qual s'ordenen pagaments a persones físiques o jurídiques per compte i encàrrec d'altres, a través de la xarxa postal pública, garantint la quantitat girada.

Aquest servei implica el lliurament al destinatari o a la persona autoritzada de l'import econòmic a l'adreça indicada, si escau, admetent en la seva execució diferents qualitats, en funció de la forma de lliurament.

e) *Per la transmissió d'un burofax als Serveis Centrals del seu Departament pot utilitzar el servei online de Correus.*

Aquest servei s'utilitza per enviar de manera urgent i segura documents que requereixin un lliurament fefaent, servint de prova davant tercers, de manera que sempre es lliura sota signatura del destinatari.

Supòsit pràctic núm. 8

En l'exercici de les funcions de suport i gestió de la correspondència i paqueteria, d'acord amb el que estableix la disposició addicional desena del Decret legislatiu 1/1997, de 31 d'octubre, el professional subaltern ha de gestionar la correspondència rebuda seguint les pautes que detallo a continuació:

— *Separar la documentació rebuda en funció de la seva urgència i lliurar-la en primera instància la que es consideri més urgent. Un cop aquesta s'hagi entregat, repartirà la resta.*

— *Organitzar el seu itinerari minimitzant l'espai recorregut per fer totes les entregues. Intentarà aprofitar al màxim els viatges, evitant fer voltes innecessàries.*

— *S'encarregarà de deixar la correspondència o la documentació que ha arribat a la safata d'entrada i, si s'escau, de recollir la de sortida.*

— *Evitarà fer tasques alienes a la seva funció, com per exemple atendre sol·licituds personals dels treballadors.*

El professional ha de procurar assolir els millors resultats, en el termini adequat, i amb la qualitat i els recursos necessaris.

Supòsit pràctic núm. 9

D'acord amb el que estableix la disposició addicional desena del Decret legislatiu 1/1997, de 31 d'octubre, la funció de realitzar encàrrecs a Correus, és una de les competències de l'agrupació professional de funcionaris del cos subaltern d'administració de la Generalitat de Catalunya.

Existeixen tres tipus de correspondència en funció de la seguretat: ordinària, certificada i urgent.

En aquest cas, si el subaltern vol tenir constància que la carta ha arribat al seu destinatari hauria d'utilitzar la modalitat de correspondència certificada, ja que aquesta modalitat permet, previ pagament d'un dret, el lliurament d'un rebut o resguard.

Supòsit pràctic núm. 10

D'acord amb el que estableix la disposició addicional desena del Decret legislatiu 1/1997, de 31 d'octubre, una de les tasques que han de desenvolupar els membres de l'agrupació professional de funcionaris del cos subaltern d'administració de la Generalitat de Catalunya és la de manipular papereria per enviaments (doblegar, ensobrar i fer paquets, entre d'altres).

En aquest cas que es planteja, la tasca de plegar i ensobrar és una tasca manual en què el subaltern doblega el document de la carta i l'introdueix en el sobre corresponent. A continuació, ho deixarà tot llest pel franqueig i l'enviament posterior.

És important que es puguin identificar bé les dades del destinatari per evitar retorns de la correspondència: nom i cognoms (o la raó social si es tracta d'una empresa), adreça, localitat i codi postal.

Les cartes es solen doblegar en tres parts, si es fa servir el full de mida, i sempre amb el text cap endins, de manera que només quedi visible la capçalera en obrir la carta.

La mida del sobre ha de ser proporcional a la del paper de la carta doblegat. Tot i existir moltes mides de sobres, es solen utilitzar dimensions normalitzades internacionalment (norma ISO 216 de l'Organització Internacional per a l'Estandardització) que especifica els formats més utilitzats en molts països del món.

En la realització d'aquesta tasca, també caldrà pensar en:

- *Si els sobres són del tipus finestreta, cal que l'adreça del destinatari es vegi correctament i ben centrada.*
- *Si hi ha annexos, comprovar que es troben físicament a dins del sobre, juntament amb la carta de presentació que s'acompanya.*

Supòsit pràctic núm. 11

El franqueig pagat és el sistema recomanat per a grans usuaris de la correspondència. Només es pot utilitzar per a les cartes i els impresos que es dipositen en quantitats massives.

El dipòsit de les trameses s'ha de fer en centres d'admissió massiva, acompanyat de l'albarà de lliurament corresponent. La identificació d'aquestes trameses s'ha de fer amb la impressió mecànica d'un rectangle al cantó superior dret del sobre.

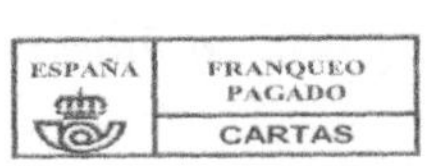

Supòsit pràctic núm. 12

A efectes de la franquícia, es considera correspondència oficial aquella comunicació impresa, relativa als serveis de l'Estat, procedent d'autoritats i organismes (als quals s'ha donat aquest privilegi); que vagi dirigida a altres autoritats o organismes oficials, i on s'expressi el càrrec del destinatari i el nom de la persona que l'executa.

La franquícia postal, en aquests casos, permet enviar correspondència a través del servei de correus públic sense haver d'abonar cap quantitat en concepte de despeses d'enviament, en el compliment d'aquest privilegi oficial.

Supòsit pràctic núm. 13

En l'exercici de les funcions de suport i gestió de la correspondència i paqueteria, d'acord amb el que estableix la disposició addicional desena del Decret legislatiu 1/1997, de 31 d'octubre, aquest professional subaltern ha de realitzar el reciclatge de paper i realitzar la seva destrucció, tal com li ha indicat el director general.

Per tal de realitzar aquesta tasca en les millors condicions:

- *Treurà la documentació de l'arxiu a mesura que l'anirà destruint per evitar que hi hagi documentació amb dades personals a l'abast de qualsevol persona, fet que vulneraria el dret a la protecció de les dades que conté la documentació.*
- *Evitarà acumular les tires de paper que ha produït la destructora de paper i procurarà portar-les al contenidor de paper corresponent. En cas que no pugui ser així, les guardarà en un espai que no representi cap risc d'incendi (en contacte de productes inflamables, per exemple).*

Amb aquestes accions garantirà la seguretat de les dades i evitarà qualsevol risc d'incendi al centre.

Supòsit pràctic núm. 14

El reemborsament és el cobrament que fa Correus en nom del remitent i com a contrapartida del contingut enviat en un paquet.

Les trameses contra reemborsament permeten una gestió de cobrament segura i senzilla. És un servei tant per a comerç electrònic i venda a distància com per a particulars.

El lliurament de la tramesa es realitza previ abonament per part del destinatari, per l'import que figura en la tramesa (el sol·licitat pel remitent, a qui Correus posteriorment el reemborsa).

La quantitat del reemborsament es pot abonar al remitent mitjançant ordre d'ingrés en compte de l'entitat bancària que prefereixi o al seu domicili.

Custòdia d'instal·lacions

Supòsit pràctic núm. 1

Ho podem saber examinant el color i els símbols amb els que l'instal·lador l'haurà identificat, perquè totes les conduccions han d'estar identificades mitjançant colors normalitzats i han de tenir senyalitzat el sentit del flux del fluid que hi circula.

Supòsit pràctic núm. 2

La concepció de la xarxa general de distribució d'aigua calenta sanitària ha d'ésser tal que permeti deixar de subministrar determinades zones o parts dels punts de consum, sense deixar de proveir la resta, i efectuar reparacions en circuits parcials sense anul·lar el subministrament de la resta de circuits.

Cal cercar la vàlvula de control que permeti suspendre el subministrament d'aigua calenta a l'aixeta afectada i tancar-la, procurant que la interrupció del subministrament afecti el menor nombre possible de punts de consum.

Supòsit pràctic núm. 3

Tant en aigua calenta com en aigua refrigerada, existirà sempre una vàlvula entre el generador i la xarxa de distribució i entre el generador i les tornades, de manera que es pugui desconnectar l'equip generador sense necessitat de buidar prèviament la instal·lació.

Així doncs, n'hi haurà prou amb tancar aquestes vàlvules, de manera que el generador quedi desconnectat de la instal·lació.

Supòsit pràctic núm. 4

Caldrà avisar el personal responsable del manteniment de la instal·lació perquè repari l'avaria; un cop arranjat, s'haurà d'accionar manualment el mecanisme perquè torni a entrar en servei.

Supòsit pràctic núm. 5

Caldrà purgar-los bé d'aire cap a la xarxa, sense que quedin bosses que evitin que s'empleni completament el radiador o impedeixin la correcta circulació de l'aigua.

Supòsit pràctic núm. 6

Caldrà netejar l'equip de caldera, comprovant que no hi ha corrosions o fissures per les juntes o les costures i que els accessoris de control i mesura i els dispositius de seguretat funcionen correctament.

Supòsit pràctic núm. 7

Per evitar oxidacions per l'entrada d'aire a la xarxa.

Supòsit pràctic núm. 8

Les instal·lacions de calefacció, climatització i agua calenta només les poden reparar les empreses o professionals que s'acreditin com:

— *Empresa instal·ladora/mantenidora (especialitat en calefacció i aigua calenta sanitària).*

— *Empresa instal·ladora/mantenidora (especialitat en climatització).*

— *Instal·lador-mantenidor d'instal·lacions de calefacció i aigua calenta sanitària.*

— *Instal·lador-mantenidor d'instal·lacions de climatització.*

Als efectes de l'Ordre de 3 de maig de 1999, sobre el procediment d'actuació de les empreses instal·ladores-mantenidores, de les entitats d'inspecció i control i dels titulars en les instal·lacions regulades pel Reglament d'instal·lacions tèrmiques en els edificis (RITE) i les seves instruccions tècniques complementàries (ITE), s'entendrà per empresa instal·ladora-mantenidora d'instal·lacions tèrmiques en els edificis aquella que està inscrita en el Registre d'empreses instal·ladores-mantenidores d'instal·lacions tèrmiques en els edificis.

Supòsit pràctic núm. 9

La climatització d'un local és un procés de tractament de l'aire que s'efectua controlant la temperatura, la humitat, la puresa i el moviment dels espais interiors.

Supòsit pràctic núm. 10

El manteniment dels equipaments de climatització i calefacció consisteix en un conjunt d'operacions necessàries per assegurar el funcionament d'una instal·lació de manera constant, amb el millor rendiment energètic possible i conservant permanentment la seguretat del servei i la defensa del medi ambient.

Supòsit pràctic núm. 11

Les xarxes de distribució en les instal·lacions de climatització són el conjunt de circuits que canalitzen l'aire tractat des de la sala de màquines per tot l'edifici fins als difusors, anomenats xarxa d'impulsió i els que retornen l'aire des de les reixes d'aspiració fins a la sala de màquines, anomenada xarxa de retorn.

Supòsit pràctic núm. 12

El valor de tarat d'un dispositiu de seguretat és el valor de pressió o de temperatura al qual es gradua l'accionament d'un dispositiu de seguretat.

Supòsit pràctic núm. 13

Les vàlvules de seguretat de les instal·lacions de calefacció són dispositius que s'insereixen en algun punt del circuit i que estan dissenyats perquè, en pujar la pressió del fluid per damunt d'un valor determinat de la pressió de tarat o de regulació, s'obrin automàticament.

Supòsit pràctic núm. 14

Segons el Manual de bones pràctiques ambientals en els equipaments culturals, de 30 d'abril de 2015, de la Generalitat de Catalunya, caldrà controlar la temperatura dels termòstats perquè a l'hivern estiguin entre 19 i 21 °C en oficines. Per cada grau menys de temperatura el consum augmenta un 8%.

Supòsit pràctic núm. 15

Segons el Manual de bones pràctiques ambientals en els equipaments culturals, de 30 d'abril de 2015, de la Generalitat de Catalunya, caldrà controlar la temperatura dels termòstats perquè a l'estiu estiguin entre 23 i 25 °C en oficines. Per cada grau menys de temperatura el consum augmenta un 8%.

Supòsit pràctic núm. 16

Caldrà examinar les instruccions d'instal·lació, neteja i manteniment que el fabricant de la caldera haurà subministrat al titular de la instal·lació.

Supòsit pràctic núm. 17

L'aigua de condensació dels evaporadors d'un sistema de refrigeració es recull en una patena protegida contra la corrosió i eventualment connectada a la xarxa d'evacuació, mitjançant tancament hidràulic.

Supòsit pràctic núm. 18

L'operació bàsica de manteniment que requereix l'evaporador d'un equip de producció de fred per a la climatització és la neteja dels filtres, quan la unitat els incorpora.

Supòsit pràctic núm. 19

La unitat està dotada d'una caixa de control incorporada o remota i de dispositius de maniobra manuals, accessibles des de l'exterior, que permeten seleccionar-ne el programa de funcionament. Té com a mínim tres operacions: parada, ventilació i fred.

Supòsit pràctic núm. 20

Els elements de regulació i control més característics d'una instal·lació de producció d'aire condicionat són les vàlvules termostàtiques.

Supòsit pràctic núm. 21

El gràfic que ha de col·locar el personal instal·lador d'un sistema d'aire condicionat a la sala de màquines ha de presentar esquemàticament la instal·lació indicant les vàlvules.

Supòsit pràctic núm. 22

La xarxa general de distribució d'aigua calenta dels radiadors s'haurà d'haver concebut de tal manera que pugui deixar de subministrar determinades zones o parts dels consumidors i no quedi afectat el servei de la resta. A més, haurà de permetre realitzar reparacions en circuits parcials, sense anul·lar el subministrament de la resta.

En conseqüència, caldrà buscar, la vàlvula de pas de la instal·lació més pròxima al radiador afectat, procurant que es mantinguin en servei el major nombre possible de consumidors finals.

Supòsit pràctic núm. 23

La conducció de gas natural ha de ser obligatòriament ventilada en tots els punts per garantir l'evacuació a l'exterior de qualsevol fuita de la instal·lació.

Supòsit pràctic núm. 24

Els aparells d'aire condicionat s'han de revisar segons les recomanacions del fabricant, durant el període de garantia i un cop abans de cada temporada, com a norma general.

Supòsit pràctic núm. 25

La caserna de la bateria d'ampolles de gas no pot utilitzar-se per instal·lar-hi o emmagatzemar-hi res que sigui aliè a la instal·lació. Per tant, el personal subaltern haurà d'ordenar al personal de neteja que retiri aquests utensilis i materials.

Supòsit pràctic núm. 26

Caldrà examinar el manoscopi que hi ha d'haver enroscat a l'inversor.

Supòsit pràctic núm. 27

El personal subaltern haurà d'avisar l'empresa amb qui s'hagi contractat el manteniment de la instal·lació perquè solucioni la incidència, atès que aquest fenomen indica que s'ha superat la pressió de timbre del tanc.

Supòsit pràctic núm. 28

En una instal·lació de dipòsits de gas liquat caldrà incorporar un rètol que indiqui "gas inflamable, prohibit fumar", juntament amb el símbol internacional de perill de mort, a fi d'evitar la permanència o l'entrada de personal no autoritzat a la zona de dipòsits.

Supòsit pràctic núm. 29

Els aparells ascensors duen instal·lat a cada caixa un telèfon connectat a un centre d'auxili amb atenció permanent les 24 hores. A més, compten amb un timbre d'alarma situat de tal manera que el senyal es produeixi en un lloc freqüentat per persones.

El personal subaltern podrà fer ús de qualsevol d'ambdós sistemes per demanar ajuda.

Supòsit pràctic núm. 30

El personal subaltern comunicarà aquest fet al seu superior jeràrquic i li advertirà que la sala de màquines de l'ascensor, d'acord amb la normativa vigent, només pot contenir el material necessari per al funcionament, la inspecció i la conservació dels aparells elevadors.

Supòsit pràctic núm. 31

Aquest tipus d'ascensors disposen d'un sistema d'obertura des de l'exterior, mitjançant una clau especial, pensat, precisament, per a casos d'emergència.

Supòsit pràctic núm. 32

En aquest cas podem utilitzar l'aparell telefònic que pugui haver instal·lat a la sala de màquines de l'ascensor. No obstant això, és gairebé impossible que aquest fet succeeixi perquè la porta d'accés a la sala de màquines ha d'estar dotada d'una tanca que pugui obrir-se des de l'interior sense clau, d'acord amb la normativa vigent.

Supòsit pràctic núm. 33

En aquest cas el personal subaltern ha de pujar l'ascensor a una planta elevada, seguidament ha de desconnectar el corrent elèctric i donar avís a l'empresa encarregada del manteniment de l'aparell. Si disposés d'una bomba, podria extreure l'aigua, si no té un volum excessiu, en cas contrari, esperaria a les indicacions que li doni l'empresa de manteniment.

Supòsit pràctic núm. 34

El personal subaltern haurà d'advertir al tècnic d'obres que està prohibit utilitzar l'ascensor d'un edifici d'oficines com a mitjà de transport de material d'obra i, a més a més, no pot sobrepassar-se en cap cas les indicacions de càrrega útil que figuren a la placa del bastidor. Per tant, tampoc podrà transportar eines o altres elements que sobrepassin aquest límit de càrrega útil.

Supòsit pràctic núm. 35

En primer lloc, comprovarem que totes les ventalles de pas i de ventilació estiguin obertes. En segon lloc, ens assegurarem que cap cos estrany obstrueix el pas de l'aire allà on puguem accedir. Si aquests procediments no donen cap resultat, ens posarem en contacte amb l'empresa encarregada del manteniment de l'equip.

Supòsit pràctic núm. 36

No, és un fet anormal que, quan es constata, ha de posar-se automàticament en coneixement de l'empresa encarregada del manteniment de la instal·lació perquè n'investigui les causes i les esmeni.

Supòsit pràctic núm. 37

El personal subaltern ha de vigilar que no s'utilitzi la caixa de l'ascensor per un nombre de persones superior a l'indicat a la placa de càrrega així com advertir de comportaments incívics.

Supòsit pràctic núm. 38

La clau d'obertura de l'equip de portes d'un sistema d'ascensors ha d'estar en una capsa d'emergència i el personal subaltern només la pot fer servir en cas d'un rescat que vegi viable. En cas contrari, donarà avís a l'empresa encarregada del manteniment de l'aparell. En tot cas, ha de tenir present que si obre una porta de l'ascensor l'ha de tornar a tancar per assegurar-se que quedi bloquejada, a efectes de seguretat, fins que arribi el personal tècnic corresponent.

Supòsit pràctic núm. 39

El personal subaltern haurà de comprovar el correcte funcionament de les portes i de l'anivellament de la caixa a totes les plantes. Per comprovar-ho, haurà de pujar a l'ascensor i fer-lo parar a totes les plantes; després, haurà de baixar a peu i comprovar, en totes, que les portes no es poden obrir (quan siguin semiautomàtiques) sense que la caixa estigui parada en aquesta planta.

Supòsit pràctic núm. 40

Davant de qualsevol anomalia en el funcionament de l'ascensor, el personal subaltern haurà de deixar-lo fora de servei tallant-ne l'interruptor d'alimentació. Haurà de col·locar en cada accés els rètols indicatius de "No funciona" i avisarà l'empresa encarregada del manteniment de l'aparell.

Supòsit pràctic núm. 41

En aquest cas, el personal subaltern acudirà al local on es troba situat el quadre de l'escomesa del sistema de subministrament d'electricitat i procurarà localitzar quin ha estat l'interruptor magnetotèrmic que ha produït el tall del corrent elèctric.

A continuació accionarà la palanca d'aquest interruptor a fi de connectar de nou el subministrament per tal d'esbrinar si la causa de la interrupció obeeix a alguna circumstància fortuïta o a alguna avaria permanent d'alguna línia de distribució interior.

Si l'interruptor es manté sense problema en la posició de connectat, donarà per finalitzada l'operació. En cas contrari, n'informarà el personal responsable del manteniment de la instal·lació o el seu superior.

Supòsit pràctic núm. 42

L'interruptor automàtic és un dispositiu privat de maniobra que s'instal·la pròxim als punts d'entrada de les derivacions individuals de les línies elèctriques per protegir-les de sobrecàrregues i curtcircuits. Aquest dispositiu ha d'estar situat a la sortida del comptador i s'acciona manualment.

Si la causa del tall del subministrament és una càrrega elèctrica, per restablir-lo n'hi haurà prou a accionar la palanca de l'interruptor automàtic perquè torni a quedar restituït.

Supòsit pràctic núm. 43

El personal subaltern està habilitat per desconnectar els aparells de calefacció, ja que un excés de càrrega sobre un mateix punt de consum pot provocar un reescalfament en els conductors i en el mateix punt de llum, amb el conseqüent perill que comporta.

Si es volen connectar diverses càrregues amb lladres i allargadors cal tenir en compte que aquests tenen un màxim de potència admesa que no es pot superar.

Supòsit pràctic núm. 44

El personal subaltern no pot manipular-los de cap manera perquè aquests fusibles estan precintats per l'empresa subministradora i a més a més representa un perill per la seva integritat física, ja que no hi ha cap dispositiu anterior a aquests fusibles que el pugui protegir en cas d'accident.

L'actuació adequada és posar el fet en coneixement del personal responsable del manteniment de la instal·lació, si escau, en el seu superior.

Supòsit pràctic núm. 45

No es considera necessària aquesta acció perquè l'avaria només afecta un dels punts de consum de la sèrie de circuits interiors en els quals s'ha produït aquesta interrupció de subministrament. Per tant, seria absurd desconnectar l'interruptor general i deixar fora de servei la resta de circuits que es troben en perfectes condicions i poden, en conseqüència, continuar funcionant sense problemes.

Supòsit pràctic núm. 46

El personal subaltern hauria de protegir la secció de cable afectada embolicant-la amb cinta aïllant i informar-ne ràpidament el personal responsable del manteniment de la màquina a fi que es substitueixi el conductor malmès.

Supòsit pràctic núm. 47

En primer lloc el personal subaltern haurà de verificar quins són els períodes de temps en què ha de funcionar de manera continuada, que es corresponen normalment amb els moments en què hi ha públic als locals.

Si dedueix d'aquesta comprovació que l'enllumenat hauria de mantenir-se en servei, acudirà al quadre central de control de la instal·lació, a fi d'assegurar-se que els interruptors automàtics del circuit que alimenta continuen en posició de connectats. En el supòsit que s'hi mantinguin, avisarà el personal responsable de manteniment a fi que repari l'avaria.

Si en connectar-lo, l'interruptor automàtic retorna a la posició de desconnectat, avisarà igualment el personal responsable de manteniment.

Si en connectar-lo, l'enllumenat de senyalització entra en servei sense problemes, s'entendrà solucionat l'incident.

Supòsit pràctic núm. 48

En aquest cas el personal subaltern procedirà tot seguit a tancar l'aixeta de pas instal·lada sobre el tub ascendent de la xarxa de subministrament, per tal de deixar sense aigua la instal·lació particular del centre i avisarà la persona encarregada del manteniment de la instal·lació perquè esbrini les causes de la fuita.

Supòsit pràctic núm. 49

La diagnosi i la resolució dels problemes derivats del funcionament defectuós de la instal·lació de subministrament d'aigua potable no són responsabilitat del personal subaltern. No obstant, aquest, ho posarà en coneixement del responsable de manteniment perquè el cabal instantani del rentamans segurament és molt inferior al que indica la normativa vigent.

Supòsit pràctic núm. 50

En primer lloc, el personal subaltern tancarà l'aixeta de pas que hi ha d'haver intercalada entre la xarxa i l'aparell d'aire condicionat, per tal d'aïllar la instal·lació. A continuació, avisarà el personal responsable del manteniment perquè reposi la vàlvula de retenció.

Supòsit pràctic núm. 51

El personal subaltern haurà de retirar l'extintor utilitzat i donarà avís a l'empresa de manteniment a fi de què efectuï una recàrrega de l'extintor i un retimbrat.

Supòsit pràctic núm. 52

No, en cap cas, ja que representa un perill real per la seva integritat.

Supòsit pràctic núm. 53

En un endoll, els diferents cables es poden reconèixer pels colors: el de fase serà de color marró, negre o gris; el neutre blau cel i el de terra serà groc-verd.

Supòsit pràctic núm. 54

Davant d'una fuita de gas, no s'ha d'encendre cap llum ni s'ha de fer funcionar cap extractor, ja que pot produir petites guspires i provocar una explosió.

S'hauran d'obrir les finestres per facilitar la ventilació del local i tancar les claus de pas.

Supòsit pràctic núm. 55

Es pot saber fàcilment tocant-lo: un endoll sobrecarregat està calent.

Notes interiors

Cal tenir en compte que les respostes que a continuació es presenten es configuren com a propostes de solució que s'ofereixen a l'alumnat a títol orientatiu per a l'execució dels diferents supòsits.

La nota interior és un document habitual de comunicació no oficial entre les unitats i les persones integrades en una organització administrativa. El document està format per tres blocs principals:

I. IDENTIFICACIÓ DEL DOCUMENT. Immediatament després de la capçalera, cal fer constar les següents dades en el marge superior esquerre:

- **NOTA INTERIOR** (en majúscula i negreta)
- **De:** unitat o persona emissora
- **A:** unitat o persona destinatària
- *Assumpte*: breu referència al contingut de la nota.

II. COS. Es presenta l'objecte de la comunicació:

- *Us faig arribar...*
- *En relació amb..., us comunico...*
- *Us informo...*
- *En conseqüència, us demano...*
- *Us agraïm per endavant la vostra col·laboració...*

III. SIGNATURA I DATACIÓ. En la signatura cal fer constar els següents elements en aquest ordre:

- (signatura)
- Nom i cognom
- Càrrec (sense article)

En la datació, cal fer constar:

— Lloc

— Data: el dia (en xifres), el mes (en lletres) i l'any (en xifres i de manera completa).

Supòsit pràctic núm. 1

[Capçalera]

NOTA INTERIOR

De: personal subaltern

A: Direcció

Assumpte: incidències produïdes dilluns 9 de març

El passat dilluns 9 de març obro amb normalitat la porta principal a les 7:45 h però, en dirigir-me a la part posterior del centre, m'adono que hi havia llums oberts i papers a terra. Inspecciono els despatxos i em trobo que en el número 3 (despatx corresponent al servei de compres) diversos calaixos estan oberts amb un munt de documentació i material d'oficina dispersats per terra. Atès el gran desordre, opto per no tocar res i trucar immediatament als Mossos d'Esquadra, des d'un altre despatx. La policia em comunica que cal presentar la corresponent denúncia.

En dirigir-me a la porta posterior, m'adono que el pany està forçat i la porta abonyegada i que, per tant, es podia obrir sense clau. A les 8:00 h arriba la resta de personal, a qui vaig comunicar els fets.

(signatura)

Nom i cognoms

Subaltern/a

[Datació]

Supòsit pràctic núm. 2

[Capçalera]

NOTA INTERIOR

De: personal subaltern

A: cap del Servei

Assumpte: proposta d'increment de dotació econòmica en concepte d'aparcament

Com a conductor habitual d'aquest Servei, considero insuficient el pressupost que tinc assignat en concepte d'aparcament. Aquesta limitació econòmica em causa molts greuges:

— He de donar moltes voltes fins que trobo aparcament;

— En moltes ocasions he de deixar el vehicle en situació d'il·legalitat, especialment en els desplaçaments al centre de la ciutat;

— Les denúncies m'han augmentat considerablement respecte l'any anterior, fins i tot m'han causat incident de grua (dia 4 de maig);

— No em considero responsable d'aquests fets, ja que la insuficient dotació econòmica per aparcament em limita poder complir amb eficàcia i eficiència les meves tasques.

En conseqüència, demano un increment en la dotació econòmica d'aparcament perquè pugui desenvolupar amb normalitat les meves responsabilitats.

(signatura)

Nom i cognoms

Subaltern/a

[Datació]

Supòsit pràctic núm. 3

[Capçalera]

NOTA INTERIOR

De: personal subaltern

A: cap del Servei

Assumpte: declaració dels fets ocorreguts per la Sra. Esverada

En tant se'm demana que expliqui els fets ocorreguts el 26 de març que han desencadenat en la denúncia presentada per la Sra. Esverada, argumento el següent:

1. La Sra. Esverada es presenta aquest dia a l'Oficina en un estat nerviós i força alterada. No respecta l'ordre de cua i passa al davant de totes les persones que estaven esperant, tot escridassant amb un to agressiu que vol parlar amb "la direcció".

2. Demano disculpes a la persona que atenc i m'adreço a la Sra. Esverada amb un to neutre i tranquil per comunicar-li que tot i que la seva petició havia estat acceptada, calia esperar a la consideració de la cap del Servei i que tot seguit es decidiria si atenia personalment la petició o bé la delegava.

3. La Sra. Esverada em va contestar amb insults cap a la institució i cap a la meva persona per tot seguit, començar a voltar pel vestíbul cridant escandalosament fins que va marxar.

4. Una setmana després d'aquests fets m'assabento que la Sra. Esverada ha presentat una denúncia pel tracte que el personal de l'Oficina li havíem donat.

Segons l'anteriorment exposat, quedo a la vostra disposició a fi de solucionar aquesta incidència el més aviat possible.

(signatura)

Nom i cognoms

Subaltern/a

[Datació]

Supòsit pràctic núm. 4

[Capçalera]

NOTA INTERIOR

De: Servei de Copisteria

A: Servei de Gestió Econòmica

Assumpte: tramesa de documentació

Us trameto, adjunta, la relació de fotocòpies que ens vau demanar els dies 16 i 17 de març:

— Relació del personal que ha presentat la sol·licitud per als ajuts d'estudi (5 còpies)

— Dossier de premsa del mes de febrer (5 còpies)

— Primera part del llibre "Economia en colors" (Rosa dels Vents, 2018).

Així mateix, us comunico que no s'ha fotocopiat la relació de material d'oficina per a l'any 2020 perquè, tal com us vam informar telefònicament, els originals estan fets malbé.

(signatura)

Nom i cognoms

Cap del Servei

[Datació]

Supòsit pràctic núm. 5

[Capçalera]

NOTA INTERIOR

De: personal subaltern (matí)

A: personal subaltern (tarda)

Assumpte: avaria a la fotocopiadora

Us comunico que he desconnectat la fotocopiadora perquè està avariada. El servei tècnic m'ha informat que trucarà quan localitzi el tècnic especialista en aquest model de màquina. El paper s'encalla a l'entrada des de la safata principal i només és possible fer còpies utilitzant la safata especial, que només admet fulls d'un en un. Seria convenient que revisin també la sortida de còpies i la safata de doble cara, en tant darrerament fallen.

(signatura)

Nom i cognoms

Subaltern/a

[Datació]

Supòsit pràctic núm. 6

[Capçalera]

NOTA INTERIOR

De: personal subaltern

A: Servei de Compres

Assumpte: petició de material

Us demano que, tant aviat com sigui possible, passeu comanda al subministrador habitual, per adquirir caixes de paper de 80 grams per la fotocopiadora, en tant només queden dues al magatzem. També caldria afegir a la comanda un nou enviament de tinta, en tant només en queda un.

(signatura)

Nom i cognoms

Subaltern/a

[Datació]

Supòsit pràctic núm. 7

[Capçalera]

NOTA INTERIOR

De: personal subaltern

A: Anna Roig

Assumpte: trucada de la mare de l'alumna Ester Ruiz

Us comunico que ha trucat la mare de l'alumna Ester Ruiz (3r B, ESO) per informar-vos que la seva filla no podrà assistir a classe els pròxims dies perquè té la grip. Li he demanat que, un cop es recuperi l'alumna, porti al centre el corresponent justificant mèdic. La mare insisteix en entregar-vos el justificant personalment, motiu pel qual li he informat del vostre horari d'atenció a mares i pares.

(signatura)

Nom i cognoms

Subaltern/a

[Datació]

Supòsit pràctic núm. 8

[Capçalera]

NOTA INTERIOR

De: personal subaltern

A: Cristina Soler

Assumpte: visita del representant de l'Editorial X

Us comunico que ha vingut el representant de l'Editorial X per portar-vos el material que havíeu demanat. Diu que falta un dels llibres del crèdit de llengua catalana, que en aquest moment està esgotat, i que us l'enviarà tan aviat torni a estar disponible. Si us és urgent, truqueu-lo. Us deixa un diccionari de català, gratuït, i el catàleg amb les novetats editorials.

(signatura)

Nom i cognoms

Subaltern/a

[Datació]

Supòsit pràctic núm. 9

[Capçalera]

NOTA INTERIOR

De: personal subaltern

A: Sra. Lluïsa (personal de neteja)

Assumpte: neteja sala d'actes

En ocasió de la reunió informativa que tindrà lloc el proper dissabte dia 8 al matí, a la sala d'actes de la planta baixa, us demano que poseu especial atenció en la neteja dels vidres, les cadires i les taules que s'hi troben, ja que fa dies que no s'utilitza. Convindria també netejar a fons la porta d'entrada, les escales d'accés i els corredors.

(signatura)

Nom i cognoms

Subaltern/a

[Datació]

Supòsit pràctic núm. 10

[Capçalera]

NOTA INTERIOR

De: personal subaltern

A: secretari

Assumpte: avaria de línia telefònica

Us informo que ahir a la tarda vam observar que per una de les línies de la centraleta no es rebien trucades exteriors. Aquest matí ha vingut el servei tècnic de l'empresa instal·ladora però no ha detectat cap avaria en els aparells telefònics ni en la instal·lació de les línies a l'interior de l'edifici. En conseqüència, s'ha avisat la companyia telefònica perquè comprovi si es tracta d'una avaria exterior.

(signatura)

Nom i cognoms

Subaltern/a

[Datació]

Supòsit pràctic núm. 11

[Capçalera]

NOTA INTERIOR

De: personal subaltern

A: personal de la unitat

Assumpte: interrupció del subministrament elèctric

Us comunico que, amb motiu de les tasques de manteniment que es porten a terme a la Unitat, entre les 14.00 i les 16.00 hores del proper dia 25 de març, no hi haurà subministrament elèctric, de manera que quedarà afectada la xarxa informàtica de l'edifici de Cal Forn, de l'antic convent de Sant Agustí i de Can Castellví.

Us agraeixo per endavant la vostra col·laboració.

(signatura)

Nom i cognoms

Subaltern/a

[Datació]

Supòsit pràctic núm. 12

[Capçalera]

NOTA INTERIOR

De: Direcció de l'Escola Mestral

A: Serveis Territorials d'Educació a Tarragona

Assumpte: suspensió d'activitat lectiva

Com a conseqüència dels efectes que la tempesta Glòria ha causat al nostre municipi, us informo que hem acordat el tancament del centre els pròxims dos dies lectius.

(signatura)

Nom i cognoms

Director/a

L'Hospitalet de l'infant, [data]

SUPÒSITS PRÀCTICS DE CARÀCTER GENERAL

APROXIMACIÓ TEÒRICA

Exercicis relacionats amb tasques pròpies: aproximació teòrica

En tota comunicació, ja sigui oral o escrita, el que és essencial és que ens fem el màxim d'entenedors al nostre interlocutor. Per aquest motiu, quan redactem un supòsit pràctic hem de tenir molt clars dos aspectes: per una banda la presentació o imatge del nostre escrit i per una altra, el seu contingut.

En els últims anys, en les oposicions a la Generalitat de Catalunya s'han introduït proves de tipus pràctic amb les que l'Administració no només pretén avaluar els coneixements teòrics dels aspirants, sinó la seva capacitat per aplicar-los en la pràctica.

Els enunciats de les proves plantegen situacions en les quals es pot trobar, directa o indirectament, el personal al servei de l'Administració de la Generalitat, juntament amb una sèrie de qüestions al respecte, que es relacionen amb el programa proposat a les bases corresponents.

En relació amb els supòsits pràctics, els òrgans de selecció no només qualifiquen el coneixement teòric sinó també la capacitat de raonament, de relació de continguts, la qualitat i l'estil de redacció i la capacitat d'expressió. Per això, cal tenir en compte un conjunt d'aspectes i pautes per a abordar una excel·lent resolució dels supòsits plantejats.

Caldrà llegir atentament el text de l'enunciat juntament amb les qüestions que es formulen, a fi de situar-se en el context plantejat. Abans de començar a redactar, es recomana llegir una segona vegada l'enunciat i la pregunta i deixar uns minuts per reflexionar i associar idees.

Després d'aquesta segona lectura, cal esquematitzar mentalment les idees a desenvolupar. Aquest esquema ens ajudarà a posar en ordre el contingut de la nostra redacció i a treure conclusions dels nostres arguments. Els arguments que haurem de raonar són fonamentalment dos:

1. Els coneixements adquirits amb l'estudi del programa.
2. Les normes jurídiques aplicables.

Un supòsit pràctic no pretén contestar de forma automàtica a les preguntes que es formulen, cal argumentar cada resposta de forma lògica. La redacció de les respostes als supòsits pràctics és cabdal, ja que, com millor redactem, més sòlid i convincent serà el nostre argument: no cal ser telegràfic ni donar voltes a una mateixa idea, repetint el mateix, cal trobar un equilibri en l'expressió redactant de forma clara i concisa. Això demostra que es tenen clars els conceptes i les idees i permet a l'òrgan de selecció entendre millor allò que li hem d'explicar.

L'òrgan de selecció ens ha d'entendre, per tant, cal fer bona lletra, qui corregeix no té temps per resoldre jeroglífics. No hem d'oblidar redactar en paràgrafs separats. Al igual que els punts, els paràgrafs ens donen la possibilitat de canviar de tema i mostrar de forma visual que tenim les idees clares, fent el text, també, més agradable a la vista.

En el moment de redactar cada pregunta hem de seguir un ordre lògic d'exposició:

a) Contextualitzar la qüestió plantejada.

b) Ordenar mentalment els arguments.

c) Redactar i concloure.

d) Revisar la redacció (aspectes ortogràfics, gramaticals i d'estil).

Un altre aspecte a tenir en compte són els marges que cal deixar document. S'aconsella deixar entre 2 i 2'5 cm (aproximadament dos dits) de marge per cada un dels quatre costats del full. El text ha de quedar justificat. Per aquest motiu quan canviem de paràgraf no s'ha de fer cap mena d'entradeta al text sinó que s'ha d'alinear tot a l'esquerra. Procureu també acabar la redacció de totes les línies amb la mateixa llargària.

Ortogràficament és més correcte escriure amb lletra lligada o d'impremta que no pas en majúscules, però si la vostra lletra minúscula costa de llegir, opteu per les majúscules.

Les dues normes jurídiques que fan referència a les tasques que realitza el personal subaltern són el Decret 3143/1971, de 16 de desembre, pel qual s'aprova el Reglament del Cos General Subaltern de l'Administració Civil de l'Estat (decret estatal) i el del Decret legislatiu 1/1997, de 31 d'octubre, pel qual s'aprova la refosa en un Text únic dels preceptes de determinats textos legals vigents a Catalunya en matèria de funció pública (decret autonòmic).

Decret 3143/1971, de 16 de desembre, pel qual s'aprova el Reglament del Cos General Subaltern de l'Administració Civil de l'Estat (art. 3)	Decret legislatiu 1/1997, de 31 d'octubre, pel qual s'aprova la refosa en un Text únic dels preceptes de determinats textos legals vigents a Catalunya en matèria de funció pública (D.a.10a.1)
Són funcions pròpies del Cos subaltern:	Es crea el Cos subaltern d'administració de la Generalitat. Correspondrà a aquest cos de:
1. Custodiar el mobiliari, màquines, instal·lacions i locals.	1. Complir les funcions de vigilància dels locals.
2. Vigilar en les seves operacions el personal encarregat de la neteja.	2. Control de les persones que accedeixen a les oficines públiques, tot informant-les de la situació dels locals.
3. Controlar l'entrada de les persones alienes al Servei, rebre les seves peticions relacionats amb aquest i indicar-los la Unitat o Oficina a la qual s'hagin d'adreçar.	3. Custòdia del material, del mobiliari i de les instal·lacions.
4. Custodiar les claus dels despatxos i oficines.	4. Utilització de màquines reproductores, fotocopiadores i similars.
5. Rebre, conservar i distribuir els documents, objectes i correspondència que a aquests efectes els siguin encomanats.	5. Altres tasques de caràcter similar.
6. Realitzar, dins de la dependència, els trasllats de material, mobiliari i estris que siguin necessaris.	6. En el cas que es prestin serveis en centres educatius li correspondrà també l'atenció a l'alumnat d'aquests.
7. Realitzar els encàrrecs relacionats amb el Servei que se'ls encomanin, dintre o fora de l'edifici.	
8. Manejar màquines reproductores, multicopistes, fotocopiadores, enquadernadores i altres similars, quan ho autoritzi el superior del centre, oficina o dependència.	
9. Prestar, si s'escau, serveis adequats a la naturalesa de les seves funcions en arxius, biblioteques, magatzems, ascensors, etc.	
10. Atenció i cura de l'alumnat en els Centres docents.	
11. Qui gaudeixi d'habitatge en la mateixa dependència en què es trobin destinats, tindran, a més, al seu càrrec, tasques com apertura i tancament del centre, vigilància del local, etc., gaudint en tot cas d'un descans ininterromput de deu hores.	
12. En general, qualsevol altres tasques de caràcter anàleg que per raó del Servei se'ls encomanin.	

El text ha de constar de tres parts: una introducció, un cos del text i una conclusió.

I. Introducció

És en aquesta part, en la introducció, en la que haurem de garantir una correcta entesa entre qui redacta i l'òrgan que qualifica. Per a aconseguir-ho cal **contextualitzar** al màxim allò que hem entès que ens pregunten en cada supòsit. Per aquest motiu és bàsic saber **introduir la pregunta a la resposta**. Això no vol dir tornar a reproduir el supòsit de l'enunciat, sinó introduir un breu resum del que se'ns planteja. Per exemple, si la pregunta és: Quines activitats comporten la tasca de realitzar encàrrecs relacionats amb el servei? Per introduir la pregunta amb la resposta diríem: Les activitats que comporten la tasca de realitzar els encàrrecs relacionats amb el servei són les següents. I acabaríem de redactar la resposta.

És també en aquesta part on ha **d'aparèixer la normativa especificada**, ja que és l'única justificació per la qual hem de dur a terme una tasca o no. És el que realment ens diu si les tasques són pròpies i per tant que ens permet afirmar que el subaltern ha de fer la feina. El subaltern fa o no una tasca, no perquè a l'examinat li sembla que l'ha de fer, sinó perquè així ho estableix una norma.

Així doncs, un model d'introducció seguint amb l'exemple de pregunta anterior seria:

Segons el Decret 3143/1971, de 16 de desembre, la tasca de realitzar encàrrecs relacionats amb el servei és pròpia del subaltern. Les activitats que pot comportar aquesta tasca són [...].

El Decret 3143/1971, de 16 de desembre, recull les tasques pròpies del subaltern. Entre aquestes trobem la tasca de realitzar encàrrecs relacionats amb el servei. Les activitats que durà a terme el subaltern per realitzar-la poden ser les següents:

En resum, a la introducció s'han d'incloure sempre dos extrems: la normativa que regula les tasques del subaltern i un petit resum del que hem entès que ens estan preguntant.

II. Cos

El cos serà la part central del supòsit, en la qual contestarem la pregunta. Heu d'ajustar-vos totalment a allò que us han demanat, ni més ni menys. Per exemple, si us demanen les activitats d'una tasca no cal que expliqueu les dificultats.

Amb la proposta de resposta és essencial que quedi clar que sabem com hauria d'actuar un subaltern en les circumstàncies plantejades. Es recomana fer servir frases curtes, i que cada una expressi una única idea. No us heu de desanimar en aquesta part del supòsit: a redactar se n'aprèn redactant. Per tant, heu de practicar cada dia i comparar amb les solucions proposades i les orientacions del professorat.

Continuant amb l'exemple anterior, el cos de la pregunta dels encàrrecs podria ser el següent:

En primer lloc, el personal subaltern pot realitzar les operacions de compra que li assignin, prèvia provisió de fons o en els establiments que l'administració tingui concertats.

En segon lloc, sempre que sigui per necessitat de servei, servirà begudes, refrigeris, vitualles i qualsevol altra mena de consumicions que li demanin els seus superiors. Això no haurà de ser una pràctica habitual ni diària, sinó més aviat un fet excepcional, a causa d'una reunió, conferència, visita d'algun càrrec...

En tercer lloc podrà fer de missatger verbal (tot i que és preferible demanar sempre que es donin els missatges escrits en notes) dins i fora de la dependència.

Una altra activitat que li poden encomanar és que munti o col·loqui prestatgeries, mobles, màquines, elements decoratius, banderes, estores, plantes, flors... i altres operacions de natura similar. Per a poder-la realitzar amb el màxim de qualitat comptarà amb una caixa d'eines ben equipada.

Per últim, tindrà el deure d'auxiliar a la resta del personal en tasques de caràcter manual, senzill i repetitiu quan li ho demanin i no hagi de desatendre cap de les obligacions assignades.

III. Conclusió

Aquest últim punt ens servirà per acabar d'arrodonir el supòsit i per remarcar allò que creiem que són continguts o idees importants. També ho podem utilitzar com el moment per recordar el principal deure del personal subaltern.

Una proposta de conclusió que ens pot ser útil per a qualsevol supòsit, sigui quin sigui el seu enunciat, podria ser:

El subaltern realitzarà la seva tasca d'una forma estricta, eficaç i imparcial, seguint les ordres del seu superior i les normes del règim interior vigents al seu centre de treball. En tot moment pot suggerir allò que cregui adient per tal de millorar la qualitat del seu servei.

En el cas de l'exemple anterior ho podríem haver lligat de la següent manera:

Així doncs, el subaltern realitzarà els encàrrecs que li encomanin i que estiguin relacionats amb el servei, de forma estricta, imparcial i eficaç. Si en el transcurs de la seva feina sorgeix alguna dificultat o se li acut alguna manera de millorar el seu servei, té el dret i el deure de fer els suggeriments que cregui oportuns.

La conclusió és important perquè acaba de donar cos al supòsit, i serveix per fer un comiat amb l'òrgan que qualifica.

Supòsits pràctics de caràcter general

Enunciats

Exercicis relacionats amb tasques pròpies: Enunciats

A) Supòsits curts

Supòsit pràctic núm. 1

Enumereu algunes activitats que comportin l'exercici de la funció de "Control de les persones que accedeixen a les oficines públiques".

Supòsit pràctic núm. 2

Enumereu circumstàncies que puguin dificultar en un moment donat al personal subaltern, l'exercici de la funció següent: "custodiar les claus de despatxos i oficines".

Supòsit pràctic núm. 3

Expliqueu breument quines són les funcions específiques que desenvolupa el personal subaltern que treballi en un museu.

Supòsit pràctic núm. 4

Comenteu quines analogies i diferències hi hauria entre les funcions atribuïdes al personal subaltern que presta serveis en un centre administratiu de la Generalitat i les funcions que realitzen els treballadors manuals que presten serveis en els llocs següents:

a) Una empresa de mudances.

b) Una empresa de manteniment d'instal·lacions de calefacció, climatització i aigua calenta sanitària.

Supòsit pràctic núm. 5

Enumereu i comenteu les activitats que puguin comportar l'exercici de la funció de "custòdia de màquines", que té atribuïda el personal del cos subaltern.

Supòsit pràctic núm. 6

En el cas que us encomanin les funcions de manipulació de màquines reproductores, multicopistes, fotocopiadores, enquadernadores i d'altres de similars; com les executaríeu?

Supòsit pràctic núm. 7

Enumereu tasques que puguin dificultar al personal subaltern, en un moment donat, l'exercici de la funció següent: "control de les persones que accedeixen a les oficines públiques".

Supòsit pràctic núm. 8

Relacioneu i comenteu les activitats que puguin comportar l'exercici de la funció de "vigilància de locals", que té atribuïda el personal del cos subaltern.

Supòsit pràctic núm. 9

Poseu exemples d'encàrrecs relacionats amb el servei que es puguin encomanar al personal subaltern.

Supòsit pràctic núm. 10

Enumereu tasques que puguin dificultar al personal subaltern, en un moment determinat, l'exercici de la funció següent: "custòdia del material".

Supòsit pràctic núm. 11

Relacioneu activitats que puguin comportar l'exercici de la funció de "custòdia de les instal·lacions", que té atribuïda el personal del cos subaltern.

Supòsit pràctic núm. 12

Expliqueu com el personal subaltern ha de desenvolupar les funcions de recepció, conservació i distribució de la correspondència.

Supòsit pràctic núm. 13

La màquina expenedora de begudes s'acaba d'avariar. Quines gestions ha de realitzar el personal subaltern per solucionar el problema?

Supòsit pràctic núm. 14

Enumereu circumstàncies que puguin dificultar, en un moment donat, al personal subaltern l'exercici de la funció següent: "atenció i vigilància de l'alumnat en centres docents".

Supòsit pràctic núm. 15

Comenteu quines són les tasques o activitats que realitza el personal subaltern destinat en un centre educatiu, com pot ser un Institut d'Educació Secundària.

Supòsit pràctic núm. 16

Enumereu circumstàncies que puguin dificultar al personal subaltern, en un moment donat, l'exercici de la funció "utilització de màquines reproductores, fotocopiadores, enquadernadores i similars".

Supòsit pràctic núm. 17

Un subaltern adscrit al Departament d'Educació de la Generalitat de Catalunya, rep l'ordre del seu cap immediat, que és el cap de Negociat de Personal No Docent, que envïi per Correus uns documents molt urgents que han de ser tramesos aquell mateix dia per correu certificat.

Abans que pugui realitzar l'encàrrec, arriba el cap de Servei i li demana que li faci unes fotocòpies que necessita per una reunió que té al cap d'una hora.

Quina de les dues funcions haurà de fer en primer lloc? Justifiqueu la vostra resposta.

Supòsit pràctic núm. 18

Una subalterna treballa en un Institut d'Educació Secundària on un dels alumnes del centre ha caigut mentre feia educació física i s'ha fet un trau al cap que sagna abundantment. Expliqueu què hauria de fer en aquest cas el personal subaltern del centre.

Supòsit pràctic núm. 19

Relacionat amb la custòdia de claus, equipament i instal·lacions, es planteja la següent situació: un dia d'hivern un conserge arriba a l'edifici on presta els seus serveis i obre la porta. Què farà immediatament després d'obrir el centre i encendre els llums? Una hora més tard, arriba la secretari/ària del centre i demana al conserge la clau del seu despatx perquè s'ha oblidat la que sempre du a sobre. Després d'obrir el despatx, truca al conserge per la línia interior per comunicar-li que el seu ordinador no s'encén i li demana ajuda. Què ha de fer el subaltern?

Supòsit pràctic núm. 20

Relacionat amb la utilització de màquines reproductores, s'encarrega a un subaltern realitzar 30 còpies, a dues cares i grapades, d'un document que té un total de 20 pàgines de mida DIN A4. Quines comprovacions prèvies haurà de fer? I, si a meitat de feina, s'atura la màquina, com haurà d'actuar? Si no pot resoldre l'avaria per si mateix, què farà?

Supòsit pràctic núm. 21

Relacionat amb la tasca de trasllat de material i mobiliari, un subaltern que presta els seus serveis en un centre educatiu rep l'encàrrec de condicionar una aula per a dur a terme projeccions amb PC i cadires i taules per a 25 alumnes. Descrigui com durà a terme l'encàrrec.

Supòsit pràctic núm. 22

Relacionat amb la tasca de rebre, conservar i distribuir els documents, els objectes i la correspondència que a aquests efectes siguin encarregats al personal subaltern, es planteja la següent situació: en un moment en què no hi ha ningú al despatx, arriba un missatger i lliura al subaltern una carta urgent a l'atenció del secretari. Al mateix temps arriba un repartidor de l'empresa, que habitualment subministra paper i altres consumibles al centre, amb 20 caixes de 2.500 fulls de paper de mida DIN A4. Uns minuts més tard arriba l'empleat de Correus amb la correspondència. Expliqueu l'actuació del subaltern.

Supòsit pràctic núm. 23

Una subalterna rep l'encàrrec de repartir uns informes a tots els caps de Negociat del seu centre de treball. Just en el moment en què inicia aquesta tasca, arriba una persona aliena al centre que li demana informació sobre on adreçar-se per sol·licitar una determinada documentació. Mentre li està explicant on adreçar-se, el telèfon comença a sonar. Què haurà de fer la subalterna? Indiqueu l'ordre de prioritat de les diferents tasques i raoneu la vostra resposta.

Supòsit pràctic núm. 24

Un subaltern treballa en una Delegació Territorial i avui al matí quan ha anat a obrir el centre s'ha trobat que la porta principal estava forçada. Un cop ha accedit a l'interior de l'edifici ha vist alguns vidres trencats i desordre general en alguns despatxos. Com que només faltaven 10 minuts per obrir, ha avisat al personal de neteja a fi que recullin els vidres trencats per evitar que algú pugui prendre mal. Després ha avisat al servei de manteniment per arreglar el pany de la porta.

Comenteu si l'actuació d'aquest subaltern ha estat la correcta i justifiqueu la vostra resposta.

B) Supòsits llargs

Supòsit pràctic núm. 25

El senyor Ramon Pi és nomenat funcionari de l'Agrupació professional de funcionaris del cos subaltern de l'Administració de la Generalitat de Catalunya, amb destinació a un institut d'educació secundària. D'acord amb les instruccions de la directora del centre, se li han encarregat, entre d'altres, les tasques següents:

- El control dels accessos.
- L'obertura i el tancament del centre.
- El control, la posada en marxa i el tancament de les instal·lacions d'electricitat, gas i aigua.
- La primera atenció a les persones que accedeixen al centre.
- La utilització i el control de les màquines fotocopiadores i del fax.
- La realització d'encàrrecs fora del centre, relacionats amb l'activitat d'aquest (per exemple, el servei de correus).

Qüestions

1. **A quin departament es troba adscrit el Sr. Pi?**

2. **Segons la normativa vigent, quines funcions específiques té com a personal subaltern, diferenciades de la resta del personal del seu cos que no presta serveis en un centre educatiu?**

3. **Estant a la recepció del centre, una persona s'adreça al Sr. Pi amb la pretensió de lliurar-li un document relatiu a una reclamació que presenta sobre la denegació d'un ajut escolar. Quina informació li haurà de facilitar perquè tramiti correctament la reclamació?**

4. **En cas de produir-se una inundació en un dels lavabos dels alumnes a causa del trencament de l'aixeta del rentamans, què caldrà fer en primer lloc?**

5. **Mentre està fent les fotocòpies que se li han encarregat, el Sr. Pi comprova que la màquina fotocopiadora presenta algunes anomalies en el funcionament. Indiqueu si les afirmacions següents són vertaderes o falses:**

a) Cal airejar el paper per evitar que en procés d'inici de fotocopiat entri més d'un full alhora i es produeixin embussos.

❑ Vertader ❑ Fals

b) Cal fer sempre les fotocòpies amb la tapa baixada, ja que és un sistema de seguretat, fins i tot si el que es fotocopia és un llibre gruixut.

❑ Vertader ❑ Fals

c) El gramatge del paper no és un aspecte a tenir en compte a l'hora de fer fotocòpies.

❑ Vertader ❑ Fals

6. La secretària del centre indica al Sr. Pi que ha de trametre per correu un escrit i que és molt important que aquest es lliuri al destinatari de forma urgent.

Expliqueu breument què s'entén per correspondència tramesa mitjançant la modalitat de lliurament urgent, atenent a la classificació dels serveis postals per les prestacions bàsiques o complementàries que comporten.

7. D'acord amb el reglament dels serveis postals:

a) Què es considera «objecte prohibit» com a enviament postal?
b) Enumereu sis objectes que no poden incloure's en cap classe d'enviament postal.

1. ________________________
2. ________________________
3. ________________________
4. ________________________
5. ________________________
6. ________________________

8. A l'agrupació professional de funcionaris del cos subaltern adscrit als centres educatius de l'Administració de la Generalitat de Catalunya li correspon exercir les següents funcions:

— Vigilar les instal·lacions del centre;

— Controlar els accessos i rebre les persones que accedeixin al centre;

— Custodiar el material, el mobiliari i les instal·lacions del centre;

— Utilitzar i manipular màquines reproductores, fotocopiadores i similars;

— Atendre els alumnes;

— Donar suport al funcionament i a l'estructura del centre i també a l'equip directiu.

Enumereu vuit tasques que porta a terme el personal subaltern en execució d'aquestes funcions.

1. ___________________________
2. ___________________________
3. ___________________________
4. ___________________________
5. ___________________________
6. ___________________________
7. ___________________________
8. ___________________________

9. En finalitzar l'horari escolar i mentre controla la sortida dels alumnes, el Sr. Pi es troba simultàniament amb aquestes altres situacions:

— La mare d'un alumne vol localitzar la professora de matemàtiques per fer-li una consulta sobre el resultat de l'avaluació.

— La professora de llengua catalana li demana 30 fotocòpies per a la realització d'un examen.

— El professor de guàrdia li sol·licita el número de telèfon dels pares d'un alumne que ha sofert una caiguda al pati i té una ferida lleu.

Quina haurà de ser la seva prioritat?

10. En relació amb les tasques que li han estat encomanades, indiqueu de forma breu les tres comprovacions prioritàries que ha de fer el Sr. Pi abans de tancar el centre en finalitzar la seva activitat.

Supòsit pràctic núm. 26

La senyora Montserrat Castellví, funcionària de l'agrupació professional de funcionaris del cos subaltern de l'Administració de la Generalitat de Catalunya, presta els seus serveis en les dependències d'un centre de treball d'un departament de la Generalitat de Catalunya.

Qüestions

1. **A primera hora del matí, rep l'encàrrec del seu superior de fer 50 fotocòpies de diferents documents. Quan inicia la feina observa que es produeixen anomalies en el funcionament de la fotocopiadora. De les següents afirmacions, marqueu quina és vertadera i quina és falsa.**

   a) Si és necessari, es pot endollar la fotocopiadora a un lladre, sempre que l'altre aparell elèctric que estigui endollat en el mateix lladre no desprengui calor.

   ❑ Vertader ❑ Fals

   b) Els aspectes característics del paper a considerar com a més importants són: gramatge, gruix, humitat i calor.

   ❑ Vertader ❑ Fals

   c) Si queda paper embussat a l'interior de la màquina, aquesta s'ha de desconnectar sempre abans d'intentar retirar el paper.

   ❑ Vertader ❑ Fals

2. **Un cop la senyora Castellví ha fet totes les fotocòpies, rep l'encàrrec de trametre per correu aquests documents. Enumereu com es classifica la correspondència segons de la garantia que atorga a la tramesa el Reglament de Serveis Postals.**

3. **La seva superior jeràrquic li manifesta que ha de trametre la documentació esmentada mitjançant correu certificat. Definiu breument què és un enviament amb la modalitat de certificat, d'acord amb les garanties que s'atorguen a l'enviament i segons la classificació que en fa el Reglament dels Serveis Postals.**

4. **La Sra. Castellví, en tornar de Correus, es troba amb una cua de persones que han de lliurar la documentació per presentar unes reclamacions. Cal organitzar aquesta situació ja que el personal de registre està col·lapsat i hi ha persones que comencen a posar-se nervioses.**

De les actuacions següents indiqueu quina és correcta i quina incorrecta, i raoneu breument la vostra resposta:

a) Cal adreçar-se amb autoritat a les persones que s'estan esperant, i indicar-los ordenant que s'organitzin per ordre d'arribada, fent ús, si cal, de la qualitat de funcionari públic a fi tal que les persones acatin les ordres.

❑ Correcta ❑ Incorrecta

Raonament:

b) Si hi ha algú que s'està posant nerviós a causa de l'estona que fa que s'està esperant, cal parlar-li amb amabilitat i intentar explicar-li els motius pels quals s'està tardant més del compte.

❑ Correcta ❑ Incorrecta

Raonament:

c) Una de les persones demana a la Sra. Castellví que s'identifiqui com a personal al servei de l'Administració de la Generalitat de Catalunya. La subalterna li mostra el DNI.

❑ Correcta ❑ Incorrecta

Raonament:

d) Una persona demana a la subalterna que es faci càrrec de la seva documentació, atès que té una urgència mèdica inajornable i el termini per presentar la documentació finalitza aquest dia. La subalterna se'n fa càrrec perquè la persona li acredita de manera fefaent la urgència que motiva que marxi.

❑ Correcta ❑ Incorrecta

Raonament:

5. **L'endemà al matí, en el centre de treball on presta serveis la Sra. Castellví, es desencadena un foc. En l'edifici, on n'hi ha un laboratori de bioquímica, hi treballen 430 persones. La subalterna és la primera persona que detecta el foc, perquè adverteix un fum espès. En acudir al lloc de l'incendi troba una persona marejada que ha caigut al terra.**

Indiqueu quina seria la seqüència d'actuacions més adequada en relació amb la persona que necessita atenció.

a) Avisar urgències mèdiques, socórrer la persona i fer-li el boca a boca.

b) Esperar els serveis sanitaris i ventilar la zona.

c) Avisar urgències mèdiques, socórrer la persona i esperar els serveis sanitaris.

d) Aplicar-li una desfibril·lació.

Marqueu amb una creu la lletra de l'opció triada: a) b) c) d)

A continuació, indiqueu quina és la seqüència d'actuacions més adequada per intervenir sobre el foc.

a) Evacuar l'edifici, avisar el cap d'emergències i fer sonar l'alarma.

b) Apagar el foc, activar els equips de primera intervenció, fer actuar els equips de primers auxilis i evacuar l'edifici.

c) Avisar que hi ha foc al telèfon d'emergències 112 i apagar el foc.

d) Activar el pla d'emergències, avisar el/la cap d'emergències, evacuar l'edifici i apagar el foc.

Marqueu amb una creu la lletra de l'opció triada: a) b) c) d)

Supòsit pràctic núm. 27

1. **La senyora Pilar Auví, subalterna del Departament de la Vicepresidència i d'Economia i Hisenda, que presta serveis a la recepció del seu centre de treball, atén una persona que li demana el nom del departament al qual s'ha d'adreçar per fer gestions sobre les matèries següents:**

   — adopció ....
   — oposicions al cos subaltern ....
   — pesca ....
   — habitatge ....
   — queixa sobre un taller mecànic ....
   — atenció sanitària primària ....
   — pressupostos ....
   — polítiques de dones ....
   — processos electorals ....
   — trànsit ....
   — direcció del professorat al servei dels centres públics ....
   — museus ....
   — serveis penitenciaris ....

2. **A més, aquesta persona manifesta a la subalterna la seva intenció de presentar el seu CV a tots els departaments de la Generalitat per tal d'oferir els seus serveis. Indiqueu quina és la màxima autoritat en matèria de personal dels departaments de la Generalitat.**

3. **Durant la jornada de treball, el superior jeràrquic de la Sra. Auví li demana que dugui a terme les tasques de reprografia següents:**

3.1. **En primer lloc, ha de fer les còpies automàtiques a dues cares d'uns originals, fer jocs d'aquestes còpies i grapar-los. Indiqueu quin tipus de fotocopiadores fan aquestes tasques:**

a) D'alta producció.

b) D'oficina.

c) Personals.

d) Super professionals.

3.2. Així mateix, li demana que utilitzi la memòria "zoom" per fotocopiar algun dels exemplars anteriors. Indiqueu amb què està relacionada aquesta memòria:

a) La velocitat de la reproducció.

b) La intensitat del color.

c) Les funcions de reducció i ampliació.

d) El nombre de còpies que es desitja fer.

3.3. Mentre la subalterna està fent aquesta tasca, observa que l'entorn no és l'adient per a obtenir còpies de la millor qualitat. Indiqueu quina de les afirmacions següents és la correcta a fi d'obtenir fotocòpies de la millor qualitat possible:

a) La temperatura ambient ha de ser molt baixa.

b) Ha d'haver molta humitat a l'ambient.

c) Cal tapar les sortides de ventilació.

d) No s'ha d'exposar la fotocopiadora a la radiació directa del sol.

3.4. Mentre s'estan fent les fotocòpies, una administrativa de la unitat de reprografia li demana que canviï el tòner líquid d'una altra fotocopiadora. Indiqueu com es diu el líquid on es dissol el tòner:

a) Developed.

b) Dispersant.

c) Microtòner.

d) Tinta.

3.5. El tipus de fotocopiadora que permet imprimir arxius de forma convencional a través de l'ordinador, escanejar i digitalitzar documents i inclús enviar fax es denomina:

a) Fotocopiadora monofunció.

b) Fotocopiadora multifunció.

c) Fotocopiadora simple.

d) Fotocopiadora complexa.

4. **Un cop ha finalitzat la tasca de reprografia, la Sra. Auví torna a la recepció del Departament. La seva companya li manifesta que segons el termòstat, el centre de treball està a una temperatura de 17ºC. Respon a les qüestions següents:**

4.1. **Segons les disposicions relatives a les bones pràctiques ambientals en els llocs de treball, estaria aquesta temperatura dins dels paràmetres establerts? Indiqueu la resposta correcta.**

❑ SI ❑ NO

4.2. **Quins marges de temperatura són els adients per a treballs propis d'oficina?**

5. **Més tard, s'encarreguen a la Sra. Auví diverses tasques de correus.**

5.1. **Indiqueu, segons el Reglament pel qual es regula la prestació de serveis postals, si aquestes afirmacions són certes (C) o falses (F):**

Els enviaments postals, mentre no arribin a poder de la persona destinatària, continuen sent propietat del remitent.

❑ Cert ❑ Fals

El secret dels enviaments postals implica que en cap cas es pot facilitar cap dada relativa a l'existència de l'enviament postal.

❑ Cert ❑ Fals

Els enviaments postals amb valor declarat que hagin estat considerats caducats han de ser objecte de destrucció

❑ Cert ❑ Fals

5.2. **La unitat on presta serveis la Sra. Auví ha notificat un acte de manera urgent mitjançant un telegrama. El superior jeràrquic demana a la subalterna que l'informi d'on podrà rebre el telegrama el destinatari. Enumereu els mitjans de recepció d'un telegrama.**

5.3. **Una de les comunicacions s'ha de fer mitjançant burofax. Definiu què és un burofax i en quins casos s'utilitza.**

6. Poc abans d'acabar la seva jornada, es produeix una fuita de gas en el centre de treball. Aquest fet provoca una alarma entre el personal, amb les conseqüències següents:

a) El responsable de manteniment de l'edifici ha patit una intoxicació per gas.

b) Un company ha sofert una ferida oberta de caràcter lleu, i hi té un objecte clavat.

c) El cap de la unitat presenta una fractura en una extremitat.

6.1. Indiqueu si és correcta (C) o incorrecta (I) cada actuació de la senyora Auví relacionada amb un cas d'intoxicació per gas:

— Avisar el servei mèdic i el servei d'emergències

❑ Correcta ❑ Incorrecta

— Procurar tancar les sortides

❑ Correcta ❑ Incorrecta

— Tancar la clau de pas de gas

❑ Correcta ❑ Incorrecta

— Respirar profundament abans d'entrar en la zona afectada

❑ Correcta ❑ Incorrecta

— Treure la víctima de la zona afectada

❑ Correcta ❑ Incorrecta

6.2. Quina ha de ser l'actuació bàsica de la Sra. Auví en el cas de la ferida lleu? Assenyaleu la resposta correcta:

a) Furgar-la per extreure'n l'objecte clavat.

b) Furgar-la pers extreure'n l'objecte clavat i posar-hi pomades o cremes per alleugerir el dolor.

c) Rentar la ferida amb aigua i sabó i aplicar-hi antisèptic.

d) Explorar la ferida i administrar una pomada antibiòtica per evitar infeccions.

6.3. I en el cas de fractura, assenyaleu quina de les actuacions següents és la correcta:

a) Moure l'extremitat per veure si està fracturada i avisar el personal sanitari.

b) Intentar alinear la fractura o reduir la luxació per facilitar el treball d'evacuació de la persona a un centre assistencial.

c) Moure la persona cap a un lloc on estigui més còmoda fins que es pugui evacuar a un centre assistencial.

d) No bellugar l'articulació ni alinear la fractura i evacuar la persona a un centre assistencial.

Supòsit pràctic núm. 28

1. El senyor Toni Comelles, subaltern que presta serveis en un Centre d'Educació Infantil i Primària adscrit al Departament d'Educació de la Generalitat de Catalunya al municipi de Vandellòs i l'Hospitalet de l'Infant, observa que en començar la jornada de treball comença a ploure amb molta intensitat.

1.1. Quines mesures principals s'han de prendre en el moment de l'aiguat?

1.2. En un moment de la tempesta se sent una petita sacsejada. Assenyaleu si són correctes (C) o incorrectes (I) les accions següents davant del terratrèmol:

a) Ordenar l'alumnat que es mantingui dempeus fent un cercle al mig de cada classe.

❑ Correcta ❑ Incorrecta

b) No fugir durant la sacsejada.

❑ Correcta ❑ Incorrecta

c) Agafar l'ascensor en cas d'urgència.

❑ Correcta ❑ Incorrecta

1.3. L'escola està situada prop d'una central nuclear. Enumereu tres consells que s'hauran de tenir en compte en cas d'accident nuclear.

1.4. Una alumna, amb motiu de l'alarma provocada, cau i es fa una ferida en un braç que li provoca un inici d'hemorràgia. Indiqueu una de les primeres coses que se li haurien de fer:

a) Un torniquet per aturar immeditatament el sagnat.

b) Si l'hemorràgia és externa, efectuar una compressió directa amb apòsits durant deu minuts i elevar-li, si és possible, l'extremitat afectada.

c) Tant si és externa com interna, només cal controlar els signes vitals i esperar que arribi el personal sanitari.

d) Intentar que la persona no perdi la consciència i es mantingui animada fins que arribi el personal sanitari.

1.5. D'altra banda, un professor cau al terra sense cap ferida aparent. Indiqueu en quin dels supòsits següents s'utilitza la posició lateral de seguretat (PLS):

a) En persones inconscients, no traumàtiques i amb respiració i pols estables.

b) En possibles fractures de columna i extremitats i per aplicar la tècnica de reanimació cardiovascular.

c) En lipotímies, mareig, hemorràgies internes i xoc.

d) En problemes respiratoris o toràcics.

2. Un cop la situació ja s'ha controlat i el centre de treball reprèn la seva activitat normal, se li comunica al Sr. Comelles que ha de preparar etiquetes dels departaments de la Generalitat per fer uns sobres que posteriorment haurà de trametre per correu.

2.1. Enumereu els actuals departaments en què s'organitza l'Administració de la Generalitat de Catalunya.

2.2. La directora del centre escolar encomana al Sr. Comelles que vagi a l'oficina de correus a enviar els sobres esmentats i a recollir un paquet postal. En quin moment podria refusar l'enviament d'aquest paquet?

2.3. Enumereu i expliqueu breument les operacions del servei postal en el seu conjunt.

Supòsit pràctic núm. 29

Una funcionària de l'agrupació professional del cos subaltern de la Generalitat de Catalunya, que presta els seus serveis a la Direcció de Serveis de la Secretaria General de Treball, Afers Socials i Famílies, es troba, durant la seva jornada laboral, les situacions següents:

1. A primera hora del matí, el director de Serveis té programada una reunió amb els cinc caps dels serveis territorials del Departament, en la qual es presentarà un nou projecte. Se li encarrega que prepari la sala, on hi ha una taula i tres cadires. Relacioneu les actuacions que cal fer:

2. Un cop iniciada la reunió, mentre fa unes fotocòpies que li ha encarregat el director de Serveis per lliurar abans de finalitzar la reunió, la cap del Servei de Recursos Humans li demana que porti a l'arxiu uns documents. Prioritzeu els encàrrecs raonadament.

3. En el decurs de la seva jornada de treball, se li apropa un ciutadà i li pregunta: «Quin és el termini de finalització per sol·licitar l'ajut per al lloguer d'un habitatge»? Marqueu quina resposta li hauria de donar:

a) «Espereu un moment, si us plau. Trucaré a l'assessoria jurídica perquè em confirmin el termini».

b) «Aquesta és una matèria que no porta aquest Departament. En tot cas, us podeu dirigir a l'Oficina d'Atenció Ciutadana, que està a la planta baixa».

c) «Jo també he demanat l'ajut i el termini és de tres mesos».

Raoneu breument la resposta que heu escollit.

4. Abans de finalitzar la jornada, ha de repartir el correu intern de la Direcció de Serveis, d'acord amb l'ordre jeràrquic dels càrrecs de comandament. Indiqueu-ne l'ordenació.

5. La subalterna ha de manipular un moble per traslladar-lo a un altre despatx.

5.1. Quin és el principi bàsic en les operacions de manipulació de càrregues manuals?

5.2. Indiqueu si les següents accions sobre la manipulació de càrregues manuals són correctes (C) o incorrectes (I):

a) Es pot girar el cos si fos necessari en el moment de sostenir una càrrega pesada.

❑ Correcta ❑ Incorrecta

b) La càrrega s'ha de mantenir tan a prop del cos com sigui possible.

❑ Correcta ❑ Incorrecta

c) No s'ha d'aixecar una càrrega pesada per damunt de la cintura en un sol moviment.

❑ Correcta ❑ Incorrecta

d) Es poden allunyar els braços del cos per alliberar tensió en aixecar una càrrega.

❑ Correcta ❑ Incorrecta

e) Si en posició asseguda s'ha de manipular una càrrega, aquesta no ha de superar els 5 Kg.

❑ Correcta ❑ Incorrecta

5.3. Indiqueu quin és el límit (en kg) de pes que una persona no hauria d'aixecar manualment.

6. Expliqueu algunes de les actuacions de bones pràctiques en l'àmbit dels materials.

Supòsit pràctic núm. 30

La Unió de Consumidors proposa una sèrie de recomanacions a les famílies catalanes per a estalviar en les despeses corrents.

A) LLAR

- En la rentadora, utilitzar preferentment programes amb aigua freda.
- És més rendible utilitzar el rentaplats que fer el rentat a mà de la vaixella.
- Netejar periòdicament el gebre del congelador, perquè la seva presència augmenta el consum elèctric.
- Utilitzar l'olla de pressió o el robot de cuina per estalviar fins a un 50% d'energia.
- Prioritzar la utilització del microones, abans que el forn elèctric, perquè consumeix un 70% menys.
- Regular convenientment la calefacció, cada grau de més n'augmenta un 20% el consum.
- Aïllar correctament les finestres. Invertir en doble vidre és un gran estalvi.
- Quant a l'aire condicionat, no ha de mantenir una diferència de temperatura superior als 10/12 °C entre la temperatura exterior i la de l'interior. No hem de forçar l'aparell d'aire condicionat en el moment d'engegar-lo.

B) COMBUSTIBLE I AUTOMÒBIL

- Comprovar la pressió de les rodes del vostre vehicle. Si la pressió és baixa, el consum de combustible augmenta.
- A major velocitat, major consum de combustible. La despesa augmenta a partir dels 100 km/h.
- Evitar l'excés de càrrega en el vehicle.
- Circular amb les finestres pujades; dur-les baixades augmenta la resistència al vent i, per tant, augmenta el consum d'energia.
- Utilitzar el combustible que recomani el fabricant i proveir-lo en les hores de menor calor, a fi de reduir la seva evaporació.
- Rentar el vehicle en les estacions habilitades.

Marqueu l'opció correcta en cada cas.

1. Quina de les següents accions és útil per a l'estalvi en les despeses quotidianes?

a) Emprar el rentaplats.

b) Rentar el vehicle a mà.

c) Rentar a mà la vaixella.

d) Dur la pressió de les rodes del vehicle una mica baixa.

2. Si la temperatura exterior és de 34 °C i programem l'aparell d'aire condicionat perquè mantingui la temperatura inferior a 18 °C...:

a) Estalviem un 20 % de consum d'energia.

b) Estem forçant l'aparell i fent un consum excessiu.

c) Mantenim una diferència de 12 ºC entre la temperatura exterior i la interior.

d) Apliquem una norma d'estalvi energètic.

3. A fi d'estalviar...:

a) És preferible fer ús dels estris de cuina tradicional i no emprar l'olla a pressió o el robot de cuina.

b) No cal netejar sovint el gebre del congelador perquè l'aparell gastarà molta energia per tornar a generar-lo.

c) A l'estiu, és recomanable fer benzina a la nit per evitar que el combustible s'evapori.

d) S'ha d'intentar carregar el cotxe al màxim.

4. Per tal de generar estalvi, la Unió de Consumidors recomana...:

a) Posar doble vidre a les finestres.

b) Prioritzar el forn tradicional en detriment del forn microones.

c) Portar les finestres del vehicle una mica obertes.

d) Conduir sempre a una velocitat estable de 100 km/h.

5. Cuinar en una olla convencional suposa un cost de 36 € en consum d'energia. Quant costaria l'energia necessària per fer el mateix cuinat però utilitzant l'olla a pressió?

a) 14€

b) 18€

c) 12€

d) 8€

Supòsit pràctic núm. 31

Serveis de tarifació addicional

Els serveis de tarifació addicional són aquells que, a través d'una trucada telefònica o d'una connexió a Internet, mitjançant un determinat prefix (803, 806, 807, 907 i 905), comporten una retribució per la prestació d'uns serveis d'informació o entreteniment i, en conseqüència, repercuteixen als usuaris un cost addicional a part del cost de la pròpia trucada.

— El 803 és per a serveis d'ús exclusiu per als majors de 18 anys.

— El 806 recull els serveis d'oci i entreteniment que hauran d'informar de l'edat dels destinataris en cada cas. Aquí s'inclouen les activitats de diversió, passatemps, joc o atzar, concursos o sorteigs, astrologia o predicció del futur.

— El 807 ofereix serveis professionals o activitats empresarials.

— El 907 ofereix tant serveis professionals, d'oci i entreteniment com serveis classificats per a adults, només en la transmissió de dades, és a dir, per Internet.

— El 905 s'utilitza per a la gestió de les trucades massives, és a dir, per rebre un gran nombre de trucades durant un determinat període de temps (televot, entreteniment: concursos, sortejos..., i serveis professionals).

Actualment els serveis de tarifació addicional que es presten a través de telèfons que comencen per 803, 806, 807 o 905 són de lliure accés, excepte:

— Els números que comencen per 803, 806 i 807 seguits de les xifres 6,7,8 o 9.

— Tampoc no són de lliure accés els números que comencen per 907 (d'accés a través d'Internet).

En aquests casos els abonats que ho desitgin hauran de sol·licitar expressament al seu operador telefònic l'accés a aquests serveis mitjançant sol·licitud escrita amb indicació de la data i la seva signatura de l'abonat o del seu representant o apoderat.

Pel que fa als 803,806,807, en funció de la quarta xifra: el preu per minut de les trucades realitzades des del telèfon fix o mòbil oscil·la entre 0,35 euros o menys en el tram més barat i 3,45 euros o més en el tram més car, (0 i 1 més barat / 8 i 9 més car). El servei serà més car com més alt sigui el dígit que segueix al prefix, és a dir, la quarta xifra.

El temps del servei serà limitat a 30 minuts de durada de conversa, passats els quals la comunicació es tallarà automàticament.

En les línies de serveis adreçats a la infància o la joventut, la trucada s'interromprà automàticament als 8 minuts i tan sols s'hi podrà accedir amb autorització expressa dels pares. El servei es prestarà entre les 8 i les 24 hores. En el cas de concursos o sorteigs, la durada màxima serà de 5 minuts.

Números telefònics de tarifació especial

- 112: servei d'emergències, gratuït.
- Números que comencen amb 900: gratuïts.
- Números que comencen amb 901: facturació compartida (50% l'emissor/a i 50% el/la receptor/a).
- Números que comencen amb 902: preu similar a una trucada interprovincial.

Marqueu en cada cas la resposta correcta.

1. El preu mínim d'una trucada telefònica de 5 minuts a un número telefònic que comença amb 806 és de...:

a) 1,75 €

b) 1,25 €

c) 7,25 €

d) 17,25 €

2. Si rebem una trucada d'un número 901 456 780 i mantenim una conversa de 12 minuts, pagarem...:

a) 0 €, es tracta d'un número gratuït.

b) El preu equivalent a una trucada interprovincial.

c) El 50 % de la facturació de la trucada.

d) 0 €, la trucada la paga la persona emissora.

3. Quin dels següents números té una tarifa més cara?

a) 807 635 567

b) 806 732 456

c) 803 845 678

d) 807 956 789

4. A partir dels següents prefixos telefònics no es pot accedir, en cap cas, si no s'ha sol·licitat l'accés per escrit a l'operador telefònic?

a) 907

b) 905

c) 807

d) 803

5. Si truquem a un número 806 per participar en un sorteig, la trucada no pot durar més de...:

a) 1.800 segons.

b) 480 segons.

c) 300 segons.

d) 150 segons.

Supòsit pràctic núm. 32

Estudis per als quals es poden sol·licitar beques en aquesta convocatòria

Es poden sol·licitar beques per a fer qualsevol tipus d'estudis. No s'inclouen en aquesta convocatòria els estudis corresponents al tercer cicle o doctorat, màsters, estudis d'especialització, títols propis de les universitats ni estudis de postgrau.

Requisits econòmics

Els ingressos obtinguts per la unitat familiar no poden superar els llindars especificats a la convocatòria i han de fer referència a l'exercici econòmic de l'any anterior.

Es consideren membres de la unitat familiar: el pare, la mare o tutor/a; la persona sol·licitant; els germans solters menors de 25 anys que convisquin en el domicili familiar; els germans majors de 25 anys amb algun tipus de discapacitat; els ascendents que justifiquin la mateixa residència.

En el cas de sol·licitants amb unitat familiar independent, són membres computables el/la cònjuge o relació anàloga i els fills que en justifiquin la residència.

Els alumnes que presentin la sol·licitud de beca com a independents han de demostrar la independència econòmica i familiar. Amb aquesta finalitat, han d'acreditar els seus mitjans econòmics i la titularitat o lloguer del seu habitatge.

En cas de divorci, separació legal o de fet, no és membre computable aquell/a excònjuge que no convisqui amb la persona sol·licitant. En canvi, es considera membre computable el nou cònjuge o relació anàloga i, per tant, s'hi ha d'incloure les seves rendes.

Requisits acadèmics

Per obtenir la beca, l'alumne/a ha de tenir una nota mitjana de 6,0 punts.

Marqueu en cada cas la resposta correcta.

1. Segons aquesta normativa NO hi ha beques per a...:

a) Estudis religiosos.

b) Estudis de doctorat.

c) Ensenyaments esportius.

d) Formació professional de grau superior.

2. Els requisits econòmics per a sol·licitar una beca fan referència exclusivament...:

a) Als ingressos propis i actuals de la persona sol·licitant.

b) Als ingressos propis de la persona sol·licitant durant l'any anterior a la sol·licitud.

c) A les despeses socials (fills menors, amb discapacitat, etc.) de la unitat familiar.

d) Als ingressos de la unitat familiar durant l'any anterior a la sol·licitud.

3. La persona sol·licitant d'una beca que al·legui la seva independència econòmica i familiar...:

a) Ha de presentar un certificat de naixement per acreditar la seva edat.

b) Ha de presentar el seu llibre de família.

c) Ha d'acreditar la titularitat o lloguer del seu habitatge.

d) Ha de demostrar que percep un subsidi d'atur.

4. En cas de divorci, separació legal o de fet, forma part de la unitat familiar de la persona sol·licitant de la beca...:

a) La seva nova parella però només si estan casats.

b) La seva nova parella en qualsevol cas sempre que convisqui amb la persona sol·licitant.

c) La seva exparella encara que no s'hagin divorciat i no convisquin.

d) Els seus fills encara que convisquin legalment al domicili de la seva exparella.

5. La Martina ha presentat un expedient acadèmic de 8 assignatures en les quals ha obtingut les notes següents: 5,2; 5,0; 6,1; 5,3; 6,0; 6,5; 8,2; 5,4. La seva nota mitjana és de...:

a) 5,09

b) 5,96

c) 6,2

d) 6,5

Supòsit pràctic núm. 33

El Sudoku es juga sobre una graella formada per 9 x 9 caselles, dividida en 9 quadrats de 3 x 3 caselles. L'objectiu del joc és omplir totes les caselles amb les xifres de l'1 al 9 tot respectant les regles següents:

Regla 1. No es pot repetir una xifra dins les caselles d'una mateixa fila.

Regla 2. No es pot repetir una xifra dins les caselles d'una mateixa columna.

Regla 3. No es pot repetir una xifra dins les caselles d'un mateix quadrat.

Observeu aquesta graella de Sudoku i responeu correctament les preguntes que es plantegen.

2	1	7	3	5	6	4	8	2
6		2	7		8			5
3	5		9			7		
9	7		4	4	1			
		8	6	2	5	5		
			3				1	3
4		5	1		9		8	1
			8		4		5	7
8		6	5			9		

1. Segons la regla 3, quants quadrats de la graella són erronis?

a) Cap.
b) 1
c) 2
d) 3

2. Si una fila es completa correctament seguint les regles del joc, la suma de les xifres que la componen sempre és...:

a) 18
b) 38
c) 40
d) 45

3. Al quadrat del mig de la graella hi falten 2 números. Si en aquests espais posem el número ...., la suma de les xifres de cada columna és idèntica.

4	4	1
6	2	5
3		

a) 7
b) 6
c) 8
d) 5

4. Si sumem totes les xifres de la primera fila superior de la graella de Sudoku, i les dividim per la primera xifra d'aquesta primera fila, el resultat de l'operació és...:

a) 19
b) 16
c) 13
d) 10

5. Segons la regla 2, quantes columnes de la graella del Sudoku són errònies?

a) 1
b) 2
c) 3
d) 4

Supòsits pràctics de caràcter general

Solucions

Solucions

Exercicis relacionats amb tasques pròpies

A) Supòsits curts

Supòsit pràctic núm. 1

El Decret 3143/1971, de 16 de desembre, i el Decret legislatiu 1/1997, de 31 d'octubre a la disposició addicional desena, defineixen les tasques pròpies del cos subaltern. Entre aquestes hi ha la tasca de control de l'entrada de persones alienes al servei.

Les activitats que aquesta tasca pot comportar són moltes i variades. En primer lloc, el personal subaltern rebrà les peticions d'informació relacionades amb el servei. En segon lloc farà passar els controls de seguretat establerts pel règim interior. Això pot consistir en passar les bosses o maletes per un arc detector de metalls, guardar-les en una consigna, demanar el DNI, anotar-lo i enregistrar l'hora d'entrada, lliurar al visitant un distintiu que li garanteixi l'accés a les diferents plantes... En tercer lloc, el subaltern indicarà amablement a la persona on ha d'adreçar-se. Si per qüestions de protocol o per motiu d'alguna necessitat especial de l'usuari, calgués acompanyar-lo, el personal subaltern sol·licitarà al seu superior el corresponent permís i que li assigni a un substitut, i durà a la persona fins l'oficina que vol visitar. En darrer terme, si el ciutadà ve a visitar a un càrrec o algun altre funcionari en concret, el personal subaltern es posarà en contacte amb la persona encarregada de la recepció preliminar de les visites, per informar-la de la seva presència. Seguidament seguirà les seves instruccions respecte la possibilitat de rebre-la o no.

Així doncs, el personal subaltern actuarà de forma estricta, eficaç i imparcial, en aquesta tasca, que és una de les tasques més importants del personal funcionari, ja que el seu deure és fer de pont entre l'administració i la ciutadania tot facilitant la seva relació. En tot moment, però, seguirà les normes del règim intern i les ordres del seu superior i podrà suggerir el que cregui adient per tal de millorar la qualitat del seu servei.

Supòsit pràctic núm. 2

La tasca de custòdia de claus de despatxos i oficines és pròpia del personal subaltern. Així queda definit al Decret 3143/1971, de 16 de desembre, i al Decret legislatiu 1/1997, de 31 d'octubre, a la disposició addicional desena.

Durant la seva realització el subaltern es pot trobar amb tot un seguit de dificultats. A continuació les exposarem tot donant una possible solució. En primer lloc es pot produir la pèrdua o el robatori de claus, malgrat totes les mesures adoptades pel subaltern. De vegades hi ha usuaris molt despistats que es poden emportar les claus, no les tornen un cop utilitzades... En aquestes situacions el subaltern parlarà amablement amb aquestes persones i els suggerirà que en tinguin cura. Es pot oferir per obrir i tancar les dependències o despatxos que han d'utilitzar o per assumir la custòdia exclusiva de les claus. En el cas de robatori, haurà d'informar al seu cap i suggerir que es valori la possibilitat de canviar tots els panys de les claus furtades. Seguidament haurà de fer les gestions per a què el manyà faci la seva feina, i per tornar-se a proveir de les còpies que necessita. Tot això ho realitzarà seguint el procediment que el règim interior indica i les ordres del seu superior. En segon lloc pot ser que el personal de l'oficina en faci un ús indegut (ja siguin superior jeràrquics o no), com ara que no les torni, que en faci còpies sense informar al subaltern, que les deixin al pany... La solució, com sempre en aquests casos, serà parlar amb els usuaris de les claus i demanar un comportament més adequat. Si no el milloren informarà al superior i seguirà les seves instruccions. En tercer lloc, en cas d'obrir i tancar el centre, el subaltern es pot trobar que per necessitat del servei hagi de fer un altre horari fora de la seva jornada de treball. En aquest cas, i de forma excepcional, s'haurà d'adaptar a l'horari i anar-hi més d'hora o marxar més tard, si cal.

El personal subaltern té el deure d'actuar de forma estricta, eficaç i imparcial. Per això, quan en execució d'una tasca es trobi un entrebanc procurarà superar-lo buscant i suggerint la millor solució possible. Actuarà, però, sempre seguint les normes del règim intern i les ordres del seu superior.

Supòsit pràctic núm. 3

Segons el Decret 3143/1971 una de les tasques del personal subaltern és prestar, si és el cas, serveis adequats a la naturalesa de les funcions en arxius, biblioteques, magatzems i similars.

El personal subaltern que realitzi les seves tasques en un museu té dues funcions principals: en primer lloc el control de les persones que hi accedeixen i la vigilància de les sales que li pertoquin. En relació amb el control de les persones que accedeixen al local el subaltern serà l'encarregat de vigilar que entrin de forma correcta, de demanar-los el DNI en cas que així estigui previst en la normativa o controlar que no entrin begudes o menjar en el cas que estigui prohibit.

És important recordar que el personal subaltern no forma en cap cas part dels cossos de seguretat i per tant en cas de que tingui algun problema alhora de realitzar aquest control o bé en cas que detecti algun indici de robatori en alguna de les sales que custodia ho haurà de comunicar immediatament als mossos d'esquadra o al personal de seguretat del museu.

El personal subaltern que treballa en un museu té un important tracte amb el públic i moltes vegades realitza tasques d'informació als usuaris, ja que els visitants li pregunten sovint per la ubicació de les diferents obres o peces del museu.

Per tot això durant el desenvolupament de les seves funcions el personal subaltern actuarà de forma estricta, eficaç i imparcial, i no oblidarà en cap moment el dret i el deure que té de suggerir accions de millora per a la seva feina.

Supòsit pràctic núm. 4

a) *Una empresa de mudances.*

Les semblances entre un operari d'una empresa de mudances i un subaltern són diverses. La més important és que els dos tenen assigna-

da la funció de traslladar el material, el mobiliari o els béns que els siguin ordenats, però la diferència entre ambdós és que en el cas del personal subaltern la comesa consistent a traslladar mobiliari, material i mobles resta limitada a l'interior de l'oficina, centre o dependències en les quals es troba destinat, però, seguirà estableix el Decret 3143/1971. En canvi el personal de les empreses de mudances es dediquen, per regla general, a transportar elements entre llocs situats a diferents immobles.

Una altra semblança és que els dos tenen, evidentment, al seu càrrec la custòdia del mobiliari que manipulen.

b) *Una empresa de manteniment d'instal·lacions de calefacció, climatització i aigua calenta sanitària.*

Les semblances entre el personal subaltern i el personal d'una empresa de manteniment d'instal·lacions són escasses.

El personal subaltern, segons la normativa vigent, és a dir, el Decret 3143/1971, té encomanada la tasca de custòdia de les instal·lacions del seu centre de treball. Dins d'aquesta tasca genèrica, el personal subaltern ha de supervisar que totes les instal·lacions de gas, aigua, llum etc., del seu centre de treball funcionin adequadament.

En aquesta assignació genèrica de responsabilitats, cal considerar que el personal subaltern només pot fer aquelles operacions de manteniment, entreteniment i conservació de la instal·lació d'escassa complexitat tècnica i d'absoluta necessitat de la seva execució. És a dir, si per exemple es trenca una canonada d'aigua, el subaltern haurà de tancar la clau de pas, però en cap cas intentar soldar la canonada. És molt important tenir clar que en cap cas el personal subaltern està obligat a arreglar l'avaria, tret que tingui escassa entitat i es vegi capacitat per fer-ho, ja que la seva funció és posar els fets en coneixement de l'empresa instal·ladora.

Per tant, la diferència principal entre els dos és que el personal subaltern no ha d'estar habilitat per realitzar totes aquelles operacions que, d'acord amb les reglamentacions tècniques industrials en vigor i referents a aquesta concreta classe d'instal·lacions, correspon realitzar als treballadors tècnics titulats de les esmentades empreses de manteniment.

Supòsit pràctic núm. 5

El Decret legislatiu 1/1997, de 31 d'octubre, estableix en la seva disposició addicional desena que una de les funcions del cos de subalterns de la Generalitat de Catalunya és la custòdia del material, del mobiliari i de les instal·lacions. Evidentment dins del "material" s'han d'interpretar incloses les màquines. D'altra banda el Decret 3143/1971, de 16 de desembre, en la seva enumeració exhaustiva de funcions del cos subaltern també inclou específicament la custòdia de màquines com una de les funcions pròpies.

Relacionades amb la custòdia de màquines hi ha diverses funcions, com per exemple vetllar perquè les màquines es mantinguin en perfectes condicions d'ús tot realitzant les operacions bàsiques de manteniment especificades als manuals d'ús.

Una altra tasca seria que el personal subaltern procuri utilitzar les màquines de manera adequada, d'acord amb les especificacions tècniques que es detallen en els corresponents manuals d'instruccions.

En tercer lloc el personal subaltern ha d'avisar en cas d'avaria d'alguna de les màquines del centre de treball als tècnics de manteniment, per tal que la reparin. Això ho farà sempre seguint el procediment que està establert al règim intern, que pot consistir en trucar directament al personal tècnic o en informar al seu superior i esperar les seves instruccions.

Finalment, però tant o més important que les altres accions és que ha d'assegurar-ne la permanència a l'oficina, així com evitar-ne la sostracció, prenent les mesures necessàries i adequades al cas. Aquestes podrien consistir en tenir un inventari que contrasta periòdicament amb els béns existents, vigilar l'entrada i sortida de les persones, controlar els diferents accessos i sales i mantenir al dia i ben connectats els dispositius d'alerta i de seguretat.

Així doncs, el personal subaltern té una gran responsabilitat en aquesta tasca, que ha de realitzar de forma estricta, eficaç i imparcial, seguint les normes de règim intern i les ordres dels seus superiors. Això no exclou que sempre tingui la possibilitat de suggerir les millores que cregui oportunes per al seu servei.

Supòsit pràctic núm. 6

La utilització de màquines reproductores, fotocopiadores, multicopistes, enquadernadores i similars és una de les funcions del personal subaltern que estableix la normativa vigent: tant el Decret legislatiu 1/1997, de 31 d'octubre, a la disposició addicional desena com el Decret 3143/1997, de 16 de desembre.

El subaltern per a dur a terme aquesta tasca, ha de realitzar tota una sèrie d'activitats i tenir en compte uns criteris d'actuació que seguidament exposaré.

Per poder utilitzar correctament les màquines, el personal subaltern ha de seguir els cursos de formació adequats per a la seva correcta utilització, funcionament, manteniment i conservació.

També ha de seguir els criteris i les indicacions quant a funcionament, manteniment o mesures de seguretat continguts en els manuals d'instruccions corresponents, a més de seguir les indicacions recomanades per evitar accidents o avaries.

En cas de mal funcionament, el personal subaltern valorarà si es tracta d'algun problema senzill que ell mateix pugui solucionar (com ara paper encallat, manca de material, incorrecta configuració de la màquina...). Si es tracta d'una avaria, farà les gestions establertes pel règim intern per tal que aquesta sigui reparada amb el màxim de celeritat. Aquestes mesures poden consistir en que es passi avís al servei tècnic o que hagi d'informar al seu superior i seguir les seves instruccions.

El personal subaltern també ha de controlar la manipulació que en faci la resta de personal de la unitat, oferint-los la seva col·laboració o els consells o les instruccions que consideri oportuns per tal que les usin correctament, ja que ell és, generalment, la persona responsable d'aquest tipus de màquines i la persona amb majors coneixements sobre el seu funcionament.

El personal subaltern també és el responsable de treure i col·locar els mecanismes de posada en marxa i aturada, de control o de seguretat, de regulació, de medició o similars de què estiguin dotades les màquines, seguint les especificacions tècniques establertes en els corresponents manuals d'instrucció.

Aquesta tasca pot ser d'especial rellevància en centres docents i altres dependències en les que es mogui molta documentació. Per aquest motiu el personal subaltern la durà a terme de la forma més imparcial, estricta i eficaç que li sigui possible, i suggerirà tot allò que cregui que pot millorar la qualitat del seu servei.

Supòsit pràctic núm. 7

Tant el Decret legislatiu 1/1997 com el Decret 3143/1971 regulen "el control de les persones que accedeixen a les oficines públiques" com una de les tasques del personal subaltern.

No obstant, l'exercici d'aquesta tasca depèn de molts factors, i algunes vegades sorgeixen dificultats per a la seva correcta realització. Les dificultats més freqüents amb les que es pot trobar un subaltern per a la realització d'aquesta tasca són:

a) *Una afluència de visites molt superior a la normal i que impedeixi controlar-ne els moviments a l'interior dels locals de manera adequada. En aquesta situació el personal subaltern haurà de suggerir al seu superior la necessitat d'assignar més personal a aquesta tasca o de demanar suport als cossos de seguretat.*

b) *Qualsevol situació de conflicte laboral com ara vagues, reunions, manifestacions etc., que tingui per objecte la realització de protestes o tancaments a l'interior de l'edifici que vigila el subaltern. Per a solucionar aquesta situació el personal subaltern aplicarà els criteris anteriorment exposats, i procurarà arribar a una entesa o acord amb les persones que fan la protesta.*

c) *L'accés al servei d'alguna persona socialment conflictiva o amb greus incapacitats que facin difícil o impossible esbrinar els motius de la visita o les seves intencions. En principi el subaltern farà tot el possible per esbrinar què vol i l'atendrà amb respecte i deferència. Si la persona no entra en raó o no és capaç d'explicar què desitja, el subaltern la convidarà amablement a marxar i tornar un altre dia. Si es posés violenta, agressiva o molestés a la resta dels ciutadans, el subaltern pot sol·licitar l'ajut dels cossos de seguretat.*

d) *Que el personal del centre indiqui a persones alienes la possibilitat d'utilitzar accessos exclusius dels empleats del servei, els quals el subaltern no pugui controlar. Per arreglar aquesta situació el subaltern parlarà amb el personal per tal que deixin de fer-ho i suggerirà al superior la possibilitat de canviar el pany d'aquests accessos, de tancar-los o de posar-hi càmeres de vigilància.*

Sigui com sigui, el personal subaltern ha de recordar que té el deure d'actuar de forma estricta, eficaç i imparcial i que suggerirà als seus superiors les solucions que cregui més adients per superar els entrebancs de la seva feina.

Supòsit pràctic núm. 8

La vigilància de locals és la primera funció del personal subaltern que es menciona tant en el Decret legislatiu 1/1997, de 31 d'octubre, com en el Decret 3143/1971, de 16 de desembre, i és una de les funcions principals i més característiques d'aquest cos de funcionaris. Les activitats relacionades amb aquesta tasca, a més de les referides a vigilància i seguretat, i a la custòdia de claus, que pertanyen a dues tasques pròpies diferenciades, serien les que a continuació s'enumeren:

- *Verificar l'estat de les portes, finestres, divisions, murs, elements decoratius, persianes, pintura, ornaments, etc. En cas que detecti algun desperfecte, ha de fer les gestions establertes pel règim interior per tal que sigui reparat: avisar al tècnic competent o donar a conèixer el problema al seu superior i seguir les seves instruccions.*
- *Fer totes les accions necessàries de caràcter senzill, manual i repetitiu, per tal de mantenir els locals en perfectes condicions d'ús.*
- *Fer alguna reparació de caràcter ordinari que no requereixi coneixements especialitzats.*
- *Controlar periòdicament, i seguir les instruccions dels professionals competents, dels mecanismes d'alarma o d'alerta tant de seguretat com contra sinistres. Els connectarà i desconnectarà quan així estigui establert i seguint les instruccions del personal tècnic o els manuals corresponents.*
- *Disposar d'una caixa d'eines ben equipada i completa.*
- *Comprovar en abandonar el local que totes les portes, finestres, llums, màquines... estiguin apagades o en posició de baix consum si l'apagament no resulta sostenible.*

Aquesta tasca és de vital importància per al bon funcionament de les dependències, per això el personal subaltern la durà a terme de forma estricta, eficaç i imparcial, suggerint tot allò que cregui adient per tal de millorar el seu servei.

Supòsit pràctic núm. 9

Segons el Decret 3143/1971, de 16 de desembre, el personal subaltern ha de realitzar els encàrrecs relacionats amb el servei tant dins com fora del seu centre de treball. Això suposa un ampli ventall d'activitats, que varien molt en funció del tipus d'unitat i de la seva ubicació.

Les principals activitats relacionades amb aquesta funció fora del centre de treball són:

a) *Adquirir als establiments que se li indiquin, prèvia provisió de fons, els materials, els béns o els objectes necessaris per al servei.*

b) *Gestionar la correspondència amb l'oficina de Correus que correspongui.*

c) *Portar o recollir documents a altres dependències administratives.*

d) *Localitzar i/o acompanyar persones.*

En tot cas la tasca de realitzar encàrrecs la farà d'una forma eficaç, estricta i imparcial sempre que allò que li encomanin sigui una necessitat o tingui relació amb el servei. Podrà suggerir la millor manera de dur-la a terme.

Supòsit pràctic núm. 10

La custòdia de material és una de les funcions del personal subaltern segons la normativa vigent constituïda pel Decret 3143/1971, de 16 de desembre, i pel Decret legislatiu 1/1997, de 31 d'octubre, a la disposició addicional desena. A vegades, però, sorgeixen entrebancs que impedeixen o dificulten la realització correcta d'aquesta tasca.

La dificultat més habitual és la necessitat d'haver-se d'absentar temporalment del seu lloc de treball, ja sigui perquè se li ha encomanat distribuir documents, objectes o la correspondència dins del centre, o fer encàrrecs, relacionats amb el servei, fora de l'edifici. Això impedeix al personal subaltern controlar les entrades de persones als subministraments o saber si algú ha agafat qualsevol material o ha canviat alguna cosa de lloc.

Un altre problema significatiu que es dóna en alguns centres de treball és l'accés indiscriminat a les sales o locals on s'emmagatzema el material per part de tot el personal que treballa a les oficines. Això fa que sigui molt difícil pel personal subaltern controlar com es distribueix el material, i fins i tot suposa pels responsables del centre una dificultat a l'hora de fer previsions de compres futures.

El personal subaltern s'encarrega de verificar puntualment els subministraments, és a dir, el subaltern és l'encarregat de realitzar la comprovació material dels lliuraments i signar, sempre i quan hi estigui autoritzat, els corresponents albarans i donar-hi la conformitat. Els errors en els materials que subministren els proveïdors és una altra de les dificultats d'aquesta tasca. El personal subaltern es veurà obligat a retornar els materials i fer de nou la comanda. Si necessita algun material urgent que el proveïdor no ha lliurat, suggerirà al seu superior la possibilitat d'anar a comprar-lo ell mateix, prèvia disposició de fons.

El subaltern també és l'encarregat de distribuir el material entre el personal de cada unitat, segons determinin les normes de règim interior vigents. El fet que els membres de la unitat on treballa facin un mal ús del material dificultarà la feina del subaltern. L'actuació que haurà de seguir és la següent: parlarà amablement amb les persones que en facin un mal ús o un abús, i els instarà a reconduir el seu comportament. Si això no fos efectiu ho comunicarà al seu superior i seguirà les seves instruccions al respecte.

El subaltern farà front a aquestes dificultats fent la seva feina d'una forma estricta, eficaç i imparcial i suggerint en qualsevol moment allò que cregui més adient per a millorar el seu servei.

Supòsit pràctic núm. 11

El Decret legislatiu 1/1997, de 31 d'octubre, i el Decret 3143/1971, de 16 de desembre, estableixen que una de les funcions del personal subaltern és la custòdia de les instal·lacions. Relacionades amb aquesta funció s'exposen una sèrie d'activitats que a continuació s'enumeren:

a) *Controlar la posada en marxa, el funcionament i l'aturada de les instal·lacions d'aigua, llum, calefacció, gas o aire condicionat del centre, d'acord amb les instruccions tècniques que prèviament li hagin estat facilitades pels professionals competents, o que figurin en els manuals, catàlegs o projectes que li hagin estat proporcionats a aquest efecte o que constin en els cartells que hi hagi situats a les sales de màquines de la instal·lació.*

b) *Revisar periòdicament l'estat de conservació de les instal·lacions anteriorment mencionades i controlar que el servei de manteniment realitzi les revisions oportunes.*

c) *Revisar, periòdicament, els diferents dispositius de seguretat i protecció contra sinistres o accidents amb què estiguin equipades, a fi d'assegurar-se que es troben en perfectes condicions.*

d) *Realitzar, en cas d'avaria, les gestions necessàries per tal que s'arrangin i se'n restableixi el funcionament regular.*

e) *Comprovar que els ascensors, les portes, finestres, etc., funcionin correctament i estiguin en un bon estat de conservació.*

f) *Realitzar controls periòdics de l'estat de conservació de murs, divisions interiors, persianes i cortines, pintura i altres acabats decoratius i ornaments.*

El personal subaltern en tot moment realitzarà cada una de les seves funcions de la manera més estricta, eficaç i imparcial que li sigui possible. Suggerirà tot el que se li acudeixi per millorar el seu servei, però sempre amb subjecció a les ordres dels seus superiors i les normes de règim intern.

Supòsit pràctic núm. 12

La tasca de rebre, conservar i distribuir objectes i correspondència és pròpia del subaltern segons el Decret 3143/1971, de 16 de desembre, i el Decret legislatiu 1/1997, de 31 d'octubre.

En la realització de les funcions d'aquesta tasca s'ha de tenir en compte que la correspondència és privada i personal, i per tant el personal subaltern en cap cas pot obrir la correspondència que vagi destinada a altres persones diferents d'ell mateix.

El personal subaltern ha de realitzar aquesta tasca seguint els criteris, les instruccions i les ordres del seu superior o tal com així estigui establert en el reglament intern del centre de treball. En tot cas i de manera general, les activitats relacionades amb aquesta funció són:

a) *Rebre la correspondència que li faci arribar el personal de Correus o anar periòdicament a l'oficina postal corresponent per fer les oportunes recollides.*

b) *Revisar i classificar la correspondència separant-la en les diferents unitats administratives o de funcionament del centre de treball.*

c) *Col·locar la correspondència a la bústia o guixeta corresponents o repartir-la al personal del centre segons el sistema establert en el reglament intern del centre de treball o les ordres facilitades pel seu superior.*

d) *Custodiar la correspondència o els paquets rebuts al centre de treball que s'hagin d'entregar personalment al personal de l'oficina.*

e) *Recollir la correspondència de sortida del centre de treball, custodiar-la i col·locar-hi els segells que correspongui, per raó de les característiques dels sobres o els paquets o estampar-hi, quan escaigui, el corresponent segell de franquícia.*

f) *Traslladar la correspondència generada en el centre de treball, amb els mitjans apropiats, a l'estafeta de correus que designin les normes de règim intern de l'oficina, o si escau, a les oficines públiques de destinació pertinent. Haurà d'exigir, quan li ho ordenin, el corresponent acusament de recepció de la comunicació.*

g) *Procurar posseir un coneixement idoni de la reglamentació administrativa especial sobre correus, vigent en cada moment; sobretot pel que fa a les tarifes postals.*

Així doncs, i en conclusió, el subaltern realitzarà la tasca de forma estricta, eficaç i imparcial complint les normes de règim intern i les ordres del seu superior; podrà suggerir allò que cregui adient per millorar el seu servei.

Supòsit pràctic núm. 13

El Decret 3143/71, de 16 de desembre, i el Decret legislatiu 1/1997, de 31 d'octubre, estableixen les tasques pròpies del personal subaltern, entre les quals s'hi troba la custòdia de màquines. Custodiar significa guardar, conservar i tenir cura.

En el cas que se'ns planteja al supòsit en què s'espatlla la màquina de begudes, el primer que haurà de fer el personal subaltern és comprovar que està ben endollada, que hi arriba corrent elèctric i que no hi ha cap altre motiu senzill que impedeixi el seu funcionament. En segon lloc, pot confeccionar un rètol en què s'informi al personal que la màquina es troba fora de servei i el col·locarà en un lloc ben visible.

A continuació s'haurà d'avisar al superior o, si escau, al personal de manteniment de la màquina de begudes, segons el procediment establert en el centre de treball.

En tot cas, el personal subaltern buscarà una solució per aquest problema i ho farà de forma estricta, eficaç i imparcial, seguint les normes de règim intern i les ordres del seu superior. Si s'escau podrà fer els suggeriments que consideri adients per millorar el seu servei.

Supòsit pràctic núm. 14

El personal subaltern que treballa en centres docents té encomanat, segons el Decret 3143/1971 de 16 de desembre, i segons el Decret legislatiu 1/1997, de 31 d'octubre, a la seva disposició addicional desena, la tasca de la vigilància i atenció a l'alumnat en centres docents.

Els principals problemes i dificultats amb les que es pot trobar el personal subaltern en relació amb l'atenció de l'alumnat són:

a) *La realització per part de l'alumnat d'actes de protesta com ara: manifestacions, vagues, protestes i alteracions de l'ordre en general.*

b) *Les bretolades habituals que puguin protagonitzar els alumnes i que ocasionin danys a les instal·lacions, els locals o el mobiliari.*

c) *Baralles o discussions entre els alumnes del centre o amb persones alienes al centre docent.*

d) *La indeguda manipulació, per part dels alumnes, dels mecanismes d'alarma i d'alerta contra sinistres que hi pugui haver instal·lats.*

e) *La sortida de l'alumnat del centre docent sense l'autorització corresponent.*

f) *Problemes de conducta dels alumnes, com ara amenaces o actituds violentes cap al personal que treballa en el centre educatiu.*

En tots aquests casos el personal subaltern convidarà a què es cessin les actituds negatives o violentes i haurà d'informar al superior corresponent de tots els problemes i conflictes que puguin sorgir. El personal subaltern es limitarà a intentar posar ordre i a informar, de la forma més estricta, eficaç i imparcial i seguint sempre els procediments establerts pel règim intern.

Supòsit pràctic núm. 15

El Decret 3143/1971, de 16 de desembre, i el Decret legislatiu 1/1997, de 31 d'octubre, a la seva disposició addicional desena defineixen les tasques pròpies del subaltern. Entre elles hi ha especificada l'atenció i vigilància de l'alumnat en els centres docents.

Tot i que el personal subaltern destinat a centres docents té, en principi, les mateixes funcions que la resta de personal subaltern, aquests llocs de treball presenten algunes característiques especials tant pel que fa a la jornada laboral, horaris o períodes de vacances, com per la funció pròpia i característica que és l'atenció a l'alumnat.

En relació amb l'atenció a l'alumnat la primera funció del personal subaltern és el control de l'entrada i sortida de l'alumnat del recinte escola. En aquesta tasca ha de mostrar una especial atenció a aquells alumnes que vulguin sortir del centre fora dels horaris habituals, ja que en ser menors d'edat, el centre educatiu n'és el responsable durant la jornada lectiva i cal una autorització dels pares o tutors per poder sortir.

El subaltern també s'encarrega de l'atenció i cura dels alumnes que es facin mal dins del recinte escolar. El personal subaltern és l'encarregat de realitzar les primeres cures (en aquells casos que l'alumne hagi patit un dany menor que no requereixi major atenció) en cas que un alumne pateixi qualsevol accident en el centre escolar.

Cas que l'alumne hagi patit un accident que requereixi atenció mèdica, el subaltern serà l'encarregat d'avisar a aquella persona que estableixi el règim intern que és l'encarregada de decidir les mesures a prendre i seguirà les seves instruccions. Normalment s'ha d'informar al professorat de guàrdia, cap d'estudis o al/la director/a que seran els que avaluaran la conveniència d'avisar al servei d'urgències o als pares per tal de que portin a l'accidentat al corresponent servei mèdic.

Una altra funció específica del personal subaltern en centres docents és la realització o prestació del servei de fotocòpies pel professorat i l'alumnat.

Aquesta és una important tasca que el subaltern ha de dur a terme d'una forma estricta eficaç i imparcial, estant molt atent a les normes específiques que siguin d'aplicació.

Supòsit pràctic núm. 16

La normativa vigent (Decret 3143/1971 i Decret legislatiu 1/1997) estableix que el personal subaltern és l'encarregat de manipular aquest tipus de màquines, i de fet en alguns llocs de treball, el subaltern dedica una bona part de la seva jornada de treball a la realització d'aquest tipus de funcions. Els principals problemes amb els que es pot trobar en el compliment d'aquesta funció són:

a) L'avaria de les màquines. Aquesta és la dificultat més freqüent i general amb la que es troba el personal subaltern, ja que això suposa la paralització de les seves tasques, l'acumulació de feina, i moltes vegades les queixes d'altre personal.

b) El tall del subministrament elèctric, o l'esgotament del paper, les cobertes, els components o els elements de qualsevol altra naturalesa que fossin imprescindibles per a la realització de la tasca encomanada.

c) La manca de manuals d'instruccions intel·ligibles, d'adhesius o cartells a la màquina que informin a qui cal acudir en cas d'avaria o per formular consultes tècniques.

d) La tardança del personal tècnic en la reparació de les avaries sorgides.

e) L'especial dificultat tècnica que pugui presentar la realització de determinades operacions de manteniment, entreteniment i conservació de la màquina.

f) L'acumulació de tasques de fotocòpia en determinades èpoques de l'any, com és el cas d'èpoques d'exàmens en els centres docents.

Supòsit pràctic núm. 17

L'article 108.2.b) del Decret legislatiu 1/1997, de 31 d'octubre, estableix que els funcionaris han de complir, estrictament, imparcialment i eficaçment les obligacions pròpies del seu lloc de treball i complir les ordres rebudes que es refereixen al servei i formular, si escau, els suggeriments que cregui oportuns.

En aquest cas el subaltern farà en primer lloc les fotocòpies que li ha demanat el cap de Servei, ja que és un rang jeràrquic superior que el cap de Negociat, i a més necessita les fotocòpies en una hora, i posteriorment anirà a l'Oficina de Correus a fer la gestió que li ha encarregat el cap de Negociat del Personal No Docent.

Supòsit pràctic núm. 18

La tasca d'atenció i vigilància de l'alumnat als centres docents és pròpia del subaltern segons el Decret 3143/1971, de 16 de desembre, i segons el Decret legislatiu 1/1997, de 31 d'octubre, a la seva disposició addicional desena.

En el cas que se'ns exposa al supòsit, en què un alumne que sagna abundantment ha de ser atès pel subaltern, aquest ha de recordar sempre el criteri d'actuació PAS (protegir, avisar, socórrer). Per tant en primer lloc portarà a l'alumne a un lloc tranquil en el que pugui avaluar la ferida. Si veu que és quelcom que va més enllà d'una simple esgarrinxada, informarà a la persona designada pel règim intern (professorat de guàrdia, cap d'estudis o director/a) per tal que decideixin que s'ha de fer amb l'alumne. En últim terme, i si fos una ferida molt senzilla, la rentarà amb aigua i sabó, desinfectant-la i hi posarà una gassa amb esparadrap.

Així doncs, en una circumstància com aquesta en la que un alumne s'ha fet mal, el personal subaltern seguirà de la forma més estricta i eficaç possible, allò que estableix el règim intern i les ordres dels seus superiors.

Supòsit pràctic núm. 19

— ***Resposta 1.***

Després d'obrir la porta i encendre els llums, el primer que farà el personal subaltern, si és hivern i fa fred, és posar en marxa la calefacció. Si l'aparell s'encén de manera automàtica, comprovarà que s'ha encès a l'hora programada i que funciona correctament. En tot cas seguirà les normes d'encesa que li hagi explicat el tècnic que va instal·lar la caldera. Comprovarà que la pressió de la caldera sigui l'adequada, normalment ha d'estar entre 2 i 3 atmosferes de pressió i, si està per sota, obrirà l'aixeta corresponent fins arribar a la pressió correcta. Fixarà la temperatura adequada i tindrà cura que no es malgasti calor innecessàriament. Després d'assegurar-se que tot està correcte, continuarà les seves tasques.

— ***Resposta 2.***

El conserge té la tasca de custodiar les claus de totes les dependències de l'edifici on presta els seus serveis; per tant, anirà a buscar la clau del despatx que se li demana a l'armari destinat a aquest efecte, on la tindrà endreçada segons els criteris convinguts al centre i amb les mesures de seguretat convenients per evitar-ne la sostracció irregular. La lliurarà a la secretària, però li recordarà que és l'única que té i que no s'oblidi de tornar-li; a més, li oferirà els seus serveis per fer una còpia en cas que no trobi la seva.

— ***Resposta 3.***

Anirà a ajudar tan aviat com li sigui possible, després d'assegurar-se que l'accés a l'edifici queda vigilat per un company i, sempre que no estigui fent una tasca preferent. Comprovarà que l'aparell estigui correctament endollat i que no hagi saltat cap PIA (petit interruptor automàtic) o diferencial a la capsa de diferencials que hi haurà per replà o sector de l'edifici. Una vegada ha comprovat que la fallida no és de la instal·lació elèctrica trucarà al servei tècnic.

Supòsit pràctic núm. 20

La utilització de màquines reproductores és una de les tasques habituals en la jornada diària de treball del personal subaltern, i es troba recollida com a funció pròpia tant en la normativa estatal com en l'autonòmica. Quan li encarreguin que realitzi unes fotocòpies el primer que ha de fer és comprovar que l'aparell no tingui seleccionat un treball previ o que aquest estigui finalitzat.

Un cop tingui l'aparell buit i sense cap feina prefixada comprovarà que l'original no està grapat ni trencat ni massa doblegat; i el dipositarà a la safata d'alimentació automàtica. A continuació introduirà els paràmetres necessaris de dimensions de paper, nombre de còpies, seleccionarà l'opció a doble cara i l'opció grapar blocs. I procedirà a prémer el botó d'inici.

Si la màquina s'atura abans d'acabar el treball, el subaltern comprovarà que disposa del paper suficient a la safata de paper DIN A4 amb la qual està treballant i que aquest és del pes i la mida adequats que recomana el manual de l'usuari. Així mateix, atenint-se a les indicacions de l'aparell, comprovarà que hi hagi grapes i que no hi hagi cap grapa ni full ni tros de paper que obstrueixi el recorregut del paper dins l'aparell. Comprovarà que s'ha dipositat l'original com indica el manual o les etiquetes de l'aparell, i que no es troba en mal estat per a l'alimentació automàtica.

Si un cop seguides les instruccions del manual de l'aparell no pot resoldre l'avaria, retirarà l'original i les còpies de l'aparell, posarà un rètol que indiqui que l'aparell està avariat i farà les gestions establertes pel règim intern per tal que sigui reparada. Això pot consistir en trucar directament al servei tècnic o en informar al seu superior i esperar les seves instruccions.

També haurà d'informar els seus superiors i la resta de personal que no utilitzin l'aparell de l'avaria.

Si les còpies que estava realitzant eren urgents, suggerirà al seu superior la possibilitat de fer-les en alguna altra màquina que hi pugui haver a la dependència o que li doni fons per anar a fer-les a una copisteria.

Sigui com sigui, el subaltern té el deure d'actuar de forma eficaç, estricta i imparcial tot seguint les normes de règim intern i les ordres del seu superior. Podrà i haurà de suggerir solucions quan es trobi amb algun problema o dificultat.

Supòsit pràctic núm. 21

En primer lloc el subaltern escollirà el moment en què hi hagi menys feina d'atenció i vigilància del centre per poder dur a terme la feina sense massa interrupcions; preferentment, quan hi hagi més d'un conserge al centre. Si no hi ha cap altre subaltern que comparteixi el mateix horari, buscarà una persona del centre que atengui el telèfon i l'entrada mentre fa la feina encarregada, generalment serà el personal auxiliar del centre.

A continuació buscarà al magatzem o a les aules no ocupades els mobles que li calguin per omplir l'aula i els traslladarà sense fer esforços innecessaris, utilitzant l'ascensor quan sigui possible i les carretes, plataformes mòbils o altres estris per realitzar la tasca sense esforços ni riscos innecessaris. Seguint les mesures de prevenció d'accidents laborals i transport de càrregues pesades el subaltern haurà d'agafar els mobles i ubicar-los a l'aula on tindrà lloc la projecció.

En el trasllat procurarà tenir cura de no fer malbé ni els mobles ni les parets, ni el terra o les instal·lacions del local.

Un cop hagi portat tots els mobles a l'aula els col·locarà a l'aula segons les instruccions rebudes.

A continuació procedirà a preparar el PC per la projecció, en cas que aquesta no en disposi prèviament. Finalment comprovarà que tot funcioni correctament i procedirà a tancar l'aula amb clau per evitar que l'entrada d'alumnes pugui ocasionar algun desperfecte.

Supòsit pràctic núm. 22

El subaltern procurarà no fer esperar el missatger, ja que ha sigut el primer en arribar. Per tant, trucarà per telèfon al despatx de la persona a la qual va dirigida la carta per tal que la signi. Si en aquell moment la persona indicada no hi és, firmarà ell mateix el rebut sempre i quan estigui autoritzat a fer-ho o avisarà a alguna persona habilitada. Un cop signada la carta la conservarà en lloc segur fins que la pugui lliurar al secretari o a algú del seu despatx.

Quan arribin els repartidors de l'empresa de subministraments li indicarà a la persona que porta el paper el lloc on s'ha d'emmagatzemar. Procurarà que no quedi enmig del pas i que no sigui un lloc humit. Comprovarà que el nombre de caixes que porten són les mateixes que figuren a l'albarà i que el paper és de la mida i la grossor que s'hi indica. Segellarà l'albarà, separarà l'original de la còpia i posarà aquesta última a la safata de l'administrador o secretari.

Finalment recollirà de l'empleat de Correus la correspondència i procedirà a classificar-la, ordenant-la per departaments o despatxos quan disposi d'un moment per fer-ho. I tan aviat com li sigui possible, la lliurarà a les persones que correspongui o bé la col·locarà a les caselles, quan existeixin, sempre d'acord amb les normes de règim interior que hi hagi establertes al centre.

Supòsit pràctic núm. 23

No existeix en el nostre ordenament jurídic un únic criteri que el subaltern pugui seguir per tal de prioritzar les diferents tasques que li són encomanades. Com a regla general ha de primar el sentit comú i la urgència de la tasca encomanada, i en cas de dubte cal complir en primer lloc l'ordre del superior jeràrquic de major rang.

En aquest cas la subalterna hauria de deixar per al final l'encàrrec de repartir els informes a tots els Caps de Negociat del seu centre de treball, ja que aquesta tasca no és prioritària. El primer que hauria de fer és atendre a la persona que li ha demanat la informació, i si mentre està parlant amb ella sona el telèfon i ningú més el pot atendre, la subalterna li demanarà disculpes i contestarà la trucada.

Sense deixar de ser amable amb l'interlocutor telefònic, intentarà ser el més breu possible. Al llarg de la conversa telefònica intentarà mantenir de tant en tant el contacte visual amb la persona que estava atenent per demostrar-li que la té present.

Supòsit pràctic núm. 24

En una situació com la descrita, el subaltern no ha actuat correctament, ja que en primer lloc el que hauria d'haver fet és avisar al seu superior o algun cap del centre per tal que aquest decidís si calia avisar o no als mossos d'esquadra. Si el seu superior decideix que cal denunciar el fet i avisar a la policia, el subaltern ha de procurar deixar les coses tal com estan i vigilar que ningú les toqui. També hauria de mirar si el centre té algun altre accés per tal de facilitar l'entrada als treballadors i als usuaris. En cas que aquella fos l'única entrada, el subaltern hauria de prestar una especial atenció al control de l'entrada de persones al recinte per evitar que toquin res i que no es facin mal.

B) Supòsits llargs

Supòsit pràctic núm. 25

1. *El Sr. Pi es troba adscrit al Departament d'Educació de la Generalitat de Catalunya. En aplicació del Decret 1/2018, de 19 de maig, de creació, denominació i determinació de l'àmbit de competència dels departaments de l'Administració de la Generalitat de Catalunya, al Departament d'Educació li corresponen les següents funcions:*

   a) La política educativa en l'àmbit de l'ensenyament no universitari.

   b) L'actuació en matèria d'ordenació curricular i innovació del sistema educatiu.

   c) L'avaluació del rendiment escolar i establiment de mesures correctores.

   d) La direcció i avaluació dels centres públics del sistema educatiu de Catalunya.

   e) La supervisió i relació amb els centres privats concertats del sistema educatiu de Catalunya.

   f) La planificació de l'oferta educativa de llocs escolars.

   g) La direcció del professorat i personal al servei dels centres públics.

   h) Qualsevol altra que li atribueixin les lleis i altres disposicions.

2. *En aplicació del Decret legislatiu 1/1997, de 31 d'octubre, pel qual s'aprova la refosa en un Text únic dels preceptes de determinats textos legals vigents a Catalunya en matèria de funció pública, en el cas que es prestin serveis en centres educatius, al personal de l'agrupació de funcionaris del cos subaltern li correspondrà l'atenció a l'alumnat d'aquests (D.a.10a.1).*

   L'art. 3 del Decret 3143/1971, de 16 de desembre, pel qual s'aprova el Reglament del Cos General Subaltern de l'Administració Civil de l'Estat, també preveu com a funció pròpia del cos subaltern l'atenció i cura de l'alumnat en els Centres docents.

3. *L'agrupació de funcionaris del cos subaltern de l'Administració de la Generalitat de Catalunya no té competència per tramitar la documentació que les persones interessades facin arribar als organismes públics. En tot cas el Sr. Pi remetrà a la persona interessada perquè s'adreci al corresponent Registre.*

4. *Davant d'aquesta situació, en primer lloc, el subaltern haurà de tancar la clau de pas de l'aigua dels lavabos per evitar que continuï sortint aigua. Seguidament, ho posarà en coneixement del personal tècnic competent a fi de què es pugui fer la corresponent reparació. Addicionalment pot col·locar un rètol informatiu en l'espai per avisar a l'alumnat de l'avaria.*

5.

a) *Cal airejar el paper per evitar que en procés d'inici de fotocopiat entri més d'un full alhora i es produeixin embussos.*

❑ *Vertader*

b) *Cal fer sempre les fotocòpies amb la tapa baixada, ja que és un sistema de seguretat, fins i tot si el que es fotocopia és un llibre gruixut.*

❑ *Vertader*

c) *El gramatge del paper no és un aspecte a tenir en compte a l'hora de fer fotocòpies.*

❑ *Fals*

6. *Per les prestacions bàsiques o complementàries que comporten, els serveis postals poden ser ordinaris, urgents o especials (art. 14.2 Reial decret 1829/1999, de 3 de desembre, pel qual s'aprova el Reglament pel qual es regula la prestació dels serveis postals).*

Els serveis són urgents quan, a més de la seva major rapidesa i seguretat en la recollida, distribució i entrega dels enviaments, es caracteritza per totes o algunes de les següents prestacions suplementàries:

— *Garantia d'entrega en una data determinada.*

— *Recollida en el punt d'origen.*

— *Entrega en mà al destinatari.*

— *Possibilitat immediata de canviar de destí o destinació.*

— *Confirmació al remitent de la recepció del seu enviament.*

— *Supervisió, seguiment i localització d'enviaments.*

— *Tracte personalitzat als clients.*

— *Prestació d'un servei sota demanda, com i quan sigui sol·licitat per l'usuari.*

Els serveis de recollida, admissió, classificació, lliurament, tractament, curs, transport i distribució dels enviaments interurbans i transfronterers, certificats o no, de les cartes i de les targetes postals, sempre que el seu pes sigui igual o inferior a 350 grams, no podran considerar-se dins d'aquesta categoria quan el preu efectivament cobrat per ells no sigui, almenys, cinc vegades superior al muntant de la tarifa pública corresponent per als enviaments ordinaris d'objectes de la primera escala de pes de la categoria normalitzada més ràpida.

7·

a) *Es consideraran objectes prohibits com a enviaments postals, aquells la circulació dels quals no es permeti per motius de seguretat, de sanitat pública, utilitat general i de protecció del servei postal universal (art. 15 Reial decret 1829/1999, de 3 de desembre, pel qual s'aprova el Reglament pel qual es regula la prestació dels serveis postals).*

b) *De conformitat amb els principis enunciats en l'article 15 del Reial decret 1829/1999, de 3 de desembre, pel qual s'aprova el Reglament pel qual es regula la prestació dels serveis postals, no poden incloure's a cap classe d'enviaments postals els objectes següents (art. 16):*

1. *Els productes sotmesos a règim de reserva i que no disposin d'autorització especial per circular per la xarxa postal.*

2. *L'opi i els seus derivats, la cocaïna i altres estupefaents i substàncies psicotròpiques, excepte si s'envien amb finalitats medicinals i acompanyats d'autorització oficial.*

3. *Els enviaments l'embolcall dels quals o coberta contingui textos o dibuixos que vulnerin qualsevol dels drets fonamentals de la persona.*

4. *Els enviaments d'armes, conforme a l'establert en el Reial decret 137/1993, de 29 de gener, pel qual s'aprova el Reglament d'Armes.*

5. *Les matèries explosives, inflamables i altres perilloses, excepte les biològiques peribles, intercanviades entre laboratoris oficialment reconeguts, i les radioactives dipositades per expedidors degudament autoritzats.*

   A aquests efectes, es consideraran matèries o substàncies radioactives les que sobrepassin els límits establerts en la legislació sobre energia nuclear i sobre transport de mercaderies perilloses, i serà preceptiu que, en el seu trasllat i embalatge, es compleixin les disposicions de la Llei 25/1964, d'Energia Nuclear, del Reial decret 783/2001, de 6 de juliol, pel qual s'aprova el Reglament sobre protecció sanitària contra radiacions ionitzants, de les normes reguladores del transport de mercaderies perilloses i de l'altra normativa específica que resulti aplicable.

6 *Els animals vius, sense que comptin amb una autorització especial o ser intercanviats entre institucions oficialment reconegudes.*

7. *Els objectes el tràfic dels quals sigui constitutiu de delicte.*

8. *Els objectes la naturalesa dels quals o el seu embalatge puguin constituir un perill per als empleats dels operadors postals que els manipulen o causar deterioració a altres enviaments.*

9. *Els objectes l'admissió dels quals o circulació estigui prohibida al país al qual van destinats.*

10. *Els objectes la circulació dels quals estigui prohibida a Espanya, de conformitat amb la normativa en vigor.*

11. *Els que es determini en convenis internacionals en els quals Espanya sigui part signatària.*

8.

— *Cura i control de les instal·lacions, equipaments, mobiliari i material del centre.*

— *Comunicació a la secretaria de les anomalies que es puguin detectar en l'estat, l'ús i el funcionament del centre.*

— *Encesa i tancament (posada en funcionament) de les instal·lacions d'aigua, llum, gas, calefacció i aparells que calgui, i cura del seu funcionament correcte.*

— *Obertura i tancament dels accessos del centre, aules, despatxos, patis, instal·lacions esportives i altres espais.*

— *Cura i custòdia de les claus de les dependències del centre.*

— *Control d'entrada i sortida de persones al centre (alumnes, públic, etc.).*

— *Recepció i atenció de les persones que accedeixen al centre.*

— *Cura i control del material (recepció, lliurament, recompte, trasllat, etc.).*

— *Trasllat de mobiliari i d'aparells que, per volum i/o pes, no requereixen la intervenció d'un equip especialitzat.*

— *Posada en funcionament dels aparells (fotocopiadores, material audiovisual, etc.).*

— *Fotocòpia de documents i seguiment de les fotocòpies que es fan en el centre.*

— *Utilització del fax (enviament i recepció de documents).*

— *Enquadernacions senzilles, transparències, etc., sobre material de l'activitat del centre.*

— *Col·laboració en el manteniment de l'ordre dels alumnes en les entrades i sortides.*

— *Intervenció en els petits accidents dels alumnes, segons el protocol d'actuació del centre.*

— *Recollida i distribució dels justificants d'absència dels alumnes i col·laboració en el control de la puntualitat i l'assistència dels alumnes.*

— *Participació en els processos de preinscripció i matriculació del centre: lliurament d'impresos, atenció de consultes presencials i derivació, si escau.*

— *Primera atenció telefònica i derivació de trucades.*

— *Recepció, classificació i distribució del correu (cartes, paquets, etc.).*

— *Encàrrecs, dins i fora del centre, relacionats amb les seves activitats i el seu funcionament (tràmits al servei de correus, etc.).*

— *Tasques imprevistes per evitar la pertorbació del funcionament normal del centre, en absència dels especialistes i/o encarregats.*

El director o directora del centre pot determinar, segons les necessitats i característiques del centre, funcions i tasques similars o relacionades amb les anteriors.

9. *En el moment en què es produeixen aquestes situacions, el personal subaltern ha de prioritzar el control dels accessos del centre amb la sortida dels alumnes.*

10.

1. *Comprovar l'absència de persones.*
2. *Comprovar les instal·lacions d'aigua, llum, gas, calefacció i altres aparells.*
3. *Prendre les mesures de seguretat corresponents.*

Supòsit pràctic núm. 26

1.

a) *Si és necessari, es pot endollar la fotocopiadora a un lladre, sempre que l'altre aparell elèctric que estigui endollat en el mateix lladre no desprengui calor.*

❑ *Fals*

b) *Els aspectes característics del paper a considerar com a més importants són: gramatge, gruix, humitat i calor.*

❑ *Vertader*

c) *Si queda paper embussat a l'interior de la màquina, aquesta s'ha de desconnectar sempre abans d'intentar retirar el paper.*

❑ *Vertader*

2. *D'acord amb les garanties que s'atorguen a l'enviament, els serveis postals es classifiquen en (art. 14.1 del Reial decret 1829/1999, de 3 de desembre, pel qual s'aprova el Reglament pel que es regula la prestació dels serveis postals):*

— *Serveis d'enviaments generals;*

— *Serveis d'enviaments certificats i*

— *Serveis d'enviaments amb valor declarat.*

3. *Són serveis d'enviaments certificats els que, previ pagament d'una quantitat predeterminada a tant alçat, estableixen una garantia fixa contra els riscos de pèrdua, sostracció o deteriorament, i que faciliten al remitent, si escau a petició d'aquest, una prova del dipòsit de l'enviament postal o del seu lliurament al destinatari (art. 14.1.b) del Reial decret 1829/1999, de 3 de desembre, pel qual s'aprova el Reglament pel qual es regula la prestació dels serveis postals).*

4.

a) *Cal adreçar-se amb autoritat a les persones que s'estan esperant, i indicar-los ordenant que s'organitzin per ordre d'arribada, fent ús, si cal, de la qualitat de funcionari públic a fi tal que les persones acatin les ordres.*

❑ *Incorrecta*

Raonament:

L'agrupació professional de funcionaris del cos subaltern de l'Administració de la Generalitat de Catalunya no està investida de la condició d'autoritat i, per tant, no li correspon donar ordres. En exercici de la seva funció de controlar els accessos i rebre les persones que accedeixen al centre, el personal subaltern ha d'exercir el corresponent control d'entrada i sortida de persones així com col·laborar en el manteniment de l'ordre en aquests.

b) *Si hi ha algú que s'està posant nerviós a causa de l'estona que fa que s'està esperant, cal parlar-li amb amabilitat i intentar explicar-li els motius pels quals s'està tardant més del compte.*

❑ *Correcta*

Raonament:

En relació amb l'atenció personal, cal que la funcionària actuï amb cortesia i educació, sent empàtica i demostrant la seva professionalitat i capacitat resolutiva. En situacions de tensió, cal que el personal subaltern transmeti missatges positius, emprant un to de veu discret, col·locant els braços i el cos en actitud oberta en front de la persona amb una lleugera inclinació del cap endavant, a fi de transmetre serenitat i generar confiança a la persona a la qual ens adrecem. Cal mantenir una postura relaxada, emprar gestos harmònics i coherents amb els missatges verbals que estem transmetent al nostre interlocutor. En la prevenció i resolució de conflictes cal controlar i regular les emocions i la pròpia conducta davant de situacions d'alt nivell d'ansietat o de conflicte real o potencial en el desenvolupament de les funcions.

c) *Una de les persones demana a la Sra. Castellví que s'identifiqui com a personal al servei de l'Administració de la Generalitat de Catalunya. La subalterna li mostra el DNI.*

❑ *Incorrecta*

Raonament:

La Sra. Castellví li haurà de mostrar la targeta que li identifica com a personal al servei de l'Administració de la Generalitat.

L'article 53.1.b) de la Llei 39/2015, d'1 d'octubre, del procediment administratiu comú de les administracions públiques, reconeix el dret dels interessats en un procediment administratiu a identificar les autoritats i el personal al servei de les administracions públiques sota la responsabilitat de les quals es tramitin els procediments.

Per mitjà de la Resolució de la consellera de Governació de 8 de novembre de 1994 es va establir que tot el personal al servei de l'Administració de la Generalitat havia d'estar identificat, llevat del que per regla general no es relacioni amb el públic, així com el personal de seguretat o penitenciari. Per mitjà de la Resolució del director general de Funció Pública de 27 de gener de 1995 es va aprovar la utilització d'un model normalitzat de targeta identificativa per a tots els departaments, organismes de l'Administració de la Generalitat i les entitats de dret públic afectades, en el qual s'incloïa el número de DNI com a element d'identificació.

Al seu torn, la Llei 19/2014, de 29 de desembre, de transparència, accés a la informació pública i bon govern disposa, en relació amb les dades personals, que cal donar accés a la informació pública si es tracta d'informació directament relacionada amb l'organització, el funcionament o l'activitat pública de l'Administració que contingui dades merament identificatives llevat que, excepcionalment, en el cas concret hagi de prevaler la protecció de dades personals o altres drets constitucionalment protegits.

D'acord amb els principis de minimització i de qualitat de les dades recollits a l'article 4 de la Llei orgànica 3/2018, de 5 de desembre, de protecció de dades personals i garantia dels drets digitals i a l'article 5 del Reglament UE 2016/679 del Parlament Europeu i del Consell, les dades personals han de ser adequades, pertinents i limitades al que siguis necessari per a les finalitats per a les quals es tracten.

En l'anàlisi de proporcionalitat i pertinença per determinar quines dades són necessàries per identificar el personal al servei de les administracions públiques feta per la Comissió de Garanties del Dret d'Accés a la Informació Pública, es conclou que el dret a identificar al personal al servei de les administracions públiques es pot garantir amb la publicitat de les dades identificatives (nom i cognoms) dels empleats públics amb relació al lloc de treball que ocupen dins de l'organització i que, per aquest motiu, esdevé innecessari incloure el DNI en la targeta identificativa.

Atès que exhibir el número de DNI a la targeta identificativa del personal implica difondre, revelar a tercers o fer pública una dada personal que pot resultar excessiva i, per tant, innecessària per a la finalitat d'identificació pretesa, és necessari adaptar la targeta identificativa per tal que hi deixi de constar el número de DNI dels empleats i s'ajusti a les normes gràfiques de senyalització i identificació visual de la Generalitat vigents. En conseqüència, el nou model de targeta identificativa del personal al servei de l'Administració de la Generalitat s'aprova per Resolució PDA/3133/2018, de 14 de desembre.

d) *Una persona demana a la subalterna que es faci càrrec de la seva documentació, atès que té una urgència mèdica inajornable i el termini per presentar la documentació finalitza aquest dia. La subalterna se'n fa càrrec perquè la persona li acredita de manera fefaent la urgència que motiva que marxi.*

❑ *Incorrecta*

Raonament:

L'agrupació professional de funcionaris del cos subaltern de l'Administració de la Generalitat de Catalunya no té competència per admetre a tràmit documents que les persones interessades presentin davant les oficines públiques. En tot cas, en exercici de la seva tasca de recepció i atenció de les persones que accedeixen al centre, li podrà derivar al Registre corresponent.

Pel que fa al lloc de presentació, cal tenir en compte que els documents que les persones interessades dirigeixin als òrgans de les administracions públiques es poden presentar (art. 16.4 Llei 39/2015, d'1 d'octubre del procediment administratiu comú de les administracions públiques):

a) Al registre electrònic de l'Administració o organisme a què es dirigeixin, així com a la resta de registres electrònics de l'Administració General de l'Estat, de l'Administració de les Comunitats Autònomes, de les Entitats que integren l'Administració Local i del sector públic institucional.

b) A les oficines de correus, tal com s'estableixi reglamentàriament.

c) A les representacions diplomàtiques o oficines consulars d'Espanya a l'estranger.

d) A les oficines d'assistència en matèria de registres (oficines d'atenció ciutadana).

e) En qualsevol altre lloc que estableixin les disposicions vigents.

f) Als registres dels òrgans administratius als quals s'adrecin.

g) A l'Administració General de l'Estat.

h) A qualsevol administració de les comunitats autònomes.

i) A qualsevol registre de les diputacions provincials, cabildos i consells insulars.

j) Als registres dels ajuntaments dels municipis de Barcelona i de l'Hospitalet de Llobregat (art. 121 de la Llei 7/1985, de 2 d'abril, reguladora de les bases del règim local).

k) Als registres dels ens locals que estiguin adherits al Conveni marc per a la implantació d'un model integrat d'atenció al ciutadà en l'àmbit territorial de Catalunya.

5. *c) Avisar urgències mèdiques, socórrer la persona i esperar els serveis sanitaris.*

d) Activar el pla d'emergències, avisar el/la cap d'emergències, evacuar l'edifici i apagar el foc.

Supòsit pràctic núm. 27

1.

- ***Adopció*** *(Departament de Treball, Afers Socials i Famílies).*
- ***Oposicions al cos subaltern*** *(Departament de Polítiques Digitals i Administració Pública).*
- ***Pesca*** *(Departament d'Agricultura, Ramaderia, Pesca i Alimentació).*
- ***Habitatge*** *(Departament de Territori i Sostenibilitat).*
- ***Queixa sobre un taller mecànic*** *(Departament d'Empresa i Coneixement).*
- ***Atenció sanitària primària*** *(Departament de Salut).*
- ***Pressupostos*** *(Departament de la Vicepresidència i d'Economia i Hisenda).*
- ***Polítiques de dones*** *(Departament de la Presidència).*
- ***Processos electorals*** *(Departament d'Acció Exterior, Relacions Institucionals i Transparència).*
- ***Trànsit*** *(Departament d'Interior).*
- ***Direcció del professorat al servei dels centres públics*** *(Departament d'Educació).*
- ***Museus*** *(Departament de Cultura).*
- ***Serveis penitenciaris*** *(Departament de Justícia).*

2. *L'art. 13.f) de la Llei 13/1989, de 14 de desembre, d'organització, procediment i règim jurídic de l'Administració de la Generalitat de Catalunya, disposa que el secretari general, com a segona autoritat del Departament després del conseller, té la facultat de ser el cap superior de tot el personal del Departament i resoldre els assumptes que afecten aquest personal, llevat que pertoquin al conseller; contractar el personal laboral i nomenar els funcionaris interins del Departament.*

3.

3.1. b) D'oficina.

3.2. c) Les funcions de reducció i ampliació.

3.3. d) No s'ha d'exposar la fotocopiadora a la radiació directa del sol.

3.4. b) Dispersant.

3.5. b) Fotocopiadora multifunció.

4.

4.1. ❑ *NO*

4.2. Hivern: entre 19 i 21 ºC

Estiu: entre 23 i 25 ºC

5.

5.1. Els enviaments postals, mentre no arribin a poder de la persona destinatària, continuen sent propietat del remitent (art. 8 Reial decret 1829/1999, de 3 de desembre, pel qual s'aprova el Reglament pel que es regula la prestació dels serveis postals).

❑ ***Cert***

El secret dels enviaments postals implica que en cap cas es pot facilitar cap dada relativa a l'existència de l'enviament postal (art. 6.1 Reial decret 1829/1999, de 3 de desembre, pel qual s'aprova el Reglament pel que es regula la prestació dels serveis postals).

❑ ***Cert***

Els enviaments postals amb valor declarat que hagin estat considerats caducats han de ser objecte de destrucció (art. 25.3 Reial decret 1829/1999, de 3 de desembre, pel qual s'aprova el Reglament pel que es regula la prestació dels serveis postals).

❑ ***Fals***

5.2. El servei Telegrama possibilita l'enviament urgent de missatges amb entrega registrada (sota signatura del destinatari), que es cursen per mitjans electrònics des de l'origen fins el centre de distribució de destinació, amb possibilitat de certificar fefaentment tant la seva entrega com el seu contingut.

L'entrega es realitza:

— *En el domicili del destinatari.*

— *En oficines de Correus.*

— *En apartat de Correus.*

5.3. El servei Burofax s'utilitza per enviar de manera urgent i segura documents que requereixin d'una entrega fefaent, servint de prova enfront tercers, fet pel qual sempre s'entrega sota signatura del destinatari.

6.

6.1. — *Avisar el servei mèdic i el servei d'emergències* ❑ *Correcte*

— *Procurar tancar les sortides* ❑ *Incorrecte*

— *Tancar la clau de pas de gas* ❑ *Correcte*

— *Respirar profundament abans d'entrar en la zona afectada* ❑ *Correcte*

— *Treure la víctima de la zona afectada* ❑ *Correcte*

Si hi ha una fuita de gas sense foc caldrà:

— *Tancar la clau de pas,*

— *Ventilar el local obrint les portes i les finestres,*

— *No s'han de produir guspires ni obrir o tancar interruptors de llum.*

Si hi ha una fuita de gas amb foc caldrà:

— *Tancar la clau de pas,*

— *Extingir el foc amb un extintor adequat,*

— *No s'ha d'apagar la flama abans de tancar el gas, ja que l'acumulació de gas a tocar d'un punt calent pot donar lloc a una explosió,*

— *Actuar com en el cas anterior.*

— *En ambdós casos aviseu un tècnic autoritzat perquè revisi la instal·lació o porteu l'aparell a reparar.*

— *Procureu que la instal·lació de gas i dels aparells, la faci personal autoritzat.*

— *Per encendre un cremador de gas, s'ha d'encendre el misto abans d'obrir l'aixeta de pas.*

— *Manteniu nets els cremadors.*

— *Els tubs flexibles que transporten gas han d'estar homologats i heu de canviar-los quan caduquin o s'hagin deteriorat.*

— *Hi ha d'haver bona ventilació als llocs amb gas: una ventilació alta i baixa per a crear corrent d'aire.*

— *Si hi ha ampolles de gas de reserva, hauran de ser a llocs ventilats i sempre dretes, apartades de fonts de calor. S'ha d'evitar posar-les als soterranis.*

— *Les ampolles buides també han d'estar tancades.*

— *No s'han d'encendre flames durant el canvi d'ampolles.*

6.2. *c) Rentar la ferida amb aigua i sabó i aplicar-hi antisèptic.*

6.3. *d) No bellugar l'articulació ni alinear la fractura i evacuar la persona a un centre assistencial.*

Supòsit pràctic núm. 28

1.

1.1. En el moment de l'aiguat caldrà:

- *Fer entrar les nenes i els nens a l'escola.*
- *Informar les autoritats si teniu problemes.*
- *Escoltar els mitjans de comunicació per tal de rebre informació.*
- *Obturar les portes, les finestres i els respiradors de l'escola, si és que pot entrar-hi aigua.*
- *Col·locar els documents importants, els objectes valuosos, els aliments, l'aigua potable i, sobretot, els productes perillosos als pisos alts i protegits.*
- *No baixar als soterranis,* no us quedeu a les zones baixes.

1.2. a) Ordenar l'alumnat que es mantingui dempeus fent un cercle al mig de cada classe.

❑ ***Incorrecte***

Caldrà refugiar-se sota una taula sòlida, en un angle de la paret o sota el marc d'una porta.

b) No fugir durant la sacsejada. ❑ *Correcte*

c) Agafar l'ascensor en cas d'urgència. ❑ *Incorrecte*

1.3. A les comarques de Tarragona hi ha les centrals nuclears d'Ascó i de Vandellòs. Un accident nuclear pot comportar greus danys per a l'home i el medi ambient. Les escoles situades prop d'una central nuclear no han d'oblidar aquests consells:

En previsió

- *Si viviu prop d'una central nuclear, procureu-vos informació, que us facilitaran l'explotador de la central o la mateixa Administració.*
- *Prepareu el material següent (us pot ser d'utilitat):*
- *Un transistor i piles de recanvi (renoveu-les periòdicament),*
- *cinta adhesiva aïllant per a les entrades d'aire.*
- *Sapigueu quines són les zones més protegides de l'escola, sapigueu com són els soterranis.*

En cas d'accident nuclear:

— *Seguiu les consignes de les autoritats.*

— *Entreu a l'escola. Hi ha d'entrar tothom: els professors/es, els alumnes i el personal no docent. Preferiblement heu de tancar-vos a les aules i als espais que quedin més resguardats de l'exterior.*

— *Tanqueu-vos, confineu-vos.*

— *Tanqueu les portes, les finestres i les persianes i tota entrada d'aire.*

— *Tanqueu els sistemes de ventilació i climatització.*

— *No sortiu de l'escola fins que les autoritats us ho comuniquin.*

Si sou a fora, a l'exterior:

— *Tanqueu-vos, confineu-vos.*

— *Si sou al carrer, refugieu-vos en el primer edifici que trobeu.*

— *Un vehicle no és un lloc segur, confineu-vos a l'edifici més pròxim.*

Recordeu aquests consells

— *Comproveu la llista d'assistència. Si heu d'evacuar l'edifici, emporteu-vos la llista.*

— *Espereu les instruccions de les autoritats. Us indicaran si cal evacuar el centre i quan hi arribarà el transport.*

— *Si heu de continuar confinats, també us avisaran quan hagi passat el perill i us diran si convé ventilar l'edifici.*

— *Escolteu la ràdio i estigueu pendents del telèfon. La direcció, o una persona responsable, estaran atents a les informacions que es donen per ràdio: Catalunya Ràdio, Ràdio Nacional d'Espanya, ràdio municipal.*

1.4.

b) Si l'hemorràgia és externa, efectuar una compressió directa amb apòsits durant deu minuts i elevar-li, si és possible, l'extremitat afectada.

1.5.

a) En persones inconscients, no traumàtiques i amb respiració i pols estables.

2.

2.1. El Govern s'organitza en departaments, que integren l'Administració de la Generalitat.

El president o presidenta de la Generalitat determina per decret el nombre, la denominació i l'àmbit de competències dels departaments en què s'organitza el Govern. En conseqüència, el Decret 1/2018, de 19 de maig, de creació, denominació i determinació de l'àmbit de competència dels departaments de l'Administració de la Generalitat de Catalunya, estableix al seu article 2.1 que aquesta queda organitzada en els departaments següents:

— *Departament de la Presidència.*

— *Departament de la Vicepresidència i d'Economia i Hisenda.*

— *Departament d'Acció Exterior, Relacions Institucionals i Transparència.*

— *Departament d'Interior.*

— *Departament d'Educació.*

— *Departament de Salut.*

— *Departament de Territori i Sostenibilitat.*

— *Departament de Cultura.*

— *Departament de Justícia.*

— *Departament de Treball, Afers Socials i Famílies.*

— *Departament d'Empresa i Coneixement.*

— *Departament de Polítiques Digitals i Administració Pública.*

— *Departament d'Agricultura, Ramaderia, Pesca i Alimentació.*

2.2. En aplicació de l'art. 32.1.4t del Reial decret 1829/1999, de 3 de desembre, pel qual s'aprova el Reglament pel que es regula la prestació dels serveis postals, estableix que el destinatari o la persona autoritzada podrà refusar l'enviament postal en el moment de l'entrega abans d'obrir-lo, si es tracta d'una carta o d'un paquet postal.

2.3. Les operacions del servei postal al seu conjunt són les següents (art. 14.3 Reial decret 1829/1999, de 3 de desembre, pel qual s'aprova el Reglament pel que es regula la prestació dels serveis postals):

a) Recollida: és l'operació consistent a retirar els enviaments postals dipositats en els punts d'accés a la xarxa postal de l'operador. Els punts d'accés són les instal·lacions físiques, especialment les bústies a la disposició del públic tant en la via pública com en locals públics o en els locals del proveïdor del servei, on els clients poden dipositar enviaments postals per a l'accés a la xarxa.

b) Admissió: consisteix en la recepció per part de l'operador postal d'enviament que li és confiat pel remitent per a la realització del procés postal integral i del qual es fa responsable en els termes previstos en el Reglament dels serveis postals.

c) *Classificació: inclou el conjunt d'operacions la finalitat de les quals és l'ordenació dels enviaments postals, atenent criteris de l'operativa postal.*

d) *Tractament: és el conjunt de les operacions auxiliars realitzades amb els enviaments postals admesos per l'operador destinats a preparar-les per a subsegüents operacions postals.*

e) *Curs: és l'operació o operacions que permeten l'encaminament dels enviaments postals.*

f) *Transport: és el trasllat per qualsevol mena de mitjans dels enviaments postals fins al seu punt de distribució final.*

g) *Distribució: és qualsevol operació realitzada en els locals de destinació de l'operador postal on ha estat transportat l'enviament postal de forma immediatament prèvia al seu lliurament final al destinatari d'aquest.*

h) *Lliurament: és el repartiment dels enviaments en l'adreça postal en ells consignada, amb les excepcions que s'estableixen en aquest Reglament.*

Supòsit pràctic núm. 29

1. *En exercici de la seva funció de custòdia del material, del mobiliari i de les instal·lacions que li atribueix la Disposició addicional 10a (apartat primer) del Decret legislatiu 1/1997, de 31 d'octubre, pel qual s'aprova la refosa en un Text únic dels preceptes de determinats textos legals vigents a Catalunya en matèria de funció pública, la funcionària haurà de condicionar la sala per a la realització de la reunió. Per a aquesta finalitat realitzarà les següents actuacions:*

1. *Ubicar a la sala tres cadires més a fi de que, com a mínim hi hagi sis cadires disponibles.*
2. *Verificar que la mida de la taula és l'adequada per a la reunió que ha de tenir lloc.*
3. *Assegurar-se que els assistents disposen del material necessari per la reunió, segons les indicacions que li ha donat el director de Serveis (projector, ordinador, dossiers, aigua, etc.).*
4. *Comprovar que la temperatura de la sala és l'adequada (a l'hivern entre 19-21ºC en oficines; a l'estiu, entre 23 i 25ºC).*
5. *Comprovar que les finestres estiguin tancades i que la sala hagi estat correctament ventilada.*
6. *Prestar atenció als nivells de so.*
7. *Assegurar-se que la il·luminació és la correcta, dirigint els fluxos lluminosos on es necessitin concretament.*

2. *La funcionària acabarà de realitzar les fotocòpies que li ha encarregat el director de Serveis, que és el màxim superior jeràrquic de la unitat (per sobre de la cap del Servei de Recursos Humans), en tant és una tasca prioritària perquè s'han de lliurar abans que finalitzi la reunió. Posteriorment portarà a l'arxiu els documents que li ha demanat la cap del Servei de Recursos Humans (aquest òrgan es troba adscrit a la Subdirecció General de Recursos Humans i Administració, que al seu torn depèn també de la Direcció de Serveis).*

3. *b) «Aquesta és una matèria que no porta aquest Departament. En tot cas, us podeu dirigir a l'Oficina d'Atenció Ciutadana, que està a la planta baixa».*

El personal de l'agrupació professional de funcionaris del cos subaltern de l'Administració de la Generalitat de Catalunya no té competència per pronunciar-se sobre qüestions jurídiques relacionades amb els procediments administratius. Per tant, en ús de les facultats que li han estat atribuïdes pel Decret 3143/1971, de 16 de desembre, pel qual s'aprova el Reglament del Cos General Subaltern de l'Administració Civil de l'Estat (controlar l'entrada de les persones alienes al Servei, rebre les seves peticions relacionats amb aquest i indicar-los la Unitat o Oficina a la qual s'hagin d'adreçar), i per la

Disposició addicional 10.a.1 del Decret legislatiu 1/1997, de 31 d'octubre, pel qual s'aprova la refosa en un Text únic dels preceptes de determinats textos legals vigents a Catalunya en matèria de funció pública (control de les persones que accedeixen a les oficines públiques, tot informant-les de la situació dels locals), la funcionària indicarà al ciutadà quin és l'òrgan administratiu que podrà atendre la seva petició.

4. *En aplicació de l'art. 15 de la Llei 14/1989, de 14 de desembre, d'organització, procediment i règim jurídic de l'Administració de la Generalitat de Catalunya, el Director de Serveis, en els Departaments en què s'hagi creat, exerceix, sota la direcció del Secretari General, les funcions d'administració, règim interior i gestió dels serveis generals del Departament. Dins de la Direcció de Serveis, l'ordre jeràrquic dels càrrecs de comandament és el següent (art. 24.1 Llei 14/1989, de 14 de desembre):*

— *Subdireccions Generals.*

— *Serveis.*

— *Seccions.*

— *Negociats.*

5.

5.1. *En les operacions de manipulació de càrregues manuals, la subalterna haurà d'utilitzar una tècnica d'aixecament adequada a aquest tipus d'esforç. Les tècniques d'aixecament tenen com a principi bàsic mantenir l'esquena recta i fer l'esforç amb les cames:*

— *Mantenir els peus fermament a terra.*

— *Doblar el maluc i els genolls per agafar la càrrega.*

— *Separar els peus a una distància aproximada de 50 cm l'un de l'altre.*

— *Mantenir l'esquena recta.*

5.2.

a) *Es pot girar el cos si fos necessari en el moment de sostenir una càrrega pesada.*

❑ *Incorrecte*

b) *La càrrega s'ha de mantenir tan a prop del cos com sigui possible.*

❑ *Correcte*

c) *No s'ha d'aixecar una càrrega pesada per damunt de la cintura en un sol moviment.*

❑ *Correcte*

d) *Es poden allunyar els braços del cos per alliberar tensió en aixecar una càrrega.*

❑ *Incorrecte*

e) *Si en posició asseguda s'ha de manipular una càrrega, aquesta no ha de superar els 5 Kg.*

❑ *Correcte*

5.3.

Valors de pes màxims (constant de pes –UNE- EN 1005-2) que es poden aixecar en condicions ideals			
Sexe	***Edat (anys)***		
	Fins a 18	*De 19 a 45*	*Més de 45*
Masculí	*20 kg*	*25 kg*	*20 kg*
Femení	*15 kg*	*20 kg*	*15 kg*
Condicions ideals: càrrega propera al cos, esquena recta, sense girs ni inclinacions, una subjecció ferma de la càrrega amb una posició neutral del canell, evitant manipulacions a nivell del terra o per sobre de les espatlles, aixecaments suaus i espaiats i condicions ambientals adequades.			

Font: Manipulació manual de càrregues. Full monogràfic 23 (març 2013). Subdirecció General de Seguretat i Salut Laboral. Departament d'Empresa i Ocupació. Generalitat de Catalunya.

6. *Segons el Manual de bones pràctiques ambientals en els equipaments culturals, de 30 d'abril de 2015, aprovat per la Generalitat de Catalunya, en l'àmbit dels materials s'aconsella:*

1. *Utilitzar preferentment paper reciclat.*
2. *Adquirir paper amb etiqueta ecològica.*
3. *Imprimir a dues cares. Amb aquesta pràctica es redueix directament a la meitat el consum de paper habitual de l'organització. Si és possible, també és recomanable imprimir en format «dues pàgines per cara».*
3. *Evitar les impressions innecessàries i imprimir a baixa resolució.*
4. *No imprimir els correus electrònics i els esborranys de documents que no siguin estrictament necessaris.*
5. *Reutilitzar el paper.*
6. *Reutilitzar el paper imprès a una cara. Reutilitzar també els sobres i les carpetes.*

7. *Expedients electrònics. Donar facilitats per fomentar el format electrònic.*
8. *Controlar el consum de paper de forma individualitzada, si és possible. Per a això caldrà identificar el personal que imprimeix o fotocopia. El control individualitzat del consum de paper via impressions i fotocòpies reduirà el consum significativament.*
9. *Consum de tòners a les oficines: evitar les impressions a color; reduir l'ús i les mides dels documents; donar preferència a la difusió per mitjans electrònics; evitar les plastificacions i l'ús de plàstics en les presentacions de les publicacions.*
10. *Adquirir materials amb etiqueta ecològica (compres eficients).*
11. *Adquirir mobiliari funcional i reutilitzable.*

Supòsit pràctic núm. 30

1. *a) Emprar el rentaplats.*

2. *b) Estem forçant l'aparell i fent un consum excessiu.*

3. *c) A l'estiu, és recomanable fer benzina a la nit per evitar que el combustible s'evapori.*

4. *a) Posar doble vidre a les finestres.*

5. *b) 18 €.*

Supòsit pràctic núm. 31

1. *a) 1,75 €.*

2. *c) El 50% de la facturació de la trucada.*

3. *d) 807 956 789.*

4. *a) 907.*

5. *c) 300 segons.*

Supòsit pràctic núm. 32

1. *b) Estudis de doctorat.*
2. *d) Als ingressos de la unitat familiar durant l'any anterior a la sol·licitud.*
3. *c) Ha d'acreditar la titularitat o lloguer del seu habitatge.*
4. *b) La seva nova parella en qualsevol cas sempre que convisqui amb la persona sol·licitant.*
5. *b) 5,96.*

Supòsit pràctic núm. 33

1. *c) 2.*
2. *d) 45.*
3. *a) 7.*
4. *a) 19.*
5. *b) 2.*